전성희 편   유민영 감수

차범석 전집
12

논문/평론

태학사

차범석 전집 12 – 논문/평론

초판 1쇄 발행 2019년 11월 11일

엮은이 전성희
감 수 유민영
펴낸이 지현구
펴낸곳 태학사
등록 제406-2006-00008호
주소 경기도 파주시 광인사길 223
전화 마케팅부 (031) 955-7580~2 편집부 (031) 955-7584~90
전송 (031) 955-0910
홈페이지 www.thaehaksa.com **전자우편** thaehaksa@naver.com

값은 뒤표지에 있습니다.

ISBN 979-11-6395-081-3 04680
ISBN 978-89-5966-991-2 (세트)

「동시대의 연극인식」(범우사, 1987년) 표지

「한국연극」(2000년) 표지

극단 산하 간판

대한민국예술원회원 명패

劇團 山河 十年史

1963—1973

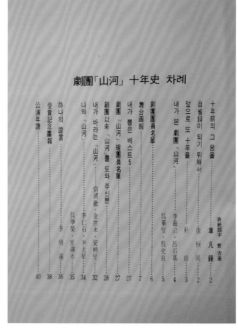

劇團「山河」十年史 차례

「극단 산하 10년사」(1974년) 표지, 차례

발간사

유민영

차범석 선생은 생전에 감투 쓰는 것에 그렇게 연연하지는 않았지만 그의 비중에 걸맞게 문화예술계 인사들이 오르기 어려운 큰 자리를 모두 거쳤다. 가령 한국문예진흥원장과 대한민국예술원 회장, 그리고 예술대학장 등이 바로 그런 자리였는데, 그 외에도 각종 잘디잔 감투를 누구보다도 많이 썼었다. 그러나 그가 어디에 글을 쓸 때, 붙이는 호칭에는 언제나 극작가라고 적었다. 이처럼 그는 여러 가지 감투는 잠시 지나가는 자리고 자신은 어디까지나 극작가로서 자부하고 있었지 않나 싶다.

그럴 수밖에 없는 것이 그의 평생을 놓고 볼 때 교사, 방송국 PD, 교수, 그리고 문예진흥원장 등 고정월급으로 생활한 기간보다는 극작가로서 원고료를 받고 산 기간이 더 길 것이기 때문이다. 그만큼 그는 자신이 일생을 보내면서 역사 속에 남길 유산은 어떤 자리가 아니라 문화예술계에 던져놓는 방대한 작품이라고 확신했던 것으로 보인다.

따라서 그가 생전에 가장 갈망했던 것은 전집출판이었고, 사후에는 자신의 이름을 딴 희곡상 제정이었다. 그래서 그는 만년에 12권짜리 전집을 발간하려고 목차까지 다 짜놓고 출판사와 접촉하다가 출판사정이 여의치 않아 무산됨으로써 생전의 꿈을 이루지 못하고 소천했지만 사후의 꿈인 희곡상 제정만은 유족과 조선일보사의 협조로 잘 되어 유망한 후진을 계속 양성하고 있다.

저간의 사정을 가장 잘 아는 이는 유족이지만 필자 역시 선생과 가까이 지내면서 그에 관한 이야기를 많이 했던 터라서 항상 숙제를 안고 있었다. 그러다가 이번에 유족 측의 용단과 태학사의 호의로 그의 꿈인 12권짜리 전집을 발간케 되어 숙제를 푼 것 같아 기쁘다. 그런데 이번에 전집을 준비하면서 선생을 잘 안다고 생각했던 필자마저 놀랄 정도로 그가 방대한 작품을 남겼음을 발견케 되었다. 희곡사적으로는 유치진에 이어 소위 리얼리즘극을 심화 정착시킨 작가지만 그의 창작범위는 상상을 초월한다. 즉 희곡을 필두로 하여 무용극본, 오페라극본, 시나리오, 악극대본, 그리고 방송드라마 등에 걸쳐 편수를 헤아리기 어려울 정도로 엄청난 작품을 남긴 것이다. 그가 작품만 쓴 것도 아니고, 자전을 비롯하여 수많은 연극평론과 에세이도 남겼다.

그런데 더욱 놀라운 것은 그 많은 글을 그가 순전히 수작업 手作業으로 해냈다는 사실이다. 선비적인 기질 때문인지 그는 일평생 컴퓨터, 운전, 휴대폰, 카드까지 거부하고 만년필과 볼펜으로 수십만 장의 원고지를 메꾼 셈이다. 문제는 작품이 너무 넘쳐서 12권 속에 모두 주어 담을 수가 없다는데 있었다. 그래서 할 수없이 나머지 작품들은 다음 기회에 별도로 내기로 하였다.

이 전집이 순탄하게 나올 수 있도록 도와준 차범석재단 차혜영 이사장 및 유족, 작품을 열심히 찾아내고 교정까지 보아준 전성희, 이은경 교수, 지방에서 멀리 올라와서까지 도와준 김삼일 석좌교수와 홍미희 목포문학관 학예사, 그리고 박명성 대표 등에 감사하고 태학사 지현구 사장 및 직원들에게도 고마움을 표한다.

2

아버지의 전집 발간에 부쳐

차혜영

사랑하는 아버지!

아버지 가신지 12년이 지났습니다.

세월이 흘러도 아버지는 생전의 그 모습 그대로 카랑카랑한 목소리는 제 가슴에 남아 아버지의 못 다 이룬 이야기들을 들려주시는 듯, 문득문득 부족한 제 자신에 죄송한 마음이 들곤 합니다.

쓰고 싶은 일 하고 싶은 일이 너무 많아 83년의 시간이 너무나도 부족하셨나요? 바람처럼 살다보니 시간조차 쫓아오지 못해서 늙지도 않는다는 아버지의 욕심이 사단이었나 싶습니다.

아버지 가신 뒤 우리는 그저 무력하게 아무것도 할 수 없었습니다. 그때 저희를 일깨워 준 '신시뮤지컬 컴퍼니'의 박명성 대표의 은혜는 영원히 잊지 못합니다.

머뭇거리지 말고 하루 빨리 '차범석 재단'을 만들어 다음 해 부터라도 아버지를 기리는 일을 해야 한다고 우리를 설득했지요.

참 복도 많으신 우리 아버지! 아버지의 양아들 박 대표는 우리가 해야 할 일이 무엇인지 아버지의 뜻을 알고 있었답니다. 거기에 평생 아버지의 행동대장이시던 어머니는 사시던 집을 팔아 부족하지만 결코 부끄럽지 않은 재단이 탄생되었습니다. 10여 년 재단을 운영하며 아버지께서 가장 안타까워하시던 『차범석 전집』을 숙제처럼 가슴에 지니고 있었습니다. 그러던 지난 2016년 6월 6일 아버지의 10주기 날 저녁 유민영 교수님께서 전화를 주셨습니다.

"『차범석 전집』을 내야지? 오늘 문득 그 생각이 나서 말이야. 더 늦으면 나도 힘들어" 교수님은 그 날이 아버지 기일인지 모르셨다며 놀라셨습니다. 저는 순간 아버지께서 교수님의 생각을 빌어 말씀해 주시는 것 같은 착각에 가슴이 떨렸습니다.

그때부터 유민영 교수님의 기획 하에 전성희 교수님의 집요한 열정은 폭풍처럼 아버지의 여든 세 해의 시간을 무섭게 파고 드셨습니다. 가끔 저는 교수님의 일 하시는 모습에서 아버지의 깐깐한 모습을 보는 듯 깜짝 놀라기도 했습니다.

세월이 지나도 변함없는 의리와 애정으로 저희를 지지 해주시는 포항의 김삼일 교수님, 아버지의 발자취가 모조리 남아있는 목포 문학관의 홍미희 학예사님의 아낌없는 성원, 또한 첫 작업부터 완성까지 무조건으로 힘든 일 함께 해 주신 이은경 교수님, 그리고 저희의 풍족치 못한 재정에 항상 고민 하시면서도 출판을 맡아 주신 태학사 지현구 대표님이 계셔서 꿈같은 『차범석 전집』이 세상에 빛을 보게 되었습니다.

사랑하는 아버지!

『차범석 전집』의 책 커버는 아버지께서 어머니께 선물하신 저고리를 모티브로 어머니의 영정사진에서 전성희 교수님의 기발한 아이디어로 진행되었지만 이 모든 것에서 또 하나의 기적을 보는 듯 합니다. 아버지께서는 저 세상에 계시면서 우리를 총지휘 하시는 것 같은 착각 말입니다. 저희는 아버지라면 어떠셨을까를 항상 염두에 두고 하나하나 조심스럽게 만들어 나갔습니다.

아버지의 흡족해하시는 모습을 훗날 만날 수 있기를 기대합니다.

아버지의 영전에 아버지 여든 세 해의 소중한 작품을 바칩니다.

차범석의 생애와 예술

전성희

차범석은 한국연극사에서 최고의 사실주의 희곡작가이며 64편의 희곡을 발표한 다작의 작가다. 한국에서 사실주의 연극의 시작은 유치진에 의해서였지만 찬란하게 꽃을 피운 것은 차범석이다. 그러나 무용, 뮤지컬, 오페라, 국극, 악극에 이르기까지 다양한 예술 분야뿐만 아니라 방송 대본에 이르기까지 전방위적인 활동을 펼쳤던 차범석을 연극계의 인물로만 한정할 수는 없다. 그가 가장 애착을 가졌던 분야는 연극이었지만 그의 뛰어난 극작술과 다양한 예술에 대한 이해는 여러 장르의 대본을 창작할 수 있는 바탕이 되었고 그 결과 연극 이외의 분야에도 많은 작품들을 남길 수 있었다.

차범석은 1924년 11월 15일(음력 10월 19일) 전라남도 목포시 북교동 184번지에서 아버지 차남진(車南鎭) 어머니 김남오(金南午) 사이에서 3남 3녀 중 차남으로 태어났다.

일본 유학생 출신의 아버지는 중농 규모의 할아버지 유산을 잘 관리했을 뿐만 아니라 간척사업에 착수, 농토를 늘려 천석지기 지주가 되었는데 이는 아버지가 진취적이면서도 이재와 치산에 밝았기 때문일 것이다. 그 덕에 차범석은 유복한 가정에서 성장할 수 있었고 이러한 안정적인 가정환경은 차범석이 식민지의 궁핍한 상황에서도 교육과 일정부분 제도적 보살핌을 받을 수 있었다.

차범석은 외향적이며 저돌적인 형이나 소유욕이 강하고 고집스러운 아우의 성정과는 달리 말수도 적었고 자기주장을 하기 보다는 조용히 책을 읽거나 어머니의 곁을 지켰다. 보통학교 4학년 때 교지 「목포학보」에 〈만추〉라는 글을 실어 '예사롭지 않은 문재'가 엿보인다는 말을 듣고 소설가를 꿈꾸기도 했다.

이 무렵부터 차범석은 목포극장과 평화관을 드나들며 영화 관람에 빠졌고 1930년대 전후의 영화를 두루 섭렵, 극예술에 대한 이해를 넓힐 수 있었다. 6학년이 되던 해 그는 최승희의 무용 발표회를 보고 큰 충격과 감동을 받았다. 최승희는 차범석에게 '무대라는 세계, 막이 객석과 무대를 갈라놓은 공간, 보여주는 자와 봐주는 자 사이의 공존의 의미를 깨우쳐 준 첫 번째 예술가'였다.

어릴 적 차범석의 이름은 평균(平均)이었는데 중학교 입시를 앞두고 범석(凡錫)으로 개명, 이후 줄곧 범석이라는 이름으로 활동했다. 광주고등보통학교(후에 광주서중으로 개칭) 진학을 위해 목포를 떠나 광주로 갔지만 소극적인 성격은 변함이 없었다. 호기심이 많았던 그는 책방을 드나들며 하이네나 바이런의 시집, 일본 소설들을 읽고 장차 문학가가 되어야겠다는 꿈을 키웠다. 그러면서도 차범석은 어린 시절 목포에서 그랬던 것처럼 광주에서 보낸 5년 동안 약 4, 50편의 영화를 관람하고 영화잡지까지 사서 보는 등 적극적으로 영화의 세계에 빠져 들었다. 후에 연극으로 진로를 변경하기는 했지만 극의 세계라는 같은 뿌리의 영화에 마력을 느꼈다. 방학이 되면 목포 본가에 내려가서 골방에 있었던 세계문학 등을 독파했다.

아버지는 차범석이 의사가 되기를 원했지만 그는 의사보다는 문학과 예술에 뜻을 두고 있었다. 아버지와의 불화는 권위적인 아버지가 어린 시절부터 형과 차별 대우를 했던 것에서 비롯, 그를 내성적이고 비사교적인 반면 '회의적이고 반항적이면서 한편으로는 미지의 세계에 대한 도전성과 공격성'을 갖고 있는 사람으로 성장하게 했다.

학교를 졸업하고 진학을 위해 도쿄로 건너가 2년 동안 입시 준비를 하면서도 극장에를 드나들었다. 이 극장은 '예술적인 호기심에다 불붙인 하나의 매체이자 기폭제'였으며 차범석에게 '직접적으로 드라마가 무엇인가를 암시하고 시사하고 터득해 준 교실'이었다. 이 무렵 차범석은 영화뿐만 아니라 일본 연극에도 관심이 생겨 자주 관람했다.

연이어 입시에 실패한 차범석은 재수 준비를 하고 있었는데 전쟁으로 위험하니 귀국하라는 아버지의 명령으로 급히 돌아왔다. 차범석은 귀국하자마자 군대를 가야하는 징집의 위기를 맞았지만 병역면제의 혜택을 받기 위해 1년 과정의 관립광주사범학교 강습과에 입학을 했다. 교육에 뜻이 있었던 것이 아니었기 때문에 현실도피 생활에서 오는 자포자기의 심정과 허무는 그를 술로 이끌었고 이후 차범석의 건강과 삶에 큰 영향을 미쳤다. 교사 발령 4개월 만에 징집, 4개월간의 군대생활 중 해방이 되고 다시 모교에 복직하게 되었다.

그는 1946년 문학공부를 위해 연희전문학교 전문부 문과에 입학, 뒤늦게 사회적 정치적으로 개안을 하게 되었다. 친일세력에 대한 과거청산이 역사적 필연성에 있다는 것과 동학혁명정신이 광주학생독립운동이나 3.1운동 정신과도 맥을 같이 한다는 것이다. 이러한 역사의식의 재확인은 자아각성으로 연결되고 그 결과 문학이나 연극에 대한 인식과 태도도 달라질 수밖에 없었다. 그래서 차범석은 일제 말기에 폐간되었던 문학잡지 「문장」의 전 질을 구해 읽으며 다시 문학공부를 하는 등 문학의 참다운 뿌리를 찾기 위해 노력했다. 자신이 가야할 길이 문학과 연극에 있다는 신념으로 문학서클 '새마을회'에서도 활동하고 '연희극예술연구회'를 조직하기도 했다.

대학 시절 "우리가 처해있는 현실을 그대로 거울 속에 비춰보고 싶다"는 그에게 유치진의 강의는 사실주의에 대한 확신을 갖게 해주었고 이후 자신의 연극관으로 삼게 되었다. 그러면서 차범석은 직업극단의 공연과 연습장까지 찾아다니는 등 점차 연극 세계에 깊이 빠져들어 갔다.

1949년 유치진이 만든 제 1회 전국남녀대학 연극경연대회에 '연희극예술연구회'가 차범석 역/연출의 〈오이디프스 왕〉으로 참가, 우수상을 수상했다. 차범석은 연극경연대회에 함께 참가했던 각 대학의 연극인들을 모아 '대학극회'를 조직하는데 앞장섰다. 그리고 1950년 초 국립극장이 설치되자 당시 유치진 극장장의 배려로 전속단원이 되어 현장에서 활동할 기회를 가질 수 있었다. 그러나 그것도 잠시 한국전쟁이 발발하자 고향으로 피난을 갔던 차범석은 목포중학에서 교편을 잡았다. 교직생활 중에도 습작을 게을리 하지 않으면서도 '목중예술제'를 만들었다. 목중예술제에서 1951년 처녀작 〈별은 밤마다〉를 무대에 올리고 주연까지 맡았다. 이 시기에 〈닭〉, 〈제4의 벽〉, 〈전야〉, 〈풍랑〉 등의 습작품을 정훈잡지에 발표했다.

대학 다닐 때 방학이면 고향에 내려와 목포청년들과 주변의 섬들을 여행하며 얻었던 소재를 바탕으로 〈밀주〉를 창작, 1955년 조선일보 신춘문예에 가작으로 입선하였다. 가작 입상에 만족을 못한 차범석은 이듬해 조선일보 신춘문예에 재도전, 〈귀향〉이 당선되었다. 〈밀주〉는 흑산도, 〈귀향〉은 해남을 무대로 그가 나고 유년시절을 보낸 바닷가 마을이 배경이다. 차범석은 〈밀주〉에서 가난한 어민들의 찌든 삶을 그렸지만 〈귀향〉에서는 가난한 농민을 묘사하면서 그 이유가 사회의 부조리와 모순 때문이라는 것을 지적했다. 이 지점에서 그의 희곡의 특성, 즉 로컬리즘을 바탕으로 한 사실주의 출발을 확인할 수 있다.

신춘문예 당선을 계기로 서울로 이주, 덕성여고에서 교편을 잡고 중앙무대를 향한 열정을 불태우며 창작에 몰두했다. 그러면서도 대학극회에서 같이 활동했던 김경옥, 최창봉, 조동화, 박현숙, 노희엽, 이두현 등과 '제작극회'를 결성, 한국연극에 새로운 바람을 일으켰다. 이 시기에 차범석은 활발하게 희곡을 창작, 문예지에 〈불모지〉, 〈4등차〉, 〈계산기〉, 〈상주〉, 〈분수〉, 〈나는 살아야 한다〉 등을 발표했다. 앞서 발표했던 로컬리즘을 바탕으로 한 사실주의극과는 다르게 고향을 벗어나 전쟁으로 좌절한 사람들을 사실적으로 묘사했다. 특히 〈껍질이 째지는 아픔 없이는〉은 4·19 1주년 기념공연으로 제작되었는데 혼탁한 정치 상황에서 드러난 신, 구세대 간의 갈등을 형상화한 것으로 차범석의 정치, 사회의 비판적 인식을 확인해 볼 수 있는 작품이다.

이러한 창작 경향은 이후에 〈산불〉(1961년)로 절정을 이루었다. 차범석의 대표작이며 '한국 사실주의 희곡의 최고봉'이라고 일컬어지는 〈산불〉은 6·25전쟁을 겪은 작가가 전쟁을 객관화시키는 사유의 시간을 통해 이데올로기가 인간을 어떻게 파괴하는지를 리얼하게 보여주었다. 그러한 점에서 〈산불〉은 한국 사실주의 연극의 수준을 한 단계 끌어올렸다고 할 수 있다. 차범석은 당시의 연극들이 '답답한 소극장 응접실 무대' 위주였던 데에서 벗어나 대숲이 있는 마을을 무대로 "이념의 대립과 갈등이 동족 전쟁을 야기하고 궁극적으로 인간 그 자체를 파괴해 간다는 강렬한 메시지"를 전달, 차범석 전후의 대표작이 되었다.

〈산불〉은 국립극장 초연 당시 큰 인기를 얻었고 이후 영화로, 방송 드라마로, 오페라로, 뮤지컬로 다양한 매체의 전환을 통해 관객과 만날 수 있었다. 원 소스 멀티 유즈라는 측면에서 보면 〈산불〉은 원천컨텐츠로서의 가치가 충분한 작품이다.

차범석은 〈산불〉의 성공 이후 신협 재기를 위한 이해랑의 요청으로 〈갈매기떼〉를 집필, 국립극장 무대에 올려 〈산불〉 못지않은 인기를 끌었다. 목포 부둣가에 있는 영흥관이라는 식당을 둘러싸고 벌어지는 정치권력과 조직폭력배간의 갈등, 그리고 그로 인해 무구하게 희생당하는 서민들을 그려냈다.

〈산불〉과 〈갈매기떼〉의 성공으로 고무된 차범석은 전문적인 극단을 창단하기로 마음을 먹었다. 당시 연극계가 동인제 극단시대로 진입하기 시작했고 드라마센터의 개관이라는 연극상황의 변화가 일어나고 있었기 때문에 이전의 아마추어적인 '제작극회'로는 변화에 대처할 수 없을 것이라는 판단에서였다. '제작극회' 다른 멤버들의 반대를 무릅쓰고 1963년 연극의 대중화와 전문화를 지향하는 극단 '산하(山河)'를 창단했다. 현실과 동떨어진 번역극 대신 창작극을 주로 공연했고, 극단 창단 당시 의도했던 대로 지방공연도 가지면서 왕성하게 활동을 이어갔다.

이 무렵 차범석은 MBC로 직장을 옮겨 바쁜 와중에도 극단 '산하'의 일뿐만 아니라 창작에도 매진, 〈청기와집〉, 당시 유명 배우 강효실을 위해 집필, '산하'에 상업적 성공을 안겨준 〈열대어〉, 〈풍운아 나운규〉, 동성애 문제를 다룬 〈장미의 성〉, 〈대리인〉, 정치와 정치인을 풍자한 〈왕교수의 직업〉 등의 희곡 외에도 '산하'의 공연을 위해 여러 편의 각색 작업과 연출로도 참여하였다.

1969년 사단법인 한국연극협회 제 7대 이사장으로 선출되면서 협회 일에 열심을 냈고 원래 하고 있었던 방송국 일과 작품 집필, 극단 운영 등으로 건강에 이상이 생겼다. 1970년 봄 간염으로 병원에 입원, 방송국까지 그만 두었지만 발병 전에 국립극장에서 차기공연작으로 위촉한 장막극 〈환상여행〉을 집필했다. 그는 책임감 때문에 와병 중에도 약속을 지키기 위해 무리를 하면서도 완성을 했다.

차범석이 병원에서 퇴원 후 1년간의 요양생활을 하는 동안 같이 활동했던 사람들이 이런저런 이유로 그의 곁을 떠났다. 그는 인생이 철저하게 외로운 것이며 이 길은 자신이 원해서 가는 것이니 누구도 원망하지 않겠다는 결단을 내렸다.

1972년 차범석은 MBC-TV 요청으로 일일연속극 〈물레방아〉를 집필했다. 〈물레방아〉는 당시로서는 드물게 5개월 동안 방영, 100회를 넘겼으며 이러한 롱런은 MBC-TV 사상 최초였다. 이전에 라디오 드라마와 TBC (동양방송) 단막극, 〈태양의 연인들〉과 같은 특집극을 쓰기도 했지만 TV

일일연속극은 그로서도 처음이었지만 성공적이었다. 드라마의 성공은 차범석에게 경제적 안정을 가져다주었고 그래서 차범석은 연극 현장으로 돌아올 수 있었다.

1974년 6년 동안 맡았던 한국연극협회 이사장직을 이진순에게 내주고 그 해 봄 극단 산하의 사무실도 마련하고 연극현장의 기록이 소실되는 것이 안타까워 〈극단 산하 십년사〉를 펴내는 등 다각적인 연극활동을 펼쳤다. 그런데 1975년 동양극장과 '산하' 간의 전속 계약을 체결, 계약금과 중도금을 지불하고 의욕적으로 공연을 준비하던 차에 동양극장의 매각 사실을 알게 되었다. 속수무책 사기를 당한 차범석은 잔금은 안 털렸으니 다행이라고 스스로를 위로했다. 이러한 차범석의 긍정적 태도는 이후 창작태도에도 영향을 미쳤다.

유신의 시대를 거치면서 유신을 지지하기보다는 오히려 부정적인 시선을 견지하고 있었던 그였지만 〈약산의 진달래〉, 〈활화산〉 같은 새마을 극본을 쓰기도 했다. 그렇지만 새마을운동의 찬양이 아니라 "나와 함께 살아가는 이 시대의 이야기"로 가난과 싸우는 농촌여성의 "삶을 리얼하게 묘사함으로써 우리가 안고 있는 퇴영적이면서도 부정적인 행태를 드러내"려 했다. 이 시기에 그의 역사인식은 자연스럽게 개화기를 향했다. 〈새야새야 파랑새야〉에서는 동학도와 같은 민중의 저항을, 〈손탁호텔〉에서는 외세의 압력에도 불구하고 꿋꿋이 자존을 지키기 위해 투쟁하는 서재필과 같은 진보적 청년들의 연대를 그리면서 창작의 지평을 넓혀갔다.

1970년대 중반에 들어서면서 연극계는 상업주의가 팽배하고 있었는데 이것은 '산하'가 지향하는 연극 대중화와는 달랐다. 차범석은 연극에 있어 앙상블을 중요하게 생각했기 때문에 한두 명의 스타에 의존, 웃음을 파는 연극을 극도로 경계했다. 그런데 상업주의가 판치던 당시의 연극현실은 동인제 시스템을 고수했던 차범석에게는 절망적이었다. 그런 상황에서도 문학성과 연극성을 지닌 레퍼토리라면 승산이 있을 것이라고 판단,

1979년 〈제인 에어〉를 무대에 올렸다. 그러나 관객들의 외면으로 흥행에 실패하고 말았다. 일련의 일들로 차범석은 '산하'가 추구하는 대중성에 대한 회의가 일어나고 '산하'의 해산문제까지 생각하기도 했다. 그렇지만 차범석은 유신정권의 횡포와 비민주적 정권욕으로 급격하게 경색되어가는 시대에 연극을 통해서 이야기를 해야겠다는 결심을 했다. 연극대본의 사전심사제로 창작극의 공연이 어렵게 되자 숀 오케이시의 〈쥬노와 공작〉 연습에 들어갔다. 1980년 5월 공연을 보름 앞두고 광주민주화항쟁이 일어나자 차범석은 공연중지를 선언했다. 그 이유는 사람들이 총칼에 쓰러지고 있는데 연극을 하고 있을 수 없다는 것이었다.

실의에 빠진 차범석에게 MBC-TV에서 농촌드라마 의뢰가 들어왔다. 옴니버스 형식의 농촌드라마 〈전원일기〉를 1년 동안 총 48회 집필했다. 1980년 10월 22일 '박수칠 때 떠나라'를 시작으로 1981년 10월 20일 '시인의 눈물'까지 꼭 1년을 썼는데 어수선한 시국에 농촌에 대한 향수를 자극해 최고의 드라마로 자리를 잡았고 이후 20년 동안 방송되면서 최장수 드라마로 남았다. 그런데 차범석은 연극을 하기 위해 방송국의 간청에도 불구하고 〈전원일기〉 집필을 포기했다.

'산하'에 돌아와 1980년에 준비하다 중단했던 〈쥬노와 공작〉을 무대에 올려 보았지만 흥행에 참패하고 말았다. 그리고 '산하'의 재기를 위해 옛 멤버들을 규합해 보려했지만 이마저도 여의치 않았다. 결국 〈산불〉 공연마저 실패하고 1983년 '산하'를 해단하는 어려운 결정을 내렸다.

그를 무대로 이끌었던 유년시절의 최승희 공연의 영향과 대학시절 춤을 배우러 다녔던 경험 때문이었는지 1982년 조영숙무용단의 〈강〉을 시작으로 최청자무용단의 〈갈증〉 등 무용극으로 창작의 장르를 확대해 나갔다. 이후에 무용극 〈도미부인〉(1984년 국립무용단, LA 올림픽참가공연), 〈심장생도〉(1988년 홍정희발레단), 〈저 하늘 저 북소리〉(1990년 국립무용단), 〈고려애가〉(1991년 국립발레단), 〈꿈의 춘향〉(1992년 서울시립무용단), 〈파도〉(1995년 국립국악원 무용단), 〈오데로〉(1996년, 국립무용단) 등 여러 편의 무용극 대본을 창작했다.

1983년 차범석은 청주대학교의 요청에 의해 연극영화과 교수로 부임했다. 조용한 곳에서 창작의 기회를 가질 수 있다는 점이 그에게 매력적으로 다가왔고 학생들과의 생활이 연극판에서 지친 그에게 활력을 주었다. 그러나 그가 예술대학장직을 맡으면서 휴식은 끝나고 말았다. 당시는 학원민주화 운동이 번지고 있었을 때였다. 누구보다도 민주화를 열망해 왔던 그였지만 과격해진 학생들의 기물파괴 등의 파괴적인 행동은 받아들일 수 없었다. 목포 북교초등학교, 덕성여고에서 교사로 재직하고 있을 때 불의를 보면 참지 못하고 투쟁을 했던 그로서도 학생들의 그런 행동은 받아들일 수 없었고 결국 보직에서 물러났다.

그 때 '서울88예술단'이 조직되면서 차범석에게 단장을 맡아달라는 제의가 들어왔다. 단장직을 수락했지만 총체가무극이라는 것이 그가 생각했던 연극의 방향과 맞지 않았을 뿐만 아니라 관의 간섭이 싫었던 그는 창립공연으로 〈새불〉을 올리고 다시 대학으로 복귀했다. 생래적으로 구속을 싫어하고 자유를 추구했던 그로서는 이러한 상황이 견디기 어려웠을 것이다. 오죽했으면 목포북교 초등학교 시절 자신이 담당했던 학급의 급훈이 자유였을까.

대학으로 돌아간 그는 특정사회단체의 요청이기는 하지만 신채호를 다룬 〈식민지의 아침〉, 김대건 신부의 일대기를 그린 〈사막의 이슬〉 등 활발하게 창작활동을 이어갔다. 1989년 학교 측에서 총장으로 추대하려는 움직임이 보이자 교수직을 사퇴하고 이후 서울예술대학의 교수로 자리를 옮겨 창작에 몰두했다. 이 시기에 차범석은 창작방식에 있어 변화가 일어나 이전의 창작방식에서 벗어나 형식과 주제가 다양한 작품을 발표했다.

1992년 징용 노무자의 딸 야마네 마사코의 자전적 수기를 바탕으로 쓴 〈안네 프랑크의 장미〉는 '일본제국주의의 만행을 용서와 화해의 차원에서 접근' 하였으며, 〈통곡의 땅〉은 백범 김구의 삶을 작품화하면서 한국현대사에서 이념문제를, 〈나는 불섬으로 간다〉에서는 소작쟁의와 그로 인해 생긴 연좌제 문제를 제기하기도 했다. 작가적 연륜이 깊어가면서도 차범석의 의식은 언제나 날카롭게 깨어 있어 부당하거나 문제가 있는 것에 대해서는 비판적 태도를 취하는 스탠스만큼은 변함이 없었다. 이색적으로 〈바람 분다, 문 열어라〉에서는 여성들의 변화를, 〈그 여자의 작은 행복론〉에서는 어머니와 아들 간의 근친상간적 욕망을 그려내는 등 소재의 영역도 넓혀갔다.

차범석은 본래 대중예술과 고급예술을 경계 짓는 것에 대해 우려를 해왔다. 어떤 작가보다 사회의식이 있는 작품을 쓰면서도 대중성 또한 중요하게 생각했다. 노년의 차범석은 그 경계를 허물고 〈가거라 38선〉 같은 악극의 대본을 쓰거나 의뢰를 받은 것이긴 하지만 뮤지컬 〈처용〉, 오페라 〈백록담〉, 〈연오랑 세오녀〉의 대본 등을 썼다. 그러면서도 〈옥단어!〉(2003년)와 같은 작품에서는 깊은 사유의 절정을 보여주었다. 이 작품은 '단순한 연극이 아닌 우리의 현대사와 그 아픔을 되돌아보자는 데에 그 의미를' 두고 있다. 차범석은 〈옥단어!〉에서 자신이 '평생 동안 삶의 방식으로 지켜온 자유정신을 투영'시켰으며 떠돌이 옥단이를 통해 인생의 허망함을 보여주면서 한국적 사실주의의 진전을 이루어 냈다는 평가를 받았다.

2006년 세상을 떠날 때까지 차범석은 다양한 장르를 경계 없이 넘나들며 많은 작품들을 발표했던 현역 작가였으며 연극인이었다. 자리에 욕심을 낸 적이 없었던 차범석이지만 한국연극협회 이사장, 한국문예진흥원장, 대한민국예술원회장 등을 지내 예술인으로서 영광도 누렸다.

차범석 전집 12

■

차례

일러두기

* 명백한 오자, 탈자 외에는 가능한 원본을 그대로 수록했음을 밝힌다.

* 신문기사·작품 〈 〉, 책제목 「 」로 표기했다.

* 잘 사용하지 않아 의미가 명확하지 않은 단어는 각주를 붙여서 설명했다.

제1부

한국연극연구

연극과 역사의식

1

연극은 인간의 생활을 표현하는 예술입니다. 무대 위에다가 살아 있는 인간상을 창조하는 예술이며 그것은 곧 오늘의 예술이라는 특징을 지니고 있습니다. 설령 그 연극의 소재나 제재가 과거에서 따왔고 과거로 거슬러 올라갔다손 치더라도, 그리고 그 내용이 이른바 역사극의 형태를 지녔다 치더라도 그것은 오늘이라는 시점에서 그 역사와 연결되는 오늘의 눈으로 그 시대와 사회를 파고 들어가는 예술입니다. 뿐만 아니라 오늘의 세계가 메커니즘의 발달과 생산수단의 기계화나 소비생활의 대형화의 추세에 놓여 있는 가운데서 유독 연극은 살아 있는 인간과 인간의 만남을 고수하며, 인간이 지니고 있는 무한한 가능성을 기계가 아닌 바로 인간의 알몸으로 표현하는 데 그 매력과 의의를 찾고 있는 것입니다. 따라서 영화나 TV처럼 기계에 종속되는 예술가와는 달리 보다 우위성을 지키려고 안간힘 쓰고 있는 것도 사실입니다. 그것은 바로 인간의 역사가 시작되었던 그때부터 오늘에 이르기까지 변치 않고 지속되어 온 의지이자 소망이었습니다.

그런데 오늘날 우리나라의 연극은 하나의 위기의식에서 헤어나지 못하고 있습니다. 우리는 기회 있을 때마다 민족연극이니 우리 연극의 수립 발전을 외치는, 그것의 개발 정착만이 연극이 살아 있는 길이라고 쉽게 얘기를 하고 있지만 정작 무엇이 민족연극이며 어떻게 채색되는 게 우리 연극인가에 대해서는 아직도 분명한 답이 안 나오고 있는 실정입니다. 민족극이라는 말은 일반적으로 세계 연극 속에 놓여진 우리 연극이라는 일반적인 개념임에는 아무도 이의를 제기할 사람은 없을 것입니다. 그러나 문제는 우리가 민족연극을 규정짓고 한국적이라는 개념을 선명히 내걸고 있으면서도 실제로 관객과 만나고 있는 연극 그 자체가 아직도 뚜렷한 윤곽을 드러내지도 못하고 있거니와 연극 창조의 현장에 몸담고 있는 사람들 자신도 그리고 그것을 수용하는 관객도 아직 일치점을 발견 못하고 있는 실정에 있습니다. 그래서 비평가는 비평가대로, 연극 현장인은 현장인대로, 그리고 관객은 관객대로 한국연극의 불황에 대해서만은 거의 의견을 한데 모으고 있는 실정입니다. 많은 극단이 있고 연극인이 있고 그래서 연극행위가 어느 때보다도 활발하게 이루어지고 있을 뿐만 아니라 그 양산(量產)의 기록 면에는 수긍을 하면서도 그 질적인 면과 미래지향성에 대해서는 부정적인 위치에 있는 것은 어쩔 수 없는 현실입니다.

그런데 그 불황의 원인에 대해서도 각양각색의 진단을 내리고 있는 실정입니다. 즉 연극 외적인 면과 연극 내적인 면에서 풀이를 하기도 하고, 어떤 사람은 행정부의 문화예술정책의 부재를 탓하는가 하면 어떤 사람은 연극인의 자질 저하를 내세우기도 합니다. 어떤 사람은 재정적 빈곤에서 오는 수공업적 영세성을 탓하는가 하면 어떤 사람은 사회풍조의 부박화(浮薄化)를 들추기도 합니다. 그런가 하면 또 어떤 사람은 사회적 분위기나 몰이해한 환경을 들추기도 합니다. 모두가 일리 있는 주장이기도 합니다. 그러나 나는 오늘의 연극이 병들었거나 병들어가고 있는 가장 근원적인 요인은 연극인 자신도 그리고 연극을 접하는 일반 관객도 올바른 역사의식에 대해서 너무 소홀해왔다는 데 그 원인이 있다고 분석해보았습니다. 따라서 내가 이 짧은 논문에서 밝히고자 한 점은 연극을 되살리는 비방책이 무엇인가를 제시하겠다는 것이 아니라 오히려 오늘의 연극이 왜 그렇게 될 수밖에 없었던가에 대한 반성을 하자는데 그 의도가 있다고 봐야 옳을 것입니다.

<h1 style="text-align:center">2</h1>

이렇게 되면 나는 이미 문제의 실마리를 털어놓은 꼴이 되었습니다. 다시 말해서 한국연극이 현재 빈사상태에 처하게 된 요인은 바로 연극인 자신과 그리고 관객이 다 함께 역사의식이 모자란다는 점을 하나의 실마리이자 대전제로 내세웠습니다. 그렇다면 그와 같은 대전제가 어디서, 어떻게 추출된 것인가 하고 반문하는 사람도 있을 것입니다. 그러나 이것은 비단 연극뿐만 아니라 우리의 문학, 미술, 음악 등 모든 창조적인 분야에 걸쳐서 하나의 공통분모를 지니고 있을지도 모를 일입니다. 그러므로 나는 여기서 하나의 자료를 제시해야 될 것 같습니다. 돌이켜 보건대 한국의 연극이 왜 활성화가 되지 않으며, 그 원인이 어디에 있는가라는 문제와 그것을 타개해나갈 구체적인 방도가 무엇인가에 대한 진단은 이미 오래전부터 논의가 되어왔습니다. 그 한 가지 실증으로서 가장 오래된 기록을 제시해보겠습니다. 1930년 10월 4일자 동아일보에서 김성근(金聲近)이라는 사람은 〈신극운동은 절망인가〉라는 표제를 내걸어 당시의 연극계를 진단했었고, 1931년 9월 9일자 매일신보에서는 취원생(翠園生)이라는 필명으로 〈극단의 전망〉이라는 표제의 글이 실려 있었으며 이 밖에도 몇 사람의 필자의 기고가 있었다고 연극학자 이두현 교수는 그의 역저인 「한국신극사 연구」에서 밝혔습니다. 따라서 그 글에서 지적된 그 당시의 연극의 형편에서 무엇이 문제인가를 집약하자면 대충 다음의 네 가지로 가닥을 잡을 수가 있겠습니다. 즉 첫째, 극장 문제, 둘째, 인물 문제, 셋째, 희곡 문제, 넷째, 관객 문제의 네 가지였습니다. 이 조목을 각각 부연해보자면 첫째의 극장 문제란 연극 전용

극장이 없이 연극운동은 있을 수 없다는 것입니다. 당시만 해도 영화 상설관을 세내어서 간헐적으로 공연을 했던 터이라 이것은 인력과 금력의 낭비이니 제대로 된 연극운동을 하려면 우선 극장이 있어야 한다고 주장했습니다.

둘째로 인물 문제란 주로 새로운 남녀 배우의 양성이 시급하다는 주장이었습니다. 새 시대의 연극에 알맞은 신선하고 새로운 배우 양성도 없이 구태의연한 재래적인 버릇에서 벗어나지 못한 묵은 배우로는 뜻을 이룰 수 없다는 주장이었습니다. 셋째로 거론된 것은 좋은 희곡이 있어야 하고 그러하기 위하여 좋은 극작가가 나와야지 언제까지나 외국 작품의 번역, 번안, 각색에 의존해서는 안 된다는 것이었습니다.

끝으로 관객 문제에 대해 언급하여 그 표준을 어디에 둘 것인가를 지적했습니다. 즉 인텔리층과 비인텔리층으로 나누어서 비인텔리층에 영합하는 극본을 5분의 3쯤으로 채택하되 나머지 5분의 2는 인텔리를 대상으로 하는 신시대적 의의가 있는 극본을 상연하는 것이 과도기에 처한 가장 타당성 있는 방법일 거라고 제언을 했습니다.

이와 같은 문제 제기가 이미 50년 전에 있었다는 한 가지 사실이 우리에게는 매우 중요한 의미를 지니고 있습니다. 아니 더 정확하게 말해서 53년 전의 이 땅의 연극계 실정이 어쩌면 1984년 현재의 한국연극과 그렇게도 똑같을 수가 있을까 하고 의아해질 정도입니다. 당시의 지식인들이 연극계를 진단한 하나의 임상실험은 그 당시 유일한 신극운동을 표방하고 나섰던 토월회(土月會)의 실패를 진찰대 위에 올려놓고 해낸 결과였습니다. 1923년 7월 4일 동경 유학생들로 구성된 '토월회'가 여름방학을 이용하여 창단 공연을 올림으로써 이 땅의 연극사에 획기적인 발자취를 남겼던 건 하나의 쾌사였습니다. 그 이유로는 우선 연극이라는 행위나 연극인을 광대나 광대놀음으로 천대시하던 당시의 환경 속에서 동경 유학을 다녀왔던, 양반집 자제들이 모여 토월회를 창단했다는 것은 오늘날의 사정에 비추어볼 때 대서특필할 만한 사건이 아닐 수가 없습니다. 그리고 많은 말 가운데 그 극단 이름을 토월회라고 명명했던 것은 김팔봉(金八峯)이 "흙은 영원한 어머니요 달은 영원한 이상"이라는 뜻을 밝힘으로써 채택했다고 토월회의 실질적인 대표 박승희(朴勝喜) 씨가 회고한 바 있습니다. 이처럼 이상의 횃불을 드높이 들었던 토월회의 몸짓을 당시 사람들이 예의 지켜봤음이 틀림없었을 것입니다. 그러나 그 토월회는 얼마 안 가서 좌초에 부딪쳤고 3년 뒤인 1926년 4월 10일 제56회 공연을 끝으로 광무대극장(光武大劇場)에서 해산을 해야만 했습니다. 그러나 아직도 미련을 버리지 못한 박승희는 2년 후에 재기공연을 꾀하였으나 그것도 처참한 실패로 끝나고 말았습니다. 박승희는 1931년 1월 31일자 매일신보에서 회고담을 피력했는데 그 글에 가운데서

첫째 돈이 없으므로 극장다운 극장을 가질 수 없었고 연극인다운 연극인이 없었던 것도 중요한 원인이었죠. 그렇지만 나는 그보다도 조선의 모든 운동의 토대가 되는 일반 민중의 생활이 일정치 않고 또 관객층의 중심이 되는 중산계급이 가속도로 몰락하는 것이 무엇보다도 근본적인 원인이 아닐까 합니다. 이것은 비단 연극뿐만이 아니라 조선에서 영위되는 온갖 사업과 운동이 다 그러하겠지만 특히 일반의 이해와 동정이 적은 연극계에는 그 정도가 한층 더 무심하다는 말입니다. 생각하면 참 한심한 일이지요.

라고 그 쓰라린 반성을 회고하였습니다.

나는 지금까지 53년 전에 신문에 실렸던 기사와 우리나라 최초의 신극운동의 선구자인 토월회의 대표 박승희 씨의 회고담을 여기에 인용을 했는데 공교롭게도 그 내용이 일치되었음을 알 수가 있겠습니다. 그리

연극과 역사의식

고 더 흥미 있는 일은 50년 전부터 거론되었고 시정이 요구되었던 연극계의 문제점이 50년이 지난 오늘날에도 거의 그대로 미해결의 장으로 남아 있다는 사실입니다. 50년 동안 연극은 있었고, 연극인도 있었고, 극단도 분명히 있었습니다. 그런데 연극계가 안고 있던 문제의 해결은 별로 없는 꼴이 되었기 때문입니다. 많은 연극인이 있었고, 극단이 있었고, 그래서 수많은 연극행위가 있었음에도 불구하고, 문제들이 오늘 이 시간의 연극계에도 그대로 아직 남아 있다는 이 엄연한 사실 앞에서 나는 시간의 허무함과 동시에 그것이 바로 역사라는 것인가 하고 잠시 흘러가는 구름을 쳐다보게 되는 것입니다. 한 생명이 잉태되어 세상에 태어나서, 자라서, 죽어가듯 한 집단도 또한 그렇게 되어가는 것을 봅니다. 그것은 단순히 덧없는 시간의 흐름이 아닌 하나의 역사의 자취가 아닌지 모르겠습니다.

한국의 연극은 넓은 의미로는 삼국시대로 거슬러 올라가 고유한 전통 연극적 유산까지도 포함해서 말할 수 있겠고 좁은 뜻으로는 일본의 군국주의에 따르는 문명개화의 물결을 타고 일본을 통해 굴절수입을 계기로 한 신연극을 뜻하기도 합니다. 그러므로 한국연극의 시간성을 따지자면 길게는 2천 년이 족히 되겠지만 하나의 예술운동으로서의 자각과 현대적 의미로 보았을 때 그것은 다른 분야의 예술인 문학, 미술, 음악과 마찬가지로 백 년 안팎밖에 되지 않습니다. 이 문제에 관해서는 학자에 따라 의견을 달리하고 있습니다. 어떤 사람은 국초 이인직(菊初 李人稙)이 원각사 무대를 개설하여 자신의 동명소설 〈은세계(銀世界)〉를 각색 상연했으리라는 1908년을 신연극의 기점으로 삼는가 하면 어떤 학자는 1911년 임성구(林聖九)가 혁신단(革新團)을 조직했던 해를 그 기점으로 삼아야 한다는 주장이 있어 서로 엇갈리고 있지만 아무튼 그 시간차는 차치하고라도 이 땅의 신연극이 일본이라는 배경을 두고 탄생하였다는 데 문제가 있는 것 같습니다. 이인직(李人稙)은 친일파 이완용(李完用)

의 앞잡이로서 일본에 관용(官用)으로 자주 드나들다가 그곳에서 연극과 극장을 배워 왔고 임성구(林聖九)는 일본인(日本人)극장 경성좌(京城座)에서 신발지기를 하면서 어깨너머로 배운 끝에 남대문 밖 어성좌(御成座, 오나리자)에서 창단공연을 했다는 사실은 어느 의미로 봐서는 개운찮은 뒷맛까지 느끼게 합니다. 뿐만 아니라 임성구가 이끈 신파극이 번안, 각색극이었다는 것도 어느 의미에 있어서는 우리 연극의 운명의 한 단면을 점치게 하는 바가 없지 않습니다. 그러나 어느 편에 서 있건 좁은 의미로서의 한국연극의 시발은 일본이라는 병풍을 배경으로 하여 일본인들이 흡수하여 내뱉은 껍데기를 재수입하거나 모방함으로써 그 역사의 장이 시작되었다는 점에서는 누구나 그 의견을 일치할 것이며 이것이 바로 현대 한국연극이 아직도 헤어나지 못하고 있는 하나의 수렁이자 늪이라고 해도 과언은 아닐 것입니다.

3

나는 지금까지 우리 연극이 안고 있는 미해결의 문제는 이미 50년 전부터 잉태해 있었고, 그 역사의 시작은 일본에 의하여 직접, 간접으로 크게 영향을 받음으로써 싹이 텄다는 점을 밝혔습니다. 그러나 이 말이 결코 그 당시의 연극인이나 지식인들이 의식적으로 일본의 정치세력을 등에 업었다는 뜻은 아닙니다. 아니 차라리 그것 같은 정치적인 의식에 눈떠 있었던들 그 결과는 다른 빛깔로 변해 있었을지도 모릅니다. 따라서 그 초창기의 연극인들이 정치적 이념이나 사회과학적인 이론에 눈길을 돌리지 않았고, 거의 맹목적으로 일본식 연극을 받아들이고 무비판적으로 새것을 모방하고 그리하여 만성 소화불량증에서 헤어나지 못했다는 데 문제가 있었다고 봅니다. 그것이 바로 연극인을 포함한 대부분의 지식인들이 역사가 무엇이며 역사의식이 무엇인가에 대해서 의식적이

연극과 역사의식

건 무의식적이건 간에 눈을 돌리지 않았다는 데 큰 문제가 있었다고 봐야 옳을 것입니다.

"왜 연극을 해야 하는가?"

라는 자신에 대한 질문에 대해서 확고부동한 대답을 지닌 사람보다는 막연한 호기심이나 동경심 아니면 즉흥적이며 산발적인 허영심에서 뛰어든 호사가가 많았던 데 그 원인이 있다고 봐야 할 것입니다. 여기서 "왜 연극을 해야 하는가?"라는 문제를 한 걸음 더 파고들었을 때 "왜 우리는 사는가?"라는 문제와도 통할 수 있겠고 그것을 더 좁히자면 "어떻게 살아가야 옳을 것인가?"라는 문제로 귀결된다고 봐야 하겠습니다.

"왜 우리는 사는가?"

"우리는 어떻게 살아야 옳은가?"

라는 이 질문은 그것이 예술적인 행위이건 아니건 간에 적어도 지식에 눈뜨고 이상에 불타는 사람이면 누구나 한번쯤은 접해보았을 고민입니다. 이것은 한 인간에게 있어서 그 출생과 성장과 사망을 뜻하는 과정이기도 하고 한 사회나 국가에 있어서의 생장, 발전, 파멸과도 상통하는 하나의 필연성이 아닌지 모르겠습니다. 한 개인의 생애나 한 사회나 국가의 생성 과정이 결국은 한 시대를 엮어가는 역사의 단위라고 보았을 때 결국 인간은 그 역사 속에 침잠하게도 되고, 떠내려가기도 하고, 거슬러가려다가 가라앉게도 될 것입니다. 그것이 바로 역사가 아닌지 모르겠습니다. 그러한 상황 속에서 자신이 처해 있는 시대적 위치를 되돌아보는 것 그 자체가 소박한 뜻에서의 역사에 대한 의식이 아닌지 모르겠습니다.

그러므로 오늘날 우리가 기회 있을 때마다 역사의식이라는 말을 접하게 됩니다마는 이것은 곧 자기가 살고 있는 사회를 어떠한 눈으로 보고 있으며 그 속에서 살고 있는 자신의 과거와 현재 그리고 미래까지도 연결지어 관찰하려는 의식이 아닐는지 모르겠습니다. 그것은 비단 자기 자신만이 아니라 우리의 이웃이나 자연이나 현실까지도 포괄적으로 하여 자신을 이해한다는 뜻이기도 합니다. 내가 살고 있는 삶은 결국 시간적으로는 과거, 현재, 미래라는 종적인 흐름과 공간적으로는 이웃과 자연과 사회로 연결되는 넓이와 서로 만나는 한 시점이 바로 하나의 삶을 뜻한다고 생각하면 되겠습니다. 이러한 경우 인간은 역사적 존재라는 말과 만나게 될 것입니다.

그런데 인간을 역사적인 존재라고 볼 때 우리는 다음의 세 가지 의미를 가지게 된다고 문학평론가 백승철(白承喆) 씨가 〈역사와 예술〉이라는 논문에서 지적한 바 있었습니다. 즉 첫째는 인간은 영구불변한 본질을 가지고 있지 않다는 점입니다. 인간이 가지고 있는 초역사적인 것이 있다면 사고방식뿐이며 우리의 삶은 오로지 역사적으로 이루어진다고 했습니다.

둘째 인간은 역사적인 현실의 피조물이라는 점입니다. 다시 말해서 우리는 역사가 만들어낸 아들이라는 것입니다. 인간의 지식과 세계관과 신체적인 성장까지도 모두 역사적인 현실에 의해 전적으로 제약이 된다고 했습니다. 그러므로 전통이나 사회제도나 인습까지도 쉽게 버리지 못하는 것은 그것이 역사로서 오늘에 사는 우리들에게 강한 힘을 가지고 있기 때문입니다. 따라서 사람이 역사를 만들지만 스스로 선택하지 않은 환경 속에서 역사를 만든다고 했습니다.

셋째로 인간은 자신의 결단을 통하여 역사의 피조물뿐만 아니라 동시에 역사의 창조자요 주인공이 된다는 것입니다. 그러기에 행동하고자 하는 사람이거나 역사를 능동적으로 창조하려는 사람은 주어진 현실을 충분히 분석할 수 있어야 하고, 낡은 질서에 대한 강한 반감과 구질서를 대신할 수 있는 신선한 생명력의 장치를 만들어냅니다. 이것은 곧 예술사조의 변화, 예술 장르의 선택, 예술적 인식의 새로운 접근과 변모 등이 바로 인간이 지닌 역사적 창조자로서의 본질이라고 주장하였습니다.

연극과 역사의식

이와 같은 견해는 사람에 따라 그 의견을 달리할 수가 있을 것입니다. 원래 "역사란 무엇인가"라는 문제 자체에 대해서도 학자마다 생각이 다르기 때문입니다. 예를 들어 18세기의 계몽주의 철학가인 볼테르 같은 사람은 "역사란 죽은 사람[死者]에게 쓰는 속임수이다"라는 풍자적인 정의를 내렸는가 하면 어떤 사람은 "역사에 있어서 가장 중요한 것은 사실이며 그 사실은 자율적인 것이어야 한다"라고 주장하기도 했습니다. 그런가 하면 20세기 초기의 이태리의 사학가인 크로체는 말하기를, "역사는 본질적으로 현재의 눈을 통하여 현재의 관점하에서 과거를 본다는 데서 성립된다. 역사가의 임무는 기록에 있는 것이 아니라 가치의 재평가에 있다"라고 주장하였습니다.

그런가 하면 현대의 역사가들 가운데는 그 사실의 기록에 관해서 여러 가지 경종을 울리고 있다고 차하순(車河淳) 교수는 모 일간지에서 말한 바 있었습니다. 즉, "흔히 국가사의 서술이 국수주의에 빠지기 쉽고, 민족의 업적이 편견으로써 합리화되는 한편 민족의 실패가 그럴싸하게 꾸며지는 경향이 있다"라고 지적했습니다.

이와 같은 석학들의 의견을 종합해보면 결국 역사가 과거의 사실을 의미하는 한 우리는 무엇보다도 진실을 객관적으로 파악하려고 노력해야 한다는 뜻이 되겠습니다. 자랑스러운 사건만이 아니라 창피스럽고 불쾌하고 거추장스러운 일이나 인물일지라도 우리는 사실 그대로 아는 데 조금도 주저하지 말아야 한다는 뜻일 겁니다. 은폐나 미화로 역사의 허상을 마치 진실인 양 기록하거나 그것을 그대로 받아들이는 데 바로 문제가 있다고 봐야 할 것입니다.

그러나 나의 이와 같은 주장에 대해서 적지 않게 저항감을 느끼는 사람도 있을 것입니다. 나는 역사가도 사회학자도 아닌 극작가이기 때문에 어떤 일면만을 알고 있을 뿐이지 전체를 못 보는 오류를 범하고 있을지도 모릅니다.

그렇지만 극작가인 내가 역사나 역사의식을 거론하게 된 것은 역사 자체를 말하겠다는 의도가 아니라 그 역사와 예술과의 관계를 얘기하기 위한 전제조건이었습니다. 아니 더 정확하게 말해서 연극과 역사의식이 얼마나 밀접한 관계이며 그것이 우리의 연극 현실을 타개하는 데 얼마나 중요한 관건이자 구실을 하고 있는가를 말하기 위한 단계적인 전개에 불과한 것입니다.

4

　예술과 역사의 관계는 매우 복잡하며 그 비중도 속단하기가 어려운 문제라 하겠습니다. 그러나 한 가지 원칙적인 성격의 차이는 있을 법합니다. 왜냐면 일찍이 아리스토텔레스가 「시학(詩學)」에서 말하기를, "역사는 개별적인 사건의 기록이고 시는 보편적인 모습을 묘사한다"라고 하였습니다. 여기서 시라는 말은 오늘날의 문학 개념으로서의 서정시(詩)를 가리키는 것이 아니라 연극에 있어서의 비극이요, 더 넓게는 예술 전반을 두고 하는 말이었습니다. 다시 말해서 역사와 예술의 근본적인 성격을 대비시킨 정의일 것입니다. 따라서 역사가의 눈에 비친 예술작품이란 그들의 객관적 비평의식과 역사관에 의해 길러지고 여과되어야 할 주관적 상상력의 굳은살로 여겨지는 반면에 예술가의 눈으로 볼 때는 역사란 한낱 일어난 사건들의 목록적 서술로밖에 평가될 수 없다고 보겠습니다.

　따라서 역사는 있었던 일에 관계되고 예술은 있었던 일뿐만 아니라 있을 수 있는 일에 관계되는 것이며 역사는 과거의 사실의 기록이지만 예술은 가능한 세계의 창조입니다. 그러므로 예술은 과거뿐만이 아니라 현재 또는 미래까지 포함하는 초월적 시간구조를 띠고 있다는 특성을 지닙니다. 그러나 예술과 역사는 닮은 점도 있습니다. 이를테면 한 역사극에서 특정한 사회적 배경과 시대와 인물을 등장시킨다는 점에서는 역사도 예외일 수는 없습니다. 그러나 예술의 창조세계는 그러한 특정한 사실을 일정한 거리를 갖고 꾸며내지만 역사는 꾸며낼 수 없다는 점이 다르다 하겠습니다. 그런데 그 꾸며내는 작업에 있어서 필요불가결한 요소가 있다면 그것은 곧 역사의식이 분명한가라는 문제입니다.

사실대로의 나열이나 기록이나 재생이 아닌, 과거를 통하여 현재를 보고 현재의 눈으로 미래를 내다보는 이른바 '초월적 시간구조'를 띠어야 한다는 점입니다.

그러나 이와 같은 문제는 연극에 있어서 극작가에게만 지워진 문제가 아니라고 봅니다. 물론 한 편의 연극을 창조하는 과정에서 그 근본적이며 결정적인 기능은 극작가에게 책임이 있습니다. 한 극작가가 그 작품의 소재를 과거에 있었던 사실에서 끌어오건, 현실 속에서 지금 진행되고 있는 사건에서 찾아오건 그건 그 작가의 자유이자 권리입니다. 다만 문제는 그 과거나 현재가 그대로 과거요 현재일 뿐 이른바 '초월적 시간구조'를 가지지 못했을 때 문제가 되는 것입니다. 우리 연극에도 과거에 한동안 전성기를 이루었던 신파극이라는 게 있었습니다. 신파극이란 구극(舊劇)과 대비시켜서 사용되는 말이며 그것은 바로 일본연극에서 흘러들어온 용어이기도 합니다. 다시 말해서 재래식 가부키(歌舞伎) 연극과 대립해서 '새 시대의 새로운 연극'이라는 뜻에서 신파극이라고 명칭을 붙였습니다. 따라서 신파극의 내용이란 초기에는 계몽사상을 강조하는 정치극 아니면, 청일전쟁의 전승을 보고하는 군사극 등이 차츰 소설의 각색이나 서구연극의 번안까지 끌어들이게 되자 신파(新派)는 그 자리를 굳게 다졌고 이때부터 신파극의 내용은 가정비극 아니면 화류계비련극으로 변모함으로써 신파극의 전성시대가 시작되었으니 시기로 봐서 1904년부터 약 10년 사이에 있었던 일본의 연극형태였습니다. 그런데 전기한 이인직이나 임성구를 비롯하여 뒤늦게 조일제(趙一齊), 윤백남(尹白南), 이상협(李相協) 등이 앞을 다투어 이 땅에 소개했던 연극 또는 희곡이란 바로 이러한 일본 신파나 소설을 번안 각색한 작품들이었습니다. 그리하여 초기의 정치사상 계몽주의나 군사극은 그 자취를 감추고 남아 있는 것은 가정비극이나 화류계 비련극이 우리 민중 속에 뿌리를 뻗게 되었으니 시간이 흘러감에 따라 신파란 곧 비극을 뜻했고, 비극은 곧 '눈물'이라는 하나의 유형을 낳게끔 되었습니다. 그리고 눈물 없이는 볼 수 없다는 신파가 그 당시 관객의 지지를 받게 된 이유를 전문가들은 나름대로 다음과 같이 분석을 했습니다.

그 첫째는 사회제도나 인습 그리고 생활감정의 유사성이요, 둘째는 망국민(亡國民)의 비애를 눈물로 달래보려는 소극적인 저항이라고 풀이를 하고 있습니다. 그래서 어느덧 한국 사람은 희극보다 비극을 사랑하는 민족이니 관객을 끌어들이려면 눈물을 흘리게 해야 한다는 불문율이 영화계나 연극계에 뿌리 깊게 스며들었고 그 여파는 지금도 영화와 매일 밤 대하는 방송극에까지 스며들고 있습니다.

따라서 우리나라 초창기의 연극에 있어서 극작가나 연출가들은 어떤 역사의식에 눈을 뜬 상태가 아닌 다만 새로운 형식의 연극을 해본다는 데서 일본의 신파를 이 땅에다 끌어들인 셈입니다. 따라서 당시의 관객에게 있어서 확실히 새로운 예술형태와의 만남이며 그래서 그 당시의 관객으로 하여금 새 문명에 눈뜨게 했던 공로도 있었을 것입니다. 신여성으로서의 자각이나 권선징악 사상에서 오는 윤리성의 확립이나 자기희생에서 오는 사랑의 숭고함이나 고달픈 인생살이에서 한 가닥의 위안을 얻어낼 수 있었다는 것 등은 그런대로의 공로라고는 할 수 있을 것입니다. 그러나 문제는 새로운 연극의 도입과 민중과의 만남에서 보다 분명하고도 극명한 역사의식이 있었던들 우리의 연극은 조금은 달라졌으리라는 점입니다. 바꾸어 말해서 신파극이 우리에게 남겨준 공로 대신 그 과오를 한번 새겨봅시다. "왜 그들은 의미도 없는 눈물이 곧 연극의 진수인 양 민중을 오도하였던가. 왜 우리는 만나는 기쁨보다 이별의 슬픔이 보다 값진 정서라고 배웠던가. 왜 불의나 모순 앞에서 저항하고 투쟁하는 인간승리보다는 패배와 희생과 인종만이 미덕이요 윤리라고 가르쳤던가." 이와 같은 반문은 결코 연극 초창기의 개척자를 헐뜯거나 책임을 추궁하려는 저의에서가 아닙니다. 요는 그 당시의 우리 연극계가 그만큼 역사의식에 어두웠거나 미처 눈을 돌리지 못한 상태에서 민중과 연극은 서로 가까워지는 경우보다 멀어지게 하는 간접적인 요인이 되었다는 것입니다. 희곡 쓰는 극작가 자신도 어떻게 쓰면 오늘 밤 극장을 찾아오는 관객들을, 그것도 부녀자들을 보다 슬프게 할 것인가에 신경을 썼을 뿐 그것이 하나의 문학으로서 얼마만큼 높이를 지녔으며 의식 개혁으로서의 깊이를 파 내려갈 것인가에 대해서는 전혀 생각을 모으지 못했던 것입니다. 그러므로 오늘날 우리는 초창기 연극의 희곡을 전혀 찾아볼 수도 없고 간혹 있다 해도 그것은 문학성이라고는 전혀 찾아볼 수도 없는 하나의 연극대본에 불과하다는 사실에 당황하게 됩니다. 희곡이 상연을 전제로 하는 문학이라는 문학개론적인 정의가 우리에게는 실감도 안 나거니와 희곡이 과연 문학으로서 대우를 받고 있는가라는 반성도 사실은 이와 같은 무감각적인 연극인의 책임으로 돌리지 않을 수가 없습니다.

그러면서도 우리는 연극은 누가 뭐라 해도 예술이며 예술 중에서도 종합예술이라는 개념 규정에는 아무도 반대하지 않을 것입니다. 그러나 우리에게 있어서 과연 연극이 예술로서 정착되었으며 그것을 예술로 봐 줘야 할 것인가에 대해서는 저 나름의 의견을 달리할 것입니다. 그것은 바로 연극이 가장 민중과 호흡을 같이하면서도 민중으로부터 외면을 당하게 되었던 원인은 바로 신파연극의 발아기부터 하나의 역사의식에 대해서 둔감했었다는 슬픈 발자취를 나는 지금까지 얘기했습니다. 다시 생각을 돌려봅시다. 역사의식이란 현재의 눈으로 과거를 보고 미래를 보는 초월적 시간구조라고 했습니다. 오늘 이 순간, 현재 눈앞에 보이는 가시적인 현상이 아니라 그것은 과거와 미래로 맥락이 이어지는 것이라야 했습니다. 그래서 그것은 면면히 이어져나가는 가운데 지층이 두터워지고 탄탄한 지층 위에서 새로운 싹이 돋아나고 그래서 그 나무는 자라 낙엽 져서 밑거름이 되는 것이라야 했습니다. 그러나 유감스럽게도 우리의 경우는 그것이 아니었습니다. 그러한 시대적 상황에서도 토월회가 하나의 연극공연을 목적으로 탄생했음은 획기적이었을지 모르겠으나 그 동인들의 역사의식이 어느 정도였던가는 그동안 상연되었던 작품을 보더라도 곧 알 수가 있었습니다. 그 후 1931년 7월 8일 역시 동경 유학생들에 의하여 조직되었던 극예술연구회(劇藝術硏究會)도 거의 같은 문제점이 있었습니다. 특히 이 집단은 동경에서 외국 문학을 전공하던 문학 청년들의 모임이라는 점에서는 토월회에 비하여 훨씬 높은 지성과 예술적인 안목과 그리고 연극의 예술성을 의식했다는 점에서는 토월회보다 진일보를 보였다고 하겠습니다. 특히 서항석(徐恒錫), 유치진(柳致眞), 홍해성(洪海星), 이헌구(李軒求) 그리고 연극계의 선배인 윤백남 등 보다 전문적인 동인 12명이 있었고, 극작 연출에 있어서도 일본 쓰키지소극장(築地小劇場)의 연극 현장에서 직접 창조작업 기술을 익힌 사람들이 모였다는 것은 우리 연극사상 특기할 만한 사실이었습니다. 뿐만 아니라 이 집단은 당시의 극계가 안고 있는 신인 양성이라는 교육 문제를 몸소 타개하기 위하여 연극 교육과 실험무대를 통하여 신인 양성에 보다 적극적이었다는 점입니다. 이론과 실기를 병행시키면서 신선한 신인 연극인 특히 연기자를 양성했다는 공은 가장 앞서가는 연극적인 행위라 하겠습니다. 그것은 앞서 서술한 한국연극의 당면 문제인 네 가지 사항에 정면으로 도전하려는 의지와 정열과 양심의 결정이라고 봐야 옳을 것입니다. 뿐만 아니라 그들은 "왜 연극을 하는가?"라는 물음에 선명한 대답과 목표를 만천하에 천명하였다는 점으로서도 가장 지성적이

연극과 역사의식

며 양심적이었음은 분명했습니다. 그 실증을 1934년 「신동아」 12월호에서 서항석의 〈신극운동과 흥행극〉의 본질적인 분석과 대립을 밝힌 글 가운데서

신극은 예술본위, 인생본위의 연극이오. 흥행극은 이득본위, 인기본위의 연극이다. 전자는 경제적으로 결손을 본다 할지라도 연극으로 성공하였으면 우선 만족하지만은 후자는 연극으로 우수하였다 할지라도 흥행으로 성공하였어야 비로소 만족한다. 신극은 관중에 대하여 지도적, 계몽적이지만 흥행극은 영합적, 아첨적이다.

라고 주장했습니다. 글을 통하여 볼 때 우리는 1934년 당시의 우리 연극계에서는 예술로서의 신극과 흥행으로서의 신파가 심한 마찰을 일으키고 있었음을 짐작할 수 있거니와 그것은 오늘날의 이른바 순수연극과 상업주의 연극과의 그것을 연상케 하여 또 하나의 역사의 수레바퀴를 실감하는 듯한 느낌입니다.

그런데 그와 같은 높은 이상과 구체적인 연극행위가 있었음에도 불구하고 4년 후인 1938년 3월에 해체된 극예술연구회를 우리는 여러 각도에서 분석하게 됩니다. 즉 그 당시 일본제국주의의 발톱이 그만큼 악독하였다는 것은 더할 나위 없겠으나 그보다 더 근본적 문제는 극예술연구회 자체 내에 있었던 관념적인 연극관 내지는 민중과 유리된 아마추어리즘이 더 문제였으리라고 보고 싶습니다. 즉 해외 문학을 전공했던 동인들의 지적 수준은 높았고 연극의 이론적인 탐색은 진지했을지 몰라도 그 연극의 전문성이나 무대현장의 성숙도는 그 의욕에 미치지 못했고 그래서 하나의 귀족취미 연극이라는 핀잔을 받게 되었다는 점입니다. 즉 아마추어리즘과 프로페셔널리즘이 자체 내에서 갈등을 일으킨 데다 그들의 연극이 민중의 지지를 받지 못했다는 점입니다. 그 원인 가운데

서도 채택된 레퍼토리가 대부분 일본 쓰키지소극장에서 상연되었던 서구의 근대 리얼리즘 연극을 막바로 소개하는 데 급급함으로써 자신들이 앞서가고 있다는 환상 속에 빠져 들어간 결과가 되었기 때문입니다. 물론 유치진의 창작극을 비롯하여 그 밖의 창작극도 상연은 되었으나 결과적으로 자기도취 내지는 서구 작품에 의존하려고만 했던 또 하나의 의타주의 내지는 서구 문화에 향한 추종주의 잔재가 보다 더 큰 원인이 아니었는지 모르겠습니다. 앞서 토월회를 전후한 신파극이 일본 작품에 의존하는 데 이어서 극예술연구회는 서구 근대극의 번역극에 의존함으로써 그것이 곧 예술적인 연극의 전모인 양 당시의 민중들에게 강요하려 들자 그 반대파인 신파는 그것을 흠잡아 역선전을 가했다는 증언도 우리는 듣고 있습니다. 물론 그들은 사업 목표 가운데 우리의 고전(古典)이나 연극적 유산을 발굴하겠다는 포부도 가지고 있었으며 우리 전통연극 유산의 우수성도 인식하는 데 인색하지는 않았습니다. 아니 그 시기에 우리의 전통예술을 소중히 하자는 발상은 확실히 선구자적인 안목임에 틀림이 없었습니다. 그러나 그것은 몇몇 의식적인 동인의 이상이요 포부였을 뿐 그들이 일반 관객에 주는 인상은 외국 작품을 내세우면서 지식인연하는 현학주의자들의 모임으로 보았거나 소시민적이며 부르주아 문화의 심취자들이라고 당시의 좌익 연극인들은 비난을 하기도 했습니다.

그러나 그 경위야 어찌 되었건 극예술연구회가 일반의 지지를 받지 못한 데다가 일본 경찰의 악독한 협박과 탄압에 못 이겨 문을 닫게 되었다는 슬픈 소식은 연극인 자신보다도 그것을 지지하고 받아들여야 했을 일반 관객들의 역사의식의 결여를 우리는 간과할 수가 없습니다. 외국의 문학작품의 소개와 아울러 우리의 연극 유산을 정리 부흥하자고 외쳤던 그 참뜻을 민중들이 더 공감하고 지지하였던들 극예술연구회는 더 살찌고 힘을 얻어 그들이 내건 이상과 목표를 찬란히 꽃피웠을지도 몰랐

을 것입니다. 1935년 1월 「조광(朝光)」 창간호에서 유치진은 〈조선 연
극의 갈길-그 방침과 타개책에 대하여〉라는 글 가운데서 ① 우선 극장
을 갖자, ② 연극전문극단이 필요하다, ③ 우리 연극유산을 발굴하자, ④
그리하여 외국 연극의 섭취와 조선 연극 유산의 정리가 이루어졌을 때
연극의 진면목이 이루어진다 하고 갈파했습니다. 그러나 그것은 하나의
꿈이자 이상으로 끝났으니 우리의 연극은 또 한 번 좌절을 하게 된 것입
니다. 시대를 앞서가는 선각자의 원대한 꿈이 결국은 허망한 백일몽으
로 허물어지고 말았던 이 사실에서 우리는 하나의 문제 제기를 할 수가
있습니다. 그것은 우리의 연극사에도 선각자는 있었고 이상도 있었습니
다. 그러나 결과적으로 그것이 꽃을 피우지 못한 채 일제의 암흑시대를
겪다가 광복을 맞았습니다.

따라서 우리의 연극이 제대로 꽃을 못 피웠던 가장 큰 요인이 하나의
폐쇄된 사회에서 살았기 때문이며 그러한 사회에서의 문화예술은 정상
적으로 자라날 수 없다는 교훈을 알게 되었습니다. 일본의 침략과 억압
과 문화말살정책이 유례없는 암흑의 역사를 낳게 했음을 우리는 알게
되었습니다. 그와 같은 억압과 폐쇄적인 사회에서는 그 어떠한 이상도
정열도 제대로 꽃을 피울 수 없다는 점을 돌이켜볼 때 우리의 문화예술
이 얼마나 불행한 역사의 수레바퀴 밑에서 시달렸던가를 알 수 있겠고
또한 그 문화와 예술을 향유해야 할 민중이 얼마나 의식 면에서 우둔하
고 무관심했던가를 알 수가 있을 것입니다.

그런데 그 문제는 여전히 오늘의 연극이나 예술에도 남아 있습니다.
다시 말해서 8.15 광복 이후 정치적, 사회적 혼미와 전쟁이 할퀴고 간
경제적, 도덕적 혼란 속에서 얼마 동안은 우리는 이성을 잃었던 시대가
있었습니다. 그것은 한낱 존재의 시대였을 뿐 문화니 예술이니 하는 생
활 감각은 찾아볼 수가 없었습니다. 그러므로 제대로 된 연극이 있을
리가 없었습니다. 그러나 사회적 안정과 경제적 활성화에 따라 문화예

술도 차츰 제자리를 확보하고 자아의식의 각성을 가져왔습니다. 그것은 어느 의미에서는 정치적으로는 자유민주주의 사상이요, 경제적으로는 자본주의 경제의 시대를 뜻하는 말이만큼 한마디로 우리는 지금까지의 폐쇄사회에서 탈피하여 개방사회로의 변모와 도약을 가져왔음은 확실합니다. 따라서 문화예술도 그때를 맞추어 보다 폭넓은 시도와 수용과 창조로 급격한 변화를 나타낸 것도 사실입니다. 그런데 그 변화는 또 하나의 문제를 안고 있습니다. 그건 전혀 새로운 이변이 아닌 어쩌면 지난날의 그 망령이 되살아났는지도 모를 일입니다. 지난날의 그 망령이란 다름 아닌 문화적 사대주의이자 배외사상이라 해도 좋겠습니다. 이제는 우리 것을 찾아 나서야 할 시기가 왔다고 목이 쉬도록 부르짖는 소리가 있는가 하면 마구 밀려들어오는 서양 문화와 통속 문화를 무비판적으로 수용하고, 맹목적으로 추종하는 하나의 노예근성이 바로 그것입니다. 우리는 새로운 것과의 만남을 소중한 문화의식으로 알고 있습니다.

그러나 보다 중요한 점은 그 새로운 것이 우리와 어떠한 관계가 있는가에 대한 판단과 섭취의 윤리에 있다고 봐야 할 것입니다. 전혀 의식이 없는 상태에서 소화도 시키지 못하는 안목과 재능으로 오직 그러한 새것과의 만남 자체가 어떤 의의가 있고 문화의식에 눈을 떴다고 착각하는 사례가 많기 때문입니다. 오늘날 우리 연극계의 일각에서 겸허하고 진지한 실험정신이 싹트고 있다는 것은 매우 고무적인 일입니다. 그러나 그 실험정신을 빙자하거나 호기심에 도취되어 국적불명의 연극행위로 마치 앞서가는 사람인 양 착각하거나 자기도취에 빠져드는 경향은 또 하나의 불안과 경악의 씨가 아닐 수 없습니다. 다시 말해서 그 연극이 누구를 위해 있으며 무엇을 위하여 하는가라는 의식을 다시 물어야 할 것입니다. 내가 하고 싶고 내가 좋아한다는 단세포적인 의욕에서 한 걸음 더 올라서야 합니다. 이 시대를 함께 살아가는 관객들에게 그것이

　　　　　　　　　　　　　　　연극과 역사의식

무슨 의미를 가졌으며 그것이 내일의 연극이나 문화와 어떤 맥락으로 이어질 것인가를 생각해야 할 것입니다. 그 맥락이 분명히 성립되었을 때 그것은 비로소 이 땅의 연극예술로서 뿌리를 내리게 되기 때문입니다. 뿌리가 내리지 않은 것은 찰나주의의 향락과 다를 바가 없습니다. 순간적이며 소비적이며 마비적인 것에 젊은 관객이 몰리니까 그것을 충족시키고 거기에 영합하기 위하여 외국 것을 모방하고 받아들인다는 것은 곧 반역입니다.

우리는 함께 사는 시대에 살고 있습니다. 그리고 분명한 점은 우리는 우리의 처지가 있겠습니다. 모든 자유화 경향이 곧 선진국 대열에 낀다는 단세포적 발상이나 개인의 의욕 충족을 곧 자유민주주의의 바탕으로 여긴다면 그건 사회적인 비리나 모순도 함께 인정해줘야 한다는 이론과 통할 것입니다. 기업에도 윤리가 있고 소비에도 윤리가 있다고 합니다. 하물며 예술의 창조와 전파가 민중에게 미치는 영향이 지대하며 특히 연극예술이 지니는 사회성을 감안할 때 우리는 이 시대성을 생각하지 않을 수가 없습니다. 그와 같은 점에 눈을 돌리고 그래서 보다 나은 경지의 연극을 지지하려는 의지와 가치 기준이 바로 역사의식이 아닌지 모르겠습니다.

그러므로 연극은 만드는 사람과 받아들이는 사람 모두에게 역사의식을 요구하게 됩니다. 새롭다는 것은 언제고 낡아지게 됩니다. 우리는 항상 새로운 것을 찾아 나서지만 그것이 순간으로 사라지는 것이 아닌 어디엔가 영원히 살아남아 있을 뿌리를 전제로 해서 새것을 찾아야 했습니다. 나는 그것이 우리의 연극을 되살리고 뜻있는 관객을 확보하는 길이 아닌가 생각합니다.

이렇게 되면 결국 연극을 만드는 사람 못지않게 수용하는 관객에게도 역사의식은 강력히 요구된다는 결론에 도달하게 됩니다.

　모든 창작 활동이란 크건 작건 간에 역사적인 의미를 지니게 마련입니다. 그리고 역사의식을 생각지 않고는 어떠한 창작행위도 값지게 평가받을 수 없다는 것은 하나의 상식입니다. 왜냐면 궁극적으로 창작은 그 작가가 살고 있는 시대의 반영이자 사회배경에 기반을 두고 있기 때문입니다. 자고로 시대와 사회를 떠난 예술작품이란 있을 수도 없거니와 있어서도 안 되는 것입니다. 그것은 현실이 부정적이건 긍정적이건 간에 작가란 항상 자기가 살고 있는 현실에 관심을 기울이게 되며 그러다 보면 비판도 하게 되고 옹호도 하게 됩니다. 하물며 그 현실이 어떤 긴박한 상황에 놓여 있거나 위기에 놓여 있을 때는 그 비판과 옹호의 강도는 더하게 되고 경우에 따라서는 극한적인 상황에까지 휘몰고 가는 게 역사의 현실입니다. 뿐만 아니라 그것이 한 계층에만 해당된다거나 부분적인 욕구에서 이루어지는 것이 아니고 민족 전체에 하나의 위기의식을 안겨주는 경우에 있어서는 작가는 그 누구보다도 그 역사의식에 투철한 인식과 판단을 견지함으로써 그것이 곧 작품세계에 민감하게 반영되었던 쓴 교훈을 우리는 너무나 많이 알고 있습니다. 6.25전쟁 이후 우리 민족이 겪어 나온 30년 동안의 격동과 방황의 역사가 우리 민족에게 얼마나 많은 생각을 안겨주었으며 그 난국을 극복하기 위하여 그 얼마나 많은 시련과 착오와 혼란을 거듭해 나왔던가는 오늘의 작가라면 누구나 다 알고 있는 상식으로 굳혀진 셈입니다. 분단국가의 쓰라린 시련이 우리에게 통일로 향한 염원을 굳게 해주었고 빈곤과 질병이 풍요와 번영을 갈망케 해주었고 그래서 생존권의 쟁취를 지상과제로 여겨왔던 반세기의 역사 속에서 우리는 분명히 살아나온 것입니다.

　그런데 그러한 격동의 계절을 맞고 보내는 동안 창작하는 사람도 그것을 수용하는 사람도 다 함께 그 기본적으로 필요로 하는 의식에 대해

둔감의 경지를 넘어서 망각 내지는 회피의 지경으로까지 휘청거리게 되었으니 그것이 바로 역사의식의 결여가 아닐는지 모르겠습니다.

역사의식이란 일반적으로 말해서 전통과 개성과 발전의 세 가지 개념으로 사용된다고 합니다. 그러나 같은 말이면서도 그것이 문학예술의 창조적인 측면에서 받아들일 때는 약간의 변용을 가져오게 되니 문학평론가 백낙청 씨는 〈역사 소설과 역사의식〉이라는 글 가운데서 다음과 같이 언급하였습니다. "역사의식이란 현재 역사의 구체적 전신(前身)으로서의 과거를 제시해야 하는데, 이렇게 현재를 역사의 소산으로 보고, 과거를 현재의 전신으로 파악하는 정신"이라고 규명하였습니다.

그러나 모든 창작행위가 그러하듯 특히 희곡 창작이나 연극 창조는 그것을 창작하는 사람 자체보다도 그것을 받아들이는 독자나 관객에게 기준을 두고 있다는 점입니다. 다시 말해서 관객을 전제로 하지 않은 연극은 상상도 할 수 없을 뿐만 아니라 그 관객이란 잠시도 현실을 떠나서는 생각할 수가 없습니다. 연극이 이 시대를 살고 있는 동시대인인 관객을 위해 있으며 그들이 살고 있는 현실은 바로 연극을 창조하는 사람들에게 그대로 적용되는 필요불가결의 기준이기도 합니다. 관객이 없는 연극을 상상할 수 없다는 말은 단순한 극적 흥미의 공감대 형성을 두고 하는 말은 아닙니다. 관객이 있음으로 해서 무대가 자극도 받고, 충동을 받고 그래서 양자 간의 적절한 교류와 일체감이 곧 연극을 형성해나간다는 관점에서 볼 때 관객은 곧 연극 창조의 필수요건에 속합니다. 따라서 관객의 표정이나 그 반향 속에서 성숙해지고 정돈되는 것입니다. 그런데 관객의 그러한 기본적인 기능을 전혀 생각지 않거나 도외시하는 상태에서 참다운 연극이 창조된다는 것은 상상조차 할 수 없는 일입니다. 그러기에 장 폴 사르트르는 그의 저서인 「문학이란 무엇인가?」에서 다음과 같이 갈파하였습니다.

독자는 역사 위를 날아갈 수 없다. 그는 항상 역사 속에 구속되어 있다. 저자들도 역시 역사적이다. 어떤 종류의 저자들이 역사를 회피하여 단번에 영원 속으로 뛰어들기를 원하는 것은 바로 이 때문이다. 같은 역사 속에 투입되고, 같이 그 역사를 이룩하는 데 이바지하는 사람들 사이에는 작품을 중개로 하여 역사적 접촉이 성립된다. 저술과 독자는 역사적 행위의 양면이며 작가가 우리를 참여케 하는 그 자유는 자유롭다는 것의 추상적인 순수의식은 아니다. 적절히 말하면, 자유란 본시 있는 것이 아니다. 그것은 역사적 상황 속에서 쟁취되는 것이다.(김붕구 역)

이상은 사르트르가 문학 창작의 경우를 두고 한 말이긴 하지만 연극 역시 문학과 마찬가지로 그 예외일 수는 없습니다. 그러므로 연극평론가 서연호(徐淵昊) 씨는 〈역사극과 역사의식〉이라는 논문 가운데서 역사극을 두고 하는 말 가운데

작가의 상상력과 언어(몸짓)에 의한 개별적이고도 개성적인 완성품이어야 하므로, 역사의식의 구체적인 전개가 수반되어야 한다. 관념에 의한 창작이 아니라, 환상적 유희에 의한 창작이 아니라, 현실적 삶의 불가피한 전개과정을 바탕으로 해서, 부단한 예술적 성실성에 의한 창작이라야 한다. 그러기에 역사의식의 구체적인 전개란 어떤 작품 속에 나오는 이야기의 치밀한 구성이라든지, 사실성(Reality)만을 의미하는 것이 아니라 그 작품이 오늘의 역사발전에 기여될 수 있는 가치를 포함하고 있느냐의 문제인 것이다. 과거의 사실이 역사가에 의해서 역사적 사실로 기술되고, 그것이 다른 사람들에 의해서 역사적 진실로 인정되어야 하며, 그것이 모든 관중과의 심적 교감을 통해서 역사적 진실로 받아들여질 수 있어야 한다. 나아가 관중의 현실적인 삶과 의식에 일대 변혁을 초래할 수 있어야 하는 것이다.

연극과 역사의식

라고 지적하였습니다.

　이것은 역사극이 어떻게 창조되어야 하는가라는 문제에 대한 명석한 대답이자 지침일 수도 있겠지만 무엇보다도 작가가 지니고 있는 자생적인 역사의식이란 그것 자체가 고립적인 것이 아니라 현실적인 사회적인 산물인 동시에 그가 위치한 전통적 기반 위에서 생성, 발전되는 것이므로 항상 필연성과 보편성을 동시에 요구한다고 부언하였습니다. 따라서 작가의 이와 같은 의지가 단순히 일방통행적인 발산으로 끝나버린다면 그것은 이미 의미를 상실하게 되는 것입니다. 문제는 이 강인한 작가의 역사의식이 동시대의 관객의 심장을 울리게 하고 나아가 하나의 공명(共鳴)과 공감을 불러일으키면서 일어나는 자각과 사명감의 유발로 발전되어나갔을 때 비로소 연극은 하나의 효율성을 쟁취하게 된다고 봐야 옳을 것입니다.

　이러한 관점에서 볼 때 과거에 우리가 대할 수 있었던 대부분의 신파극이나 사극은 단순히 과거의 역사 가운데서 그 소재만을 빌려왔을 따름이지 역사적인 현실이나 삶을 기피하거나 무관심하게 내동댕이치면서 감상주의적인 애국심이나 복고주의에 흐르고 말았던 사실을 우리는 기억하고 있습니다. 뿐만 아니라 망국민의 비애를 무대 위에 재현시킴으로써 관객으로 하여금 영탄(詠嘆)과 피해의식과 운명론으로 치닫게 했던 작품은 결국 관객의 심장에 불을 지르기는커녕 반대로 찬물을 끼얹은 꼴이 되고 말았으니 그러한 연극이 어떻게 오늘의 관객에게 자각과 각성과 자아의식을 심어줄 수 있겠는가 말입니다.

　그러나 이와 같은 취약점은 반드시 지난날의 연극에만 있었고 현대의 한국연극은 해당이 안 된다는 논리는 성립될 수가 없습니다. 아니 그 반대로 그와 같은 병폐가 오늘의 한국연극에 보다 고질화되어가고 있고 동맥경화증을 방불케 하고 있다는 데 더 큰 문제가 있는 것입니다.

　나는 지금까지 연극의 부진의 원인이 연극계의 외적인 여건에 있는 것보다는 차라리 그 내적인 침체에 더 근본적인 원인이 개재되고 있다고 여러 차례 강조해왔습니다. 그것이 바로 연극을 만드는 사람이나 수용하는 관객에게서 뚜렷한 역사의식을 찾아볼 수 없다는 점을 거론해왔습니다. 그것이 반드시 역사극이 아닐지라도 오늘날 우리가 대하는 대부분의 연극에서 과연 역사의식을 찾아낼 수 있는 방법은 무엇이며 그것은 또 어디에 숨어 있을까 하는 의심마저 느끼게 됩니다. 그것은 너나없이 연극의 침체를 개탄하면서도 정작 그 원인의 구명(究明) 내지는 극복에 관해서 아직도 불투명한 문명주의나 자유주의 또는 개방주의의 피상적인 면만을 거론하고 있는 실정입니다.

우리가 한국연극을 구출하기 위하여는 우선 몇 가지의 명제를 전제로 해야 합니다. 나는 기회 있을 때마다 말하기를, "연극을 왜 하는가?"라는 질문에 대한 정확한 답을 지닌 자만이 연극을 해야 옳다고 주장해왔습니다. 이것은 근자에 연극 인구와 극단이 늘고, 그래서 공연 활동이 급증하게 되면서부터 일어난 자기반성이자 문제의 제기이기도 합니다. 다시 말해서 오늘날의 한국연극의 현실은 설익은 아마추어리즘과 빗나간 상업주의의 중간에서 뿌리를 못 내린 채 엉거주춤하고 있습니다. 아마추어리즘은 원래가 그 신선한 실험정신을 생명으로 하고, 상업주의란 보다 직업적이고 전문적인 원숙성을 바탕으로 해야 합니다. 양자가 어떤 의미론을 내포하지 않았다손 치더라도 최소한 이 두 가지 특징은 지니고 있어야 옳을 것입니다.

그러나 우리들이 말하는 아마추어리즘이나 상업주의에 입각한 연극들은 대부분 우선 그 형식이나 외형상에서부터 이미 어떤 시행착오나 모순 속에 빠져 있다는 사실입니다. 말로는 소극장연극이라고 하지만 현장에서 이루어지고 있는 연극 형태는 상업주의에 오염된 대극장 형식의 연극을 하고 있는가 하면 겉으로는 거창한 선전술을 퍼뜨리는 이른바 본격적인 상업주의는 기술적으로 미숙한 학생들이 보여주는 학생극일

뿐입니다. 그것은 한마디로 의식 면에서의 기형이 아닐 수 없습니다. 왜냐면 아마추어리즘이건 프로페셔널리즘이건 원래 그것들이 저마다 간직하고 있어야 할 성격이나 특징이 분명 있었을 터인데 결과적으로 둘 다 그것을 놓치고 말았기 때문입니다. 날마다 어디선가 연극행위는 있고 수많은 연극 지망생이 쏟아져 나오고 있음에도 불구하고 연극이 그 형식이나 내용에서 익어가지 않는 원인은 분명 어딘가에 있을 것입니다. 서두에서 말한 바와 같이 정책의 빈곤, 재정적 빈곤, 인재의 빈곤, 환경의 빈곤 등… 이루 헤아릴 수 없이 많은 것입니다.

그러나 나는 오래전부터 그 원인 가운데 가장 심각한 문제는 의식의 빈곤이라고 못박아왔습니다. 여기서 말하는 의식이란 두말할 것도 없이 역사의식입니다. 오늘 이 시대에 왜 연극이 있어야겠는가라는 문제와 연극이 이 시대에 있어서 무슨 구실을 할 수 있겠는가라는 문제와 그리고 연극인 자신이 왜 연극을 택했는가에 대한 분명한 답이 없기 때문입니다. 우리는 적어도 이 땅의 신극 70년사를 통하여 얻어낼 수 있었던 것은 우리들의 선구자들이 미급하기는 했지만 그 의식에 있어서 순수했고 뜨거웠던 사실을 기억합니다. 그래서 그것이 어떤 경우에는 일본제국주의의 탄압에 대한 항거의 표지로 나타나기도 했고, 때로는 민족운동 내지는 좌절에서 견디다 못해 자기학대의 증상으로 나타났던 실례도 기억하고 있습니다. 그러나 불행하게도 그와 같은 의미를 함께 수용해줘야 할 환경 또한 뒤처진 상태였다는 데 문제가 있었다고 봅니다. 즉 그 당시의 관객이, 설령 소수의 선택된 관객일지라도 그들이 그 내재된 의식이나 의미에 동참하고 믿어주고 공동 유대감을 가져줬던들 모르면 몰라도 토월회나 극예술연구회는 좀 더 장수할 수 있었을 것이며 소기의 목적에 좀 더 접근되었을지도 모를 일이었습니다.

연극은 누가 뭐라 해도 창조이자 발견을 위한 노동입니다. 그러므로 창조와 발견이 얼마나 많은 희생과 대가를 치러야 하는가는 비단 연극뿐만이 아니라 모든 예술 창작에는 필연적으로 따르는 조건입니다. 그것 없이 창조와 발견이 이루어질 수는 없습니다. 더구나 현대라는 사회 구조는 우리에게 더 많은 과제와 멍에와 그리고 장애물을 끌어들이고 있습니다. 설상가상으로 저속한 대중오락의 홍수 속에서 순수한 연극예술이 떠밀려 나간다는 것은 어느 의미로는 당연한 인과관계가 될지도 모릅니다. 이와 같은 상황 속에서 허덕이는 연극을 구출해내는 문제는 결코 재정도 정책도 환경도 아닙니다. 문제의 핵심은 연극인 자신의 의식이며 그것을 수용하는 관객의 의식구조가 문제인 것입니다.

"우리는 왜 연극을 하는가?"

한마디로 그것은 스스로 택한 자생적인 충동에서 시작되었을 겁니다. 그러나 충동을 충동으로 그치게 할 수는 없습니다. 더구나 우리나라와 같은 정치적, 문화적, 사회적 복잡성을 띤 사회에 있어서는 더 그러합니다. 좋아서 하는 연극이 순박한 의미로는 시작될 수는 있어도 목적이 될 수는 없습니다. 더구나 취미로 하는 학생극이 아닌 한 나라의 무대예술을 지켜나간다는 사명감을 의식하는 사람에게 있어서는 그 분별은 심각한 것입니다. 따라서 우리의 전통극을 되살리는 일도 그리고 서구의 현대연극을 흡수하는 일도 결국은 그것이 우리의 문화적 풍토와 어떠한 연관성이 있는가에서부터 인식되어야 옳을 것입니다. 지금 파리나 뉴욕에서 그것이 성행되고 있으니까 우리도 해볼 만하다는 발상에서가 아니라 그것이 우리 풍토에 와서 어떻게 자라고 뿌리를 내릴 수 있겠는가에 대한 의미의 발견이 있어야 할 것입니다. 우리는 그와 같은 일련의 수용을 맹목적, 무비판적이라는 이름 아래 기회 있을 때마다 꾸짖어왔지만 현실은 여전히 그와 같은 잘못된 개방주의나 선정주의(煽情主義)로 연극계를 오염시키고 있습니다.

우리는 지금 어디에 있는가? 우리의 과거는 어떠했으며 장래는 어떻게 되어야 할 것인가? 이 물음 앞에서 우리의 행동철학은 사관(史觀)에 대한 인식을 전제로 해야 한다. 의식구조의 혁신이 없이 연극이 새로워지기를 기대한다는 것은 언어도단이다.

라고 연극평론가인 서연호 씨는 갈파한 바 있지만 그것은 곧 연극인과 관객에게 다 함께 역사의식을 호소하고 강조하는 뜻에서였을 것입니다.

6

연극은 관객을 전제로 하는 예술입니다. 어느 시대에도 그것은 지상 과제였고 또 그 관객을 무시하는 연극은 오래가지를 못했습니다. 연극을 만드는 사람은 자기의 의지와 욕구에서 출발했을지 모르지만 궁극적으로 그들은 자신을 위해서가 아니라 관객을 위해서 그 피나는 고생을 했습니다. 생각하기에 따라서는 매우 어리석고도 손해 입는 것이기도 합니다. 그러나 그것이 바로 연극이 아니고는 찾아볼 수 없는 묘미라는 점에서 연극은 또 하나의 생명과 환희를 느끼게 하는 법입니다.

그런데 문제는 그 관객이란 누구인가라는 점입니다. 관람료를 내고 들어온 손님임에 틀림없습니다. 그러나 우리가 좀 더 생각을 가다듬어 본다면 그들은 나와 함께 이 시대를 살아가고 있는 동시대의 사람들입니다. 연령, 학력, 직업, 성격의 차이는 있을지라도 모두가 내 동포라는 소박한 파악부터 생각해야겠습니다. 그들은 저마다 취미가 다르고 기호가 다릅니다. 그와 꼭같은 시간에 영화관에 갈 사람도 있고, TV를 보는 사람도 있고 경기장에 갈 사람도 있습니다. 그러나 그날 극장 안에 들어온 그 관객은 바로 연극을 보기 위해 제 발로 온 사람들입니다. 더 편리하고 신나고 구성한 오락이나 대중문화가 산재해 있는데도 그들은 구태여 연극을 보겠다고 찾아온 선택된 사람들입니다. 그렇다면 연극인은 그들에게 무엇을 제공해야 될 것인가에 대해서 한번쯤 생각을 해야만 옳았을 것입니다. 영화도 쇼도 방송도 스포츠도 아닌 연극이 아니고는 맛볼 수 없는 그 진가를 무대 위에서 보여줘야 옳았을 것입니다. 그것이 눈물이건, 웃음이건, 모험이건, 충격이건 아무튼 연극만이 지닐 수 있고 연극만이 내뱉을 수 있는 언어를 그들에게 들려줘야 옳을 것입니다. 유행가는 가수가 부르고, 재주는 곡마단원이 부리고, 마술은 마술사가 하고, 웃음은 매춘부가 팔면 되는 것입니다. 그런데 오늘날 우리의 연극은 다른 사람들이 해도 좋을 일을 도맡아 하고 있는 꼴이 되었습니다. 그것은 오락이지 예술이 아닌데도 말입니다. 그것은 형식이 아니라 정신인데도 말입니다. 관객이 그것을 보기 위해서라면 술집에 가야 했습니다. 그날 관객은 극장에 온 것입니다. 왜 왔을까를 생각해봤어야 했을 것입니다. 그러나 유감스럽게도 우리 연극인은 그것은 미처 생각 못 하고 누가 되었든 손님만 가득 객석에 모여들기를 하나의 환상으로 기다리는 것뿐이었습니다.

우리는 관객이 누구인가를 생각하게 된다면 결코 난잡하고, 유치한, 국적불명의 연극은 할 수 없게 됩니다. 그것을 할 수 있었다는 것은 관객을 무시했거나 관객에게는 의식 따위가 없다고 오만을 부렸기 때문입니다. 그러나 연극은 관객을 위해 있다는 이 엄연한 사실을 재확인한다면 결코 연극은 지금처럼 의식 없는 소비문화가 될 수는 없을 것입니다.

나는 지금까지 그것을 연극인과 관객이 하나의 역사의식에 눈뜨는 데서 시작된다는 요망에서 얘기했을 뿐입니다. 건강하고 의식 있는 관객 앞에서 병들고 문드러진 연극은 자랄 수가 없기 때문입니다. 그것이 곧 연극이 살아나는 길이요 한국연극이 다른 나라 연극과는 달라져야 할 길이라고 믿습니다.

연극과 역사의식

한국의 소극장연극 연구

1. 문제의 제기

우리나라에서 소극장연극운동이라는 말이 언제부터 쓰였느냐는 역사적 고찰에 대해서는 사람에 따라 그 의견을 달리할 수도 있다. 그러나 연극사를 돌아보건대 '소극장'이라는 단어가 발견되는 시기가 1920년대이고 보면 우리나라의 소극장연극이 이 무렵부터 눈뜨기 시작했다고 봐노 크게 빗나가지는 않을 것이다. 다만 그것이 보다 구체적이고도 본격적으로, 그리고 의식적이고도 예술적으로 어느 정도의 성숙도를 가하게 된 것은 1950년대부터 볼 수도 있을 것이다. 그러므로 이 땅의 소극장운동의 연륜은 겨우 30년 안팎밖에 안 된다는 결론이 나올 수가 있다. 그러나 서양의 경우는 사정이 좀 다르다.

서양연극사나 연극운동에 관하여 웬만큼 공부를 한 사람이면 소극장연극운동의 의미나 그 성격이 무엇인가에 대해서는 알고도 남는 상식 가운데 상식이라 할 수가 있다. 다시 말해서 서양연극사 가운데에서 획기적인 시기로 구획을 지었던 근대극(近代劇) 운동이 바로 소극장연극에서 비롯되었으며 그 첫 봉화를 올린 사람이 파리의 일개 가스회사 사원이었던 앙드레 앙투안이라는 아마추어였고, 그가 떼아트르 리브르, 즉 자유극장이라는 간판을 내걸고 창단공연을 한 것이 1887년 3월 30일이었다는 기록은 이미 널리 알려진 상식이다. 그뿐만 아니라 그 자유극장(自由劇場) 운동의 물결이 독일, 영국, 아일랜드, 러시아, 미국 그리고 일본까지 번짐으로써 세계연극사의 가장 화려한 황금시대를 이룩했다는 것도 이미 널리 알려진 상식이기도 하다.

그러나 문제는 그 소극장운동이 왜 일어났으며, 그것이 내걸었던 슬로건이 무엇이었으며, 그들이 해놓은 일이 무엇인가에 대해서는 별로 알려고도 않고, 알 필요도 없다는 게 오늘날의 젊은 연극인들인 성싶다. 아니 다 알고 있지만 그때와 지금은 시대가 달라졌으니만큼 별로 참고가 안 된다는 판단에서일지도 모른다. 그러나 우리는 오늘의 소극장연극이 어느 지점에 와 있으며 어느 방향으로 가야 할 것인가를 모색하기 위해서도 그 발자취를 재음미해볼 필요가 있다고 봐야 할 것이다.

소극장연극에는 몇 가지의 뚜렷한 목표가 있었다. 즉 연극의 예술성 확립과 기성 연극, 특히 상업주의 연극에 대한 도전과 새로운 시대의 연극의 창조를 위한 실험정신이 바로 그것이다. 종래의 연극이 상류층이나 신흥 부르주아지들의 오락이나 향락에 머물렀고, 연극을 상품화하여 예술성보다는 통속성을 강조했고, 그래서 연극이 보다 많은 대중과의 만남을 피함으로써 타산적인 이득을 노리기 위하여 장식적 요소를 더 가미하는 데 급급했었다. 그와 같이 예술적 타락이나 통속적인 쾌락에 반발하여 연극의 문학성 내지는 예술성을 옹호하고, 선택된 소수의 관객과의 만남에서 하나의 일체감을 찾음으로써 연극이 타분야의 예술과 대등한 위치에서 발언을 하고, 그래서 삶의 진실이 무엇인가를 심어주려는 의식적인 창조행위임을 소리 높이 부르짖었던 사실을 우리는 기억할 필요가 있다. 그러므로 연극이 단순한 오락이라는 고정관념에서 벗어나 민중의 의식을 일깨워주고, 잠든 사고력에 불을 붙여주고, 그래서 보다 인간성을 존중하는 사회가 무엇인가라는 문제에 과감하게 도전했던 사실을 우리는 기억하고 있다. 따라서 소극장연극은 수지채산을 맞추어 이득을 얻으려는 상행위가 아니며 수많은 관객과의 무질서한 만남도 아니었음을 우리는 잘 알고 있는 터이다.

그런데 오늘날 우리 주변에서 날마다 행하여지고 있는 소극장연극의 실상이란 무엇인가. 한국의 젊은 연극인들의 의식구조가 과연 어느 지점에 머물고 있는 것일까. 그것이 바로 이 소론의 주안점이 될 것이다.

근자에 와서 연극공연이 활성화되어가고 있다는 점은 매우 고무적이고도 바람직한 현상이다. 한때 연극에는 관객이 없다는 푸념을 하는 소리도 높았지만 현실적으로는 극단과 연극인이 날로 늘어나고 있으며 특히 공연장이 급속도로 늘어가는 추세는 일단은 우리에게 밝은 미래를 안겨주고 있다. 전국적인 분포도를 차치하고 우선 서울 지역을 중심으로 그 실태를 살펴보기로 하겠다.

한국연극협회에 등록된 회원 극단 수는 1988년 1월 현재로 37개 단체이다. 그러므로 평균 한 극단의 소속 단원을 15명으로 치고도 서울 시내에 연극인은 510명에 달한다. 여기에 등록은 하지 않고 임의로 연극활동을 하고 있는 사람까지 포함시키자면 그 수효는 줄잡아서 1,500명에 달할 것임을 쉽게 알 수가 있다.

그렇다면 서울 일원에 소극장이라고 불리는 공연장은 몇 군데나 되는가를 알아보았더니 객석 3백 석 이하의 소극장이 33개소가 된다. 여기에 국립극장소극장, 세종문화회관소극장, 그리고 문예회관소극장까지 합치면 40개소를 헤아릴 수 있어 인구 1천만의 서울로서는 그다지 빈약한 수는 아닌 성싶다. 물론, 뉴욕이나 도쿄나 런던 같은 데 비하면 열세를 면치 못하겠지만 우리의 실정으로는 그 정도의 극장 확보도 다행으로 여겨야 할 일이다.

그러나 피상적인 분류 방법으로 오늘의 소극장연극의 실태를 살펴보자면 몇 가지 문제점이 따른다. 그것은 창작극보다 번역극이 압도적으로 많으며 그 번역극도 몇몇 작품을 제외하는 모두가 과거에 공연된 바 있는 재탕 작품들이다. 여기서 재탕 작품이라고 해서 모두가 보잘것없다는 뜻은 아니다. 그 가운데는 〈관객모독〉이나 〈신의 아그네스〉, 〈위기의 여자〉 등 이미 정평이 난 작품을 장기공연하는 경우도 있기 때문이다. 그러나 이와 같은 몇몇 작품을 제외하고는 모두가 별다른 의의나 기획상의 야심을 읽어낼 수 없는 일종의 타성에서 이루어지는 안일한 작품들이다. 여기서 구태여 '타성에서 이루어지는 안일한 공연'이라고 표현한 것은 한마디로 말해서 소극장연극의 특성인 기성 연극에 대한 도전이나 새로운 연극을 위한 실험성의 결여를 뜻하는 말이다. 그것은 대부분이 '적은 등장인물에 간편한 무대 장치'의 조건을 갖춘 작품을 골라내는 타성이다. 이 점은 한국적인 실정을 감안했을 때 그럴 수밖에 없었던 당위성도 있었겠지만 대체적으로 소극장연극이 왜소한 연극과 동의어(同意語)로 통용되는 풍토가 문제인 것이다. 소극장은 좁은 규모의 극장임에는 틀림이 없다. 그러나 소극장연극이 반드시 규모가 작은 연극은 아닌 것이다. 앞서 말한 바와 같은 좁은 무대공간에서 이루어지고 소수의 관객을 상대로 하는 연극이기는 하나 그 속에는 기성 연극을 파괴하고 도전하려는 예술적인 선언과 의지가 불타는 연극을 뜻한다. 그러나 우리가 대하는 소극장연극에서 그와 같은 의지를 발견하기란 매우 희귀한 실정이다. 더 단적으로 말하자면 최소의 제작비를 투자하여 손쉽게 연극을 함으로써 최대의 수익을 넘어다보는 연극이 바로 소극장연극이라는 인상을 풍기게 한다. 소극장연극은 실험정신이 결여된 상태에서는 백해무익하다. 설사 미숙한 무대일지라도 그 속에 불길 같은 탐구열이 타오르고 있을 때만이 소극장연극은 그 본래의 의미와 생명을 유지하게 된다.

　그러나 오늘날 대부분의 연극이 소극장연극으로 흥행을 일삼고 있다. 그래서 어린이의 정서교육이라는 명목을 내걸고 어린이 연극까지 한몫 끼어 호황을 누리고 있으며 심지어는 '어린이 뮤지컬'이라는 신조어까지 나타난 실정이다. 진실로 소극장연극이 무엇을 위하여 있어야 하겠는가를 생각한다면 우선 작품 선택에서부터 눈빛이 달라져야 한다. 그것은 오직 아틀리에에서 화가가 캔버스와 씨름하고 시인이 원고지와 싸우듯 하는 자기 연마와 자기 투쟁의 불꽃을 보여야 한다. 그것이 창작극이건 번역극이건 오늘의 관객의 의식에 무엇을 심어주겠는가 하는 자각이 없이는 소극장연극은 한낱 시간과 정력의 낭비로 끝나버릴 공산이 크다. 더구나 대극장 연극의 축소판을 방불케 하는 소극장연극을 대할 때마다 우리는 단말마의 비명을 듣는 듯하여 나도 모르게 등골이 오싹해질 때가 있다.

우리는 이 시대에 태어나서 이 시대를 살아가는 사람들에게 무엇인가 주기 위하여 소극장연극을 하는 것이다. 상업주의를 표방하는 대극장 연극과는 또 다른 면에서 연극의 의미와 매력을 되찾기 위하여 소극장으로 모여야 하고 또 그곳을 찾게 되어야 할 것이다. 그로토프스키가 관객을 99명으로 제한한 이유가 어디에 있었던가를 재음미한 다음에 소극장연극을 준비하는 겸손과 근면을 배워야 할 것이다.

이상과 같은 관점에서 오늘의 연극이 양적으로의 팽창은 있으되 질적으로의 성숙이 모자라는 원인 규명의 일환으로 한국의 소극장연극운동을 되돌아보고 재음미함으로써 내일의 연극을 기대하자는 데 졸고의 의도가 있다고 해야 할 것이다.

2. 소극장연극의 의의와 성장

프랑스의 저명한 연극비평가 르메트르(Lemaitre)는 그의 회고담 가운데서 자유극장 떼아뜨르 리브르의 첫인상을 다음과 같이 서술한 바 있다.

이윽고 술집에서 흘러나오는 불빛을 따라 강파른 언덕길을 지나 구부러진 골목길로 들어섰다. 그곳엔 다 쓰러져가는 건물과 낡은 울타리가 있었고 그 깊숙한 곳에 층계로 이어지는 입구가 보였다. 문을 열고 들어서니 좁은 홀 안에는 343개의 의자가 놓여 있었을 뿐 장식다운 장식도 없어 흡사 시골에 있는 음악당 같았다. 팔을 내밀면 훗라이트 저편에 서 있는 배우에게 닿을 듯했고, 다리를 뻗으면 프롬프터 박스 위에 얹혀질 지경이었다. 무대는 좁으니 되도록 간단한 장치만을 써야 했고, 객석과의 거리가 가까운 탓으로 무대 위의 환상적인 분위기를 기대하기는 불가능했었다. …

이 글은 1887년 3월 30일, 세계 최초의 소극장인 자유극장(自由劇場)이 개관하던 날 그 극장을 찾아갔던 르메트르의 회고문의 한 구절이다. 자유극장은 앙드레 앙투안이라는 아마추어 연극인에 의하여 세워진 극장이자 최초의 소극장연극운동의 본산이다. 그는 종래의 기성 연극을 혁신하려는 야심 아래 동인들을 모았고, 흥행성이라고는 찾아볼 수 없는 네 편의 단막극인 〈지사(知事)〉, 〈모장(帽章)〉, 〈미스 뽐〉, 그리고 〈잭다무르〉를 레퍼토리로 선정하여 연습을 거쳐 이 자유극장에서 첫선을 보인 것이다.

그러나 이 허술한 소극장에서 이루어진 가난하기 짝이 없던 연극이 의외로 호평을 받았을 뿐만 아니라 그것이 후일 역사가들이 일컬었던 이른바 근대극 운동, 소극장운동의 모태가 됨으로써 서양연극뿐 아니라 멀리 러시아, 미국 그리고 일본에까지 그 운동이 확산되었다. 그리고 그 불길은 드디어 동북아시아의 작은 땅인 한국에까지 영향을 미치게 되었다. 다시 말해서 세계연극사상 소극장연극운동은 재래식 연극에 대한 반발과 혁신을 시도함으로써 그 기치를 올렸고, 그것은 전 세계적인 하나의 예술풍조이자 연극운동으로 확산되었다는 데 그 기본적인 의의와 이념을 찾아볼 수가 있다. 바꾸어 말해서 한 무명의 연극 애호가에 의하여 보잘것없는 소규모의 극장에서 이루어진 한 무명 집단의 연극이 이토록 극명한 발자취를 남기게 된 커다란 원인은 결국 그 정신적인 자기 발견과 예술적인 개혁운동에서였지 결코 영리주의나 상업주의에서 시작된 것은 아니라는 점이다. 뿐만 아니라 이와 같은 혁신이 수용될 수 있었던 사회적인 여건이나 시대사조의 변천 역시 하나의 역사적 현실의 필연성이었으며, 시민사회의 자각과 진보적인 선구자들의 과감하고도 열성 있는 후원에 힘입었다는 점도 우리는 간과할 수가 없다.

즉 산업혁명 이후 서구사회를 휩쓸었던 과학사상은 인간의 사유(思惟)에 커다란 변화를 가져왔으니 철학적, 문학적 사상의 변화는 이른바 자연주의 또는 사실주의를 낳게 했고 그것은 현실의 폭로에서 시작하여 사회의 개혁까지도 시도하게 되었던 시대적 사조(思潮)에 힘입은 바 컸다. 게다가 그 당시의 대부분의 연극이란 형식적으로 화려하고 장식적인 경향에 흘러서 드디어는 비속하고 천박한 이른바 잘 꾸며진 연극(The well-made play)이 판치고 있었으나, 상업주의에 물들었던 세속적인 연극에 대한 혐오와 식상은 어느 의미로 봐서는 극히 자연스러운 반발이었다고 볼 수가 있을 것이다.

따라서 1887년에 기치를 올렸던 자유극장의 소극장연극운동은 2년 후인 1889년에 베를린에서 오토 브람이 이끄는 자유무대(自由舞台)를 탄생시켰다. 오토 브람은 아홉 사람의 동지들과 합심하여 회원조직의 무형극장방식(無形劇場方式)에 의한 연극을 선언한 바 있으니,

… 종래의 연극으로부터의 완전한 탈피와 특히 관헌(官憲)의 검열제와 경제적 손실(損失)에 대한 위협으로부터의 절대적인 자유를 갖춘 하나의 무대를 창조한다.

라고 밝혔다.

이때를 같이하여 아일랜드에서는 W. B. 예이츠, 그레고리 부인들에

의하여 더블린에 아베이(Abbey)극장이 설치되었다. 이들의 주장은 아일랜드 독립운동의 일환으로서 연극운동을 시작하였으니 종래의 상업주의 연극에서 탈피하여 민중의 연극을 부흥시키며 그 과정으로서 근대극을 발전시키겠다는 기본자세를 확고히 하였다.

그런가 하면 1891년에는 영국에서 그레인에 의하여 독립극장이, 그리고 1898년에는 러시아에서 스타니슬랍스키와 네미로비치-단첸코 두 사람에 의하여 모스크바예술극장이 탄생하였다. 두 사람이 모스크바예술극장을 설립한 목적은 여러 가지가 있겠으나 그중에서도 종래의 상업주의 연극이 지니고 있었던 '스타 시스템(Star-System)'에 대한 신랄한 비판을 가함으로써 일반 상업극장에서는 좀체로 돌아보지 않았던 희곡을 대담하게 공연하였다.

이와 같은 연극운동에 자극을 받은 미국에도 근대극의 한 역사를 장식할 프로빈스타운극단이 탄생하여 젊은 극작가 유진 오닐을 등단케 함으로써 미국 신극운동의 기폭제가 되었다. 유진 오닐은 1920년에 농촌문제를 자연주의적인 수법으로 표현한 최초의 장막희곡 〈지평선 너머로〉로 풀리처상을 받았으며 이어서 〈황제, 존스〉, 〈앤 크리스티〉, 〈털원숭이〉, 〈느릅나무 그늘 밑의 욕망〉, 〈위대한 신 브라운〉, 그리고 〈기묘한 막간극〉 등을 발표하여 세계를 향하여 미국연극의 수준을 재인식시키는 데 지대한 공헌을 하였다.

이와 같은 소극장운동의 물결은 드디어 동양에까지 밀려들었으니 그 첫 번째 기항지는 바로 일본의 쓰키지(築地)소극장이다.

쓰키지소극장은 1923년 오사나이 가오루(小山內薰)와 히지카타 요시(土方與志)가 주도하여 창립한 소극장으로 이는 건평 80평에 객석수가 497석수 고딕 로마네스크식 건물로 '연극의 실험실', '연극의 상설관'이라는 기치 아래 주로 외국의 근대극 소개와 창작극의 연속공연을 감행함으로써 무대기술의 개발에 공헌하였다. 물론 이 쓰키지소극장이 설립되기 이전에도 일본에는 문예협회, 자유극장, 그리고 예술좌 등의 신극운동극 단이 있어서 주로 외국의 자연주의 연극을 소개함으로써 무대를 통하여 근대화를 실천해왔었다. 그것은 노일전쟁, 청일전쟁의 승리로 선진 자본 주의 국가의 대열에 끼어들게 된 일본의 국력 신장과 때를 같이하여, 당시의 젊고 패기 있는 지식인들이 봉건사상과 제도에 대한 반발과 근대 인으로서의 자각증상에서 일어난 하나의 시대적 사명감이기도 하였다. 따라서 지식인들이 연극을 통하여 예술적인 향상을 도모하려는 뜻 이상 으로 하나의 개량주의 사상이나 계몽주의적인 이념 확립도 크게 작용하 였음을 우리는 쉽게 알 수가 있다.

이상과 같은 새 시대의 연극운동으로서의 소극장연극이 일본까지 건 너왔을 때 우리나라의 지식인들은 과연 무엇을 꿈꾸었고 무엇을 하려고 했을까. 아니 한일 간의 정치적 갈등과 혼란 속에서 일본에 유학을 갔었 던 우리나라 지식인, 특히 학생들의 눈에 비친 일본의 근대극운동은 확 실히 하나의 선망의 대상이자 매력의 유발체임에 틀림이 없었다. 새로 운 시대에 부합된 새로운 연극형태며 그 연극이 내포하고 있는 자유와 독립에의 갈구는 그대로 젊은 지식인들을 사로잡았으니 아직은 깊은 잠 에서 깨어나지 못했던 몽매한 상황의 조국을 연극을 통하여 잠 깨우게 하고 자아 각성을 시키고 그리고 나아가서는 정치적 독립까지도 쟁취하 려고 했던 야망은 극히 자연스럽고도 단순한 충동이 아닐 수가 없었다. 따라서 우리나라의 소극장운동의 성장과정과 그 현황은 다음 장으로 미 루기로 하되 진술한 세계적인 연극 추세로서의 소극장운동이 그 발상과 성장과 성숙의 의미를 어디에 두고 있는가에 관해서는 자명(自明)해졌 을 줄로 믿는다.

바꾸어 말해서 1887년에 탄생한 프랑스의 자유극장 운동이 약 50년 동안 전 세계를 휩쓸어 만연시켰던 그 목적은 첫째는 연극의 실험성과 예술성의 추구였으며 상업주의와 통속주의의 배격이었다고 잘라 말할 수가 있을 것이다. 그것을 다른 면에서 해석하자면 특권층의 전용적 향유물에서의 해방이자 대다수의 소시민, 지식인 그리고 학생들에게 정신적인 각성과 자극을 토대로 한 일종의 목적의식을 지닌 정신운동이었다고 해도 과언은 아닐 것이다. 바꾸어 말하자면 연극이 단순한 흥미 본위의 오락이나 놀이가 아닌 그 내용, 즉 희곡이라는 문학적, 철학적 주장에 의한 감화와 감동을 통하여 시민들의 의식구조의 개량까지도 꿈꾸었다. 그러므로 후기에 가서 소극장운동은 일종의 정치적인 이념과의 접선을 이루게 되었으며 연극이 하나의 정치적 도구화로 전락되어버린 사례도 없지 않았다. 그 실례로 전술한 일본의 쓰키지소극장이 정치적 이데올로기의 대립으로 말미암아 분열의 비운을 맞게 된 것도 한 가지 예가 될 수 있을 것이다.

어떻든 소극장연극은 그 표현형식의 특징 못지않게 문학적 정신세계의 변화와 발전을 바탕으로 하는 예술적인 변모와 탐구를 뜻하는 구체적인 운동이었다는 점에서는 한 점의 의심도 없을 것이다. 다시 말해서 연극이 예술적인 성숙을 위하여는 소극장운동이라는 수단을 빌릴 수밖에 없었던 1900년대의 세계연극은 아프리카나 그리고 남미의 일부 등 이른바 제3세계를 제외하고는 모두가 함께 앓아야 했던 몸살이자 역사적인 필연성에서의 움직임이었음을 우리는 인정하지 않을 수가 없다.

3. 한국의 소극장연극

1) 약사(略史)

(1) 해방 전
나는 지금까지 서양의 소극장연극의 발생과 그 성장 과정을 중점적으로 기술하고 시대적으로의 변천 과정을 약술해왔다. 그렇다면 그와 같은 세계적인 추세로서의 소극장연극이 우리나라에서는 어떠한 경로로 씨가 뿌려졌으며 싹이 터나왔던가를 살펴보기로 하는 작업은 결코 헛된 일은 아닐 것이다. 즉 인접한 일본의 정치적인 침략과 정신적인 동화정책으로 민족성마저 말살하려 하던 시기에 연극운동이 이 땅에서 무엇을 했으며 그것은 또 어떤 형태로 나타났던가라는 현실적인 파악은 어쩌면 우리의 연극이 어떠한 이념 아래서 이루어졌는가라는 심층적 규명하고도 맥락이 통하는 문제이기 때문이다.

이두현(李杜鉉)의 저서 「한국신극사연구(韓國新劇史研究)」를 참고로 살펴볼 것 같으면 우리나라 최초의 신극운동은 현철(玄哲)이 예술학원을 창설했던 1920년 2월로 기록하고 있다. 물론 이 예술학원은 얼마 안 가 문을 닫게 되고 4년 후인 1924년 12월에 조선배우학교(朝鮮俳優學校)를 창설함으로써 본격적인 연극운동을 펴냈었다. 그러나 이 학교는 이른바 연극교육이 본령이지 연극공연은 제2선에 물러선 상태였다. 그러나 현철(玄哲)은 그의 연극교육의 이념을 밝히는 데 있어서, "민족적 의력(意力)이 발달되지 못한 나라는 연극이 발달되지 못하였다."라고 주장함으로써 그의 소신을 단적으로 피력하였으며 연극에 대한 이론과 기예(技藝)를 가르침으로써 새 시대에 부합한 연극인 양성을 급선무로 여겼다. 그것은 비록 화려한 무대공연은 없었을지언정 연극을 하나의 예술로 인식시키고 "연극은 곧 인간을 표현하는 예술이다"라는 독일의 연극학자인 하게만(Hagemann, 1871~1945)의 주의를 신봉했다는 점에서도 결코 간과할 수 없는 선구자의 한 사람이었다.

그러나 실질적으로 무대를 통하여 신극정신을 구체적으로 주장한 선구자는 바로 김우진(金祐鎭)이다. 그는 1920년 봄 동경 유학생들을 규합하여 극예술협회(劇藝術協會)를 조직했다. 김우진, 조명희, 유춘섭, 진장섭, 홍해성, 고한승, 최승일 등이 동인이었고 공연 때는 음악프로도 포함시켰으니 윤심덕, 홍난파, 한기주 등이 바로 그 동반자였다. 극예술협회는 다음해 여름 두 편의 창작극인 조명희의 〈김영일의 사(死)〉와 홍난파의 〈최후의 악수〉, 그리고 김우진이 번역한 아일랜드의 던세이니 작 〈찬란한 문〉을 가지고 7월 9일부터 8월 18일까지 전국 순회공연을 마친 다음 종로 YMCA회관에서 해단식을 가진 바 있다.

이것은 당시의 사회적 환경으로 보나 연극계의 실정으로 보나 획기적이고도 야심적인 연극행위임에 틀림이 없었다. 일반 민중의 지식수준은 말할 것도 없거니와 신연극이라면 이른바 일본식 신파(新派)가 고작이었던 그 시대에 창작극과 번역극을 함께 선보임으로써 하나의 자각을 촉진시켰다는 점은 한국 신극 운동의 선구자적 역할을 했다는 점에서도 특기할 만하다. 다시 말해서 1910년대의 신파연극이 주류를 이루었던 시대조류 속에서 '새시대의 연극'을 표방하고 나선 김우진의 용기와 근대극의 도입에 앞장섰던 학구적인 의지는 높게 평가할 만하다.

그러나 그와 같은 일시적이요 산발적인 연극행위는 결코 뿌리를 내릴 수도 없거니와 동호인끼리의 자기도취나 객기로 끝나버렸을 것이다. 따라서 여기저기서 극단이 탄생하고 공연은 이어졌지만 그것은 의식화된 연극운동이라기보다는 흥행(興行)을 우선으로 하는 상업주의 연극 아니면 저속한 신파극이 차츰 범람하고 있었다.

이러한 와중에서 명실공히 소극장연극운동의 정신적인 유대감과 의무감에서 출발한 집단이 있었으니 토월회(土月會)가 바로 그것이다.

토월회는 1923년 봄 일본에서 유학생인 박승희, 김복진, 김기진, 이서구, 박승목, 이제창, 김을한 등이 동인으로 참가한 순수 연극연구 단체였다. 그들은 매주 모임을 갖고 연극에 대한 이론적 토론과 합평을 가졌으니 그 대상은 그들이 감상했던 주로 근대극들이었다. 입센, 고리키, 하웁트만, 톨스토이, 스트린드베리, 체호프, 그레고리 부인, 그리고 셰익스피어 등의 서양연극과 일본의 창작극들을 접함으로써 젊은 지성에 불을 지르게 된 것이다. 일본의 이른바 근대극의 총본산인 자유극장, 문예협회, 예술좌, 그리고, 쓰키지소극장의 연극을 접하게 되자 지금까지의 토론이나 합평에서 벗어나서 구체적인 연극공연을 통하여 대사회적인 발언(發言)을 하고 싶은 충동을 느끼게 되었다. 그들은 마침내 1923년 7월 4일부터 8일까지 서울의 조선극장을 빌려 창립공연을 가지게 되었다. 공연작품은 유진 필롯(Eugene Pillot)의 〈기갈(飢渴)〉, 안톤 체호프의 〈곰〉, 박승희의 〈길식(吉植)〉 그리고 버나드 쇼의 〈그 남자가 그 여자의 남편에게 어떻게 거짓말을 하였나〉를 교대로 상연하였다. 창작극과 번역극을 함께 공연했다는 점은 전에 있었던 예술협회의 동우회 공연과도 비슷한 발상이었지만 단막극을 주로 택했다는 사실은 선진국의 연극경향을 그대로 받아들인 의식적이고도 도전적인 자기발언임에 틀림이 없었다.

그러나 새 연극에 대한 지식인의 반응은 좋은 편이었으나 현실적으로 공연 결과는 부채만을 남기게 되었다. 바꾸어 말하자면 예술성은 있었을지 모르지만 흥행성은 없었다는 결론이었으리라. 연극이 관객을 상대로 하는 예술이자 동시에 채산을 맞추지 않으면 안 된다는 극히 현실적인 관문 앞에서 토월회는 당황하지 않을 수가 없었다. 그러기에 그 주도자 격인 박승희(朴勝喜)는 그것을 막아내기 위하여 적잖은 사재(私財)를 털어넣어야 했고 레퍼토리 선정에 있어서도 대중적 기호를 참작하지 않을 수 없는 영합주의(迎合主義)를 받아들이기에 이르렀다.

연극의 혁신과 새로운 근대극의 도입이라는 대전제 앞에서는 그 누구도 반대할 사람은 없었다. 그리고 그들이 경주한 창조적인 연극형상화는 모두가 찬사를 아끼지 않았다. 그러나 하나의 연극집단이 지탱해나가야 하는 데 필요한 재정적인 요인에 대해서는 아무런 대책도 묘약도 없었던 게 당시의 토월회였다. 그러므로 창단한 지 3년 만인 1926년 4월 10일 제56회 공연을 끝으로 해산의 비운을 맞게 되었다. 물론 그 이후 토월회는 두 번의 재기 공연과 태양극장(太陽劇場)으로 개명하며 그 명맥을 유지하려고 했으나 그것도 1940년에 해산을 하게 되었으니 토월회는 그 복잡다기했던 운명을 마치게 된 셈이다. 그렇지만 앞서 얘기한 바 있듯이 토월회는 일본의 근대극에 있어서 문예협회나 예술좌가 감행했던 그 구실을 맡았다.

그러나 그 공과(功過)는 결코 무시할 수도 없는 것이다.

먼 훗날 박승희는 토월회가 참패를 당한 원인분석과 조선연극의 실태를 진단하는 글 가운데서 다음과 같이 1931년 1월 13일자 매일신보에서 실토한 바 있다.

첫째 돈이 없으므로 말미암아 극단의 배경이 되는 극장다운 극장의 소유가 하나도 없는 것과 연극인다운 연극인의 존재가 적은 것도 중요한 원인이겠죠. …

이 말은 자기 극장이 없이는 연극은 불가능하다는 판정이며 연극인다운 연극인이란 바꾸어 말해서 전문가가 없는 연극 역시 불가능하다는 뜻이었으리라.

그런데 한국연극사 가운데 소극장(小劇場)이라는 명칭이 처음으로 발견되는 것은 1930년에 창단된 경성소극장(京城小劇場)이 바로 그 효시이다. 즉 그전에 소극장연극운동을 했던 극단도 그 극단 명에다 소극장이라는 말을 사용하지 않았는 데 비한다면 이 경성소극장은 뭔가 보다 구체적이고도 현실적인 소극장연극을 표방하고 나섰던 게 틀림없다. 따라서 그 창단멤버를 보더라도 윤백남, 이상화, 이기세, 박승희, 그리고 홍해성 등 당시로서는 쟁쟁한 지성인이요 전문 연극인들로 구성되어 있었다. 따라서 그들은 종래에 있었던 소극장연극의 실패원인을 교훈 삼아 보다 적극적인 연극운동을 하겠다는 의지 아래 극단을 창단했었으리

라. 그러나 불행하게도 극단 경성소극장은 창단되자마자 무산되고 말았
다. 그 대신 그 당시 일본의 소극장연극의 메카였던 쓰키지소극장에서
연극 공부를 하고 돌아온 홍해성(洪海星)이 주동이 되어 지난날의 토월
회 멤버를 재규합하여 극단을 조직하였으니 신흥극장(新興劇場)이 바로
그것이다. 그러나 창립공연인 연극 〈모란등기〉가 실패로 돌아가자 곧
극단 문을 닫게 되었다. 모처럼 의욕적인 연극인들에 의한 한 전문적인
소극장연극운동을 해나가려던 경성소극장과 신흥극장이 연거푸 쓰러진
원인은 무엇일까. 이에 대하여 당사자인 홍해성은 자신이 일본의 쓰키
지소극장에서 습득해온 연극창조 방식을 그대로 직수입한 데서였다고
다음과 같이 술회하였다.

> 그 실패의 원인은 일본의 방식을 직수입하려는 데 있었다. 가령 '쓰키
> 지(築地)'에서는 한 극본을 가지고 한 달씩이나 공연하는 방식을 이곳에
> 서 쓰려고 했으나, 한 극본을 가지고 5일 이상만 하여도 벌써 관객이
> 줄어드는 곳이다. 또 동경은 문화적이요 분업적이다. 극작가, 연출가, 출
> 연자, 흥행자가 모두 독립되어 있으나 여기는 그렇지 못하다.

라고 밝힌 점으로도 우리는 당시의 연극운동의 실정이 어느 정도였던가
를 짚어볼 수가 있을 것이다.
    그러나 다른 한편에서는 진지하고도 본격적인 연극운동이 있었으니
그 대표적인 것으로 연학년(延學年)이 이끌었던 종합예술협회(綜合藝
術協會)를 들 수가 있다.
    연학년은 연극공연 이전에 희곡낭독회와 연구발표회를 가짐으로써
연극에 대한 진솔한 이해와 그 확산을 꾀하였으니 아일랜드의 그레고리
부인 원작 〈월출(月出)〉을 낭독했고, 체호프의 문학세계를 연구하는 강
의와 그 밖에 문예강연도 가진 바 있다. 그리하여 1927년 8월 22일 예술

협회와 백양회(白羊會)가 합동하여 출범한 집단이 바로 종합예술협회이다. 종합예술협회의 출범에 즈음하여 이들은 합동성명서를 발표한 바 있으니,

　　전반동인(全般同人)의 의사에 있어서나 각자의 전표적(全標的)이 사회교화(社會敎化)의 중임(重任)에 있음을 자각하고 그 전로(前路)를 향하여 보무(步武)를 진출함에 우리의 운동핵심을 두었다.(이두현, 「한국 신극사연구(韓國新劇史硏究)」 참조)

라고 밝힌 바 있다.

　이 성명서의 일부에서 우리는 당시의 연극운동이 단순한 예술주의적인 작업에 머물러 있지 아니하고 사회교화(社會敎化)에까지 폭을 넓혔다는 점에서 주목을 끌게 한다. 다시 말해서 연극운동이 곧 사회교화 내지는 민도향상이나 사회교도의 차원으로까지 확산되어가는 과정에서 당시의 우리나라의 사회적 배경이나 지식인 또는 예술인들의 시야가 어디쯤에 와 있었던가를 쉽사리 엿볼 수 있다는 점에서도 주목을 할 만하다.

　이렇게 단단한 각오와 사명감에서 출범한 종합예술협회는 그 창단공연으로 러시아의 근대극인 안드레예프작 〈뺨맞는 그 녀석〉과 체호프의 단막극 〈결혼신청〉을 택했다는 점도 흥미 있는 일이다. 특히 이례적으로 당시의 영화배우로서의 대표적인 강홍식(姜弘植)과 나운규(羅雲奎)가 참여함으로써 이 땅의 신극운동의 일익을 담당하였다는 점은 연극이 하나의 전문성을 필수조건으로 한다는 자각증상으로 받아들여도 무방할 것이다. 바꾸어 말하자면 종래의 연극운동이 학생이나 동호인들의 집단에 의하여 연극에 대한 정열 하나만으로 추진되었던 실정에서 한발 더 나아가서 연극적 훈련을 거친 신진기예의 역군과 전문인까지도 포섭하지 않으면 안 되겠다는 판단 아래 여배우 이월화(李月華), 복혜숙(卜

惠淑) 등도 화려하게 등단을 했었다.

그러나 이 무렵의 한국연극에서 가장 주목을 끄는 현상은 바로 학생극이다. 학생극은 이미 1920년대 초기에 그 기치를 올린 바 있지만 1927년을 전후하여 이화여고보(梨花女高普), 이화여전(梨花女專), 연희전문(延禧專門), 보성전문(普成專門), 세브란스의전(醫專) 등의 연극반에 의하여 활발한 연극운동을 전개하였으니 그것은 곧 소극장연극 정신이 지니고 있는 실험정신 또는 개척정신을 몸소 실현했을 뿐만 아니라 저속한 상업주의나 흥행주의 연극에 길들여졌거나 혹은 이미 식상을 일으켰던 지식층의 관객에게는 더할 수 없는 보람이자 열망이었다. 그러므로 레퍼토리 선정도 이른바 경향적(傾向的)인 작품이 대담하게 채택되었고 서양의 근대극을 대표할 만한 안톤 체호프나 헨리크 입센의 작품을 선보이게 한 것도 우리에게 있어서는 매우 소중한 유산일 수도 있었다.

이와 같은 소극장연극 내지는 신극운동의 기운이 차츰 성숙되어가는 추세를 몰고 오면서 햇빛을 보게 된 것이 극예술연구회(劇藝術硏究會)의 출범이라 하겠다.

극예술연구회는 그 집단의 명칭이 밝히고 있는 것처럼 극단(劇團)이나 좌(座)라는 명칭을 피하고 굳이 연구회(硏究會)라고 지칭토록 하는 데서부터 그 빛깔을 쉽게 알 수가 있다. 극단이나 좌라는 명칭은 일본의 상업주의 신파극을 지향하는 극단이나 아니면 극장(劇場)에서 즐겨 쓰던 말이다. 이와 같은 심리적, 이념적 자각은 앞서 있었던 극예술협회나 토월회하고도 그 맥락을 같이하고 종합예술협회도 그 예외가 아니었다. 다시 말해서 새로운 시대에 상응하는 새로운 연극을 지향하는 집단이라면 모름지기 그 집단의 명칭에서부터 묵은 때를 벗겨내야 하며 상업주의 극단과는 분명하게 구분지어야 한다는 의도에서 '연구회'라고 명명했을 것이다. 그것은 어디까지나 연극을 연구하고 탐구하면서 연극을 예술적으로 성숙시키자는 운동을 목표로 했던 예술적 이념에서 나온 말이기도 했다. 그러나 이와 같은 의식적인 집단은 이미 1년 전인 1930년 8월에 출범했다가 유산이 되고 만 경성소극장의 창단선언서에서 그 당시의 뜻 있는 연극인의 포부와 이념을 쉽게 알아볼 수가 있을 것이다. 즉

우리들의 극단 경성소극장(京城小劇場)은 자유극장(自由劇場)의 신 극 운동으로써 현하(現下) 우리 대중의 새로운 희망과 건전한 요구에 적 응키 위하여 극예술가 동지를 규합하고 극장인을 기본적으로 교양하며 신시대의 현상을 극예술의 표현형식으로 반영(反映)한 문화의 건설과 아 울러 조선극단을 기본적으로 새로 수립키를 기함.

이라고 만천하에 천명한 바 있다. 그러므로 새로 탄생한 극예술연구회가 나아갈 길도 경성소극장의 그것과 크게 다를 바가 없고 일찍이 극예술협 회에서 토월회, 경성소극장, 종합예술협회, 그리고 극예술연구회로 이어 지는 그 정신적인 명맥은 대동소이한 것이었다. 다만 그 가운데에서도 극예술연구회가 보다 적극적이고도 실질적으로 이른바 소극장연극운동 에 투신하였다는 점은 여러 가지 의미에서 가치 있는 일이라 하겠다.

극예술연구회는 1931년 7월 8일 12명의 동인에 의하여 창립된 순수한 연극예술의 연구단체이다. 여기에 그 동인 명단을 소개하자면 다음과 같 다. 김진섭(金晉燮, 法政大獨文科), 유치진(柳致眞, 立教大英文科), 이 헌구(李軒求, 早大獨文科), 서항석(徐恒錫, 早大獨文科), 이하윤(異河 潤, 法政大英文科), 장기제(張起悌, 法政大英文科), 정인섭(鄭寅燮, 早 大英文科), 조희순(曺喜淳, 東大獨文科), 최정우(崔珽宇, 東大英文科), 함대훈(咸大勳, 外大露語科), 그리고 기성 연극인 윤백남(尹白南)과 홍 해성(洪海星)이 바로 그 면모들이다. 여기에서 우리가 쉽게 알 수 있는 한 가지 사실은 이들 모두가 외국문학을 전공한 지식인이자 유학생이라 는 점이다. 이와 같은 사실은 이미 1920년의 극예술협회에 의한 연극운

동에서 나타난 점으로 예외 없이 그 시대를 앞서가던 지식인의 적극적인
참여 없이는 연극운동을 일으킬 수 없었다.

극예술연구회는 그들의 지성과 이성과 체험과 그리고 낙후된 조국의
연극계에 일대 혁신을 일으키자는 열광적인 의지와 단결력으로 출범하
였으니

> 극예술에 대한 일반의 이해를 넓히고 기성극단의 사도(邪道)에 흐름
> 을 구제하는 동시에 나아가서는 진정한 의미의 '우리 신극(新劇)'을 수립
> 하려는 목적.

임을 만천하에 선포하였고 그 사업 내용으로서 관중(특히 학생)의 교도,
배우의 양성과 기성 극단의 정화에 주력하고 신극 수립에 필요한 일체
사업과 기획 등을 밝힌 바 있었다. 따라서 극예술연구회가 목표로 삼는
점은 크게 다음과 같이 분류할 수가 있다. 즉

① 영리목적, 오락 위주의 연극에서의 탈피
② 유럽의 자유극장(自由劇場) 운동과 미국의 소극장운동, 그리고 일
　　본의 '쓰키지소극장'과 같은 현대극예술로서의 실험과정을 거쳐나
　　가면서,
③ 연구와 실천을 통한 연극예술의 정착화

로 집약시킬 수가 있을 것이다. 그러므로 극예술연구회는 선진 외국의
소극장연극을 하나의 거울로 삼아 실험과 교육과 그리고 창작극 발굴에
역점을 두었다는 점에서도 특기할 만하다. 특히 유치진은 우리의 전통예
술인 판소리, 꼭두각시, 탈춤까지도 끌어내어 이른바 국적 있는 민족연극
을 탄생시킬 때라고 내다보았던 점은 극예술연구회가 지니는 의미를 더

크게 돋보이게 하였다. 따라서 직속 극단인 실험무대(實驗舞台)를 조직하여 신인 양성을 위한 이론과 공연의 흔적은 짧은 신극운동의 역사 가운데서 가장 획기적인 예술운동이라고 할 수가 있다. 특히 그들은 연극공연뿐만이 아니라 제6회 공연을 앞두고 기관지 「극예술(劇藝術)」을 발행하기에 이르렀다,

극단이 연극공연을 하는 집단으로만 알았던 환경 속에서 연극 전문지를 발행했다는 한 가지 사실은 매우 큰 의미를 지닌 업적이 아닐 수 없다.

그러나 이와 같은 극예술연구회의 획기적이고도 열화 같은 활동에 대하여 부정적인 여론이 없었던 것도 아니다. 그 첫째가 번역극을 이식하는 과정에서는 불가피한 일이기도 하였지만 그 대부분이 일본의 쓰키지 소극장 형식을 그대로 모방한 데서 빚어진 결과였다. 따라서 이러한 비판에 대해서는 유치진도 그 결점을 시인하였다. 그런가 하면 당시의 직업극단인 동양극장(東洋劇場) 주변에서는 극예술연구회의 배우를 가리켜 공회당배우(公會堂俳優)라고 빈정대었으니 이것은 곧 그들의 연극공연장이 주로 공회당이나 강당 같은 장소에서 이루어졌으며, 그 연기술이 능숙지 못했던 점을 비아냥거리는 말이기도 했다. 바꾸어 말해서 상업주의 연극은 이른바 극장에서 공연을 가진 데 반하여 신극운동 단체인 극예술연구회는 공회당이나 기타 소극장에서 공연할 수밖에 없었던 사회환경에서는 어찌할 도리가 없었다.

그러나 그와 같은 우여곡절을 겪은 다음 극예술연구회도 1935년 11월의 제8회 공연은 대극장인 부민관(府民館)으로 진출했다는 기록은 결국 소극장연극의 이상과 현실 사이의 괴리를 단적으로 나타낸 실증이기도 했다. 그러기에 1935년 1월 월간지 「조광(朝光)」 창간호에서 유치진은 〈조선연극의 앞길〉이라는 글 가운데서 연극의 타개책을,

① 연극 전용극장을 가져야 한다.

② 연극 전문극단이 필요하다.

③ 우리의 연극유산을 발굴해야 한다.

라고 지적한 점으로 보아서도 연극전용 극장이 없었음을 첫손으로 꼽았다. 이것은 당시의 연극이 동양극장을 제외하고는 조선극장, 우미관, 단성사 등을 높은 임대료를 내고 단시일 대관공연 하는 데서 오는 불편을 실토한 것이며 그러기에 재정적인 허약성을 지닌 신극운동 극단은 공회당(公會堂) 같은 곳을 빌릴 수밖에 없었다.

그러나 이 시기에 있어서 가장 가혹했던 난관은 일본 관헌들의 감시와 협박이었다. 그것은 의식 있는 신극 단체는 예외 없이 일종의 불온사상 단체로 낙인을 찍었으니 극예술연구회도 그 예외가 아니었다. 그것은 진정한 의미에서의 신극운동은 당시의 사회 현실에 대한 심각한 칼질이며 발언일 수밖에 없었다. 그러므로 유치진은 1937년 6월 11일자 조선일보에서,

신극은 소극장운동이다. 그 이유는 신극은 가장 진보적인 연극을 탐구하려는 연구기관이요 실험소이다. 연극은 항상 현실에 육박하는 자이요, 현실에 육박하려는 육탄력에 연극 그 자체의 생명이 있는 것이 아닐까? 작일(昨日)의 신극은 너무도 귀족적인 자기도취에서 그 껍질을 벗어나지 못하였다. 연극은 항상 아량이 넓고 심장이 크고, 가두의 모든 풍운을 반영하는 전 국민적인 바로메타가 되기를 원한다. (이두현, 「한국신극사 연구」 참조)

이와 같은 고백은 그 당시의 의식 있는 연극은 직접, 간접적으로 일제(日帝)에 대한 반항이나 비판이었고 그것은 음으로 양으로 조선 민족의 우월성과 문화의 독자성을 과시함으로써 민중의 의식적 계몽과 소극적

인 선동까지도 내포한 하나의 정치적인 저항정신이었다고 해도 과언은 아니었다. 그러므로 극작가는 현실과의 대결에서 좌절하게 되자 역사극으로 도피를 했고 미래지향적인 투쟁보다는 복고적이며 회상적인 낭만주의에서 안주하게 되었다. 그것은 그 당시의 대부분의 조선의 예술가의 고민이었다. 역사와 현실 속에서 자신을 발견하기란 어려운 일이었다. 그리하여 극예술연구회도 온갖 풍상과 내분과 압박에 이기다 못하여 1938년 3월 일제에 의하여 강제 해산의 비운을 맞게 되었다. 창단 7년 만에 문을 닫았으나 극예술연구회가 내걸었던 신극 수립의 목표와 실천 방법은 이 나라 소극장연극운동의 모든 문제를 함께 내포한 하나의 모델로 봐서 결코 지나친 평가는 아닐 것이다.

지금까지 우리는 이 땅의 연극사 가운데서 주로 신극(新劇)이라는 이름 아래 소극장운동을 해나온 발자취를 더듬어보았다. 즉 1920년의 김우진이 이끌어왔던 극예술협회부터 토월회, 조선배우학교, 종합예술협회, 경성소극장, 신흥극장, 그리고 극예술연구회에 이르기까지의 신극운동이 바로 그것이다. 그러나 이 시기에 우리가 간과할 수 없는 소극장운동의 한 양상이 있으니 그것은 이른바 경향극(傾向劇)이라고 불리는 일련의 프롤레타리아 연극운동이다. 여기서 굳이 간과할 수 없다고 말한 것은 결코 그들의 예술적 수준이 높이 평가받아야 한다는 뜻에서가 아니라 그 시대적 조류 속에서 연극운동이 무엇을 노렸으며 그것을 지켜보는 일본 제국주의의 예술적, 정치적 안목이 무엇을 뜻하는가에 문제의 핵심이 있기 때문이다.

프롤레타리아 예술은 말할 것도 없이 계급투쟁을 전제로 하는 정치적 이념 구현을 목적으로 하는 예술을 뜻한다. 따라서 문학, 미술, 음악 등 이른바 순수예술에서도 그것은 매우 활발한 활동을 하였지만 특히 공연예술로서의 연극은 보다 특이하고도 독자적인 발자취를 남기고 있다.

프롤레타리아 연극이 우리나라에 들어온 것은 물론 일본을 통해서였다. 일본에서 프롤레타리아 연극이 가장 성했던 시기는 1928년부터 1932년까지의 약 5년간이었다. 그것은 출발부터가 대중을 선동하며 기존 정치체제인 천황제를 전복하자는 데 그 목적이 있었고 급기야는 1940년에 경찰에 의하여 강제 해산을 당하였다. 일본에서의 이와 같은 운동이 쉽게 우리나라로 흘러들게 된 것은 망국민의 슬픔을 행동으로 보이려하는 자극적인 면과 연극의 대중화 운동을 통한 사회주의 사상의 보급이 그 목적이었을 것이다. 그러므로 그와 같은 시도는 1939년 일본에서 조직된 조선어극단(朝鮮語劇團)이 3.1극장으로, 그리고 다시 조선예술좌로 변형되어가면서 연극을 통한 정치운동을 일삼게 되었으니 안영일(安英一), 이서향(李曙鄕), 이화삼(李化三), 김두용(金斗鎔), 김파우(金坡寓), 이홍종(李洪鍾), 이기영(李箕永) 등이 가담하였다. 그리고 일본 프롤레타리아연극동맹에 가입까지 하였으며 이기영의 〈서화(鼠火)〉, 유치진의 〈소〉, 〈빈빈가〉, 무라야마 도모요시의 〈아편진쟁〉 등을 쓰키지소극장에서 공연하여 평가를 받기도 하였다.

이와 같은 일본의 연극 물결이 조선으로 흘러들어 조선프롤레타리아예술동맹이 발족된 것이 1935년 8월이었다.

약칭 카프(KAPF)로 불리는 이 조직은 그 산하에 연극동맹을 두었고 다시 그 산하에 몇 개의 소극장연극단체가 가입하였으니 그중에서도 극단 신건설(新建設)은 그 조직의 탄탄하고도 광범위한 점과 그들이 내건 행동강령의 격렬성으로 보아 당시의 지식인들의 많은 호응을 얻었다. 그리하여 그 중견 인물은 김태진(金兌鎭), 박영희(朴英熙), 김복진(金復鎭), 한설야(韓雪野), 조명희(趙明熙), 최학송(崔鶴松), 백철(白鐵), 라웅(羅雄) 등 쟁쟁한 문학인, 연극인이 망라되었다.

신건설은 종래 있었던 소극장연극운동이 빠졌던 예술관을 "예술지상주의적이며, 부르주아적 형식주의며, 저속한 관능주의적 퇴폐주의 연극"이라고 매도하기에 이르렀다. 그러므로 그들은 연극을 통하여 마르크스

주의 선전과 공산주의 사회를 건설한다는 목적 아래 이동식 소형극장과 신건설을 두고 공연활동을 하게 되었다. 이들은 전국적으로 좌익 예술가를 망라하며 1931년 11월부터 1932년 5월까지 전국순회공연을 감행하였고 1932년 6월에는 극단 이름을 메가폰으로 개명하였다. 그러다가 1934년 8월에 전라북도 경찰부에 의해 검거되어 KAPF와 함께 해산을 당하게 되었다.

그러나 이와 맥락을 같이하는 소극장운동이 경향 각지에서 일어났으니 1930년에 대구에서는 가두극장이, 개성에서 대중극장이, 해주에서 연극공장, 함흥에서 동북극장, 평양에서 마치극장 등이 연이어 창단되어 지방공연을 감행하였다. 따라서 일련의 경향연극은 앞에서도 말한 바와 같이 상업주의 연극에 반기를 들고 연극을 대중화시키려는 뜻에서는 별 문제가 없었으나 정치적 슬로건을 직접적으로 선전하고 나섰던 점에서는 연극의 예술성을 표방하고 나섰던 토월회나 극예술연구회와 크게 그 성격을 달리하고 있었다.

그러나 이와 같은 소극장연극운동이 몰고 온 여파는 연극 자체를 백안시하거나 천대시하게 되었고 특히 총독부의 대민관은 크게 사시화(斜視化)되었으니 모든 연극인은 모두가 사상범 아니면 그에 동조하는 사람으로 인식되었고 따라서 그 검열제의 악법은 더욱 굳어지게 된 것이다. 바꾸어 말해서 연극운동에 있어서의 옥석(玉石)을 가려낼 지적 수준의 저하와 혼돈은 이 땅의 연극발전에 적지 않은 지장을 가져오게 되었을 뿐만 아니라 먼 훗날 연극 및 연극인에 대한 일반 시민의 인식도에도 좋지 않은 영향을 미치게 되었던 것이다.

소극장연극운동의 발상 자체는 정치도 사상도 아닌 오직 예술적인 훈련과 인식을 통하는 인간성의 확인이자 자유에의 갈망이다. 그것은 연극 자체가 목적이지 수단은 아니었다. 그런데도 불구하고 연극운동이 정치적 수단으로 악용되었던 한 시대의 시행착오가 먼 훗날 우리 연극

발전의 저해 요인으로 변질될 줄은 그 누구도 몰랐을 것이다. 뿐만 아니라 연극에 대한 그릇된 선입견과 인식이 관료주의와 권위주의의 결탁으로 더욱 험난한 길을 가게 했던 것도 이 때문이었다. 그리하여 1940년부터 1945년까지는 이른바 소극장연극이란 찾아볼 수 없고 이 땅의 연극은 국민연극이란 이름 아래 일본 국책연극 아니면 저속한 신파연극과 유랑극단으로 변하였으니 그것은 연극운동이 아니라 삶의 수단이자 호구지책으로 전락되고 말았다. 따라서 이 땅의 연극운동 역시 암흑기를 맞아 그 속에 매몰되었고 의식 있는 연극인은 사상범으로 몰리다 초야에 파묻혀 현실도피의 험난할 길을 갈 수밖에 없었다. 말하자면 정치적인 암흑기는 곧 이 땅의 연극운동사에 절망과 좌절의 획을 긋게 된 셈이다. 그리하여 동경에서 꾸준한 연극운동을 해나온 동경학생예술좌도 1940년 9월 일경에 의하여 강제 해산의 비운을 맞게 되었다. 그러므로, 1920년에 초기 학생극으로 시삭되었던 이 땅의 소극장연극운동은 동경학생예술좌 사건을 마지막으로 그 종장(終章)의 막을 내리게 되었다.

(2) 해방 후

우리는 지금까지 조국 광복이 있기까지의 일제압정 아래서 있었던 소극장연극운동의 발자취를 더듬어보았다. 그것은 명백한 의지와 목표 아래 이루어진 예술운동이었으며 때로는 일제에 대한 저항운동이기도 하였다. 특히 경향극운동은 일련의 정치적 사상운동의 일익을 담당함으로써 일본 관헌의 혹독한 압박을 받았을 뿐만 아니라 그것이 계기가 되어 예술지향적 연극운동까지도 불온사상을 지닌 집단으로 오인되거나 박해를 받게끔 되었다.

그러나 1945년 8월 15일, 조국의 해방은 연극계에도 커다란 변화를 가져오게 되었다. 그것은 비록 정치적 주권(主權)은 완전한 것이 못 되었다 할지라도 최소한 이 땅에서 일제가 물러감에 따라 지금까지 연극공연에 가해졌던 온갖 제약이나 억압에서 벗어날 수 있었던 자유의 향유는 이 땅의 연극인들에겐 하나의 감동이자 충격이 아닐 수 없었다. 그러므로 지금까지 지하로 숨었거나 연극을 포기했던 사람들까지도 다시 극단을 조직하였고 이 극단들이 주축이 되어 1945년 9월 15일에는 연극동맹(演劇同盟)을 결성하였으니, 혁명극장, 조선예술극장, 서울예술극장, 인민극장, 극단 청포도 등 문자 그대로 우후죽순의 현상을 노출했다. 그러나 이들의 대부분은 과거에 경향극 운동을 했거나 신파연극을 해왔던 좌익 연극인들이 태반이었고 이른바 우익진영으로 불리는 연극인은 별로 활동을 안 하고 있었다. 뿐만 아니라 뜻하지 않게 정치적 회오리바람을 몰고 온 신탁통치(信託統治) 파동은 연극계에도 그 여진이 밀려왔으니 이른바 우익진영으로 불리는 연극인들이 모여 극예술연구회를 재건하게 되었다. 유치진, 서항석, 함대훈 등 1931년의 창단멤버를 중심으로 이용규(李容圭), 김광섭, 최영수(崔永秀), 이웅(李雄) 등이 참가한 극예술연구회는 1946년 8월 배재(培材) 강당에서 제1회 시연회(試演會)를 가졌으니 모르면 몰라도 해방 후 최초의 소극장연극이 아닐는지 모르겠다.

그러나 1947년 5월 11일 유치진이 주도하는 전문극단 극예술협회가 창단공연을 가짐으로써 이 땅의 연극계는 좌우파로 완전히 분열이 되었다. 그들의 정치적, 예술적 갈등과 쟁투는 대한민국 단독정부가 수립되는 그 시기까지 치열한 공방전을 벌이게 되었다. 이와 같은 혼돈과 방황의 와중에서 이른바 소극장연극운동이란 찾아보기도 힘들었을 뿐만 아니라 실질적으로 순수한 아마추어리즘에 입각한 연극은 엄두도 낼 수 없었던 혼미의 시대였다. 따라서 그와 같은 정치적, 사회적 혼란과 경제적 빈곤 속에서 예술운동으로서의 소극장연극은 꿈같은 일이었으며 그와 같은 현상은 6.25의 발발까지 그대로 지속되었고 연극은 구태의연한 신파극 아니면 복고주의(復古主義)에 물든 안일한 연극으로 일관되었다.

그러나 1945년 해방부터 1950년 6.25전쟁까지의 5년 사이에 이른바 소극장연극운동이 전혀 없었던 것은 아니다. 즉 연출가 허집(許執)이 이끌어가던 무대예술연구회와 여성 연출가 박노경(朴魯慶)이 주도한 여인소극장(女人小劇場)은 그 창립 정신과 실적 면에서 하나의 소극장연극운동이라고 볼 수가 있을 것이다. 허집(許執)은 사재를 털어 아현동에 연구소를 개설하여 신인들의 양성을 위한 이론과 실기를 병행하였고, 1947년 봄과 1948년 겨울 두 차례의 발표회를 가졌으니 하나는 번역극 〈데드 엔드〉이고 다른 하나는 자신의 희곡 〈큰집〉이었다. 그는 일본대학 예술과에서 수학을 했었고 쓰키지소극장의 연극에 익숙했기 때문에 그 방식을 따라 새로운 시대의 새 연극을 이끌어가기 위하여는 참신한 신인연극인 양성이 급선무임을 통감하였으니 그 정신적 배경은 현철, 김우진, 박승희, 유치진 등의 연극정신과 상통한다고 볼 수가 있다. 그러나 그의 꿈도 재정적, 사회적, 인식 부족으로 문을 닫게 되었다. 여인소극장(女人小劇場)은 극단 명칭에서 밝히고 있듯이 소극장운동을 선명하게 표방하고 나선 집단이었다. 박노경은 그녀의 부군인 영문학 교수 오화섭(吳華燮)과 손을 잡고 이화여자대학 출신의 제자들만으로 출범한 특이한 극단이다. 그것은 남자 연기자가 없는 여인들만의 극단이기 때문이다. 이 극단이 왜 여자들만으로 연극을 해야만 했던가에 대한 이유는 분명히 밝히지 않았으나 대학 출신의 지식인들만을 모아서 순수한 소극장연극을 해나가되 도덕적으로 청교도적인 극단 분위기를 조성하고 동지적 유대감의 확립을 위하여는 그 길밖에 없었다고 확신했을 것이다. 바꾸어 말해서 그 당시만 해도 배우로서 대학 출신이란 극히 드물었으며 기존 상업극단들이 일반에게 인식되었던 난잡하고도 반도덕적인 폐습을 불식하려는 일념이었을 것이다. 여인소극장은 창단공연작으로 주더만의 〈고향〉을 가지고 화려하게 등단했다. 문설이, 황경운, 조갑주, 김세영 등 이화여대 출신의 재원들이 열연을 하였으나 그 연극적 수준은 학생극 취향에서 크게 벗어나지 못했다. 특히 여성이 남성 역을 한다는 시대착오적 발상은 극단에서도 논의가 되었던지 그 후 김형로, 서명석, 조정환, 이수렬 등이 합류하여 〈라인강의 감시〉, 〈오델로〉, 〈매미 껍질을 벗다〉, 〈깊은 뿌리〉 등 일곱 편의 번역극만을 공연했으나 6.25전쟁으로 인하여 박노경이 납북되자 극단은 문을 닫게 되었다.

이 무렵 한국연극에는 하나의 신선하고도 획기적인 연극행사가 있었다. 1949년 10월 한국연극학회가 주최하는 제1회 전국 남녀 대학연극 경연대회가 그것이다. 이 경연대회에 참가한 학생극단들은 비록 기술적으로는 미숙했지만 학생극이 지니는 순수성과 실험성에 있어서나 또 후일에 동인제의 소극장연극운동을 전개해나갈 젊은 연극학도를 배출했다는 점에 있어서 매우 큰 뜻을 지니고 있다고 하겠다. 참고로 이 경연대회에 참가한 학교와 작품, 그리고 후일 소극장연극운동에 기여했던 이름을 밝히자면 다음과 같다.

참가 학교	참가 작품	배출된 사람
서울대학교	베니스의 상인	김기영(영화감독), 김정섭(배우)
중앙대학교	비오는 산골	최무룡(배우), 박현숙(극작가)
연희대학교	오이디프스왕	차범석(극작가), 신태민(언론인)
고려대학교	천치	김경옥(극작가), 최창봉(연출)
정치대학	정직한 사기한	신귀환(배우)
숙명여자대학	춘향전	이인선(시나리오작가)
서울대치과대학	흔들리는 지축	이경재(방송극작가)
동국대학	밀고	한재수(연출), 조성하(배우)

그러므로 정치적으로는 비록 혼란한 시대적 와중에서도 연극운동을 위한 새싹이 움트기 시작한 이 작은 움직임은 마침내 대학극회라는 동인제의 연극연구단체를 낳게 하였으니 그 동인들은 바로 전기한 제1회 대학연극 경연대회에서 배출된 젊은이들이었다. 즉, 김경옥, 최창봉, 노희

렵, 조동화, 차범석, 김지숙, 김명규, 구선모, 김화숙, 이인선, 박현숙 등이었으며 대학극회는 그 당시 미도파백화점 옆에 있었던 미국문화원의 소강당(지금의 KAL 빌딩 자리)을 본거지로 하여 희곡낭독회와 연극발표회를 하면서 소극장연극운동의 태세를 갖추었으니 T. C. 머리의 〈장남의 권리〉, 유진 필롯의 〈기갈〉, 입센의 〈우리들 죽음에서 깨어나는 날〉 등을 발표했다.

　그러나 우리 연극사상 가장 특기할 만한 경사가 있었으니 그것은 1949년 10월 18일 대통령령 195호에 의거하여 중앙국립극장이 출범한 일이다. 그리하여 다음 해 1950년 정월에는 기성 연극인이 총망라된 두 개의 전속극단인 신극협의회(약칭 신협)와 극예술협의회(약칭 극협)를 설치하였고 아울러 신인들을 연구단원으로 포섭하게 되자 대학극회에서도 최창봉, 김경옥, 차범석 등이 여기에 참가하게 되었다. 국립극장은 창단 공연으로 유치진 작 〈원술랑〉을 화려하게 개막하였고, 곧 뒤를 이어 중국의 극작가 조우의 대표작 〈뇌우〉를 공연하여 연극사상 초유의 대성황을 이루었다. 이때만 해도 이제 이 땅에 비로소 연극의 황금시대가 올 것만 같은 벅찬 기대와 소생의 의지가 팽배하였으나 불의의 6.25전쟁으로 인하여 이 땅의 모든 희망은 초토로 돌아가고 말았다. 그리하여 모든 예술이 그러했듯이 연극도 4년간의 부산 피난 생활 속에서는 존재 자체를 위한 방법으로서의 연극만 남아 있었을 뿐 예술로서의 연극은 만나보기가 힘들었다. 따라서 호구지책으로서 연극을 공연하였고, 그러기 위하여는 상업성을 띤 연극을 올릴 수밖에 없었으니 악극, 창극, 신파극 등이 앞다투어 무대에 올랐다. 그것은 관객 역시 심각하고 예술적인 내용보다는 험악하고 각박한 현실로부터의 의식적인 도피를 바랐을 심리적 배경도 다분히 작용했을 것이다. 따라서 이러한 상황 속에서 연극운동이란 기대조차 할 수 없는 노릇이다.

　그러나 이와 같은 와중에서 몇몇 신진들의 소극장연극운동이 시도되었으니 그 하나는 전기한 바 있는 대학극회가 재기활동을 제창하고 나서면서 그리스의 비극 극작가 소포클레스의 3부작을 김경옥이 〈테바이의 항거〉라는 제목으로 구성하여 공연한 기록이다. 그리고 다른 하나는 서울대와 연희대학교 연극예술연구회 회원들의 규합으로 이루어진 떼아뜨르 리이브르의 탄생이다. 이 집단은 6.25 전 여인소극장을 주도했던 영문학 교수 오화섭과 1.4 후퇴 때 이북에서 피난 나온 연출가 전근영 그리고 연극학도 이기하, 황운진, 이진형 등이 주동이 되어 소극장연극운동을 표방하고 나선 순수한 동인제 극단이다. 극단 이름부터가 1887년 프랑스에서 일어난 자유극장 그것을 그대로 본뜬 점 하나만으로도 그 집단의 의도가 어디쯤에 있었던가는 쉽게 알 수가 있었다. 그리하여 아서 밀러의 문제작인 〈세일즈맨의 죽음〉을 상연하였다. 그러나 그 의욕을 따르지 못한 연극은 그 이상의 발전을 보지 못한 채 문을 닫아야만 했다.

이처럼 부산 피난 시절의 연극계는 일부 여성국극단의 폭발적인 인기와 극단 신협이 재상연한 일련의 셰익스피어 명작과 몰리에르의 희극을 제외하고는 별다른 특징을 찾아볼 수도 없었다. 하물며 소극장연극이라는 순수한 연극운동은 거의 없는 황량한 시대였다.

그러나 휴전협정과 함께 수도 서울이 환도되고 새로운 역사의 장이 시작되면서부터 연극계에도 새바람이 불기 시작했다. 환도 이후의 연극 활동은 극단 신협의 독주 시대였고 그 밖에 민극이 산발적으로 공연을 할 뿐 이렇다 할 특징을 찾아보기 힘들었던 시기에 젊고 패기있는 지성 연극인의 집단들이 하나둘 그 모습을 나타냈으며 그들이 내거는 행위는 바로 소극장연극운동을 표방하고 나섰기 때문이다. 그 가운데서도 선주자로 출발한 게 제작극회이다.

제작극회는 한마디로 말해서 1949년에 잠깐 모습을 보였다가 없어진 대학극회가 발전 확대한 소극장운동의 첫 주자였다. 1956년 5월 동인 차범석의 향리인 목포에서의 상경을 기다렸던 옛 동인 김경옥, 최창봉, 구선모, 노희렵, 조동화 등은 재규합을 다짐하고 여기에 기성 극단에서 오사량, 임희재, 전근영, 최백산과 신인배우 박양경이 합세하여 1956년 5월 26일 명동 동방싸롱에서 창단한 데 이어 을지로에 있었던 대성빌딩 소강당에서 창단공연을 가졌다.

공연작품은 홀워시 홀 작 〈사형수〉였고 연출에 차범석, 출연에 오사량, 김경옥, 최상현, 박양경 등이었다. 제작극회는 그 동인제로서의 소극장운동 전개를 만천하에 고하였으니 다음은 창단 때 발표한 선언의 전문으로 김경옥이 초안을 하였다.

宣言(선언)

劇場藝術(극장예술)이란 時代生活(시대생활)의 綜合的(종합적)인 觀照(관조)로서 創造(창조)되는 文化形式(문화형식)이므로 現代(현대)의 諸屬性(제속성)을 條件(조건)으로 制作(제작)되어야 할 것을 再確認(재확인)한다.

現代人(현대인)의 美意識(미의식) 感覺(감각)에 感應(감응)되지 않는 퇴영적 舞臺(무대)에 現代人(현대인)은 親近(친근)함을 느낄 수 없다. 따라서 즐거움과 印象(인상)을 받을 수 없을 뿐 아니라 아무런 意味(의미)도 찾을 수 없음이 確實(확실)하다. 形象化(형상화)하는 樣式(양식)이 寫實的(사실적)이건 象徵的(상징적)이건 간에 高度(고도)하게 洗練(세련)된 現代人(현대인)의 生活(생활) 뉴앙스에 溶解(해부)해 들어가고 그들의 銳利(예리)한 生活(생활) 感情(감정)에 感觸(감촉)되는 舞臺美(무대미)를 制作(제작)하는 것만이 必要(필요)하다.

그러므로 現代劇(현대극)의 題材(제재)가 거의 生活(생활)의 內部(내부) 및 그 周邊(주변)에 生起(생기)하는 諸(제) 現象(현상)임을 다짐하는 同時(동시)에 現代劇(현대극)의 舞臺(무대)도 現代人(현대인)의 生活的

(생활적) 發聲(발성)과 動作(동작)을 基調(기조)로 하여 表現(표현)되어야 함을 强調(강조)한다. 그러면서 觀客(관객)들이 즐거운 마음으로 舞臺(무대)의 情緒(정서)를 共感(공감)하며 觀照(관조)하며 生命化(생명화)하도록 制作(제작)되어야 한다.

우리는 觀客(관객)의 官能(관능)과 哀傷(애상)에 野合(야합)하는—

    觀客(관객)에게 獨善的(독선적) 印象(인상)과 美(미)의 享受(향수)를 强要(강요)하는—

또는 皮相(피상)의 知性(지성)으로써 觀客(관객)을 현혹하는—

그리고 觀念(관념)의 고성에 獨尊(독존)하는—

一切(일체) 劇樣式(극양식)을 拒否(거부)한다.

우리는 現代(현대)에 있어서의 우리 劇(극)의 참다운 前進的(전진적) 姿勢(자세)를 追求(추구)하고 主潮的(주조적) 樣式(양식)을 制作(제작)하기 爲(위)하여 試圖(시도)할 것이다.

現代人(현대인)의 行動的(행동적) 휴매니즘과 個性(개성)의 尊重意識(존중의식)으로서 給合(결합)되는 우리의 結束(결속)은 人間(인간) 精神(정신)의 自由(자유)로운 創意(창의)에 立脚(입각)하여 참된 現代劇樣式(현대극양식)을 制作(제작)하려는 우리의 理念(이념)과 아울러 우리의 表現行動(표현행동)을 保障(보장)해주리라 굳게 믿는다.

제작극회는 창단 이래 1960년의 제9회 공연 때까지 명동 가톨릭회관, 서울문리사범대학 강당, 그리고 을지로 입구에 자리하였던 원각사(圓覺社)에서 본격적인 소극장연극운동을 전개해나감으로써 한국연극사상 주목할 만한 자취를 남겼다. 그 공연 작품을 보면 차범석의 〈공상도시〉, 〈불모지〉, 김경옥의 〈산여인〉, 〈제물〉, 오상원의 〈묵살된 사람들〉, 박현숙의 〈사랑을 찾아서〉, 김자림의 〈돌개바람〉 등 창작극과 존 오스본의 〈성난 얼굴로 돌아보라〉, 막스 할베의 〈청춘〉, T. 윌리엄스의 〈유리

동물원) 등 그 당시로서는 전혀 새로운 현대 번역극을 올림으로써 이 땅의 연극계에 참신한 바람을 불어넣었다. 뿐만 아니라 이두현, 김유성이 합세하면서 학술적인 체계화와 연극기획의 전문화 등 다양한 연극실적 정착에도 힘을 기울였고 이에 동인제 극단으로서의 본보기를 보여줌으로써 하나의 가능성을 제시하기도 하였다. 그러기에 평론가 유민영은 제작극회 창단 30주년 기념공연에 즈음하여 다음과 같이 언급한 바 있었다.(1986.5.1)

제작극회는 6.25전쟁의 포연이 채 가시지 않은 1956년 초여름에 서울에서 발족되었다. 그 시기의 연극상황을 부감해 볼 때, 전쟁의 미복구 상태에서 신협 혼자서 연극계를 지키고 있었기 때문에 수도 서울은 물론 전국적으로 연극사의 맥이 실나락 같이 이어지고 있었다. 주지하다시피 신협은 30년대의 극예술연구회와 동경학생예술좌의 신극정신을 계승한 단체였으므로 리얼리즘을 기조로 하고 있었다. 그런데 이러한 리얼리즘 정신도 전쟁을 겪는 동안 대중과 부대끼면서 많이 변질되었다. 피난지에서 신협이 셰익스피어 작품을 많이 무대에 올렸던 것도 그 하나의 경우라 볼 수 있다. 극예술연구회가 말기에 가서 현실과 타협, 낭만적 성향으로 흐른 경우와 비교될 수 있을 정도로 신협은 낭만적 리얼리즘으로 기울어져 있었다. 이것은 사실 일시적이었다고 하더라도 연극사의 답보 내지 후퇴현상이었다. 그 점을 지적인 젊은이들이 간파하고 우려하기 시작한 것이다. 제작극회라는 젊은 극단이 등장한 것도 그러한 정신사적 배경에서였다. 즉 일단의 의식 강한 대학극 주도자들(차범석, 최창봉, 김경옥, 조동화 등)이 한국연극사의 정체성을 극복하자는 의견을 집약한 것이다. 그리하여 생겨난 것이 혜성과 같은 제작극회였다. 그들의 규모로볼 때, 지금 생각하면 대수롭지 않은 극단으로 유추될 수도 있겠으나 내건 캐치프레이즈만은 만만치 않았다. 가령 대학극 출신 신진기예들인 창립멤버들이 '참된 현대극 양식'을 표방한 점에서 그렇다. 언뜻 보기에는 대단찮게 보일지 모르나 현대극 양식이란 용어가 나타내주는 혁명적 참신성은 침체의 늪에서 허덕이는 연극계에 신선한 충격을 주고도 남음이 있었다. 왜냐하면 현대극 양식이라는 용어 자체도 그들이 처음 쓴 것이기 때문이다.

그러나 더 중요하고도 긍정적인 사실은 제작극회가 선봉이 되어 소극장연극운동을 주창하기를 기다렸다는 듯 이와 형태를 같이 하는 군소극단들이 꼬리를 물고 탄생함으로써 가히 이 땅의 소극장연극 전성시대가 도래하는 듯한 길조(吉兆)를 보였다는 점이다. 신무대실험극회, 횃불극회, 앞선 스테이지, 사월극회, 원방각, 청포도 극회, 중앙예술극회, 토월극회, 팔월극회, 동인극장, 회로무대, 행동무대, 오솔길, 발견극회, 청맥, 혈맥, 동우극회, 독립무대, 희극, 처용극회 그리고 실험극장이 창단한 1960년까지 앞서거니 뒤서거니 하며 창단하였다. 그렇다면 1956년부터 5년 동안 이토록 유례없이 소극장연극운동이 활성화를 보이게 된 것은 무슨 까닭일까. 그것은 결코 우연에서 오는 것이 아니었으니 다음과 같은 세 가지 배경을 들 수가 있다. 즉

① 대학교육에서 오는 지적인 확산으로 연극운동을 오락이 아니라 예술로 보는 시각이 넓어진 점.
② 1958년 12월 22일 을지로 입구의 중심가에 원각사라는 소극장이 설치됨으로써 공연장을 확보한 점.
③ 기성 연극에 대한 반발과 행동화에 대한 심한 갈증의 발산 의욕.

이상은 이 시대의 소극장연극운동에 불을 붙이게 한 직접, 간접의 원인으로 볼 수가 있을 것이다.

한국의 소극장연극 연구

특히 원각사(圓覺社) 극장의 설치는 당시의 공보처장이었던 오재경(吳在璟) 씨의 공로로 돌릴 수도 있을 만큼 획기적이고도 참신한 발상이자 업적이었다. 원각사는 306석을 가진 아담한 2층 건물로 그 명칭부터가 구한말에 새문안 터에 세워졌던 것으로 알려진 극장과 같은 이름인데다가 연극뿐만 아니라 음악, 무용까지도 함께 볼 수 있었고 특히 전통예술의 발표 장소로서 그 설치 목적을 삼았으니 원각사 극장의 개관은 획기적이고도 고무적인 사건이 아닐 수 없었다. 지금까지 말로는 소극장연극을 한다면서도 소극장으로서의 시설을 제대로 갖춘 장소가 없었던 터이라 원각사는 연극학도들이나 젊은 연극인들로 하여금 하나의 희망이자 집결처가 되었다. 이리하여 당시의 대극장은 명동에 있었던 국립극장이 대표적으로 극단 신협과 극협이 주로 이 무대를 사용하였고 군소 극단들은 원각사를 본거지로 활발하게 움직이기 시작했다. 그러나 개관 1년 만에 화재로 인하여 소실되자 서울의 소극장연극은 다시 집 잃은 고아로 되돌아가고 말았다. 소극장연극운동이 자기네들의 전용 소극장을 가지지 못한 채 대관공연으로 연명해야 했던 한국연극의 맹점은 이미 그 이전부터 안고 있는 과제이자 병폐였으나 그나마도 없어지고 나니 한동안 소극장연극은 뜸할 수밖에 없었다.

그러나 1960년대에 들어서면서 정치적, 사회적 격동기를 맞게 되자 다시 소극장연극이 고개를 쳐들기 시작했고, 당해 행정기관인 공보부가 이른바 신인예술상 제도를 제정하여 젊은 소극장연극 단체에게 참가를 권장하였으니 이와 같은 연극지원정책은 적지 않게 연극계에 새바람을 일게 하였다. 다만 공연장이 명동의 국립극장을 사용케 한 데서 연극양식이나 내용으로 보아 이율배반적인 결과를 낳게 했던 것도 놓칠 수 없는 사실이었다. 뿐만 아니라 출범 당시는 소극장연극을 표방하고 나왔던 극단들도 시간의 흐름에 따라 대극장 진출을 하게 되었고, 그래서 재정적으로의 자립과 극단 운영상의 적자를 메꿔야만 했던 실질적인 난관에 부딪치게 된 것도 사실이다. 제작극회, 실험극장, 동인극장, 민중극장, 가교, 자유극장, 여인극장 등 1960년대에 창단된 대부분의 극단이 예외 없이 그러한 경로를 밟았거나 아니면 소극장연극과 대극장 연극을 병행시켜 나가는 방법을 취하였다. 이와 같은 현상은 처음부터 소극장 연극운동의 정신적인 구현에서가 아니라 공연장이 절대적으로 부족한 현실 아래서는 그렇게밖에는 헤치고 나갈 길이 없었기 때문이다. 다시 말해서 연극을 할 수 있는 공간이 있다면 어디고 가리지 않고 연극행위를 하는 것이 곧 소극장연극이고, 일 년에 한두 번 명동국립극장 무대를 5일간 빌려서 연극을 하는 일을 보람으로 삼아야 했었다. 따라서 연극의 외관적인 형식 면에서만 소극장연극이었지 그 내용 면에서는 이른바 실험정신이나 실험적 작업을 해나가기란 불가능했었다. 찻집, 강당, 호텔, 싸롱 등… 어디고 장소만 나타나면 찾아가서 며칠 동안의 연극공연을 마치고는 쉴 수밖에 없었던 단명성(短命性)이 곧 한국연극의 허약과 타성을 낳게 했는지도 모른다.

그러므로 소극장연극은 자기들의 작업장이자 실습실인 전용 극장을 가져야 한다는 자각증상이 고개를 들기 시작한 게 1960년대 후반에서부터였고 실지로 1969년 한 해 동안에 두 개의 소극장이 탄생을 했으니 자유극장(대표 이병복)이 마련한 까페 떼아뜨르와 극단 에저또(대표 방태수)의 전용 소극장이다.

'차와 연극'이라는 선전문구를 달고 까페 떼아뜨르가 탄생한 것은 1969년 4월 9일 서울의 번화가인 충무로1가 24의 11번지의 골목 안이었다. 총면적 70평에 무대면적은 고작해서 10평 남짓한 유럽풍의 멋과 운치로 꾸며진 싸롱에서 차를 마시며 연극을 감상할 수 있다는 새로운 풍속도를 자아내게 한 곳이 바로 까페 떼아뜨르였다. 뿐만 아니라, 공연작품 역시 이오네스코에서 아누이에 이르기까지 프랑스의 현대연극을 주로 선보였으며 때때로 타 극단에게 대관도 해주었다. 그러나 개관한 지

7년 만인 1975년 11월 8일 문을 닫은 대신 우리 극계에 싸롱드라마라는 새 단어를 남겼다.

그런가 하면 에저또소극장은 1969년 5월 15일 건축재료 상가인 을지로3가 10번지에 있는 작은 빌딩 3층의 10평 정도의 우중충한 공간에서 첫선을 보였다. 누가 보아도 가난과 촌티가 피부로 느껴지는 극장 같지도 않은 이 작은 공간에서 연출가인 방태수(方泰守)는 판토마임 아니면 신진극작가의 창작극을 통하여 새로운 실험극에 도전하였다. 그러나 에저또소극장은 일 년마다 계약이 해약됨에 따라 서울 시내를 옮겨 다니면서 그 간판도 소극장, 창고극장, 포켓트극장, 리허설극장 등으로 바꾸어 달았다. 그러나 12년 동안 에저또소극장은 그 실험연극을 끈질기게 추구해나온 집념과 개성으로 독자적인 존재임에는 틀림이 없다. 그리고 그가 1975년 명동 성모병원 뒤편에다 에저또 창고극장을 개관하여 극계에 하나의 화젯거리가 되었거니와 그 소극장은 오늘날 3.1로 창고극장이라는 이름으로 남아 있어 젊은 연극인들의 모임으로 맥을 이어가고 있다. 특히 이 극장에서 젊은 배우였던 추송웅(秋松雄)의 일인극이 선을 보임으로써 한국연극계에 하나의 신화를 낳게 한 것도 잊을 수가 없을 것이다. 물론 그동안 경영주가 유석진, 이원경 등 서너 사람의 손으로 옮겨 갔지만 소극장연극의 본거지 구실을 한 셈이다.

그러나 1970년대로 들어서면서 이른바 한국문화예술진흥법이 공포되고 연극뿐이 아니라 예술 전반에 대한 행정당국의 관심이 높아짐에 따라 여기저기에 소극장이 생겼다. 그러나 그것이 연극인 자신의 재산이기보다는 전세로 들어선 사정 때문에 극장 자체에 대한 투자는 허약했고 시설(조명, 음향, 무대 등) 면에서는 원시적일 수밖에 없었다.

그런 가운데서도 비교적 탄탄하고도 정상적인 소극장을 가지게 된 것은 1975년 9월에 개관한 실험극장 소극장이다. 물론 그 전인 1973년에 비원 앞에서부터 전용 극장을 가지고는 있었으나 현재의 운니동으로 옮겨오면서부터 제 구실을 하게 되었다. 총면적 약 70평에 객석수가 156석인 실험극장소극장은 다른 극장들과는 달리 프로시니엄 무대를 갖추었다는 점이다. 바꾸어 말해서 현대연극의 주류라고도 할 수 있는 가변무대가 아니라 정통연극을 할 수 있도록 신경을 쓴 점에서는 급진적인 실험성보다는 보수주의를 감안했던 게 아닐는지 모르겠다.

자기 전용 극장 없는 연극운동이란 어느 의미에서는 무의미한 장난일 수도 있고 뿌리 없는 나무일 수밖에 없다는 연극계의 일반적인 통념을 감안했을 때 극단 실험극장이 전용소극장을 반영구적으로(전셋집이다) 마련했던 사실은 연극계의 화제이자 선망의 대상이기도 했다. 그리고 실질적으로 자기 극장을 가지고 있다는 장점 때문에 이른바 장기공연이 가능했으며 장기공연에서 얻어낸 예술성의 확보는 이른바 레퍼토리 시스템의 도입도 가능하게 했을 것이다. 〈에쿠우스〉, 〈신의 아그네스〉, 〈아일랜드〉 등 장기공연으로서의 기록을 수립함으로써 한국연극의 현 주소에 한 획을 그은 자취는 연극사상 길이 남게 될 것이다.

이 밖에 1970년대에 들어와서 탄생한 소극장으로서 현재까지도 그 명맥을 이어가고 있는 소극장은 대충 다음과 같다. 즉, 민예소극장(1974), 공간사랑(1977), 엘칸토예술극장(1978), 마당세실극장(1975), 연극인회관(1974) 등을 들 수가 있다.

이 가운데 연극인회관은 앞서 잠깐 언급한 바 있거니와 제4공화국이 들어서면서 이른바 문화예술진흥법을 공포한 데 이어 한국문화예술진흥원이 발족되자 이루어졌다. 연극 분야에서 가장 시급한 문제의 하나가 공연장(소극장)과 공동연습장 설치라는 여론을 수렴하여 당시의 연극 분야의 담당이사인 차범석(車凡錫)이 동분서주 끝에 장소를 얻어냈다. 충무로6가에 자리하는 출판사 정음사(正音社) 사옥 5층과 6층을 전세로 빌려 5층에는 다섯 개의 연습실, 휴게실 그리고 6층에는 비록 콘센트 건물이기는 하나 객석 200석의 아담한 소극장이 들어섰다. 따라서 연극을 하고 싶어도 장소가 없었던 그 시절의 젊은 연극인들은 경비가 절약되고 부담감이 없는 이 연극인회관을 주무대로 사용함으로써 연극계의 제3세대들의 요람이 되었다. 이 무렵 활발하게 활동한 소극장연극단체는 은하(대표 한창수), 작업(대표 길명일), 밀(대표 전택이), 얄라성(대표 이봉원), 세대(대표 임준빈), 맥토(대표 윤성운), 넝쿨(대표 김일부), 제3무대(대표 정운) 등이었다.

그러나 이 연극인회관은 1977년 1월부터 광화문에 있는 성공회(聖公會)가 설립한 쎄실극장으로 임대계약을 맺고 이전을 하였으며 그때부터 연극인회관 쎄실극장으로 명칭도 바꾸었다.

연극인회관 쎄실극장은 객석 280석에다 20평 크기의 무대, 분장실, 조명실, 음향실을 갖춘 그 당시로서는 가장 이상적인 소극장이었다. 뿐만 아니라 교통이 편리하면서 한적한 주위환경의 덕으로 관객들에게도 호응도가 높았을 뿐만 아니라 저렴한 대관료라는 점으로, 극단마다 앞을 다투는 대관 경쟁상이 나타나기도 했었다. 따라서 1974년 7월 5일부터 1980년 12월 31일까지 두 곳의 연극인회관에서 이루어진 연극활동 상황을 살펴보자면(월간 「한국연극」 1986년 8월호 참조)

총 공연일 수 …… 1,969일(연평균 305일)
공연작품 수 …… 370편(연평균 54편)
관객 동원 수 …… 629,949명(연평균 101,610명)

으로 기록을 남기고 있다. 따라서 이 쎄실극장은 다시 1981년 동숭동 문예회관이 건립되자 그곳으로 옮기게 되었다.

그러나 1980년대까지 연극계가 안고 있었던 커다란 과제의 하나는 공연법이었다. 이 공연법은 일제시대부터의 악법의 하나일 뿐만 아니라 소극장이라는 개념의 불확실성과 행정당국의 몰이해가 가중되어 소극장연극도 그 법의 제재를 받게 되었으며 소극장 설치에도 심각한 저해 요인이 되었다. 건축법, 소방법, 도로법 등을 적용시키게 되는 실정 아래 서는 소극장 설치란 엄두도 못 내게 되었다. 그러나 연극협회를 중심으 로 연극계 인사들의 끈질긴 건의와 여론 환기에 힘입어 드디어 1981년 을 기하여 공연법이 개정됨에 따라 소극장연극은 거의 자유화되었다. 따라서 이 구태의연한 공연법의 규제 사항이 폐지되자 서울은 물론 지방 각지에서도 소극장이 탄생하였고 소극장연극은 또 하나의 새로운 양상 을 띠게 되었다. 그것은 어쩌면 이 땅의 연극의 르네상스가 도래한 듯한 착각마저 일으키게 하였고 연극이 예술운동이며 동시에 상업성의 발호 를 대표하는 악성(惡性) 유행감기로 간주되기에 이르렀다. 일찍이 1920 년대부터 싹트기 시작한 이 땅의 소극장연극운동이 일제의 압정 40년을 견디어내고 광복 40년의 기구한 정치 풍토를 참아 나오면서 1980년대를 맞았다. 그렇다면 오늘의 이 땅의 소극장연극은 어느 시점에 와 있으며 그 현황은 어찌할지 살펴보기로 하자.

2) 현황 및 문제점

한국연극협회에서 집계한 결과에 따르자면 우리나라의 소극장의 수 는 서울에 33개와 지방에 40개가 있다.

서울 소재 소극장 현황

(1988년 2월)

장소 \ 내용	개관 연도	좌석수	대관료
국립극장소극장	'74. 3	454	63,000
문예회관소극장	'81. 4	200	41,400
드라마센터	'62.	430	330,000

한국의 소극장연극 연구

공간사랑	'77. 4	200	90,000
엘칸토예술극장	'78. 5	152	120,000
실험극장	'73.	145	120,000
산울림소극장	'85. 3	130	100,000
민중소극장	'85. 11	120	
시민소극장	'84.	100	100,000
연우소극장	'85. 12	200	
신선극장	'85. 12	150	100,000
마당세실극장	'81. 1	280	
샘터파랑새극장	'84. 10	200	60,000
크리스탈문화센터	'85. 11	120	100,000
현대예술극장	'85. 12	150	
3·1로 창고극장	'75. 3	100	
왕과시	'85. 11	200	
창무춤터	'85. 5	200	90,000
설파소극장	'82. 5	70	
파고다연극관	'84. 4	497	200,000
말뚝이소극장	'82. 2	200	
3 & 5	'85. 10	170	75,000
살롱떼아뜨르추	'80. 4	130	
건넌방소극장	'81. 11	120	14,000
라인소극장	'84. 8	200	
바탕골소극장	'86. 4. 15	200	
미리네소극장	'86. 5. 16	300	
마로니에소극장	'87. 3. 1	120	
소극장하나방	'86. 4. 26	100	
는깨소극장	'87. 10. 22	180	
대학로소극장	'87. 12. 11	150	
챔프예술마당	'87. 3. 1	330	

장소 \ 내용	개관 연도	좌석수	대관료
시민회관소극장		380	부산
카톨릭센터소극장	서공석	234	부산시 중구 대청동4가 81
도래미문화센타		200	〃
부두극장	이성규	100	부산시 중구 대청동2가 11-7
가마골소극장		100	〃
청강소극장	윤광부	100	부산시 서구 서대신동2가 254-6
하늘소극장		100	〃
예술극장	이영식	60	부산시 부산진구 전포4동 664-11
대구시민회관소극장		400	〃
동아문화센타	이윤성	250	대구시 중구 덕산동 53-3
백향공간	김태수	50	대구시 수성구 범어동 45-13
연극인회관		100	〃
대구백화점소극장	이정무	140	대구시 중구 동성로2가 174
우리무대소극장	이영규	50	대구시 중구 종로2가 35
처용소극장		80	〃
돌체소극장	유영호	100	인천시 중구 경동 187
경동예술극장	정진	100	인천시 중구 경동 231
금호문화재단소극장	이강재	100	광주시 동구 동명동 금호문화재단 내
무등도서관소극장	김종환	225	광주시 북구 우산동 8-1
드라마스튜디오	강남진	100	광주시 북동 124-1
한미쇼핑센터소극장	백형동	100	광주시 동구 대인동 190-1
안양사랑	박봉서	50	안양시 안양4동 676-123
자리소극장	이봉운	100	안양시 안양1동 638-4
예림사랑	윤고성	50	춘천시 녹천동 39-5
앙상블	이종국	150	대전시 중구 대흥1동 247
떼아뜨르	진규태	80	대전시 중구 대흥1동 204-9
예술인사랑방	이재윤	50	목포시 남교동 공설시장 2층
터전	박낙원	100	마산시 추선동 74-19
벽수골소극장	장현	100	충무시 중앙동 101-4
충무연극회관		250	충무시

한국의 소극장연극 연구

수놀음소극장	탐라민속연구회	100	제주시 일도1동
수원예술극장		100	수원시 남창동 29-1
안양예술극장		100	안양시 안양1동 668-27
극예술공간(부천)		100	부천시 심곡2동 176-10 진파빌딩 5층
경주예술공간	이수일	200	경주시 노서동 129-1
울산태화소극장		100	울산시 옥고동 160-1
영주소백무대소극장		100	영주시 가흥1동 1381-48
청년극장(청주)		200	청주시 북문로1가 174-5

우리는 1970년대만 해도 공연장이 모자라서 연극을 할 수 없다고 불평을 했었다. 그러나 불과 10년간에 이와 같은 변화를 가져왔다는 현실은 확실히 우리 연극계도 잠재능력을 보유하고 있음을 인식하게 된다. 연극이 민중과 함께 있어야 하고 동시대의 민중들에게 그 무엇인가를 주고, 깨우치고 그리고 즐겁게 해줘야 한다는 연극 본래의 기능과 사명을 생각한다면 이와 같은 변화는 오히려 때늦은 감이 없지도 않다. 그리고 극장이라는 개념이 대체적으로 사치스럽고 호화롭고 그래서 그 주위 환경도 다소는 고급스럽기를 바라곤 했던 지난날의 체험과는 달리 소극장은 바로 우리 이웃에 있고 집 근처에 있다는 물리적 친근감도 하나의 변화라고 볼 수가 있다. 백화점, 공원, 상가, 학교 앞, 시장터, 그리고 마당에서도 자유롭게 극장을 세울 수 있다는 현실은 우리에게 자유의 물결을 실감케 한다. 그러나 무엇보다도 우리 자신을 놀라게 한 것은 연극을 '가난한 짓'으로만 여겨왔고 가난하고는 숙명적이라는 고정관념에 얽매여왔던 연극인들이 이제는 호주머니를 털어서 소극장을 세우기에 이르렀다. 물론 여기 열거한 소극장 가운데는 대재벌이나 부유한 기업가의 선심이나 협조에 의하여 세워진 것도 없지는 않다. 그러나 그 대부분은 연극인 자신이 투자를 하고 마음을 합하여 이루었다는 점을 주시해야 한다. 대재벌이 극장을 세우는 것과 연극인 자신이 극장을 세우는 것 사이에 어떠한 차이가 있는 것일까. 전자는 좋게 말하면 하나의

우호적인 협조이자 유식한 허영심의 발로이며 나아가서는 영리(營利)를 계산한 경우이다. 그러나 후자는 그것이 자신들의 모든 것이다. 생활이자 예술이자 생명이라는 진솔한 결심의 소산이다. 그러므로 소자본의 투자로서 그 극장의 규모라야 고작해서 100석 안팎의 객석으로 머물고 있는 실정이다. 소극장의 개념이 객석 300석 이내를 말하는 통념상의 상식을 참고로 했을 때 우리의 소극장은 약 90%가 100석 안팎으로 소극장치고도 소규모의 짜임임을 한눈에서 알 수가 있다.

그렇지만 극장의 규모가 크고 작고에 관해서 거론하는 사람은 없다. 바꾸어 말해서 어차피 가난한 연극인이 호주머니를 털어 마련한 극장이기에 그 존재 자체만으로도 감격이요 보람으로 여기는 순정파가 보다 현실적인 실정으로 알려져 있다. 따라서 우리가 바라는 것은 그 허술한 소극장을 어떻게 활용하며 그곳에서 이루어진 연극적 행위가 무엇인가에 대한 자기인식이 중요한 것이다. 극단은 있어도 자기 극장이 없는 연극은 무의미한 노력의 소모라고까지 한탄했던 연극계에 소규모의 극장일망정 이만큼 풍요로운 결과를 얻게 된 점은 우리 모두의 기쁨이자 발전임에 틀림없다. 1976년 연극평론가 유민영(柳敏榮)은 「문예총람(文藝總覽)」에서 다음과 같은 글을 썼다.

해방 이후 지금까지 30년 동안 150여 개의 극단들이 무상하게 이합집산, 어지럽게 부침했음을 발견할 수가 있다. 상업극단은 영리추구에 급급하여 조락했고, 정통적 신극을 추구해 온 극단들은 식민지 시대의 운동적 성격(運動的 性格)을 크게 벗어나지 못해 아마추어리즘으로 고투했다. 오직 선(線)과 이념을 따라 어지럽게 연극인들이 이합집산한 것은 한국신극운동의 고질로서 연극의 부진과도 직결되는 것이고, 그 이유는 빈곤과 철학부재, 극장부재에 있다고도 하겠다. 한국연극이 살아나는 길은 이제까지의 극단 중심에서 극장 중심으로 바뀌어야 하며, 그렇게 되면 동인제 극단의 오늘의 상황도 재론될 것이다. 그리고 연극이 운동적 성격에서도 탈피하여, 자기불만의 서글픈 몸짓이 아닌 품격 높은 예술행위로 나아가야 한다. 그렇게 되면 공연장도 확장되고 연극의 직업화도 가능하게 될 것이다. 이제 연극행상(行商)의 시대는 지난 것이다.

이와 같은 의견 가운데는 몇 가지의 반론도 제기할 수가 있다. 그러나 여기서 필자가 얘기하고자 한 점은 '극단 중심이 아닌 극장 중심으로 바뀌어야 한다'는 지적을 오늘의 연극계에 대입시켜 보려는 데 있다.

다시 말해서 전국적으로 약 80개의 소극장이 있다면 그건 결코 적은 숫자가 아니다. 이미 10년 전에 극장이 있어야겠다는 갈증은 극심했지만 무엇으로 어떻게 극장을 마련하느냐는 물음에 대해서는 그 누구도 시원한 답을 대지 못했었다. 연극인치고 그 누가 극장의 필요성을 몰랐던가. 극단치고 그 누가 전용 극장을 가지고 싶지 않았던가. 정부나 기업가가 투자를 해서라도 극장을 세웠어야 했다. 그러나 정부에서 세우겠다는 극장이란 수천 명을 수용해서 권력의 위세를 진시하려는 대극장이었지 우리가 바라는 소극장은 생각도 안 했었다. 굳이 긍정적으로 답변하자면 문예회관이라는 대, 소 두 극장을 건립한 것 정도였을 것이다. 아무튼 크건 작건 극장을 마련한다는 일은 연극인들 손만으로는 불가능했던 시대에서 우리는 시달렸음을 인정해야 옳은 것이다.

그러나 지금은 그것이 아니다. 그 규모는 적을지라도 연극인들의 손에 의하여 마음껏 하고 싶은 작품과 만날 수 있게 되었으니 이것은 대단한 발전이요 성숙이라고 볼 수가 있다.

그런데 근자에 와서 그 소극장연극에 대한 비판의 소리가 드세지고 있다. 한마디로 소극장연극을 왜 하는가라는 원초적인 문제와 하고 있는 연극이 이래도 되겠는가 하는 비판론이다.

극작가인 이근삼(李根三)은 1975년 월간 「한국연극」을 통하여 소극장연극의 의의에 대하여 다음과 같이 언급하였다.

소극장은 상품을 생산하는 공장 내의 실험실과도 같은 존재다. 실험을 거치지 않은 상품은 믿을 수 없듯이 밑바닥에서 싹이 트는 소극장운동의 파급 없이 가뭄에 콩나듯 대극장에서 1년에 한두 번 공연하는 오늘날의 상황에서 우리는 연극의 앞날을 기대할 수 없다.

그런가 하면 소극장을 직접 경영해나온 민예(民藝)의 대표이자 연기자인 정현(鄭賢)은 그의 체험담을 통하여 이렇게 서술하였다.

오늘날 극단이 장기적인 단원들의 훈련계획을 갖는다는 것은 비현실적입니다. 우선 경제적인 점에서 옛날처럼 극단이 감당할 수 있는 보수로 민예를 가르쳐 줄 선생이 없습니다. 북치고 장구치고 소리하는 것은 한두 달 갖고는 어림도 없는 일인데, 현실적으로 교육 및 훈련을 감당할 사람이 없습니다. 두 번째 비현실적인 요인은 연극인들의 의식 없는 연극관 때문입니다.(월간 「한국연극」 8월호 참조)

그런가 하면 비교적 탄탄한 극단 전용 극장을 가지고 장기공연을 성공적으로 실천해낸 극단 실험극장의 사무총장인 안영주(安永周)는 실무자로서 나름대로의 어려움을 다음과 같이 실토한 바 있다.

장기공연으로 들어가면 소극장으로서는 좋지만 극단으로서는 고민이 생깁니다. 여름과 겨울에 걸쳐 연극교실을 열어 신인들을 발굴해내는데 장기공연이 되면 이들에게 성장할 기회가 적어집니다. 실험극장은 나름대로 꾸준한 대극장 공연으로 이들에게 공연기회를 만들어 주지만 적자가 나거나 또 공연장 얻기가 쉽지 않아 간단히 해결될 문제가 아니죠.

또 교육과 공연을 통해 연극을 할 만하게 되면 생활보장이 되는 텔레비전 쪽으로 나가서 다시는 돌아오기 어렵게 됩니다. 경제적인 문제를 해결하기 위해선 예술행정정책이 소극장 지원에 관심을 가져야 합니다.

그런가 하면 연출가이며 연우무대를 이끌어나온 김석만(金錫滿)은 〈소극장운동의 허(虛)와 실(實)〉이라는 논문 가운데서 소극장의 실험성에 관하여 다음과 같이 쓴 바 있다. 즉

소극장이 실험장 구실을 하기 위해서는 소극장에서 만든 작품이 대극장으로 나가거나 또는 작가와 연기자 연출 및 디자이너와의 공동 작업을 통해 새로운 표현양식이 관객에게 확인되어져야 하는데 우리의 현실상 소극장과 대극장의 연결은 이루어지기 어렵다. 대극장 공연을 마음놓고 가질 수도 없거니와 지금까지 소극상의 공언을 보나 넓은 공연장의 공연물로 축소시킨 경우가 많았기 때문이다.

또 힘들여 만든 소극장을 실험장으로 사용하기엔 도무지 경제적 부담을 감당할 수 없다. 소극장이 자연스레 공연장의 성격을 띠고 흥행에 치중하게 되는 것은 경제적인 측면에서는 어쩔 수 없다. 그러나 창작극만을 올리려 하는 연우소극장을 제외하고 다른 소극장들은 공연장의 이미지 부각이나 실험성에 대해 중요한 비중을 두지 않는 듯하다. 그것은 지금까지 공연된 작품을 보면 자명하다.

이상의 네 사람의 의견은 서로 상충된 입장에 서 있을 뿐만 아니라 오늘날 우리 연극계가 안고 있는 문제점을 제시하고 있음을 쉽게 알 수가 있을 것이다. 다시 말해서 오늘날 우리가 날마다 만나는 소극장연극이 지금 어떠한 상태에 있으며 또 타개해나가야 할 문제점이 무엇인가를 단적으로 말해주고 있다. 소극장이 원래 지니고 있는 그 의의와 목적이

한국의 경우에는 변질되거나 퇴색되어가고 있다는 뜻으로 받아들일 수도 있겠고, 그것을 실천해야 할 연극인들 자신의 의식이나 연극관 자체가 변화를 일으킨 결과라고 볼 수도 있을 것이다. 다시 말해서 오늘의 소극장연극의 실태를 부정적으로 보는 눈과 긍정적으로 보는 눈으로 각기 분류할 수가 있다. 바꾸어 말해서 원래 소극장연극이란 서양에서 시작되었지만 오늘날 한국의 처지는 그것과 성질을 달리하고 있다는 주장을 우리는 듣고 있기 때문이다. 이런 시각에서 연출가이며 민중극장의 주재자인 정진수(鄭鎭守)는 〈의욕과 돈의 충돌〉이라는 제목의 체험담에서 다음과 같이 실토하였다.

　　평론가들의 공통된 의견은 구미의 소극장들처럼 실험연극, 전위연극의 산실이 되어야 한다는 것이다. 기성연극이 고루한 사실주의 연극에 포박되어 있으므로 이것을 때려부수고 새로운 연극미학을 정립하기 위한 젊은 세대의 실험연극이 소극장을 무대로 활발히 전개되어야 한다는 것이다.
　　이론적으로는 그럴듯하게 들리는 이같은 논리전개가 우리 연극의 현실을 너무나 모르는 데서 나온 것임은 오늘의 소극장의 양상을 본다면 곧 드러날 일이다. 과연 우리나라에서 기성연극이란 것이 탄탄하게 자리 잡혀 있는가. 또 때려 부수어야 할 만큼 우리 연극이 사실주의 연극 미학 하나만이라도 충실하게 체득하고 있었던가. 그리고 사실주의란 것은 때려 부수어야 하는 것인가. 이 같은 기초적 의문들은 차치하고라도 소극장이 실험연극의 온상이 되어야 한다는 주장은 현실과는 너무나 동떨어진 것이었다. 우선 우리나라의 소극장은 창설 주체가 애당초 기성극단이었다. 대극장이라 해도 맨날 남의 극장 빌려서 5~7일간의 짧은 공연으로 막을 내려야 하는데 진저리가 났다. 비록 소극장이라도 내 집을 마련하자는 절실한 염원에서부터 생겨난 것이다. 그러니까 외국의 소극장은 부유한 기성연극의 활동무대인 대극장을 소유할 수 없는 영세한 신진 연극인들이 마련한 것이지만 우리의 소극장은 우리 분수로서는 가장 부유한 (?) 기성극단이 전력을 기울여 설립한 것이다. 사실 우리나라 소극장은 공연장의 절대 부족현상을 타개하기 위한 방책으로 생겨난 것이다. 당시보다 공연장의 지평(地平)이 늘어났다고 하는 요즘에도 일반 극단들이 활용할 수 있는 대극장이란 문예회관과 세종문화회관 별관이 고작이다. 요즘에도 대다수의 공연은 소극장에서 이루어지고 있다. 특히 요즘처럼 급격히 불어난 소극장들에서 모두 실험연극을 한다면 기성연극을 할 수 있는 대극장이 몇 곳이나 될 것인가.

물론 이와 같은 주장에도 일리가 있고 현장에서 얻어낸 피할 수 없는 고충도 우리가 모르는 바 아니다. 다만 문제의 핵심은 소극장연극이 실험정신에서 출발해야 한다는 원칙론은 부인 못 하며 그것이 대극장연극과는 본질적으로 성격을 달리하고 있다는 관점에서 볼 때 오늘의 한국의 소극장연극에는 분명히 문제가 있는 셈이다. 그것은 1887년에 앙드레 앙투안에 의하여 불이 당겨진 소극장연극의 정신 자체는 그대로 살아 있으되 그 외형적 형태나 연극에 임하는 태도가 변질되었다는 현실이다. 더 구체적으로 말하자면 대극장연극이 상업주의 연극의 대명사라면, 소극장연극은 예술주의 내지는 인간의식의 각성을 위주로 하는 연극의 표본이라는 점이다. 전자가 오락성이나 상업성을 위주로 하는 연극이라면 소극장연극은 조금은 더 진솔하고 인간성의 추구라는 점에다 그 기본을 두었다. 그러면서 소극장에서 교육을 받고 훈련을 거쳐나간 숙달된 사람은 언제고 대극장 연극으로 옮겨감으로써 직업인으로서 대성하고 전문가로서 인정받기를 원하는 연극계의 생리를 우리는 무시 못 할 것이다. 예컨대 미국의 연극계가 오프 오프 브로드웨이에서 오프 브로드웨이로, 그리고 다시 브로드웨이로 통로를 이루고 있는 실정에서도 소극장연극의 독자성과 유동성은 바로 연극계가 안고 있는 문제이기도 하다.

이와 같은 현실적 당면 문제에 대하여 연출가 김석만은 소극장연극이 지니는 이점과 문제점에 관하여 다음과 같이 열거하였다.

연극하는 사람치고 또 이들이 모인 극단치고 전용극장을 갖고 싶어하는 꿈은 절실하다. 한마디로 마음놓고 연극해 보았으면 하는 것이 그 꿈의 전부인 셈인데, 소극장 개관은 극단에게 이러한 기쁨뿐 아니라 소극장 운영의 부담 또한 걸머지게 만들어 '마음놓고 연극하기'가 얼마나 어렵다고 하는 것을 새삼 느끼게 해준다.

소극장은 대체적으로 다음과 같은 이점을 극단에게 제공한다.
① 공연 및 연습 공간의 확보
② 창작 실험장 제공
③ 단원의 사기진작 및 극단 이미지 부각
④ 장기 공연으로 인한 연기력 향상
⑤ 장기 공연으로 인한 흥행 성공의 가능성
⑥ 단원 및 예비 단원의 교육 및 훈련장 제공

그러나 소극장은 또 다음과 같은 문제점을 갖고 있다.

① 경제적 부담
② 좁은 공간에서의 표현의 제약
③ 레퍼토리의 한계
④ 밀실주의
⑤ 경제적 부담으로 인한 흥행성 치중

그러므로 현장에 몸담고 있는 연극인이 제시한 이 문제를 현실 면에

서 부연 정리하자면 소극장연극은

① 실험정신에 입각한 단원들의 교육이 부족하다.
② 극장(극단) 운영상 재정적 부담이 크다.
③ 좁은 무대공간의 제약으로 인한 레퍼토리 선정에 한계가 있다.
④ 경제적 부담을 줄이기 위하여 흥행성을 고려하지 않을 수가 없다.
⑤ 연기자의 확보가 어렵다.
⑥ 연극인들 자신의 의식 변질에 문제가 있다.

그렇다면 이와 같은 문제를 타개하는 방법은 무엇이겠는가라는 점으로 귀결된다. 재정적인 취약성은 누가 부담해야 하며, 단원들의 재교육은 누가 맡을 것이며, 레퍼토리 선정의 범위 확대는 어디서 찾을 것인가라는 숙제와 만나게 된다. 이런 경우 그 누구도 적절하고도 명확한 대답을 내놓기란 어려운 문제이다. 다시 말해서 돈만 있으면 모두가 해결이 나고 극장만 있으면 무슨 연극이든 할 수 있다고 보겠는가라는 반문도 나오게 된다. 그러나 분명히 말해서 그것은 근본을 잘못 짚은 자기변호에 지나지 않는다. 바꾸어 말해서 오늘의 소극장연극에 반성론을 펴는 측에서는 그 연극의 질이지 양이 아니다. 그 연극의 정신이지 형식이 아니다. 그 연극은 대사회적, 역사적 의미이지 자기도취가 아니기 때문이다.

앞서 언급한 바 있지만 서울에는 현재 30여 곳에 소극장이 문을 열고 있다. 우리나라 연극사를 돌아보건대 1920년대부터 1950년대까지는 소극장연극은 있었으되 소극장은 없었다. 따라서 소극장연극이 이루어진 곳은 대극장을 대관했거나 아니면 넓은 공간을 빌려서 연극을 해왔었다. 그러나 1960년대 후반부터 소극장이 들어섰지만 그것은 기존 건물에 세들어 부분적 개조가 대부분이었다. 그러나 1970년대에 들어서면서 독지가들에 의한 본격적인 소극장 건립이 활발히 진행되었으니 전기한 실험극장을 필두로 1977년에는 공간사랑이, 1978년에는 엘칸토 예술극장이 탄생함으로써 소극장연극운동에 박차를 가하게 되었다. 그리고 1980년 대에 들어서면서 공연법 개정과 때를 맞추어 소극장이 급증하는 추세를 보였다. 즉 1985년 연출가 임영웅(林英雄)이 사재를 털어 산울림 소극장을 건립한 데 이어 연우소극장, 신선소극장, 샘터 파랑새극장, 크리스탈 문화센타, 현대예술극장, 바탕골소극장, 미리내소극장 등 탄탄하고 확실한 소극장이 선을 보이면서 극단이 극장을 가지는 추세와 극장이 극단을 필요로 하는 시대로 접어들었다. 이 말은 과거에 소극장연극을 한달시고 5일이나 일주일 대관을 하던 시기에 비하면 비약적인 발전이자 변화라고 할 수가 있다. 그래서 경우에 따라서는 무기한 연장공연도 하기에 이르렀으니 산울림소극장의 〈위기의 여자〉, 현대예술극장의 〈19 그리고 80〉은 그 좋은 본보기가 될 것이다. 그럼에도 불구하고 오늘날 소극장연극에 쏠리는 시선이 대체적으로 부정적인 안목으로 흐르는 이유는 어디에 있는가라는 점이다.

그것은 앞서 김석만이 이미 제시한 바 있듯이 재정적인 불균형과 극단 유지를 위하여 부득이 상업성이나 영리성을 고려하지 않을 수 없다는 점이다. 연출가 정진수는 우리나라의 소극장과 서양의 소극장은 그 발생 자체부터 의미를 달리한다고 하였다. 수긍이 안 가는 것은 아니다. 그러나 엄연히 대극장과 소극장의 차이가 있는 이상은 그 표현양식도 다르고 채택되는 작품의 경향도 달라야 한다는 점은 무시할 수가 없을 것이다. 공연장이 없으니까 소극장이라도 찾아낼 수밖에 없었다는 절박한 사정과 소극장에서도 대극장에서 하는 식의 연극을 해도 좋다는 발상은 재고할 여지가 있는 것이다. 그것은 누가 뭐라고 하든, 소극장연극의 내용과 형식은 왕성한 실험정신과 무대 예술인으로서의 예술적 훈련을 거쳐나가는 미래의 대성을 위하는 연극이라야 옳다. 그러나 우리나라뿐만 아니라 세계적으로도 소극장연극은 대체적으로 단명했다는 사실을 기억한다. 그 이유는 바로 재정적인 빈곤에서였다. 그러나 다른 면으로 시각을 돌려볼 수도 있다. 아무리 소극장연극일지라도 좋은 연극이라고 인정을 받았을 때 그 연극은 예술적으로도 수입 면으로도 성공을 거두었고 또 관객의 기억 속에 오래오래 남는 경우도 있었던 사실이다. 처음부터 수지채산을 겁냈었다면 소극장연극은 피해가는 게 상책이었을 것이다. 그럼에도 불구하고 안 할 수 없는 근원적인 유혹은 무엇일까? 돈일까? 아니다. 그것은 순수한 연극에의 갈망이자 돌파구를 찾으려는 집념이었을 것이다. 그 갈망과 집념을 더 소중히 여긴다면 더 공부하고, 훈련하고, 실험해 나가면서 예술적 완성도와 숙달을 기대할 수밖에 없을 것이다. 실험정신이란 꼭 무에서 유를 찾아내는 발명가의 작업만을 가리키는 말은 아니다. 예술은 궁극적으로 하나의 기술로 통한다. 숙달된 기술 없이 예술은 안 된다. 그것은 문학, 미술, 음악, 무용이 그러하듯 연극도 결코 그 예외는 아니다. 그러므로 소극장연극은 그 생경하고 둔탁한 연기나 표현력을 갈고 키우는 과정에서 비롯된다. 그런데 우리가 대하는 소극장연극이란 아직 무대에 설 수준도 아니고, 서서도 안 될 사람들에게 무한정 기회와 온정을 베풀고 있다. 그것은 실습이나 훈련일지언정 관람료를 받을 처지가 아니다. 그런데 그런 연극으로 수입을 올리려고 하고 극단 유지의 방법으로 연극을 한다면 그건 착각치고도 커다란 착각이 아닐 수가 없는 것이다. 외국의 예를 보자면 공부하는 자세로 하는 실험연극이나 소극장연극은 관람료부터 차이가 난다. 다시 말하자면 영리를 목적으로 하지 않는다는 증거로 비교적 저렴한 관람료를 내게 되어 있다. 그것은 대체적으로 지하극장이며 시설도 허술하다. 그러나 그 안에서 이루어지는 창조작업의 열기는 우리를 감동시키기에 충분하다.

그러나 우리가 대하는 오늘의 소극장연극은 기술적으로도 치졸할 뿐만 아니라 그 작품의 선택기준 자체가 속되고 장삿속이다. 앞에서도 언급한 바 있지만 이른바 천박한 에로티시즘으로 청소년층의 표피적 호기심을 유발시키거나 속어, 비어, 조어 투성이로 의미 없는 웃음이나 말장난으로 일관되는 작품이 태반이다. 그런가 하면 최근에 들어서는 연극 관람권의 덤핑이 유행함으로써 사회의 지탄을 받기에 이르렀다. 할인권, 동반권, 우대권, 조건부 초대권 등이 수십만 수백만 장씩 살포됨으로써 단돈 천 원으로 5천 원, 4천 원짜리 연극을 즐기게 하는 연극 풍속도가 늘어만 가는 실정이다. 이 지혜로운(?) 방법이 맨 처음 누구의 두뇌에서 고안되었는지 알려면 알 수도 있다. 그러나 그 당사자는 사실을 잊어버리고 도리어 타락해가는 연극계를 한탄하고 있을 것이다.

그러나 문제는 소극장연극에 길들여지는 동안에 부지불식간에 일어난 병폐를 발견하게 되었다. 그것은 연극의 정신적 왜소화(矮小化)이다. 여기서 굳이 정신적 왜소화라고 말한 것은 연극을 안일하게 누구나 다 할 수 있다는 발상에서부터 비롯된다. 다시 말하자면 쉽게 하자니까 정성이 안 들고 정성이 안 들다 보니 그 연극의 정신은 빠진 채 형체만 남은 꼴이 되었다. 그것이 무엇인지는 연극에 종사한 사람이나 극단은 잘 알고 있을 것이다. 연극은 해야겠고 장소는 없고, 그러니 소극장연극이라도 해서 명맥을 이어나가려는 뜨내기 극단이 있는가 하면 무엇인가 해야만 직성이 풀리는 성급한 사람들의 성급한 기획과 제작 태도이다. 그들의 대부분은 무엇이 요즘 젊은 관객에게 먹혀들어가는가부터 걱정들 하고 그 유객(誘客) 행위 자체에 정성을 들이는 대신 창조 면에서는 도식적이고도 세속적인 방법에 안주하는 경향이다. 이와 같은 행위가 결국은 한국의 연극을 왜소화시키고 만 셈이다. 물론 소극장연극이 전부가 그렇다는 얘기는 아니다. 일반적인 경향이다. 그렇다면 그 원인이 무엇인가라는 점이다. 나는 그것이 곧 실험정신의 결여 내지는 외면에서 나타난 병발증이라고 말하고 싶다. 실험은 결코 미지의 세계로 뛰어드는 것만을 가리키는 말은 아닐 것이다. 그것은 오히려 익숙해진 세계에서의 탈출을 뜻하는 말이다. 잘못 길들여진 연극에서 탈출하려는 몸부림일 게다. 그러나 유감스럽게도 우리의 연극은 그 반대이다.

저속한 영화나 방송 프로에서나 대할 수 있는 방법을 무대 위에까지 끌어들여서 웃기는 일을 능사로 삼고 있다. 그것이 요즘 젊은이에게 먹혀들어간다고 속단하고 있는 것이다. 앞에서도 말했지만 소극장연극 및 소극장 운영의 어려움이란 곧 재정의 취약성이다. 그렇기 때문에 그 공백을 메꾸기 위하여 부득이하게 그럴 수밖에 없다는 변명도 있을 수 있다. 그러나 분명히 짚고 넘어가야 할 점은 그 수단방법에 있어서의 도덕성을 무시할 수 없다는 점이다. 적어도 소극장이란 연극의 예술성을 전제로 하는 예술행위이지 영리를 목적으로 하는 상행위는 아닐 것이다. 아니 상행위를 강조하거나 그것을 지지하는 사람은 처음부터 소극장을 가질 필요도 없었을 것이다. 그럼에도 불구하고 재정적 취약성을 보충하기 위하여는 어떠한 형태의 연극도 무관하디는 발상은 분명히 도덕적인 결함을 뜻한다. 기업에도 윤리가 있고, 정치에도 도덕성이 강조되고 있는 시대이다. 어려운 환경 속에서 소극장을 세워 연극을 하는 그 고마운 의지에는 그 누구도 반대할 사람은 없을 것이다. 그러나 우리가 아쉬워하는 점은 그와 같은 의지가 단순하고도 순간적인 상행위에 머물러 있게 되고 그래서 한국의 연극이 왜소화되거나 도덕성마저 상실케 하는 원인이 된다면 우리는 다시 한 번 오늘의 연극을 되돌아봐야 할 일이다. 연극이 원하는 것이 무엇이며 관객들이 연극에서 바라는 것이 무엇인가에 대해서 좀 더 겸허하고 진지하게 생각을 가다듬어야 옳을 일이다.

4. 결어

한국연극사를 광의로 보았을 때는 멀리 삼국시대 이전까지 거슬러 올라가야 한다. 그러나 불행하게도 일제 침략과 그 압정 아래서 그 전통성(傳統性)이 단절된 데다가 일본 신파의 이입으로 인하여 이른바 연극의 근대화 시대를 맞게 되면서 서양식 연극이 곧 우리 연극인 양 길들여왔다. 그러나 근자에 와서는 그 단절된 연극적 요소의 재발굴과 접목 작업이 의식화됨에 따라 한국연극은 이른바 그 정통성(正統性)과 순수성으로의 복귀론까지 대두되고 있다. 특히 대학생 및 젊은 연극인들에 의한 새로운 민족극 운동으로서의 마당극이나 창작극의 제창은 정치적 이념으로써 제3세계권 내에 알맞은 연극까지도 내다보고 있다.

이와 같은 시대에 우리들이 친숙하게 된 소극장연극 또한 여러 가지 모험과 문제점을 안고 있음을 재확인한 셈이다.

연극을 가리켜 종합예술이라고도 하고 집체예술이라고도 하는 이유의 저변에는 연극만큼 인간화되고 공동체적 이념이 짙은 예술도 드물다는 뜻이기도 하다. 우리 모두의 문제와 갈등을 연극을 통하여 풀어보고 싶어 하는 충동은 누가 뭐라고 해도 부인 못 할 것이다. 그래서 한 시대마다 앞장서 간 선구자가 있었고 그 사람들은 예외 없이 소극장연극의 필요성을 강조하면서 연극운동을 전개하였다. 그러나 그 험난한 투쟁은 번번이 실패했거나 좌절당했고 그래서 소극장연극은 이 땅에 뿌리 내리기에 힘이 든 박토와도 같았다. 보다 쉽게 예술을 할 수도 있었을 터인데 연극이기 때문에 천대받아야 했고, 감시당해야 했고, 그래서 이단자 취급을 받았던 과거를 생각한다면 현재의 연극계는 그 얼마나 편하고 풍요롭고 그리고 신축성이 있는 환경인지 모른다.

그러면서도 우리는 그 편안함과 풍요롭고 자유로운 공기 속에서도 여전히 구속받아야 했고 감시당해야만 했었다. 그래서 연극운동은 곧 사상운동으로 낙인이 찍힌 일제 치하가 있었고, 하고 싶은 얘기를 무대에서 할 수 없었던 독재 치하에서 살아나오기도 했다. 그러나 지금은 다른 상황에 놓여 있다. 그것은 제약받은 자유일망정 표현의 자유가 어느 정도는 허용되었고 특히 소극장 설치를 제어해오던 공연법도 개정이 되었기 때문이다.

그러나 문제는 그 느슨해진 자유가 진실로 우리를 이롭게 하고 나아가서는 진정한 민족연극을 수립하는 길이 무엇인가에 대해서 우리는 다시 한 번 솔직하고 겸손하게 우리 자신을 돌아봐야 할 때가 온 것이다. 따라서 오늘의 소극장연극이 나가야 할 길은 어디에 있으며 소극장연극은 무엇을 찾아내야 할 것인가에 대한 반성은 결코 헛된 작업은 아니었을 줄로 안다. 다만 연극이 왜 있는가라는 원초적인 문제에 대해서는 사람마다 그 의견이 다를 수도 있다. 특히 소극장연극의 목적이 무엇이며 그 진수가 무엇인가에 대해서는 앞에서도 현장 사람들의 목소리를 인용한 바도 있다. 소극장연극이 규모 작은 공간에서 행하여지는 연극이라고만 한다면 모든 얘기는 끝이다. 그것이 한국연극의 실패라고 판정해버린다면 더 이상 논리를 전개시킬 필요도 없다. 그러나 만약에 소극장연극이 지니는 그 독자적인 예술적 이념과 그 대사회적, 예술적 성과를 인정한다면 우리는 지금이라도 늦지 않다는 소신을 버릴 수가 없다.

가난하다고 자폐(自閉)해버린 시대가 아닌 스스로 길을 열기 위해서 얻어진 전국의 80여 개의 소극장은 단순한 오락이나 놀이나 돈벌이의 장소가 될 수는 없다. 비록 시설은 빈약하고 기술은 미숙할지라도 진실한 삶을 찾아 나서는 뜨거운 입김과 그것을 성숙시키려는 노력이 있어야 한다. 영리를 목적으로 하는 연극은 대극장 무대에서 행하여지는 상업주의 연극으로 돌려보내면 된다. 적어도 소극장연극은 그 상업주의와의 단연(斷緣)만으로도 숨통을 트일 수가 있다. 왜냐면 그것은 대성을 전제로 하는 교육의 도장이니까 말이다. 그리고 이 좁은 공간에서 갈고 닦은 기술이 어느 날 빛을 발산하여 주변 사람을 놀라게 하면 그것이 곧 소극장연극의 진실을 나타내는 일이다.

나는 한국의 소극장연극은 미래의 한국연극을 위한 교실이라야지 그 이상도 이하도 아니기를 바라는 마음에서 이 졸고를 쓰게 됨을 밝히는 바이다.

⟨참고문헌⟩

유민영, 「한국극장사」

유민영, 「한국현대희곡문학사」

이근삼, 「서양연극사」

이두현, 「한국신극사연구」

이두현, 「한국연극사」

장한기, 「세계연극사」

개조사 간, 「근대극전집」

석문사 간, 「연극사」

연극협회 간, 「한국연극」

일본백수사 간, 「세계연극사」

일본백수사 간, 「연극사전」

한국문예진흥원 간, 「문예연감」

일본의 신파연극이 한국연극에 미친 영향

1. 문제제기

우리나라 신연극의 역사는 불과 80년에 지나지 않는다. 그리고 그 신연극의 발아기란 일본의 제국주의적 침략 정책 아래서 상처 입기 시작했던 시기를 같이하였을 뿐만 아니라 일본의 신파연극의 모방에서 비롯되었다는 점은 널리 알려진 사실이다. 일설에는 1908년 국초(菊初) 이인직(李人稙)이 원각사 극장에서 자신의 신소설 〈은세계(銀世界)〉를 각색하여 신연극으로 공연했다는 사실을 들기도 하지만 기록상으로나 증언상으로 그 실현 여부는 모호하다는 주장도 있다. 따라서 기록이나 문헌상으로 그 근거가 분명한 점으로는 1911년 10월 임성구(林聖九)가 극단 혁신단(革新團)을 창단하여 〈불효천벌(不孝天罰)〉을 공연했음을 그 효시로 하고 있다. 그러나 이 두 작품 모두가 일본의 신파극을 바탕으로 한 우리나라 최초의 신연극이라는 점에서는 하나의 공통점을 지니고 있다.

신파극은 일본이 창출한 낱말이자 그들만이 지니는 특수한 연극이다. 뿐만 아니라 그 형식과 내용에 있어서도 일본적인 도덕률과 고정관념의 바탕 위에서 가장 일본적인 표현기술과 형식미를 갖추고 있다. 물론 신파극의 형성 과정이나 정착에 관하여는 본론에서 자세히 고찰하게 되겠지만 그것이 이른바 구극(舊劇)이라고 불렸던 가부키(歌舞伎)에 대한 반대 입장에서 이름 지어진 신파(新派)이고 보면 당시로서는 매우 획기적이고도 혁신적인 연극형태였음은 의심할 여지가 없다. 따라서 그 신파극을 수용하게 된 우리나라 연극의 위상도 실질적으로는 그 혁신이라는 점에 주안점을 두었을 것이며 종래의 전통예능이 빠지기 쉬웠던 비연극적인 폐단에서 벗어나려는 벅찬 몸부림이 있음은 쉽게 상상할 수가 있다. 그렇기 때문에 신파극은 관객들의 호응을 얻게 되었고, 그 지지와 기대 속에서 급진적으로 확산하게 되었으니 우리가 연극사 가운데서 찾아볼 수 있는 극단의 명칭과 그 부침(浮沈)의 흔적이 그 얼마나 빈번하였던가에서도 짐작할 수가 있다. 그만큼 일반 대중의 지지를 받았었고 또한 신파연극에 매료된 연극인이 많았었음을 뒷받침하고 있다고도 볼 수 있을 것이다.

특히 1935년 12월 우리나라 최초로 연극전용극장이었던 동양극장(東洋劇場)이 창립됨으로써 이 땅의 상업주의 연극의 전성시대를 가져오게 되었다. 물론 동양극장 산하에 있었던 두 개의 전속극단 청춘좌(靑春座)와 호화선(豪華船)이 공연한 연극형태가 1910년대에 일본의 신파연극을 모방, 도입시킨 초창기의 연극형태에 비한다면 또 하나의 개량(改良)을 가했다고는 하지만 아무튼 그 공연 작품들의 저변에 흐르고 있는 정신세계는 신파연극의 세계에서 그다지 멀리 벗어나지 못한 것으로 이른바 인정비극(人情悲劇), 가정비극(家庭悲劇), 화류비극(花柳悲劇)으로 일관되었다. 그리고 하나의 사은 봉사품 격으로 막간극 아니면 스케치 형식인 희극(喜劇)을 곁들임으로 관객을 즐겁게 해주려는 철저한 상업주의와 오락주의로 당시의 관객에게 눈물과 웃음을 선사하는 데 열성을 다하였다. 이와 같은 사실은 연극의 성립 요건 가운데 관객이 필수조건이라는 서양연극론의 한 측면에서 보더라도 신파연극이 얼마나 관객을 의식하며 존중하고 그리고 철저하리만큼 관객에 대한 영합주의(迎合主義)를 견지해나갔던가라는 사실은 결론적으로 관객 없는 연극이란 연극의 예술성과 상업성의 정립에서 벗어난 하나의 허상임을 실감케 한다. 그리고 이 땅의 신파연극은 한때나마 관객의 절대적 지지를 얻었다는 사실도 의심할 여지가 없다.

그런데 오늘날 우리 연극계 일각에서 그 잃어버린 신파연극의 환상을 좇아 나서는 행위가 심심치 않게 이루어지고 있다. 그것도 젊은 층이나 연극학도들 사이에서 시도되고 있다. 이러한 사실은 긍정적인 측면과 부정적인 측면에서 두루 고찰할 수가 있다. 뿐만 아니라 젊은 연극평론가나 대학생들이 연극의 비평작업 가운데서 연극의 역기능적인 면이나 미완성의 상태를 표현하는 데 있어서 자주 신파극을 그 기준 내지는 대표성으로 내세우고 있다. 바꾸어 말하자면 연극적 실패 요인이 곧 신파연극적 요소에 있다고 단정짓는 논리의 전개법이다.

그러나 이 두 가지의 경향에서 필자는 또 다른 문제의 제기를 경험하게 되었다. 그 하나는 젊은 연극인들이 재현시킨 신파연극이 거의 예외 없이 희극적으로 변절되어 있고 관객들 역시 희극으로 받아들이고 있는 성향이다. 예컨대 신파에서 가정비극의 대표적 작품이라고 할 수 있는 〈이수일과 심순애〉가 공연되는 극장 안은 온통 웃음바다 아니면 냉소의 소리로 가득 찬다. 그런가 하면 화류비극의 표본 격인 〈홍도야 울지 마라〉는 눈물 대신 폭소를 유발시키는 데 급급함을 볼 수가 있었다. 그뿐이랴, 우리 민족 수난의 비화를 바탕으로 한 신파극 〈아리랑 고개〉의 재현 역시 폭소, 조소, 실소로 일관된 무대로 변조시킴으로써 관객들에게 하나의 조작적인 장난기를 선물하는 것으로 만족하고 있다.

신파연극이 지니는 근원적 요인은 바로 비극성에 있다. 그래서 지난날 신파를 만드는 사람과 그것을 수용하는 관객은 그 비극성에서 하나의 위안을 받았었다. 그런데 지금은 그 비극이 희극 아닌 소극(笑劇)으로 전락하고 말았다. 그 작품세계의 퇴영성이나 전근대적 후진성은 어쩔 수 없다고 치더라도 하나의 감성적(感性的)인 수용마저 변질되어버린 까닭은 어디에서 오는 것일까. 지난날의 관객은 신파연극에 아낌없이 눈물을 흘림으로써 하나의 카타르시스를 경험하였거늘 오늘의 관객은

110

그것을 조소 내지는 냉소(冷笑)의 대상으로 받아들이게 되는 성향은 어디서부터 시작된 변질인가. 지난날의 신파와 오늘의 우리의 삶과는 전혀 다른 차원의 감수성과 이질적인 판단을 가지게 되었다고 말할 수도 있을 것이다. 말하자면 신파연극에서 취급되는 작품의 소재와 주제, 등장인물의 유형, 그리고 사건의 전개 등이 고색창연하기 때문에 현대를 살아가는 관객에게는 아무런 감동을 줄 수가 없다고 주장할 수도 있을 것이다.

그러나 현대인이 즐겨 찾는 영화나 TV 드라마가 과거의 신파연극과 과연 얼마나 먼 거리에 있는가라는 질문 앞에서 단정적으로 항변할 사람은 그다지 많지가 않을 것이다. 여기에 관해서도 최근의 TV 드라마가 어떤 주제를 추구하고 있으며 그 성향에 있어서 얼마만큼의 유형으로 나누어질 수 있는가에서 우리는 과거의 신파연극의 뿌리나 그 원형(原型)이 아직도 건재하고 있다는 사실을 알게 된다. 그러나 문제는 그러한 영화나 TV 드라마일지라도 웃음으로 받아들이는 경우를 만날 수가 없다. 단적으로 말해서 슬픈 이야기는 슬프게 받아들이고 우스꽝스러운 몸짓은 웃음으로 받아들이는 관객으로 남아 있다. 뿐만 아니라 그 슬픈 이야기가 흥미진진하다 못해 다음 회를 기다리는 시청자가 몇 백만, 몇 천만에 이르고 있다는 통계하고도 만나게 된다.

그렇다면 결국 같은 신파이지만 연극의 경우와 TV극의 경우는 사정이 다르기 때문이라는 판단도 나올 수가 있다. 그것도 우리는 수긍하지 않을 수가 없다. 그 하나는 생동하는 배우가 관객 앞에서 해 보이는 연기를 직접 대하는 현장성(現場性)에 그 특징이 있다면 후자는 기계를 통하여 재현되고 편집되고 인쇄된 영상예술이라는 데서 그 표현기능의 발달을 들 수가 있을 것이다.

그러나 사실은 그것이 아니다. 연극은 그것대로의 본래의 의미가 있고 TV극 또한 그것만의 진수가 있기 때문이다. 한동안 TV 때문에 무대

예술이 위협을 받게 되었다고 한숨짓는 소리도 있었다. 그러나 이 지구상에서 연극이 그 자취를 감추어버렸다는 소리를 아직 듣지 못했다. 일시적인 호기심이나 충격이 연극보다는 영상예술 쪽이 더 우세하다는 그 특성의 분석은 있었지만 궁극적으로 역시 연극은 그것대로의 독특한 매력과 특성이 있음으로 해서 관객을 즐겁게 해준다는 결론과 만나게 마련이다.

그 증거로 신파연극의 본고장인 일본에서는 지금도 신파가 건재하고 있다. 보다 합리적이고 현대적인 새로운 연극이나 현대극은 그것대로 관객을 흡수하고 있고, 고색창연한 가부키(歌舞伎)나 노(能)를 찾는 관객은 또 그들대로 있고, 신파를 사랑하는 관객은 150년이 되도록 그 맥이 끊기지 않고 이어 내려오고 있는 실정이다. 그들이 TV나 영화 때문에 전통연극을 저버리고 있다는 소리보다는 차라리 둘 다 공유(共有)하는 넉넉한 의식을 가지고 있는 실정이다. 따라서 신파의 특성을 그대로 인정하고 그 진수를 변함없이 즐겨 받아들이는 일본의 실태와 우리의 경우를 비교해보자는 의미가 결코 헛수고가 아님을 자각하게 될 것이다.

필자는 이상과 같은 발상 아래서 신파연극에 대한 올바른 의미 파악도 없이 단순한 외형적 모방만으로 가볍게 대처해 나온 사실을 절감하게 된 것이다. 그러므로 이 소론은 어디까지나 신파(新派)에 대한 정확한 개념 파악과 그 형식미(形式美)와 작품세계의 포착 없이는 우리 연극의 정상적인 발달은 어렵다는 점을 전제하지 않을 수가 없다. 그렇다고 필자는 새삼스럽게 신파연극의 정당성을 감수하거나 그것의 부활을 꾀하자는 것은 결코 아니다. 오히려 그 진부하고도 후진적인 성향을 자기도 모르게 수용하고 있음에도 불구하고 자신은 신파하고는 무관한 양 우기는 우(愚)를 꾸짖고 싶을 뿐이다. 스스로 앞서가고 있는 양 착각하거나 얕은 지식으로 현학자연하는 후학들에게 다소나마 신파(新派)의 정체를 밝히면서 그것이 우리 연극이나 방송극에게 어떻게 작용하였던가를 펴 보일 수만 있다면 그 이상 가는 보람은 없을 것이다.

2. 신파의 역사와 개념

일본의 신파(新派)의 발생적 추구를 하다 보면 자유민권사상(自由民權思想)을 고취한 정치적 연극이었던 이른바 장사극(壯士劇)을 그 원점으로 삼을 수밖에 없다. 그 창시자는 오카야마현(岡山縣)의 사족(士族)이었던 스도 사다노리(角藤定憲)로서 그는 1867년 7월 출생했다. 장사(壯士)란 사회로부터 소외당한 일종의 무직자를 가리키는 말이다. 따라서 그들은 일정한 직업이 있는 것도 아닌 무위도식배이니 그들로 하여금 연극을 시킴으로써 하나의 민중계몽과 사회개혁을 노린 데서 비롯되었다. 따라서 장사극의 3대 슬로건은 ① 사실(事實)의 극화 ② 장사(壯士)의 구제 ③ 정론(正論)의 선정이 바로 그것이다. 이것은 명치유신이 몰고 온 정치적 후유증의 하나로 당시의 정부로부터 추방당했거나 탄압을 당했던 장사(壯士)들이 대정부 공격과 민중계몽을 외쳐대는 하나의 수단으로 강담(講談), 낙어(落語), 연가(演歌) 그리고 연극을 구사하기에 이르렀다.

장사극은 1888년 12월 오사카(大阪)의 신마치좌(新町座)에서 창립공연을 가졌으니 '대일본장사개량연극회'라는 기치를 내세웠다. 그 주동자가 곧 스도 사다노리로 단원은 모두가 아마추어들로 그 기술상의 미숙성은 비판의 대상이 될 수밖에 없었다. 다만 그 신파연극의 원류인 장사극이 하나의 정치사상의 고취와 민권사상의 계몽운동에 있었다는 데 주목할 만하다.

그 후 1891년 2월 가와카미 오토지로(川上音二郎)가 극단을 조직하여 공연을 가졌으니 그 질적인 면에서는 스도 사다노리의 그것과 별 차이가 없었다. 다만 그가 동경으로 진출하면서 무대에서 불렀던 〈옷페케페 타령〉이 공전의 선풍적 인기를 얻게 되자 그는 2년 후 멀리 프랑스로 연극유학을 떠났다. 그러므로 유럽의 새로운 무대미학과 기술을 습득하고 돌아온 그는 1894년 당시로서는 낯설고 신기할 수밖에 없었던 서양식 연극을 선보임으로써 당대의 세태풍속 묘사로 주목을 끌게 되자 종전까지 내려오던 가부키(歌舞伎)식의 구극과는 또 다른 신파 특유의 연극을 창출시키게 되었다.

그러나 그해 8월에 청일(淸日)전쟁이 일어나자 국민들의 관심을 고조시키기 위하여 가와카미(川上)는 〈장절 쾌절 일청전쟁(壯絶快絶日淸戰爭)〉이라는 전쟁극을 공연함으로써 국민들의 사기를 진작시켰다. 뿐만 아니라 그는 직접 일선 지대까지 현지답사를 감행하여 〈가와카미 오토지로의 전지견문일기(戰地見聞日記)〉라는 보고극을 공연함으로써 선풍적인 인기를 얻게 되었다. 이것은 초기의 신파극이 전쟁극을 통하여 애국정신과 전승의 긍지를 고취시키는 데 앞장을 섰다는 뚜렷한 발자취로 볼 수가 있을 것이다.

그러나 가와카미의 연극적 업적은 이른바 정극(正劇)이라는 부제를 걸고 서양의 고전극, 특히 셰익스피어의 대표작인 〈오셀로〉, 〈햄릿〉, 〈베니스의 상인〉을 번안, 또는 번역하여 상연함으로써 서양 연극의 도입에 몰두하였다. 그리고 최초의 아동극 공연뿐만 아니라 연극제작자로서도 활발하게 운동을 펴나갔으며 한편으로는 여자배우 양성소를 개설하여 배우 육성에도 비상한 수단을 발휘하였다.

이와 같은 신파연극의 조류 속에서 일본의 신파연극의 대부로 불리는 이치카와 사단지(市川左團次), 이이 요호(伊井蓉峰), 가와이 다케오(河合武雄), 이노우에 마사오(井上正夫), 기타무라 로쿠로(喜多村綠郎) 등과 직접 간접으로 손을 잡고 일본 신파의 전성기를 이룩하였다. 특히 이 가운데 이이 요호, 가와이 다케오, 그리고 기타무라 로쿠로를 가리켜 신파 3두목시대(新派三頭目時代)로 손꼽게 되었다.

그러나 명치시대가 가고 대정(大正)시대가 되면서 일본의 신파극에도 몇 가지의 변화를 초래하였으니

① 아마추어적 연기와 연출에서 탈피하여 사실주의적 신파로 발전
   한 점.
② 초기 전쟁극에 대한 대중의 염증을 불식하기 위하여 보다 본격적이
   고 예(藝)로서의 연극을 갈구하게 된 점.
③ 자연주의 문학작품의 선택으로 신파의 예술적 지위 향상을 위한
   노력.

   이상과 같은 변화의 몸부림 가운데서도 우리가 놓칠 수 없는 이름은
하나야기 쇼타로(花柳章太郎)가 있다. 그는 앞서 언급한 신파 3두목하
고도 인연을 맺었으나 1915년 5월에 신극좌(新劇座)를 결성한 이래
1938년 신생신파(新生新派)를 결성할 때까지 지속적으로 일본 신파극의
맥을 이어 나온 배우였다. 특히 그가 남자 역보다는 여자 역(女形) 배우
로 명성을 떨쳤을 뿐만 아니라 이른바 화류물(花柳物)에서의 탈피를 위
하여 부단한 노력을 기울여왔다. 따라서 이 시대를 대표하는 신파극단은,

① 극단 신파(喜多村綠郎+河合武雄)
② 예술좌(井上正夫+水谷八重子)
③ 신생신파(花柳章太郎)

의 3대 단체가 각축전을 벌이는 가운데 1945년까지 화려한 신파극 전성시
대를 형성하였다.
   한편 이들은 서양의 대표적 작품을 번안 또는 번역하여 공연함으로써
신파의 위상을 높이려고 애를 썼다. 그리하여 셰익스피어의 명작 이외
에도 호프만슈탈, 베아링, 톨스토이, 마테를링크, 입센, 버나드 쇼 등의
희곡을 자주 공연하였고 일본의 자연주의 작가의 작품에도 관심을 기울
이면서 신파의 진면목을 발휘하는 데 노력을 아끼지 않았다.

필자는 지금까지 일본 신파의 발아기부터 1945년대까지의 역사를 극히 개괄적으로 살펴보았다. 그러나 일본은 전쟁 후 잠정적으로 불황기가 있었으나 그 후 다시 전술한 하나야기 쇼타로와 여배우 미즈타니 야에코(水谷八重子)가 이끄는 신파의 맥은 여전히 숨쉬고 있으며 신파(新派)의 개성은 그 누구도 건들지도 못하거니와 그 영향력은 연극뿐만이 아닌 영화나 TV극에까지도 폭넓게 번지고 있는 실정이다. 전통극으로서의 가부키나 노와는 또 다른 대중의 확고한 지지를 받고 있는 신파는 현대연극과 연관성을 지니는 신극(新劇)하고도 대등한 입장에서 그 위상을 지키고 있는 게 오늘의 실정이다.

그렇다면 그 신파연극의 정체는 무엇이며 그 특징 및 개념은 무엇인가에 대한 핵심적 파악은 필수적인 과정이 아닐 수가 없을 것이다.

필자는 초창기 신파가 장사극(壯士劇)에서 시작되었고 다음으로 전쟁극에서 화류비극으로 변천된 과정에 대해서 이미 언급한 바 있다. 그러나 그것은 어디까지나 일본 신파의 외형적 배경에서 비롯되었을 뿐 그 내용적 특징에는 아직도 못 미친 상태였다. 따라서 초기의 신파가 아마추어리즘에서 시작되었음에도 불구하고 가와카미(川上)에 의해서 그 인기 기반을 축성할 수 있었던 원인은 그 형식이 아니라 연극의 내용이었음은 재론할 필요도 없다. 한 가지 예를 들자면 자유민권운동을 목적으로 하여 민중계몽을 주안점으로 삼았던 가와카미 오토지로의 〈옷페케페 타령〉의 한 구절을 소개하자면 다음과 같다.

서양말 배웠다고 개화파인가
빵을 먹는 것만이 개량은 아니지
자유의 권리를 확장하여
국위를 떨치는 게 급선무라네
지식과 지식끼리의 키 재기라면

서로 눈치만 보게 된다네
구리(究理)와 발명의 앞장을 서서
서양 사람 못지않게 뻔데보여야지
신국(神國)이란 명의답게 일본이 으뜸일세

쌀값 치솟는 오늘날
서민층의 곤경은 본채 만채
깊숙히 눌러 쓴 신사모자에
금반지 금시계 권력 앞에선
무릎을 꿇고
기생의 북장단에 돈을 뿌려
집안 뒤주에는 쌀이 그득하고도
형제 동포에게는 본채만채
제아무리 자비롭기로서니
너무나도 박정한 사람들에게
황천길의 선물인가
염라대왕하고 면접에서도
뇌물 주고 극락에 가고 싶겠지만
그렇게는 안 되지 옷베케뻬, 옷베케뻬!

이와 같은 세태 묘사와 풍자의 목소리가 불공평했던 당시의 사회 시민 특히 서민들의 뜨거운 호응을 받았다는 것은 당연한 일일 수도 있을 것이다.

그런가 하면 가와카미 오토지로가 흥행사적 역량을 발휘했던 전쟁극 〈장절 쾌절 일청전쟁〉은 일종의 전의(戰意)를 고양시키는 연극으로 그 것은 하나의 민중을 선동시켜 전쟁 수행의 일익을 담당하는 데 그 의도가 있었다. 따라서 전쟁 장면에서 청군(淸軍)으로 분장한 배우에게는 땅콩 껍질이며 귤 껍질을 던지면서까지 야유하자 배우가 격분한 나머지 "나 역시 애국심에 불타는 일본 국민인데 이럴 수가 있는가?"라고 관객에게 대들었던 소동까지 벌이게 하였다.

이와 같은 몇 가지 실례를 통하여도 알 수가 있듯이 신파의 초기 연극이었던 장사극(壯士劇)의 진면목은 뛰어난 연기나 무대양식에 있었다기보다는 그 연극의 내용인 이른바 메시지에서 더 관객의 호응을 얻었다고 봐야 옳을 것이다.

그렇다면 신파적 연기의 특징은 어떠한 것이었는가에 대한 고찰도 생각하지 않을 수가 없을 것이다.

전장에서도 언급한 바와 같이 자유민권사상의 선전극인 장사극에서 출발했던 정치연극이 시간의 흐름에 따라 사상적 전향을 하면서 예술지상주의적 경향으로 탈바꿈하려고 애는 썼지만 새로운 내용에 적합한 새로운 표현형식을 얻어내기란 매우 어려운 과제였다.

다시 말해서 자기들 스스로 부정하고 나섰던 구극인 가부키의 영역에서 쉽게 벗어나기란 어려운 일이었다. 따라서 신파가 가부키에서 계승한 것은 가부키적 연출과 대본 이외에 가장 특징지을 수 있는 게 남인여역(男人女役)이었다. 이것을 온나가타(女形)라고 하는데 그것이 바로 신파연극의 대표적 특징이기도 했다.

그 반면 신파의 근대화는 두말할 것도 없이 서양 근대극의 영향에 따르는 자연주의적 연극의 도입이라는 점을 빼놓을 수가 없다. 근대 극적 창조방법에 따라 극본의 존중, 연출자의 설정, 그리고 여자배우의 등용 등으로 착실한 발전 과정을 걷게 되었다.

그런데 가부키 연기의 특징이었던 온나가타(女形)와 신파극과의 관계는 매우 중요한 연관성을 가지고 있다. 다시 말해서 신파에 있어서의 온나가타는 가부키의 계승이면서도 무용적 훈련으로 다져진 예역(藝域)

확장과 남자이면서 여자의 기본적 고뇌에 대한 체험을 통하여 생명감 있는 여성을 표현하는 데 있었다. 그러나 신파에서도 차츰 여배우가 등장함에 따라 여배우와 온나가타와의 갈등 및 대립은 신파극에 있어서 또 하나의 문제가 되었다. 뿐만 아니라 신파의 온나가타가 차츰 쇠퇴해 감에 따라 그 궁지에 몰리는 비대감과 절박감은 곧 신파적 연기세계의 현실을 나타내는 하나의 특징으로 볼 수도 있을 것이다.

그러나 신파극의 특징에서 빼놓을 수 없는 점은 바로 극작가다. 그 당시는 극작가라는 명칭은 각본가(脚本家)로 대치되었고 그는 예외 없이 한 극단에 전속작가로서 활동을 했고 그가 창작 또는 각색한 각본 여하에 따라서 연극과 극단의 존재를 좌우하였으니 각본제일주의(脚本第一主義)야말로 신파연극의 존망을 좌우하는 관건이라 해도 과언은 아니다. 그런 뜻에서 일본의 신파가 그 초창기의 장사극부터 어떻게 변모해왔던가를 살펴보는 일은 곧 신파연극에서 상연된 각본(극본)의 흐름에서 쉽게 알아볼 수가 있다. 참고로 여기 그 신파의 발전 과정을 살펴보자면 다음과 같다.

A. 전쟁물…청일, 노일전쟁에 바탕을 둠.
〈장절 쾌절 일청전쟁〉, 〈전지견문기〉, 〈위해위 함락(威海衛 陷落)〉, 〈정로(征露)의 황군(皇軍)〉, 〈여순함락〉 등

B. 탐정, 범죄극
〈피스톨 강도 시미즈 사다기치(淸水定吉)〉

C. 가정소설 극화
〈불여귀(不如歸)〉, 〈나의 죄〉, 〈여부파(女夫波)〉

D. 번안
〈오셀로〉, 〈몬나반나〉, 〈햄릿〉, 〈삿포〉, 〈왕관〉, 〈조국〉

E. 신문소설 각색

〈비파가〉, 〈곤지키야샤(金色夜叉)〉, 〈부계도(婦係圖)〉

F. 화류계정화

〈니혼바시(日本橋)〉, 〈두갈래길〉, 〈가나야고우메(仮名屋小梅)〉, 〈히도꾸도리(人來鳥)〉

G. 창작극(전속 작가)

〈협염록(俠艶錄)〉, 〈동풍이야기〉, 〈눈울림〉

H. 창작극(외부 작가)

〈제일인자〉, 〈폐마(廢馬)〉, 〈대농(大農)〉

이상에서 볼 수 있는 바와 같이 초기부터의 여러 극본은 전속 극작가가 담당하였으며 점차 서구 근대극의 영향으로 인하여 전속 극작가의 창작극을 공연하게 되었다. 그리고 기타 연극계의 외부 극작가의 극본을 채택하게 되었던 흔적을 볼 수가 있다. 이것은 곧 신파가 취했던 연극행위의 바로메타가 연극의 기본적 내용이자 연극적 메시지인 희곡에 중점을 두었으며 각본제일주의가 곧 연극의 흥행적 성패에도 지대한 영향력을 미치고 있었음을 여실히 말해주고 있다.

그러나 일본의 신파연극사 가운데 가장 두드러진 발자취의 하나는 데이코쿠여우양성소(帝國女優養成所)의 설치였다. 이 양성소는 전술한 가와카미 오토지로가 오래전부터 품어왔던 숙원 가운데 하나로 새로운 연극을 위해서는 여배우가 절실히 필요하다고 생각한 데서 이루어진 업적 가운데 하나였다. 그는 두 차례에 걸친 구미(歐美) 공연에서 돌아오자 데이고쿠좌(帝國座) 부속의 여우양성소를 어렵게 설립하고 얼마 후 데이코쿠극장 주식회사의 자금 지원으로 데이코쿠여우양성소를 창립하였다. 여기에 이르기까지는 그의 아내이자 당시의 유일한 여배우였던 사다얏코(貞奴)의 힘이 컸다.

이 배우 학교는 엄격한 규칙 아래서 2년 과정의 교육을 전액 장학금 지급으로 하되 졸업 후는 2년간 데이코쿠극장(帝國劇場)에서 실습을 거치게 되어 있다. 교수과목은 역사, 희곡, 일본무용, 서양무용, 음악(동서 악기, 타악기, 현악기), 분장, 전통음악 등 배우로서 필요한 모든 과목을 가르침으로써 그 자질 향상에 정진시켰다. 그리고 만약에 중도에서 탈락한 자는 함부로 무대 출연을 못 하도록 막을 뿐만 아니라, 교육 기간 중 받았던 장학금(월사금)의 5배를 추징하고 각지에 있는 극장과 신문사 앞으로 그 부도덕적 행위를 통첩한다는 엄격한 규칙이었다.

모두 10조로 되어 있는 이 규약은 그 당시로서는 획기적이며 혁신적인 배우 양성의 기본 정신이기도 하였다.

그런데 일본의 신파연극에서 최초의 여자배우는 지토세 베이하(千歲 米坡)와 모리즈미 겟카(守住月華) 두 사람을 손꼽는다. 특히 모리즈미 겟카는 이치카와 구메하치(市川九女八)라는 예명을 지닌 가부키 배우였다. 원래 가부키에서는 여인금제(女人禁制)를 취하고 있었지만 그녀는 당시의 명배우 이치카와 단주로(市川團十郎)의 수제자로 입문하여 여인이면서도 남자 역을 훌륭하게 소화시킬 정도의 실력자였다. 그녀는 당시의 선각자이자 게이오(慶應)대학의 설립자인 후쿠자와 유키치(福澤諭吉) 같은 해외파의 얘기를 듣고서 장차는 여자배우를 필요로 하는 시대가 오리라고 믿은 끝에 가와카미에 합류하였다. 여기에서 흥미를 끄는 한 가지 사실은 후일 우리나라 신파극에서 최초의 여자배우로 각광을 받게 된 이월화(李月華)와 그 이름이 같다는 사실이다. 이것은 모르면 모르되 그 당시 연극계를 이끌었던 윤백남(尹白南)이 '조선의 최초의 여배우'에게 '일본의 최초의 여배우'였던 월화(月華)라는 이름을 지어준 것으로 전해지는 것도 흥미로운 일이라 하겠다.

3. 한국에서의 신파극 도입과 정착

필자는 지금까지 일본의 신파의 특징과 그 개념 파악을 시도하였고 일본 신파가 지니고 있는 연극사적 의의도 함께 살펴보았다.

그러므로 이와 같은 일본의 연극형태가 어떠한 동기와 경유로 한국에 도입되었던가라는 규명은 그다지 어려운 일은 아니다. 그것은 구한말기의 정치적, 사회적 분위기가 친일, 친로, 친미, 친독 등 여러 열강세력과 역학관계의 와중에서 친일세력이 단연 두각을 나타냈다. 일본 세력과의 제휴 및 유착이 가장 타당하리라는 판단 아래 급진적으로 일본과 접근하며 일본의 문물제도가 민감하게 유입되었다는 사실은 하나의 시류 편승의 증상이라고 해도 과언은 아닐 것이다. 그러나 조선조 5백 년의 역사 가운데서 대원군의 쇄국정책으로 인해 국민에 대한 우매정책은 국민의 물질생활과 정신생활을 크게 위축시킨 결과를 가져왔다.

따라서 시대를 앞서가는 사람이란 외래문화에 대해서 민감하여 그것을 수용하는 데도 앞장을 서왔음을 우리는 익히 알고 있다. 구한말 때 처음으로 외래문명을 접한 사람이란 외국을 왕래한 경험자일 수밖에 없다. 그러한 사람 가운데 대표적 인물이 바로 국초(菊初) 이인직(李人稙)이라는 점은 널리 알려진 사실이다.

이인직은 구한말 대한제국 정부유학생으로 동경정치학교에서 수학 후 노일전쟁 때 일본육군성의 조선어 통역관으로 제1군 사령부에서 근무하였고, 그 이후부터는 언론계에 투신하여 국민신보와 만세보의 주필과 대한신문의 사장직까지 역임한 지식인이었다. 그가 이완용의 후광으로 크게 활동하였음은 잘 알려진 사실이다. 아무튼 그러한 이인직이 정치적 근대화를 서둘던 일본에 관해서 누구보다도 풍부한 지식을 지녔던 것은 의심할 여지가 없다. 따라서 그가 1908년에 협률사(協律社) 자리에 원각사(圓覺社)를 세워 자신의 소설 〈은세계〉를 각색하여 공연한다는 예고 기사가 1908년 2월 7일자 신문에 실렸다는 것은 그가 일본의 신파를 최초로 도입하려던 사람임에는 틀림이 없다. 뿐만 아니라 그의 창작인 〈귀(鬼)의 성(聲)〉이나 〈은세계〉는 일본의 장사극(壯士劇)에 영향을 받았을 것으로 보이는 자유민권사상을 고취하는 작품 계열에 속한다는 점으로 미루어보아 그가 일본 유학 중에 현지에서 장사극을 통하여 받은 감명이 컸음을 입증하고도 남음이 있다.

다시 말해서 문명개화를 꿈꾸는 젊은 지식인으로서 무지몽매한 민중으로 하여금 눈을 뜨게 하는 데는 연극적 수단이 가장 적절하리라고 판단되었기 때문이다. 그러므로 일부 연극학자들의 주장대로 그의 〈은세계〉 공연이 불발탄으로 돌아갔다 할지라도 그가 창작한 작품세계와 그리고 원각사라는 민간극장을 창건하였던 그 배경은 바로 이 땅에 일본의 신파연극을 도입하려는 데 목적이 있었다고 봐서 크게 빗나가지는 않을 것이다.

그러나 실질적으로 일본의 신파극(정확히 말하자면 장사극이지만)을 시도하고 정립시킨 사람은 임성구(林聖九)이다. 그는 일찍이 일본인이 경영하던 극장 경성좌(京城座)[일설에서는 고토부키(壽)좌라고도 함]에서 신발지기(不足番)로 일하던 과정에서 일본에서 순회공연차 온 신파극을 자주 보게 되었다. 그것은 우리나라에서는 볼 수 없었던 무대형식이었고, 우리의 구극이 주로 기생이나 무동들에 의한 창무(唱舞) 일변도인 데 반하여 신파는 일정한 줄거리(희곡)로 연기하는 배우와 그리고 배경(장치)이 곁들여져 있음으로써 관객에게 어필하는 강도가 큰 점에 착안하였다. 연극이야말로 민중과 호흡을 같이할 수 있는 집단임을 깨닫자 그의 형인 인구(仁九)와 함께 극단 혁신단(革新團)을 창단하여 1911년 10월 남대문 밖에 있는 어성좌(御成座) 극장에서 〈불효천벌〉이라는 작품을 공연하였다. 그러나 흥행에 실패하자 다음 해인 1912년 2월 18일 제2회 공연으로 〈육혈포강도(六穴砲强盜)〉를 공연함으로써 흥행에 크게 성공하였다. 그러나 문제는 그가 채택한 두 작품이 모두 일본의 신파작품인 〈사(蛇)의 집념〉과 〈피스톨강도 청수정길(淸水定吉)〉을 번안한 작품이었다는 점이다. 다시 말해서 일본의 초기 신파인 장사극은 그 내용에 있어서 민중계몽과 자유민권사상 고취라는 메시지를 중요한 골자로 하였거나 전쟁극을 통하여 애국충정을 고취시키려는 데 그 목적을 두었음은 전장에서 이미 밝힌 바 있다. 그러나 임성구의 경우는 그러한 작품의 정신이나 메시지보다는 새로운 형식의 무대라는 점에 보다 깊은 관심을 품었고, 그 내용보다는 형식에 대하여 의욕을 느낀 셈이다. 특히 〈육혈포강도〉의 경우는 원작이 10막인데 그것을 7막으로 재편하되 그 당시의 우리의 생활하고는 무관한 히사마쓰(久松) 경찰서며 기네야(杵屋) 점포(店鋪) 등을 그대로 무대 위에 다 재현함으로써 그것이 일본연극인지 우리 연극인지 분간할 수 없는, 이른바 국적 불명의 신파를 그대로 모방한 점에서 짐작할 수가 있다. 그뿐만 아니라 그 후 혁신단에서 공연한 레퍼토리는 그 대부분이 일본 초기 신파극의 번안극으로 특히 군사극에 있어서는 일본 사람 관객 앞에서 외쳐대던 애국주의적 대사를 그대로 외쳐댔으니 그런 연극에서 조선의 민족혼을 바탕으로 한 작품화라고는 전혀 찾아볼 수 없는 단순한 모방 행위였음을 입증하고 있다. 심지어는 일본어나 직역어가 그대로 사용되고 있음을 엿볼 수가 있다. 참고로 1912년 3월부터 향후 1년간 혁신단의 상연 작품은 다음과 같다.

〈무전대금(無典貸金)〉, 〈병사반죄(兵士反罪)〉, 〈사적교육(士的敎育)〉, 〈교육적인형(敎育的人形)〉, 〈군인(軍人)의 구투(仇鬪)〉, 〈유녀의지(遊女意志)〉, 〈여강도(女强盜)〉, 〈소휘위선(少輝尉善)〉, 〈형사고심(刑事苦心)〉, 〈우정3인병사(友情三人兵士)〉, 〈효자반죄(孝子反罪)〉, 〈천도소정(天道昭正)〉 …. (이두현, 「한국연극사」 참조)

이상의 제목에서만도 볼 수가 있듯이 그것은 단순한 권선징악이나 애국정신의 계몽으로 일본 사람을 상대로 하던 신파를 여과 없이 직수입하였던 흔적을 알 수가 있다.

바꾸어 말해서 초기 신파의 특징은 연극을 하나의 교화도구로 보려는 공리적 연극이념이 지배적이었을 뿐 인생의 가치나 예술적인 감동을 심어주기에는 거리가 멀었음을 쉽게 알 수가 있다. 그것은 앞에서도 말한 바 있지만 연극이라는 표현형식이 아직도 생소했던 사회 환경과 연극이 창조정신의 피조물이라는 인식은 까마득한 시대였음은 더 말할 것도 없을 것이다.

그러나 혁신단은 1913년에 들어서자 최초로 소설문학을 각색한 작품 〈쌍옥루(雙玉淚)〉를 상연함으로써 종전과는 다른 신파의 모습을 보여주는 데 성공을 하였다. 그러나 그것은 임성구의 공덕이라기보다는 그보다 뒤늦게 등장한 작가이자 연출가였던 지식인 윤백남(尹白南), 조일제(趙一齋), 이기세(李基世), 이상협(李相協) 등의 창작정신의 영향이라고 봐도 과언은 아니다.

왜냐면 이들은 임성구와는 달리 모두가 직접 일본 유학을 한 경험과 그 당시 일본의 자연주의 문학의 파급을 직접 피부로 느꼈으며 현지에서의 신파극이 무엇을 의미하는가에 대한 인식을 새롭게 하였기 때문이다. 말하자면 단순한 모방이 아니라 초기 자연주의 문학정신을 무대 위에 올림으로써 신파의 비논리성이나 무국적성에서 탈피하려는 의지가 거기 있었다고 봐야 할 것이다.

1912년 3월 29일 윤백남은 극단 문수성(文秀星)을 창단하고 창립공연으로 〈불여귀(不如歸)〉(9막)를 택하였다. 작품 〈불여귀〉(두견새라는 뜻으로 '호토토기스'라고 발음함)는 그 원작이 소설로 그 당시 일본문단에서는 중진인 도쿠토미 로카(德富蘆花)의 대표작이다. 이 소설이 신문에 연재되자 만천하의 독자를 감동시킨 걸작으로 그것을 각색하여 공연함으로써 일본의 초기 신파극 가운데서도 백미편으로 알려졌다. 특히 여주인공 나미코(浪子) 역은 온나가타(女形)로서는 누구나 한번쯤 바라보는 황금 배역으로 그 비극적 종말은 연극 애호가를 매료시킨 바 있다.

윤백남이 일본 체류 중에 이 〈불여귀〉를 직접 보았는지의 여부는 알길 없으나 극작가이자 소설가였던 그가 이 작품을 창단공연 작품으로택한 것은 결코 우연은 아닐 것이다. 그것은 종전의 임성구에 의한 신파가 대부분 계몽적이며 권선징악사상에 바탕을 두었거나 군사극 아니면수사극 등으로 건조한 무대에 식상을 일으켰을 관객들로 하여금 보다정서적이며 감성적인 연극으로 심금을 울려주는 연극 또한 필요하리라고 간파했음이 분명했다. 그러기 위하여는 이른바 가정비극이자 인정비극의 범주에 속하는 〈불여귀〉가 가장 적합한 레퍼토리라고 판단했을 것이다.

그 공연 결과가 성공적으로 끝나자 역시 극작가였던 이기세는 극단유일단(唯一團)을 조직하여 번안극 〈처(妻)〉를 공연했고, 이어서 〈불여귀〉, 〈장한몽〉, 〈자기의 죄〉 등 가정비극을 계속 공연했다. 이 가운데〈장한몽〉은 당시의 신파극의 대표적 레퍼토리로서 일본 자연주의 문학의 중진인 오자키 고요(尾崎紅葉)의 원작소설 〈곤지키야샤(金色夜叉)〉를 각색한 것으로 우리나라에서는 〈이수일과 심순애〉로 더 알려진 비극이다.

이처럼 혁신단의 신파공연을 하나의 신호탄으로 삼기라도 하듯 문수성(文秀星), 유일단(唯一團), 예성좌(藝星座), 취성좌(聚星座) 등 신파극단이 속속 창단되면서 그들이 공연한 작품은 한결같이 가정비극 아니면 화류비극 일색이었으니 전술한 바 있는 작품 이외에도 〈눈물〉(이상협 작), 〈청춘〉(조일제, 이상협 합작), 〈단장록〉(조일제 번안), 〈비파성〉, 〈추월색(秋月色)〉 등 그 제목에서부터 풍기는 애상적인 인정비극이 주종을 이루었다.

이와 같은 작품 선택은 관객 측의 기호나 선호도와 함수관계가 있다고 볼 수도 있겠고 일제의 압정 아래서의 좌절감과 피해의식에서 오는 자기비하로 풀이될 수도 있을 것이다. 아무튼 임성구에 의해 불이 붙여진 일본의 신파연극은 이 땅에서 상상 외로 관객의 호응을 얻었다. 그러나 정규적인 배우수업이나 연기교육을 받은 바도 없이 일시적 호기심이나 객기에서 극계에 뛰어든 초기 신파배우의 실태나 그 내용 면에의 문학성 내지 예술성은 고려할 여지가 없이 그저 "울리는 연극"으로 일관하였음은 그 작품 선택에서 미루어봐도 쉽게 알 수가 있을 것이다. 그러나 이런 상황 가운데서 하나의 의식적인 발언과 비판이 전혀 없었던 것은 아니다. 예컨대 윤백남은 그의 회고담에서

임성구 일파의 치열난잡한 연극은 연극 초창기에 있어서 대중을 그르치는 사극(邪劇)이니 이런 등속의 연극이 수도의 극장에서 오른다는 것은 나라의 치욕이다. 그러므로 그것을 구축하는 의미에서 속히 정도(正道)의 연극을 상연할 필요가 있다는 것이며 이것을 곧 실천에 옮기자는 약속을 하였다.

라고 말한 것으로 기록에 남아 있다.(「한국예술총람」 1964년 참조)

그러나 그러한 의지 표명과는 달리 얼마 후 윤백남과 조일제가 창단한 극단 문수성이 선보인 작품들이 임성구의 그것들과 대동소이했던 사실은 매우 아이러니컬한 일이 아닐 수가 없었다.

그러나 1920년경까지 계속되었던 초기 신파연극의 또 하나의 특징은 연극의 비전문성에 있다고 봐야 할 것이다. 이 점에 대해서는 극작가이자 연출가였던 이기세의 회고담에서 엿볼 수가 있다. 이기세는 윤백남에 이어 일본 유학 중에 연극과 인연을 맺었다. 그는 일본 신파극계의 거두였던 시즈마 고지로(靜間小次郎)에게 사사했던 연극계의 선구자였

일본의 신파연극이 한국연극에 미친 영향

다. 그는 회고담에서 밝히기를, "매일 예제를 교체해야 되므로 적어도 40여 제의 각본을 항상 준비해두지 않으면 안 되었고, 신파에 종사한 사람들이 연극에 대한 실제의 경험을 가진 사람은 자기 자신뿐이므로 극단의 통솔이나, 연출, 각본 선택, 무대 장치, 화장, 선전삐라, 선전간판, 입장권의 인쇄까지도 전부 내 손이 가야 되었다"라고 술회한 점으로 미루어봐도 초기 신파의 질적인 치졸성은 추측하기에 어렵지가 않을 것이다. 뿐만 아니라 극단의 명칭까지도 예외 없이 '좌(座)'라고 붙인 것은 바로 일본식 호칭이며 그것은 극단뿐 아니라 극장 명칭에까지 사용되었음은 이 당시의 신파가 철두철미 일본 신파의 모방에 급급하였고 전문가에 의한 창조적 작업은 거의 만나볼 수가 없었다고 말할 수밖에 없다. 그러나 우후죽순처럼 나타났다가 사라지고 다시 나타나며 이합집산을 거듭했던 초기 신파연극계에서 하나의 특기할 만한 사실을 찾는다면 토월회(土月會)와 현철(玄哲)의 존재일 것이다.

토월회는 1923년 7월 동경 유학생 박승희를 중심으로 모였던 지식인의 집단이다. 그들은 동경에서 직접 접했던 일본의 연극에 자극을 받았다. 그것은 일본의 신파가 이미 초기의 장사극이니 서생극(書生劇)이니 하는 구태에서 벗어나 서구의 근대극을 수용함으로써 자연주의 문학사조를 연극으로 표현하는 활동에 감명을 받았기 때문이다. 다시 말해서 우리 연극도 임성구, 이기세, 김도산, 김소랑 등이 행하고 있는 유치한 신파에서 탈피하여야 하며, 레퍼토리도 일본작품의 번안, 각색에 의존할 때가 아니라 창작희곡과 서구 근대극을 제대로 번역 도입시킴으로써 신파의 수준을 끌어올려야 한다고 소리쳤다. 그러므로 토월회는 신파의 상업주의를 배격하고 연극의 예술성을 주창한 데서 결집된 지식인의 집단이었다. 따라서 창단공연 작품인 〈기갈(飢渴)〉(유진 필롯 작), 〈곰〉(체호프 작), 〈그 남자가 그 여자의 남편에게 어떻게 거짓말을 했나〉(버나드 쇼 작) 등 서양 근대극과 〈길식〉(박승희 작)을 들고 나온 것은 결코 우연은 아니다. 그리고 제2회 공연 역시 〈부활〉(톨스토이 작), 〈알트하이델베르크〉(마이어-푀르스터 작), 〈채귀(債鬼)〉(스트린드베리 작)를 일거 상연하여 신파연극계에 새바람을 불어넣었다. 그러나 따지고 보면 이와 같은 번역극 역시 일본에서 이미 공연되었던 작품을 우리말로 중역한 것으로 다만 차이가 있다면 종전의 일본작품 위주에서 서양작품으로 바뀌었다는 점이고 보면 역시 창조적 작업으로 접근하기에는 아직도 역부족이었다.

그러나 바로 이 시기인 1924년 일본에는 쓰키지(築地)소극장이 창설되었다. 서구의 근대극을 직접 도입하며 이른바 사실주의 연극 수립에 안간힘을 쓰고 있었다는 사실에 비추어볼 때 우리의 신파극은 아직도 일본 신파를 뒤쫓고 있는 격이었다.

그러므로 토월회는 초기의 왕성했던 의욕하고는 반대로 후반기에 가서는 현실적인 악조건과 상업주의적 신파 앞에 굴복을 할 수밖에 없었고 1926년 4월 56회 공연을 마지막으로 해산의 비운을 맞게 되었다. 물론 그 지경에 이르기까지 저속한 신파극과 우리의 고전인 〈춘향전〉, 〈심청전〉, 〈장화홍련전〉, 〈추풍감별곡〉 등을 극화하여 대중의 기호에 영합하려고 노력을 했지만 별다른 성과를 얻지 못하였다.

후일 박승희는 토월회의 실패 원인을

① 자금 부족
② 연극전문인 부족
③ 관객들의 인식 부족
④ 사회 중산층의 몰락

의 네 가지를 들고 있음은 그 당시 우리 연극이 어느 위치에서 서성거리고 있었는지 짐작할 수가 있을 것이다.

이와 같은 원인 규명 가운데 연극계의 일각에서 끈질기게 거론된 점은 바로 전문연극인의 부족이었다. 그것은 이미 윤백남, 이기세도 언급한 바 있으니 전문적인 배우 양성이야말로 화급을 요하는 급선무였다. 토월회 멤버가 일본서 보았던 신파극은 그래도 전문배우들에 대해서 잘 훈련된 연극무대였다. 특히 일본 신파의 맥이 오랜 전통과 각고 끝에 배우 중심의 연극을 이어온 점은 연극이 배우예술이라는 점을 실증했고 또 그 배우를 양성하기 위해서의 정신적 물질적 투자가 지대하였다. 여기서 정신적 투자라 함은 하나의 윤리성이나 도덕성에 바탕을 둔 교육방법을 의미한다. 그것은 단순한 연기기교의 전수가 아니라 인격과 예(藝)의 정도(正道)를 배운다는 차원에서 배우로서의 윤리성까지도 강조하였다.

그러한 관점에서 일본의 신파배우규약 제정을 살펴보는 것은 흥미로운 일일 것이다. 이 규약은 1915년 8월 대극장의 간부들이 그 영업적 방위책으로 세정하였으니 그 내용은 다음과 같다.

〈신파배우 규약〉

오늘날 세상사는 하루가 다르게 변하여 예술의 진보 역시 단 한순간도 쉬지 않은 실정인바, 신파연극의 위축 침체를 매도하는 소리가 드높아가 우리들의 귀를 따갑게 함은 실로 유감천만이 아닐 수 없도다. 곰곰이 생각하니 이는 매도하는 사람에게 책임이 있는 게 아니다. 그 책임은 전적으로 매도당하는 측에 있도다. 신파배우로서 이 기회에 깊이 자성하지 못한다면 향상의 길은 끊기고 시대에 뒤떨어질 후회만이 남게 됨은 자명한 일이로다. 따라서 이에 서로 협의한 규약을 작성하여 공포하나니 그 까닭은 최소한 우리 예술가로서의 입장을 장차 천명하고저 함에 있도다.

1. 우리들 신파배우는 어디까지나 진지한 예술로서의 연극을 연구해야 함.

2. 우리들 신파배우는 어디까지나 공덕(公德)을 존중하며 내외 상하

다 함께 예의를 문란케 하지 말 것.

3. 우리들 신파배우는 맹세컨대 흥행본위의 활동사진 촬영을 거절함.

4. 우리 신파배우는 맹세컨대 흥행본위 구경거리 무대의 출연을 거부함.

5. 우리 신파배우로서는 이상의 각 조목에 위배되는 배우와는 두 번 다시 무대를 함께 하지 않음.

이상과 같이 각 조목을 굳게 협약함

(야나기 에이지로(柳永二郎), 「신파육십년(新派六十年)」 참조)

이 신파배우규약은 당시의 배우들이 배우로서의 긍지와 자부심을 내걸면서 하나의 예술인으로서의 연구, 단결, 그리고 권익옹호까지도 만천하에 천명하는 선언문으로 배우가 단순히 연기하는 사람이나 '쟁이'로 머물러 있기를 거부했던 배경을 단적으로 말해주고 있다. 다시 말해서 신파배우에게 있어서 예(藝)는 도(道)로 통하며 그것은 하나의 인격 형성이라는 신조를 강조하고 있다. 그러기에 신파배우는 가부키에서 유래되는 세습제도나 습명(襲名)제도를 단순한 기예(技藝)를 전하는 일이라기보다는 그 예술세계와 정신세계까지도 이어지는 사실을 감안할 때 배우의 사회적 지위와 연극의 위상이 어떤 것인가를 쉽게 알 수 있을 것이다.

그러나 불행히도 우리가 일본의 신파를 모방 이식하는 과정에서는 그러한 정신세계나 예도(藝道)로서의 윤리성을 망각하고 단순히 색다른 무대만을 배우다 보니 그 인격 면이나 정신세계의 취약성이 그대로 드러날 뿐만 아니라 사회적인 냉대나 멸시를 면치 못하게 된 셈이다. 다시 말해서 연극교육을 통한 사회교육이나 예술을 통한 인격 형성은 엄두도 못 내고 다만 '짓거리'를 배우고 겉멋만을 끌어들임으로써 하나의 소비문화를 형성하는 데 그치고 말았다.

그러나 이러한 면에서 우리가 그냥 지나칠 수 없는 선구자가 있으니 바로 현철(玄哲)이 그러하다. 현철의 본명은 희운(僖運)이며 1891년에 태어나서 1965년에 세상을 뜬 연극계 초창기의 숨은 공로자의 한 사람이다. 그 공로 가운데 특기할 만한 사실은 모두가 앞을 다투어 신파연극을 공연하는 데만 정력을 쏟던 1924년에 그는 우리나라 최초의 조선배우학교를 창설하여 새로운 인재양성에 온갖 힘을 기울였다. 그것은 어찌 보면 연극의 뒤안길을 닦는 구실이라 하겠지만 일찍부터 새로운 연극의 창조는 바로 새로운 인재, 특히 배우 양성 없이는 안 된다는 일본의 신파연극의 주장을 익히 알고 있었기 때문이다. 따라서 가와카미 오토지로(川上音二郎)가 일찍이 데이코쿠여우양성소(帝國女優養成所)를 설립하여 수많은 연기자를 길러냄으로써 일본의 신파연극의 질적 향상에 기여하였던 사실을 기억하고 실천에 옮긴 것이다. 그 당시 잡지 「개벽(開闢)」사의 학예부장으로 있으면서 서양 희곡의 번역, 번안, 그리고 논문을 발표한 바 있다. 그러한 그의 예술철학은 "민족적 의력(意力)이 발달하지 못한 나라는 연극이 발달하지 못한다"라는 데 그 기반을 두고 있었다.

그는 동경에서 세이소쿠(正則)영어학교와 메이지대학 법과를 수학하면서 당시의 일본 신파극의 대부였던 시마무라 호게쓰(島村抱月)가 주재하던 예술좌에 연구생으로 입단하여 연극의 길로 들어섰다. 그리고 1917년에는 중국 상해로 건너가 성기연극학교(星綺演劇學校)에 관계하다가 3.1운동 직전에 귀국하였다.

현철은 그러한 체험을 바탕으로 1920년에 예술학원의 문을 열었으나 얼마 못 가서 문을 닫고 말았다. 그러나 배우 양성에 대한 그의 집념은 쉽사리 사라지지 않았으며 1924년 12월에 조선배우학교를 설립하는 데 성공하였다. 그는 1925년 1월 15일 40명의 제1기생을 뽑아 교육에 착수하였으니 그 가운데는 후일 배우로서 명성을 날렸던 주평(主萍), 복혜숙(卜惠淑), 양백명(梁白明), 이한용(李漢鎔), 정경(鄭鏡), 김아부(金亞

夫), 이금룡(李錦龍) 등의 인재가 끼어 있었다.

"연극을 한다는 것은 인간을 표현하는 일이다"라고 주장했던 하게만(C. Hagemann)의 예술철학을 신봉했던 현철의 업적은 그가 일본 유학과 신파극의 만남에서 얻은 소중한 체험의 결과였음을 의심할 여지가 없다.

그러나 우리나라 연극의 대부분이 그 정도의 차이는 있었을지언정 일본 신파의 아류에서 크게 벗어나지 못한 채 혼미를 거듭하는 와중에서 이른바 신극(新劇) 운동을 표방하고 나선 극예술연구회는 신파극에 하나의 경종을 울리는 도전자이기도 했다.

극예술연구회는 1931년 7월 동경 유학생들이 주동이 되어 조직한 연극 영화 동호회였다. 서항석, 유치진, 이헌구, 정인섭, 이하윤 등 외국문학을 전공하는 대학생들이 모인 이 집단은 일본의 연극에 자극을 받은 나머지 저속하고 전근대적인 신파에 대한 도전을 결심하였다. 그들이 내건 기치는 신극(新劇)이었다. 신파에 반대하고 그것을 거부하는 뜻으로 탄생한 신극이라는 용어도 역시 일본의 연극계에서 창출해낸 말이다. 따라서 신극이란 연극의 문학성, 예술성을 우선으로 하는 예술운동이라고 볼 수가 있다. 그것은 흥미 본위나 오락주의로 관객에게 영합하려드는 상업주의 연극을 배격하며 문학, 음악, 미술 등과 어깨를 나란히 하며 예술로서의 연극을 지향하는 연극운동이었으니 그 본거지는 바로 쓰키지(築地)소극장이었다. 이 소극장은 일본의 명문 집안에 속했던 히지카타 요시(土方與志)가 독일 유학에서 돌아오자 연출가인 오사나이 가오루(小山內薰)와 손을 잡고 유럽의 사실주의 연극을 수용, 정착시키려는 데 그 기본 정신을 두고 출범하였다. 따라서 그것이 서양연극의 모방이기는 하였지만 당시의 지식층인 대학생들의 적극적인 호응과 지지를 받았으며 매스컴도 일제히 신극을 지지하고 나섰다. 연극이 언제까지나 눈물과 탄식과 여성 취향의 퇴영적인 정서에 취하고 있을 것이 아니라 참된 인생의 발견과 자아의식의 각성에 비롯된 사회적 복지 추구나 그 개혁까지도 서슴지 않겠다고 외쳐대는 신극인들의 열과 성은 젊은 지성인의 동경의 대상이 되었다. 따라서 쓰키지소극장에서는 날마다 체호프, 고골, 톨스토이, 입센, 하웁트만, 버나드 쇼, 그레고리 부인, 스트린드베리 등 사실주의 희곡이 무대에 올려짐으로써 젊은 관객층의 열광적인 지지를 받게 되었다.

이와 같은 현장을 목격했던 극예술연구회 동인들도 우리나라에도 신극운동이 있어야겠다는 자각과 의지로써 첫 공연을 올린 것이 1931년 8월 실험무대라는 이름으로 한 연극이었다. 물론 여기에 이르기까지 극예술연구회는 연구생들에게 이론과 실기 교육에 전력을 기울였다. 그것은 '진정한 우리의 신극 수립'이라는 모토 아래 자못 활기찬 행위였다. 따라서 이때의 강의 내용은 연극론, 희곡론, 동서 연극사, 배우론, 연출론, 무대효과론, 대사, 분장, 기본체조 등 배우가 갖추어야 할 모든 기초 이론을 교수함으로써 조선의 진정한 연극문화를 뿌리내리게 하자는 의욕을 불태웠다.

그러나 극예술연구회의 활동에 대해서 예민한 반응을 보인 것은 관객보다도 당시의 신파연극인들이었다. 부유한 가정에서 태어나 일본 유학까지 한 대학생들이 연극을 한다니까 다소는 경쟁심과 시기심도 생겼겠지만 사실은 오만불손하고도 겁없는 만용이라고 조소하는 소리가 더 컸다. 왜냐면 그 당시로서는 이미 신파는 이 땅에 뿌리를 내린 지 20년이 지났고 관객들 역시 연극이라면 신파로 인식되었던 상황 속에서 이른바 신극운동이라는 생소한 낱말을 들고 나온 것부터가 하나의 거부반응을 일으켰다. 그것은 학생들이 취미로 하는 소연극 정도로밖에 안 보았기 때문이다. 거기에 비하면 신파에는 이미 스타가 있었고 그 스타가 풍겨주는 매력 때문에 날마다 극장을 찾는 관객이 줄을 짓는 판국이라 동경 유학생들이 한다는 연극에 눈을 돌리려 들지 않았다. 더구나 그들이 선보인 레퍼토리가 대부분 번역극이며 대사가 난잡하여 이해가 잘 안 되는 관객 측으로서는 그것이 어느 나라 연극인지조차 분간할 수 없을 정도로 이질감마저 느끼게 했다. 세계적인 명작이요 문제작일지는 몰라도 이미 신파에 길들여진 관객에게는 돼지에 진주목걸이 격이었을지도 모른다. 그중에서도 능숙한 연기라기보다는 딱딱하고 어색한 신인들의 연기가 쉽사리 공감대를 이루기에는 거리가 멀었다. 그러므로 신파계에서는 신극을 가리켜 아마추어 연극에 불과하다고 일소에 부쳤고 그 배우들을 가리켜 공회당배우라는 별명까지 붙이게 되었다. 그것은 극예술연구회는 재정상의 이유도 있었겠지만 무엇보다도 예술운동으로서의 연극을 상업주의에 찌든 극장에서보다는 공회당이나 학교 강당 등을 택했기 때문이다.

그러므로 일부 지식층이나 신문사 기자들은 극예술연구회의 연극행위를 지지하였지만 일반 관객들의 호응도는 저조하여 단체 운영에도 크게 위협을 주고 있었다.

신파와 신극은 이렇게 해서 하나의 적수가 되었고 그 경쟁의 절정기는 1935년 동양극장이 설립되면서부터 결정적으로 신파가 우세하였으니 어쩌면 동양극장 시대가 이 땅의 신파극의 정립 시대를 의미할 수도 있을 것이다.

4. 신파극과 흥행극 그리고 신극

1910년대에 뿌려진 신파의 씨앗에서 싹이 트고 뿌리를 내리고 정착되기까지 약 25년이 걸렸다는 판단은 그다지 빗나간 일은 아닐 것이다. 임성구에서부터 동양극장이 창설되기까지 명실공히 상업주의 연극의 중심세력으로서 신파가 확고한 자리를 굳히게 된 것은 두말할 것도 없이 일본의 신파가 직접 간접으로 영향을 끼쳤다고 봐야 옳을 것이다. 연극계의 선구자라고 할 수 있는 사람들이 대부분 일본 유학생이었거나 그곳 연극인에게 사사함으로써 얻은 체험을 바탕으로 삼았다는 사실을 부인 하지 않은 한 일본의 신파가 한국연극에 적지 않게 영향을 끼쳤다는 사 실은 그 누구도 부인을 못 할 것이다.

그러나 처음은 그렇게 시작되었을지라도 우리의 신파도 시간이 흐름 에 따라 그 양상에 하나의 변화를 가져오게 되었다. 다시 말해서 초창기 의 신파와 동양극장이 설립된 전후의 신파는 그 양상에 하나의 변화를 가져오게 되었다는 것으로 풀이하여도 무방할 것이다. 그것은 시간의 경과와 사회적 변천이 연극에 하나의 변화를 가져왔다고 보는 시각도 있겠고, 연극인들 자신의 의식구조가 연극의 변모를 가져오게 했다는 시각도 성립될 수가 있다. 다시 말해서 우리가 신파라고 단정할 수 있는 형태의 연극과 신파에서 다소간의 변질 내지는 향상을 의미하는 신파극 으로 분류할 수 있을 것이다.

이와 같은 신파의 분류는 신파와 흥행극으로 나누어졌다. 그렇다고 신파가 흥행극이 아니라는 이론하고는 별개의 것이다. 다만 신파도 흥 행을 목적으로 하였으면서도 동양극장을 중심으로 했던 시절의 신파는 초창기의 그것과 많은 변화를 가져왔기 때문이다.

그렇다면 신파와 흥행극의 차이란 무엇인가.

이 물음에 대한 대답으로서 맨 먼저 지적할 수 있는 것은 희곡의 문학 성이다. 바꾸어 말해서 초창기 신파에서 희곡은 한낱 연극대본의 구실 만을 했을 뿐, 희곡이 지니고 있어야 할 형식과 내용에 있어서 너무나 빈약하고 불완전한 상태였다. 그것들의 대부분이 일본의 작품을 번안, 각색하였다고 하지만 문학 형식으로서의 희곡하고는 거리가 멀었다. 인 물의 성격, 대사의 함축성과 표현상의 세련도, 구성의 필요성, 그리고 희곡적 특성의 확립 등을 놓고 보았을 때 그것은 단순히 극적 요소를 제시하거나 암시를 주었을 뿐 극적 갈등의 필연성이나 개연성 같은 논리적 전개에 있어서는 수준을 지키지 못하였다. 유형적 인물, 상투적인 대사, 판에 박은 듯한 사건전개, 그리고 주제의식보다는 즉흥적이며 도식적인 교훈으로 가득 찼던 신파 대본에서 문학성을 찾아내기란 어려운 일이었다. 다만 약자와 강자의 물리적 대립에서 오는 사필귀정의 원칙 아래서 주인공만을 돋보이게 하는 진부한 내용으로 일관되었다.

그러나 동양극장이 신파의 본거지가 되면서 여러 사람의 전속 극작가를 두어 그들에게 책임 있는 작품 생산을 의무화시켰다는 것은 일단 극작가의 위상이 높아지고 좋은 희곡과 그렇지 못한 희곡에 대한 판별력을 가지게끔 된 것은 하나의 발전이 아닐 수가 없었다. 최독견(崔獨鵑), 이서구(李瑞求), 박진(朴珍), 임선규(林仙圭), 송영(宋影), 이운방(李雲芳), 김건(金建), 한노단(韓露檀), 김영수(金永壽) 등 중진, 소장 극작가들이 이에 동참하였고 이 밖에도 박영호(朴英鎬), 신고송(申孤頌), 김태진(金兌鎭), 함세덕(咸世德) 등 극작가가 활동하여 이른바 극본제일주의를 주창했다. 그런 가운데서도 동양극장은 임선규의 〈사랑에 속고 돈에 울고〉나 〈유람삼천리〉 그리고 이서구의 〈어머니의 힘〉 등이 고정 레퍼토리가 될 정도로 관객들의 호응을 얻게 된 것은 희곡의 문학성 못지않게 오락성까지도 적절하게 갖추어 있었다는 점이다. 다시 말해서 관객의 심리와 극적 흥미를 교묘히 교차시키면서 대중성을 계산하는 데 그 재능을 발휘한 결과라 하겠다. 이것은 곧 대중연극으로서의 새로운 면모로 초기 신파처럼 치졸하지 않으면서 적당히 대중성을 띤 희곡으로 관객을 즐겁게 하겠다는 계산이었음을 입증할 수가 있다. 따라서 이른바 신극의 작품이 문학성은 높을지는 모르나 관객의 흥미를 유발시키는 점에서는 그 기능이 미치지 못한 데 반하여, 동양극장의 연극은 문학성은 미치지 못했으나 극적 흥미로써 관객의 호응도를 높이는 데는 성공을 했다고 봐야 옳을 것이다. 따라서 관객을 사로잡는 희곡이 곧 그들의 지상의 목표였다. 그것은 곧 흥행에 성공할 수 있는 작품을 제일주의를 하되 그 기본은 바로 좋은 희곡에 승부가 달렸다고 내다보았다. 따라서 임성구, 김도산, 김소랑 등이 제작했던 초기 신파에 비한다면 그 질적인 면에서 월등한 발전을 보였다는 결과가 되었다.

두 번째로 내세울 수 있는 점은 스타시스템의 확립이다. 신파극단에 서는 대표 격인 간판배우가 필수조건이었다. 바꾸어 말하자면 그 배우 의 연기를 보기 위하여 관객이 몰리게 되기 때문이다. 그러므로 그러한 간판배우란 고도의 연기술이나 미모나 그 밖의 어떤 매력의 소유자가 아니고서는 될 수가 없었다. 그것은 인위적으로 만들어내는 게 아니라 자기 스스로 개척하고 연마하는 노력의 성과이고 보면 신파배우는 나름 대로 자기와의 전쟁을 체험하지 않고는 간판배우가 될 수 없는 고도의 테크닉을 필요로 했다. 연극이 배우예술이라는 상투적 표현을 빌리지 않고도 매력이 있는 배우가 없는 무대를 누가 찾을 것인가. 그 매력이란 여러 가지로 복합성을 띤 말이지만 아무튼 관객을 사로잡고 마는 매력의 소유자란 그다지 흔하지도 않거니와 그런 배우의 출연은 곧 관객을 끌어 들이고 흥행을 성공시키는 첩경이었다. 동양극장이 내세웠던 배우 가운 데 황철(黃澈), 차홍녀(車紅女), 심영(沈影), 서일성(徐一星), 박영신(朴 永信) 등은 모두가 나름대로의 매력을 자랑하는 간판배우였으며 그들을 보기 위하여 밤마다 관객이 몰려들었다는 전설 같은 이야기는 결코 과장 이 아니었다. 그러나 신극에서는 그러한 스타시스템을 배제하며 그 대 신 앙상블을 중요시하는 데는 그럴 만한 이유는 있었다. 그러나 관객을 즐겁게 해준다는 점에서는 신파를 당해낼 수가 없었던 것도 사실이다.

그러나 더 중요한 조건은 바로 연출가에게 있었다. 1935년 동양극장 이 창설될 당시 전속 연출가로 홍해성(洪海星)을 발탁한 것은 매우 흥미 로운 일이었다. 홍해성은 그 당시 극예술연구회의 중심 멤버로서 일찍 이 극작가인 김우진(金祐鎭)과 친교가 있었던 연고로 일본 쓰키지(築地) 소극장에 입단한 배우였다. 그곳에서 그는 앞서가는 일본의 신극운동을 몸소 체험했을 뿐만 아니라 고국에서 신극운동을 강행해 나온 예술가였다. 그러나 그가 극예술연구회를 떠나 상업주의 극장인 동양극장으로 가게 된 동기는 가난한 생활에서 벗어나기 때문이었다. 신극운동이라는 극 이념은 고상했을지 모르나 번번이 흥행에 실패한 나머지 부채에 시달리는 현실에서는 예술도 별 의미가 없었을 것이다. 그러나 동양극장으로서는 상업주의 연극을 하되 일단은 격식과 구색을 갖춘 연극을 만들어 보자는 야심이 있었던 만큼 홍해성을 설득 끝에 끌어들였을 것이다.

신극운동의 본거지였던 일본의 쓰키지소극장에서 철저하게 신극교육을 받았고 또 일선에서 배우로 활동했던 홍해성이 신극운동을 하던 극예술연구회를 버리고 동양극장으로 갔을 때는 저속한 신파극을 하기 위해서 갔을 리가 만무하다. 현실적으로 가난을 모면하기 위해서였지 그가 지향하는 연극은 어디까지나 리얼리즘 연극의 창조였고 신파극의 질적 향상을 위하여 작심했었다. 따라서 동양극장의 연극을 한마디로 신파극이라고 단정 짓기는 어려운 노릇이다. 그것은 어디까지나 흥행에 성공할 수 있는 연극을 만들려고 했고 그 흥행극이 결과적으로는 신파와 신극의 중간쯤에 위치하는 중간극의 자리로 옮겨졌을지도 모른다.

그러므로 1939년 동양극장의 경영주가 바뀌자 전속극단 내부에도 분열이 일어나면서 황철, 심영은 각각 독립하여 극단 아랑(阿娘), 고협(高協)을 창단하였다. 말하자면 동양극장 연극이 핵분열을 했고 그것은 이 땅의 연극계의 판도를 더욱 넓혀간 셈이다.

동양극장에 몸담고 있다가 다시 탈퇴한 홍해성은 후일 그 동양극장에 대해서 다음과 같이 술회한 바 있다.

동양극장의 전성시대의 연극은 관중에게 예술적 향락과 인심의 개선과 지적(知的) 자극의 원천으로서의 하나의 교화기관의 분화사업이었다. 그들의 극운동은 자연주의적 내지는 사실주의적 연출방향에서 출발하여 낭만주의의 준비시대였다. 기업가, 극작가, 연출가, 연기부원들은 협동 일치하에 활동하는 것이 그들의 의무이며 사명이었다.

이상에서 우리가 추측할 수 있었던 한 가지 분명한 것은 동양극장이 종래 있었던 신파극을 답습하려는 게 아니라 적어도 자연주의 내지는 사실주의 연극을 지향하였다는 점을 중요시 안 할 수가 없다. 그것은 신파와는 한 계단 다른 차원에서 이루어진 이를테면 대중과 호흡을 같이할 수 있는 흥행주의 또는 상업주의를 제고했다고 봐야 옳을 것이다.

따라서 아랑, 고협, 중앙무대(中央舞台), 호화선(豪華船), 청춘좌(靑春座) 등의 연극을 모두가 신파라고 몰아붙일 것이 아니라 하나의 중간극을 표방하고 나선 흥행극 단체였다고 봐야 옳을 것이다. 그러기에 그 당시 극예술연구회의 리더였던 유치진(柳致眞)은 중앙무대를 가리켜 흥행극의 진재를 버리지 못했다고 평한 것도 바로 이런 시각이었을 것이다.

그런가 하면 문학평론가 임화(林和)는 동양극장의 연극과 부민관의 연극을 구별하되,

지금엔 아무도 동양극장의 연극과 부민관의 연극을 혼돈하지 않는다. 벌써 객석에 들어서는 순간의 기분부터 다르고 좌우로 둘러뵈는 관객까지도 다르다고 할 수 있다. 이것도 우리 극단(劇團)을 위하여 어떤 의미에서는 경하해야 할 일이다. 흥행극이나 신극이나 어느 것을 막론하고 이 부분에서부터 장차 도달될 독자의 지점을 향하여 아무것도 거리낌 없이 담담한 길을 걸어갈 수 있을 것이다. (중략) 흥행극은 신극에서 자기를 구별하면 할수록 비속한 대중의 취미에 영합하는 길을 확립하게 되는 것이며, 신극이 보다 더 명확히 대중에 대하여 지도적인 입장을 취하게 되면 극장은 문화적 창조의 장소로서 의식하는 태도를 만들어가게

된다. 그러나 이것은 지금 새삼스레 시작된 현상은 아니다. 우리의 신극사의 최초의 출발이 본시 무리한 차별의식에서부터 발원한 것이다.(「청색지(靑色誌)」, 1938년 12월)

라고 말함으로써 동양극장 계열의 연극을 흥행극이라고 지칭하면서 그것은 그것대로의 특성을 살려나갈 것을 밝힌 바 있다.

이런 관점에서 보았을 때 우리의 연극은 신파, 흥행극, 그리고 신극의 세 파로 갈라져서 조국 해방의 그때까지 지속되었고 해방 이후 6.25를 전후해서도 그 잔영은 남아 있었다. 그러나 해방과 함께 사상적 대립과 갈등은 연극을 이데올로기 대결의 장으로 이끌어갔고 잠정적이나마 일제에 협력하였던 현대극장을 근거로 했던 연극인은 전과자처럼 은신해야 했다. 그러나 그들을 제외한 대다수의 연극인은 새로운 역사 창조와 더불어 새로운 민족연극 수립을 외치며 연극동맹 산하로 모여들었다. 그러므로 여기에서는 신파도 흥행극도 신극도 그 벽을 허물어가려고 했으니, 오히려 지난날 신파나 흥행극을 했던 연극인이 절대다수로서 헤게모니를 장악한 현실이었다. 그러나 그 가운데서도 눈에 보이지 않는 암투와 대립이 있었으니 그 당시의 실정을 연출가 이해랑(李海浪)은 〈해방사년문화사(解放四年文化史)〉라는 글 가운데서 다음과 같이 밝힌 바 있다. "해방 후 뭇 연극인들이 '연극건설본부'에 모여 격렬한 흥분 속에 끓고 웅성대고 있을 때, 통 이곳에 발길을 하지 않고 묵묵히 들어앉아서 하루 속히 해방의 망아적(忘我的)인 흥분이 가라앉기를 기다리는 사람들과 다른 극단이 쉬는 동안에 한 밑천 벌어보겠다고 '연극건설본부'를 경원하고 혈안이 되어 흥행에 덤벼드는 이단적인 두 파가 있었다. 하나는 전에 극예술연구회의 동인이었던 유치진, 서항석, 이광래, 이화삼, 김영수 등 신극인이었고, 다른 하나는 김춘광, 성광현 등의 상업주의 신파 연극인들이었다. (중략) 연극동맹이 연극에서 연극 이외의 정치적 진실을 수립하기 위하여 급급할 때 한편 그러한 연극에 대항하여 연극으로 하여 연극의 길을 걷게 하기 위하여 정치현실에서의 연극의 해방을 부르짖는 새로운 연극의 순화운동이 발생하였다. 1947년 3월에 조직된 '극예술협회'가 중심이 되어 일으킨 순수연극운동이 그것이다"라고 밝힌 바 있다.

극예술협회의 단원은 이화삼(李化三), 이해랑(李海浪), 김동원(金東園), 박상익(朴商翊), 김선영(金鮮英), 윤방일(尹芳一) 등으로 일제 말기 유치진이 주재했던 현대극장의 식구들이었고 유일하게 연극동맹 산하에 들어가기를 거부한 연극인의 집단이었다. 따라서 이들은 그 연극적 예술성과 우월성을 내세움으로써 연극동맹과 맞서게 되었으니 이른바 신파에 항거하는 순수연극의 입장을 견지해야 했고 신파와 신극의 차이점을 강조함으로써 자신의 기반을 구축하기에 혼신의 힘을 기울였다. 그러므로 이해랑은 자신의 연극의 특징을 밝히기 위하여 먼저 연극동맹 산하의 모든 극단을 신파로 간주하면서 그 연극미학적인 차원에서 신파(물론 흥행극을 포함시킨)를 다음과 같이 비판하였다.

대체로 그들의 무대에서는 생각하는 인간을 볼 수가 없었다. 약속이나 한 듯이 모두 성격이 단순한 인물들이 환경과 생활을 저주하고, 삶의 고통을 발악하여 현실을 증오하고, 울부짖고 군중과 관객을 향하여 가슴에 주먹을 처박고, 비장한 선동적 연설을 하는 것이었다. 그래서 그들의 무대에는 언제나 침착성이 결여되고 우락부락한 폭거에 질리어 예술적 정서는 창백한 얼굴로 전율하고 있었다. 나는 그들의 연극에서 정열에 사로잡힌 그러한 인물 이외에 심오한 현실을 묵묵히 제시하고 심장이 찢어지는 듯한 고통과 복받치는 울분을 꽉 억제하며 냉정한 열정으로서 내부의 고통을 호흡할 수 있는 그런 무게 있는 인물의 등장을 보고 싶었다.

이상과 같은 비평 가운데 우리는 그 당시의 연극무대의 한 모습을 상상할 수 있는 것과 함께 이해랑을 중심으로 한 극예술협회가 하고자 하던 순수연극의 윤곽이 어느 정도 드러난 것을 짐작할 수가 있다.

다시 말해서 극예술협회가 연극동맹과 대항할 수 있는 연극이란, "결코 부르짖지 않고, 인물의 내면에 충실하여 심리에 평행된 연기를 하고, 냉정한 정열로 과도한 흥분을 견제하고 오직 환상 속의 인물이 되기 위하여 실체의 현실적인 체취를 없애고 연극의 내적 생명을 존중해야 현실이 아닌 연극 특유의 무대를 순수한 무대적 환상으로 구성하기에 노력하겠다"라고 그 연극관과 연극방법까지도 밝힌 바 있다.

따라서 극예술협회는 유치진의 〈자명고〉, 〈마의태자〉, 〈별〉, 〈은하수〉와 진우촌(秦雨村)의 〈죄(罪)〉(번안극이지만), 〈왕소군(王昭君)〉, 오영진(吳泳鎭)의 〈살아있는 이중생 각하(李重生閣下)〉 등 창작극과 M. 앤더슨의 〈목격자〉, 헤이워드 부처(夫妻)의 〈포기와 베스〉 그리고 S. 킹즐리의 〈애국자〉 등 번역극을 공연하면서 그 기반을 굳혀갔다.

그러나 이해랑은 그가 신파극으로 몰아대며 비판했던 연극동맹 산하의 연극인 가운데서도 극작가 함세덕(咸世德), 연출가 이서향(李曙鄕), 장치가 김일영(金一影)과 배우로는 황철, 이재현, 태을민(太乙民), 박학(朴學) 등을 호의적으로 평가하였다는 점으로 미루어보았을 때 종래의 개념으로서의 신파와 흥행극 사이에는 또 다른 거리가 있었음을 짐작할 수가 있다. 다만 하나의 감정적 대립과 사상적 갈등 사이에서 신파를 전폭적으로 격하시킬 수밖에 없었던 사회적 배경을 결코 무시할 수가 없을 것이다.

그러나 문제는 지금까지 1931년에 신극 수립을 위하여 출범했던 극예술연구회 계열의 연극은 신극이고 그 이외의 연극은 모두가 신파라는 이분화는 결코 정확한 분류가 아니라는 점이다.

왜냐면 동양극장 연극에 참여했던 연출가 홍해성을 비롯하여 주영섭,

안영일, 이서향, 나웅(羅雄) 등 연출가는 따지고 보면 원래가 일본 쓰키지소극장에서 극예술연구회 계열과 함께 신극운동에 참여했던 사람들이었고 함세덕, 송영, 박영호 등은 문학적인 희곡을 남긴 극작가들이고 보면 두 세계의 차이는 확실한 경계가 있는지 의문이다. 다만 정치적 환경이 민족진영에 의해 주도권을 쥐게 되었고 1949년 남한의 단독정부가 수립됨으로써 연극동맹이 불법 집단으로 전락하고 대부분의 연극인이 월북함에 따라 대한민국의 연극은 극예술연구회 계열인 이른바 신극파가 실권을 쥐게 되었다. 따라서 그들의 발언이 현실적으로는 연극계의 주도권을 의미하게 되었을 뿐이다.

그러나 신파와 신극의 구별과 그 특징에 대해서 흥행극의 대표적 극작가였던 김태진(金兌鎭)은 일찍이 〈연극의 재미를 위한 소고〉라는 논문 가운데서 다음과 같이 말하였다.

나는 조선의 신극과 신파의 경계선을 확연히 구분하기 곤란하게 여기는 자인데 좀더 당돌한 소리 같기도 하나 이념에 있어서 그렇지 않은가 생각한다. 한 세대의 문화사적 특징을 규정하고 자처하는 신극의 과제가 결코 양식의 도발, 신장, 진전의 일방적인 것에 그치는 것이 아니라 이념의 선명한 지반과 그 이념을 보지 못하는 정신적 기질이 문제로 되는 것이다. 그것은 언제나 그 세대의 신흥적인, 강기적(降起的)인 이데아와 센스가 형상 위에 에스프리 하여 빚어지는 것을 조건으로 하는 법인데 조선의 신극단체들의 이념이란 것을 개관하려면 일관한 향일적(向日的)인 획일선을 보게 되지 않는다. 극연좌(劇硏座)는 다분히 양식주의에 치우쳐왔고, 낭만좌(浪漫座)는 성격적 체계가 쓴 것 같지가 않아서 최근의 기획태도를 보아도 무슨 주견이 있음직하지 않다. (중략) 신극의 관객이나 신파의 관객이나 동일한 시대적 궤범 아래의 동일한 미적(美的) 보편감정을 가진다. 확언하건데 빈부의 차이라는 감수성의 문제란 실상은 대소로운 결정적 문제는 아니다. 그러므로 차라리 나는 이렇게 생각한 적도 있다. 신파의 관객을 최대포용력으로 흡인하지 못하는 신극은 그 이념이 부정하기 때문이라고, 다시 말해서 관객의 미적 감정의 객관적 표지나 보편적 수준이 어떤 것인가를 파악함이 없이는 극단의 정신, 즉 그 이념은 실수가 없지 않은가 생각한다.(「영화연극」1호, 1939년)

이상의 논조를 볼 때 신극과 신파, 또는 흥행극의 이론적 바탕은 매우 관념적이고도 애매모호한 점이 없지 않았음을 짐작할 수가 있다. 다만 가장 구체적인 차이라고 한다면 신극운동에 참여했던 사람은 대부분이 대학교육을 받았거나 외국문물에 친숙했던 지식인이었는 데 비해서 흥행극 내지는 신파에 종사했던 사람은 그 학력 면에서나 식견 또는 인격 면에서 열세를 보이는 데서 오는 일종의 차등(差等)의식도 전혀 배제 못할 요인 가운데 하나였을 것이다. 따라서 서로가 자신의 우월성과 자존심을 내세운 나머지 그 예술성을 보다 강조했거나 대중성이나 보편성을 주장한 데서 파이기 시작한 심리적 골이 그 사이에 깊게 파인 골이 되었을지도 모를 일이다.

아무튼 우리는 신파가 숙성해짐으로써 흥행극으로 옮겨진 과정과 신극이 대두한 시기가 거의 동시에 진행되었던 사실을 부인할 수가 없다.

5. 신파의 잔재

필자는 지금까지 일본의 신파연극의 개념 파악과 그것이 우리나라에 정착되기까지의 과정에서 우리 연극에 미친 영향이 무엇인가에 대하여 살펴보았다. 따라서 그것은 우리나라 연극의 근대사 및 현대사의 일면을 차지하는 성격에서 본다면 결론적으로 일본의 신파와 우리의 연극은

일본의 신파연극이 한국연극에 미친 영향

끊으려야 끊을 수 없는 밀접한 관계를 맺어왔음을 분명히 파악할 수가 있다. 그것은 첫째, 형식 면에서 서구의 근대극을 이 땅에 소개했던 점과, 둘째로, 연극이 하나의 예술로서 그 정신세계가 민중에게 하나의 계도성을 발휘했다는 점 그리고 셋째로, 민족이 위기에 처해 있을 때 연극은 그 위기를 헤쳐 나오는 데 적지 않게 작용했던 사회적 기능을 발휘하였음을 단편적으로나마 입증을 해주었다.

그러나 오늘날 사회적 격변과 인간의 사고방식의 변화에 따르는 문화적 예술감각은 신파연극을 그대로 받아들이지 못하는 처지에 놓여 있다. 그것은 이른바 신파극의 정신적 허약체질과 미숙성에 보다 결정적인 요인이 있다. 바꾸어 말해서 초기 신파가 되었건 흥행극이라 일컫는 후기 신파가 되었건 간에 우리가 연극에서 찾고 싶어 하는 사회의식을 거의 맛볼 수가 없기 때문이다. 그 대부분의 작품에서 추출되는 주제의식이란 천편일률적으로 개인적인 인간관계에서 빚어지는 최루성 비극 아니면 감상주의적인 애정행각으로 일관하고 있기 때문이다. 따라서 신파극적 특징이란 쉽게 말해서 멜로드라마적 연극이 지니는 표피적이요 관능적인 애정 아니면 인정을 다루는 데 급급하고 있을 뿐, 인간의 원초적인 정신세계의 내부까지 굴착해 들어가는 건전한 주제의식을 찾아보기가 힘들다는 점이다. 그러므로 현대연극의 장르에서 신파는 밀려 나가게 될 수밖에 없을 뿐만 아니라 동시대의 관객들과의 호흡에 부적합한 상태에 머물게 되었다. 그것은 연극사의 한 시기에서 전성기를 이루었던 하나의 기록으로만 인정하지 신파 그 자체가 오늘의 연극이나 오늘의 관객하고는 전혀 격리된 상태에 있음은 그 누구도 부인할 수가 없을 것이다. 그런 까닭으로 오늘날 신파를 돌아다보려는 젊은이들의 시각으로는 그 신파가 하나의 회고주의에서 나오는 막연한 향수일 뿐 그것이 오늘의 관객에게 무엇을 던져주리라는 의욕은 없다고 봐야 한다. 그러나 여기서 한 가지 딛고 넘어가야 할 사실은 신파극에 있어서의 표현상의 기교

문제이다.

앞에서도 언급한 바 있지만 일본의 신파극의 특징은 스타시스템을 취했으며 따라서 배우의 연기에 있어서의 숙련도는 매우 높고 단단하였다. 그것은 기예(技藝)에 대한 철저한 연마와 각고는 하나의 장인기질을 바탕으로 갈고 닦은 묘기라야 관객의 호응을 얻을 수가 있었고, 급기야는 습명(襲名)제도를 실시함으로써 그 가계(家系)와 예맥(藝脈)을 이어나가는 특수한 세계였다

그러나 우리의 경우는 그처럼 철저한 습명제도는 없었으나 유명한 비극배우에 대한 관객들의 호응도가 높았던 점으로 비추어봤을 때 그들의 연기는 결코 비웃을 정도로 유치한 것은 아니었다. 앞서 연출가 이해랑의 지적대로 외치고 부르짖는 과장된 발성법이나 동작에 있어서 다소의 거부감은 있었던 것은 사실이었으나 감정 유입과 동화작용을 위하여는 불가피했을지도 모른다.

그런데 근자에 와서 젊은 연극인들이 시도하거나 TV 화면에서 보게 되는 신파극의 표현방식은 비극을 희극 또는 소극(笑劇)으로 변질시키고 있다. 조작적인 발성법과 억양, 그리고 과장된 동작으로 일관하는 기법을 쓰고 있으나 그것은 신파연기와는 전혀 형태를 달리한 시행착오일 수밖에 없다. 그 발성법과 억양은 이른바 변사(辯士)의 흉내일 뿐이다. 무성영화시대에 변사가 화면을 지켜보면서 관객에게 감정 투입을 하기 위하여 항용 썼던 변사조(辯士調)의 화법이지 신파의 그것과는 별개의 것이다.

그 한 가지 증거로 토월회가 연극을 했을 때 그 무대를 보고 평하는 가운데 억양이며 동작이 훨씬 사실적이었다고 지적한 점으로 미루어봐도 그 당시 신파의 화술이 그렇게 부자연스럽거나 왜곡된 것은 아니었다.

그런데도 오늘날의 신파연극을 시도하는 젊은이들이나 전문성을 갖추어야 할 방송연기자들까지도 그 본래 모습하고는 전혀 다른 연기술로

일관하고 있으니 제아무리 비극성이 강한 신파일지라도 그것은 한판의 웃음거리로 변질된 결과가 되고 만 셈이다.

그런데 여기에서 한 가지 확인을 해야 할 점은 신파와 방송극과의 관계이다. 이것은 그토록 연극계에서는 이단시해온 신파가 특히 TV 드라마에서는 여전히 그 명맥을 이어 나오고 있으며 시청자 역시 그 신파 계열에 속하는 TV 드라마를 즐겁게 본다는 사실이다.

필자는 이 문제에 관하여 1985년 1월 〈한국 TV 드라마의 주제에 대한 분석연구〉라는 논문을 발표한 바 있다. 이 논문은 1961년부터 1984년까지 방송되었던 TV 드라마의 주제성향(主題性向)을 중심으로 한 것으로 방송의 공영제도 실시에 때를 맞추어 집필한 논문이다. 그 논문 가운데서 일일연속극과 주간극을 망라한 하나의 두드러진 경향의 하나가 여성 취향적이라는 점이다. TV 드라마가 안방극장 구실을 하기 위하여는 여성의 취향에 영합해야만 시청률이 높아진다는 사전계산도 일단은 수긍할 수 있다. 그러나 그 저변에는 시대에 역행하는 가정윤리나 전근대적인 여성관을 묘사함으로써 단순히 시청자를 울리려는 데 그 기획 의도가 있었으니 한 가지 예로 TV 드라마의 제목을 놓고 검토해보았다.

1. 어머니   2. 민며느리   3. 며느리   4. 딸

5. 맏딸   6. 아내   7. 처가살이   8. 아씨

9. 숙부인전   10. 별당아씨   11. 엄마의 일기 12. 일요부인

13. 부부   14. 결혼행진곡 15. 청춘행진곡   16. 장희빈

17. 신부일년생 18. 천생연분   19. 꽃가마   20. 남매

21. 사슴아가씨 22. 사모곡   23. 달래   24. 연화

25. 임금님의 첫사랑   26. 허부인전   27. 야, 곰례야

28. 개구리남편 29. 새엄마   30. 신부일기   31. 당신

32. 연지   33. 교동마님   34. 사랑합시다

이 제목들은, 그 당시 이른바 고시청률 작품으로 선발된 일일연속극 52편과 주간연속극 59편을 합한 111편 가운데서 34편을 뽑은 것이다. 그러나 이 집계에서 탈락된 작품까지 합한다면 훨씬 웃도는 숫자일 것은 분명한 사실이다.

그런데 드라마 제목 하나만을 놓고 보더라도 그 작품의 등장인물과 소재와 주제설정이 어떠하리라는 것은 누구나 쉽게 추측할 수가 있다. 제목도 분명한 창작일진대 그것이 엇비슷한 것부터가 작품의 안일성 내지는 통속성을 직감케 하는 여성취향적 성향(性向)을 띠고 있다는 데 바로 문제가 있다. 그렇다면 과연 여성취향이란 무엇인가? 아니 어째서 여성취향의 드라마가 범람하는가?

가정에서 대부분의 시간을 보내는 여성들에게 유일한 오락이 TV 드라마이고 보면 그들에게 서비스해야 한다는 제작회사 측의 발상은 매우 친절하고도 소박하다고 볼 수가 있다. 그러나 그것이 시청자의 의식구조에 끼치는 영향력이나 현대인이 지녀야 할 가치관의 적립에 유형무형으로 악영향을 줄 수도 있다는 점에서 볼 때는 반드시 긍정적으로만 받아들일 수 없는 일이다. 따라서 이 여성취향의 드라마가 선택한 소재 및 주제를 분석하자면 다음과 같다.

1. 부부간의 불신, 갈등
2. 전근대적 의식구조와 역사극
3. 남성에 의해 짓밟히는 여인 애화(哀話)
4. 고부간의 갈등 및 혐오
5. 과거를 가진 여인의 수난사
6. 친구에게 애인을 양보하는 퇴영성
7. 한 남성을 둘러싼 여인들의 갈등
8. 여성 측의 일방적인 희생과 피해

9. 정실부인과 후실 사이의 갈등

10. 연상의 여인과 연하의 남성의 사랑

11. 현대적 의식을 잘못 수용한 개방적 취향의 애정행각

이상과 같은 분석결과에서 우리가 쉽게 얻어낸 결론은 바람직한 한국적 여성상이나 또는 현대여성상의 창조나 발굴을 찾아볼 수가 없다는 점이다. 여성취향이란 다소는 부드럽고 정서적이며 감미로운 사랑의 얘기로서 우리에게 훈훈한 인간애를 불어넣어주는 지혜와 용기라고 말할 수도 있다. 그러나 이상의 분석에서는 미래지향적인 의지 대신 회고적인 복고취향이 압도적이다. TV 드라마가 인간의 삶을 대상으로 하고 그 삶의 충족을 목적으로 하는 창조작업이라고 할진대 이것들은 낡은 윤리관이나 피상적인 감성만을 탐닉하고 있으니 그것은 바로 지난날의 신파가 지녔던 그 특성을 오늘날 재생하고 있다고 볼 수가 있다.

따라서 오늘날 연극에서는 신파가 과거의 유산이자 박제된 형태로 버려지고 있는데도 방송극에서는 여전히 그 잔재가 남아 있거나 그대로 통용되는 점에서도 우리는 신파가 지니는 그 깊은 뿌리를 전혀 무시할 수가 없다. 그것은 곧 신파에 의해 길들여진 옛 세대와 신파의 진가를 잘못 받아들인 젊은 세대의 무지가 다 함께 책임을 져야 하고 타개해야 할 당면문제이기도 하다.

분명히 신파는 구시대의 유물임에 틀림없다. 그러면서 아직도 그 잔재는 그대로 수용하고 있거나 그 잔재에 대한 정확한 인식도 없이 그저 외형적 모방에만 급급하다는 것은 매우 위험한 일임을 우리는 재확인해야 할 것이다.

6. 결어

지금까지 필자는 일본의 신파와 우리의 연극과의 상관성과 함께 아직도 그 잔재가 방송국에 뿌리 깊게 남아 있다는 분석결과를 분명히 말했다.

그러나 이 사실은 우리 연극에서 신파를 추방하자거나 신파의 부정적이며 역기능적 면을 추출하자는 데 그 뜻이 있는 것은 아니다. 말하자면 신파에 대한 정확한 의미 파악과 그 장점과 단점에 대한 확실한 이해나 지식도 없이 신파를 논하는 무지는 경계해야 할 일이다. 아니 자신은 신파를 싫어하면서도 사실 자신의 연기가 신파적인 고질에서 벗어나지 못한 채 방황하는 배우가 예상 외로 많다는 사실이다. 배우가 감정에 몰입되어 필요 이상으로 울부짖고 절규하는 연기가 마치 열연이요 명연기인 양 착각하는 배우가 우리 주변에는 많다는 사실이다. 그러면서도 그 당사자는 신파를 매도하고 경멸하는 아이러니가 곳곳에서 일어나고 있다. 그것은 비단 무대뿐이 아니라 영화나 TV 드라마에서도 여전히 건재하고 있으니 이 무지에서 깨어날 날은 언제겠는가.

오늘날 우리가 만나는 연극이 창작극이건 번역극이건 간에 우리가 그 연극에 거는 기대는 앞서 말한 신파의 전근대적 성향에서의 탈피일 것이다. 있었던 사실이나 사건의 재현이 아니라 그 작품을 통하여 제시되는 미래지향적 비전일 것이다. 그렇다면 우리는 그 전근대적인 신파에 대한 정확한 이해와 인식 위에서 새로운 우리의 연극을 모색하고 수립하는 데 뜻을 모아야 할 일이다. 안일하고, 유형적이고, 도식적인 연기로써 흥미만을 노리는 그런 연극은 저 멀리 사라지고 우리에게 진실한 삶에 대한 용기와 지혜를 찾아 나서야 되겠다는 뜻에서 필자는 이 논문을 썼고 또 그 기대를 다시 한 번 다짐하는 바이다.

1930년대에 우리를 울리고 웃겼던 신파가 이 시대에 새삼스럽게 나타나서도 안 되겠지만 신파에 대한 올바른 인식도 없이 신파를 논하는 우를 막기 위해서 이 소론을 쓰게 됨을 여기 다시 밝히면서 끝을 맺는다.

성숙사회에 있어서의 연극과 관객

1

우리는 언제부터인가 '성숙사회'라는 낱말을 알게 되었고 또 심심찮게 이 말을 쓰게 되었습니다. 그러나 어느 사전을 펴봐도 성숙사회라는 말의 풀이를 찾아볼 수 없는 점으로 보아, 근자에 저널리즘에서 만들어낸 신조어(新造語)인 듯싶습니다. 그러나 결과적으로 이러한 낱말이 태어나게 된 사회적 배경에 대해선 어렴풋이나마 우리가 조국이 광복된 지 40년 동안 추구해 나온 근대화와 산업화의 과정에서 생겨났으리라는 짐작은 할 수 있을 것입니다. 바꾸어 말하자면 오늘날 한국 사회에서 성숙사회라는 말이 나오게 된 데는 그럴 만한 원인이 있었다고 봐야 옳을 것입니다. 그렇다면 먼저 성숙사회라는 말의 개념부터 살펴볼 필요가 있다고 하겠습니다.

그에 앞서 성숙이라는 말은 생물학이나 심리학에서 다 함께 그 개념 규정이 되어 있습니다. 즉 생물의 출생, 성장, 그리고 멸망의 과정에서 그 기능이 가장 왕성하며 생산적인 시기를 가리켜 생물학에서는 그 특성을 성숙이라고 한답니다. 그런가 하면 심리학에서는 유아나 소년기 그리고 청년기를 지나면서 사회생활을 하는 데 있어서 지적으로나 인격적으로 성숙된 시기를 뜻하며 그래서 '성숙인격(mature personality)'이라는 학술어까지 있다고 합니다. 그런데 이 성숙인격론에 대해서 수많은 학자들이 자기주장을 내세우고 있고 우리나라의 김성태(金聖泰) 교

수도 그의 저서인 「성숙인격론(成熟人格論)」에서 그 특성을 다음 다섯 가지로 규정하고 있으니

① 주체성을 가지고 책임을 완수한다.
② 현실 속에서 자아를 객관화시킬 줄 안다.
③ 사랑과 이해 등으로 타인과의 관계를 유지할 줄 안다.
④ 확고한 목표를 세워 자주적으로 행동할 줄 안다.
⑤ 문제를 현실 속에서 해결하는 데 만족을 느끼며 자기중심보다 과제 중심적(task oriented)으로 행동한다.

라고 언급하였습니다.

이와 같은 성숙인격의 특성은 결론적으로 인간은 생물학적 존재이자 동시에 사회적 존재이므로 개인의 자발적(自發的)인 자아(自我)가 사회적 자아로 변화되어가는 동안에 하나의 이상화하는 특성을 뜻하는 말이기도 할 것입니다.

그러나 우리가 더 접근해야 할 문제는 인격이 아닌 성숙사회이고 보면 이야기는 좀 더 폭이 넓어지게 됩니다. 즉 사회란 개인들로 구성되어 있지만 그렇다고 해서 사회가 개인의 생명처럼 출생, 성장, 그리고 사망이라는 식으로 설명될 수는 없을 것입니다. 그렇다면 성숙사회라는 개념을 어떻게 규정지어야 할 것인가라는 문제에 부딪치게 될 것입니다. 이 문제에 관한 한 나는 고려대학교 사회학 교수이신 임희섭(林嬉燮) 씨가 최근 발표한 〈성숙한 사회란 무엇인가?〉라는 논문을 인용하는 편이 가장 적절하고도 간편한 방법이라고 여겼습니다.

임희섭 교수는 그 논문에서 성숙한 사회의 개념을 말하기를

… 그 첫 번째는 각종의 사회이론들을 통하여 어느 정도 이상화

(idealize)할 수 있는 사회질서의 특성을 추출해 내는 방법을 따르는 것이다. 사회이론은 물론 유토피아를 추구하려는 이데올로기가 아니기 때문에 이상화된 사회를 그리고 있지는 않다. 그러나 구조기능주의자(構造機能主義者)는 잘 통합된 행위의 체계(well-integrated system of action)로 개념화하고 있다. (중략) 그리고 갈등이론의 시각에서는 계급 없는 사회, 사회적 갈등의 제도화 등이 그러한 특성을 제공해 줄 수 있을 것이며, 교환이론의 시각에서는 분배의 정의(distributive justice)가 그러한 특성으로 제시될 수 있을 것이다. 그리고 상호작용론(相互作用論)의 시각에서는 자발적, 창의적 자아(自我)와 사회적 자아가 잘 균형될 수 있는 질서가 아마도 성숙한 사회의 특성이라고 규정되어질 것이다. 또한 비판이론, 대중사회론자들은 인간의 소외가 최대한 극복되어질 수 있는 사회질서가 바람직한 사회의 특성이라고 규정할 것이다.

2

나는 지금까지 본론에 들어가기에 앞서 성숙사회라는 말의 개념 규정을 사회학적 관점에다 조준을 하여 살펴보았습니다. 그렇다면 오늘날 우리가 살고 있는 사회가 과연 성숙사회인지 여부와 늦어도 21세기에는 다가와야 할 성숙사회에서 우리 작가들이 해야 할 일은 무엇인지 살펴볼까 합니다.

우리가 성숙사회를 논의하게 된 배경은 크게 두 가지로 나눌 수가 있을 것입니다. 즉 그 하나는 정치적 면이고 다른 하나는 경제적 면에서 비롯되었다고 봐야 할 것입니다. 그럼 먼저 정치적인 면에서 생각을 해봅시다. 한국의 정치사회가 지금까지 갈구해 나온 커다란 이슈는 바로 자유민주주의적 정치제도였습니다. 일제의 쇠사슬에서 벗어난 8.15 해방부터 41년간 우리는 수많은 시련과 고통과 압박을 받아온 게 사실입니다. 자유당 말기의 정치적 부패로부터 시작하여 4.19, 5.16, 유신체제, 그리고 10.26 등 어쩌면 한국의 정치 기류는 오직 이 땅에 민주주의를 정착시켜야 한다는 집념에서 일어나는 난기류 현상이었습니다. 그리고 제4공화국의 출범부터 이른바 '주체의식의 확립'과 '하면 된다'는 의지의 표현은 그 어느 때보다도 우리의 자주성과 독자성을 강조하면서 오늘에 이르고 있습니다. 그러나 그 많은 시련을 거듭해 나왔으면서도 아직도 제도적으로 안정이 안 되었을 뿐만 아니라 여러 가지 정치적 갈등은 우리에게 보다 완전한 민주주의를 요구하고 있는 게 오늘의 실정입니다. 둘째로 우리 사회는 제4공화국의 수립과 함께 내세운 빈곤의 추방은 바로 경제적 측면에서 산업사회와 공업입국이라는 슬로건 아래 급속한 발전을 이룩해 나왔습니다. 그리하여 경제성장은 절대적 빈곤을 추방하는 데 성공하였고 그래서 국민소득 2천 불 돌파라는 구체적이고도 실질적인 성과를 올리면서 머지않아 국민소득 5천 불 시대를 내다볼 만큼 성장도를 보여주고 있습니다. 그러나 정치적, 경제적 변혁은 우리에게 또 다른 문제를 몰고 왔고 그것은 우리 사회의 성숙화에도 큰 지장을 초래하고 있습니다. 급속한 산업화와 도시화와 대중화의 물결은 환경오염, 청소년 문제, 소득분배 문제 등 수많은 병발증을 나타내고 있으며 정치적으로는 헌법 문제, 정권교체 문제, 남북통일 문제 등 그 어느 것 하나 시급하지 않은 것이 없는 실정에 놓여 있습니다. 그것은 곧 이 시대를 살아가고 있는 한국인 모두의 갈등이자 복합적인 사회적 불안들입니다. 그것은 모든 면에서 양적으로의 팽창과 제도적으로의 복잡화가 우리들 사고방식까지도 혼란을 일으키게 하고, 심지어는 가치기준의 전도와 상극은 심한 사회문제로까지 대두되고 있습니다.

이와 같은 와중에서 작가는 과연 어디에 서 있으며 작가가 해야 할 일이 무엇인가라는 질문은 너무나 당면하고도 심각한 귀착점이 아닐 수가 없습니다. 작가도 국민의 한 사람이요, 사회구성의 한 요원이기 때문입니다. 작가가 창작해낸 작품은 이 시대의 사람을 위하여 발표되고 이 시대의 사람들의 비평을 받지 않을 수 없기 때문입니다. 작가가 무엇을 창조해낼 것인가는 어디까지나 그 작가 자신의 자유선택이며 절대 권한이기도 합니다. 그 누구도 작가에게 선택을 강요하거나 권한을 포기하라고 강요할 수는 없습니다. 아니 지구상에서 그것이 공공연하게 자행되고 있는 나라는 공산주의의 전체적 독재주의국에서만 볼 수 있을 뿐 적어도 자유와 평등을 갈구하는 민주주의 국가에서는 있을 수도 없고 있어서도 안 될 일입니다. 그러므로 작가의 창작의 자유는 바로 그 나라 민주주의의 척도라고 해도 과언이 아닐 것입니다.

이와 같은 각도에서 볼 때 오늘의 한국의 작가는 또 하나의 짐을 지게 되는 것입니다. 다시 말해서 성숙사회에 살고 있으면서도, 미성숙한 단면을 보고 있고 민주주의를 갈구하면서도 제도적인 면에서 갈등을 느끼고 있고, 한국 사람이면서도 그 본래의 의식구조에는 금이 가고 있는 자기모순 속에 살고 있기 때문입니다.

일찍이 선현들은 예술은 그 시대상의 반영이며 사회상의 표현이라고 밝혔습니다. 그러나 그것은 결코 자연의 재현이나 사실 그대로의 복사가 아닌 하나의 문화적 정체성(cultural identity)에 바탕을 둔 미래지향적인 창조행위라야만 합니다. 특히 오늘날처럼 국내의 사상뿐만 아니라 국외에서 흘러들어오는 상충된 사상과 의식과 제도의 와중에 있어서 작가의 책임은 그 어느 때보다도 무겁기만 하는 것입니다. 그런데도 오늘날 작가들은 그와 같은 의미의 반추에는 소홀하고 다만 세속적인 의미에서의 양명(揚名)이나 치부(致富)에 눈을 돌리려고 하니 참으로 안타까운 일이 아닐 수 없습니다. 더구나 한 개인의 욕구에 의해서 자유롭게 표현한다는 측면에서만 안주한 나머지 그것이 자기도 모르게 하나의 예속문화, 새로운 식민지 문화로 물꼬를 대고 있다는 사실을 모르고 있습니다. 그렇다면 오늘의 작가는 무엇을 생각하며 창조해야 할 것인가에

성숙사회에 있어서의 연극과 관객

대해서 잠시 생각해보기로 하겠습니다.

3

우리 정부나 국민이 지금까지 추구해 나온 목표는 크게 나누어 자유민주주의국가와 경제적으로 풍요로운 사회 건설에 있었습니다. 그래서 우리는 알게 모르게 나라가 부하고 국방력이 강해야 한다는 이른바 부국강병(富國强兵)의 테두리 안에서 머물러 있다고 해도 과언이 아닙니다. 그러나 인류사회란 반드시 경제적 안정이나 과학문명의 완수에만 있는 것이 아니라는 점은 여러 학자나 작가의 작품에서 쉽게 찾아볼 수가 있습니다. 독일의 철학자인 슈펭글러는 그의 역작인 「유럽의 몰락」에서 현대사회의 위기와 멸망을 경고하고 있고, 조지 오웰은 그의 소설 〈1984년〉에서 인간사회의 미래를 공포 속에 몰아넣기도 했습니다. 그런가 하면 알베르 카뮈는 그의 걸작 〈이방인〉에서 개인과 조직사회와의 충돌을 예시하고 있습니다. 이것들은 모두가 첫째, 과학문명이 인간의 의식구조를 획일화시켰고 둘째, 물질만능주의, 경제제일주의가 인간의 자유를 침범하였고 셋째, 인간에게서 사랑과 믿음과 행복의 소중함을 앗아갔고, 넷째로 인간의 기계화가 정서와 이성을 박탈하고 있다고 우리에게 웅변적으로 알려주고 있습니다.

이것은 편의상 외국의 정평 있는 문학작품에서 인용해 왔을 뿐이지, 우리나라의 작품에서도 얼마든지 찾아볼 수가 있으며 그것은 동서양을 막론하고 성숙사회가 안고 있는 고민이자 동시에 작가의 오뇌이기도 합니다. 그것은 때로는 절망이요 좌절이요 억압이기도 합니다. 그러나 모든 작가는 그 절망 속에서 절망을 이기고, 좌절 속에서 다시 일어나고 억압 속에서 되밀어내는 용기와 신념을 가졌을 때 그것이 참된 시요, 그림이요, 노래요, 그리고 몸짓이 되는 것입니다. 안일과 무능, 평온과 부화(浮華), 관능과 소모에 안주하는 것이 성숙사회를 살아가는 길이라고 오인하는 이른바 속물근성이 있는 한 우리의 역사는 뒷걸음치게 되고 말 것입니다.

그러므로 작가는 몇 가지의 자아의식과 자아(自我)에 눈을 떠야 합니다. 그 첫째는 역사의식이요, 둘째는 새로운 문화적 정체성(cultural identity)의 확립입니다. 이 두 가지는 상호간에 연관성이 전혀 없는 것은 아닙니다. 역사의식은 올바른 가치관을 전제로 하고 있으며 지난날 일제시대의 유산인 식민지문화와의 과감한 결별을 말하기도 합니다. 그러나 오늘날 우리 작가들이 당면한 역사성에는 전통과 외래문화와의 상충과 수용과 토착화라는 커다란 과제를 안고 있습니다.

그러나 현실적으로 전통문화가 오늘날 한국인의 생활양식과 어느 정도의 밀착성과 융화성이 있는가도 문제의 하나가 되겠습니다. 예컨대 우리 것 찾기의 이념에는 찬성하면서도 교육 면에서 국악 교육이나 한국화 교육, 민속무 교육은 쉽사리 받아들여지지 않고 있는 실정입니다. 판소리의 예술적 가치는 높게 평가하면서도 청소년들 사이에서는 박물관의 진열품 구실로밖에 인정 안 하는 대신 서구식 팝 음악이 판을 치고 있는 것도 바로 문제가 되겠습니다.

그러므로 오늘날 외래문화에 대해서 거의 개방주의나 무비판주의로 받아들이는 풍조 속에서 어떻게 우리의 문화예술의 정체성을 확립해나갈 것인가는 바로 오늘의 작가에게 지워진 짐이 아닐 수가 없습니다.

그러므로 우리 사회가 진정한 성숙사회를 이룩하려면 외래문화로부터 피해의식을 느끼는 것이 아니라 그것과 대등하게 맞서서 그것을 내 것으로 소화시키는 인내와 창의가 필요할 것입니다. 돌이켜보건대 한국의 문화는 자생적인 것과 불교문화와 유교문화가 오랜 세월을 두고 융화된 결과라 하겠습니다. 이제 기독교문화가 유입된 지 약 백 년이고 그것에 서구문화가 직접 들어온 지 40년이고 보면 우리는 또 한 차례 그것을 선택하고 여과시키고 그래서 그것을 내 것으로 가져와야 할 과제를 안고 있습니다. 그럼에도 불구하고 성급한 작가들은 서구화가 모방에서 시작된다고 생각하거나 외래문화에의 추종이 곧 현대화이며 그것이 성숙사회로 이르는 길이라고 오판을 하고 있는 데 바로 문제가 있다고 봐야 할 것입니다.

분명히 말해서 성숙사회는 유토피아가 아닙니다. 성숙사회는 궁극적으로 문화 창조를 통하여 표현된다고 말할 수 있을 것입니다. 그래서 그 창조된 문화를 외국으로 수출하여 외국 사람과 대등하게 서로의 문화를 이해하고 만족할 수 있는, 그래서 외국 사람으로부터 존중받는 문화예술을 가지는 사회가 바로 성숙사회라고 생각합니다.

그러고 보면 오늘의 모든 작가가 무슨 생각을 가지고 무엇을 해야 할 것인가는 자명한 결과가 된 셈입니다. 개인도 국가도 모두가 서로 인정하고 존중하는 사회에서 동서양이 대등하게 만날 수 있는 날을 우리는 기다리고 싶습니다.

그러나 오늘날 우리 문화예술계에는 한 가지 두드러진 현상이 일어나고 있습니다. 그것은 문학, 미술, 연극, 음악 등 여러 분야에서 일어나고 있는 의식적이고도 적극적인 도전(挑戰)의 자세들입니다. 특히 젊은 세대층에서 일어나고 있는 이 힘의 공세는 한마디로 기성 문화예술에 대한 냉소(冷笑)요, 불신이라 하겠습니다. 그것은 때로는 지나치게 경직되었거나 격식을 갖추었거나 그래서 고루한 권위의식에 사로잡힌 문화예술 정책에 대한 도전이기도 합니다. 그런가 하면 서양문화나 서구식 예술 양식에서 탈피하여 '내 것'으로의 회로(回路)를 갈구하는 실천적 예술이기도 합니다. 이른바 전위예술이나 민중예술이 바로 그것들입니다. 예술의 발달 과정을 살펴보자면 새로운 실험정신이나 그 정신에 입각한 실천적 행위는 어느 사회에서나 있어왔고 또 그것이 새로운 예술을 다양하게 발전시켜왔던 사실을 우리는 잘 알고 있습니다. 그러나 근자에 와서 우리 사회에서 나타난 양상은 그 실험이 서양에서 직수입되었거나 일본을 통하여 굴절 수입되었거나를 막론하고 아무튼 외래적인 것에 대한 원초적인 반발이라는 데 있습니다. 그리하여 이들은 예술성이나 미적(美的) 가치 이전에 기존에 대한 거부(拒否)가 그 밑바닥에 깔리고 있다는 점입니다. 어떤 사람은 그것을 정치적 색채로 보기도 하고 또 어떤 사람은 기성 문화예술 정책의 관료성이나 편파성에 대한 실천적 자각증상으로 보기도 합니다.

그러나 이 문제는 보는 사람의 시각에 따라 그 개념 규정도 다르겠지만 문제는 왜 이와 같은 현상이 일어나고 있는가에 대한 구체적이고도 과학적인 분석과 그에 따르는 정책적 수정도 고려되어야 하겠습니다. 다만 그것이 예술이냐 아니냐라는 기본 개념을 놓고 봤을 때 예술이 어떤 정치의 도구나 수단으로 변질되거나 전락되는 것은 그 누구도 원치 않을 것입니다. 전통문화가 유한계급(有閑階級)의 전유물로 전락되거나 문화적 환경이 부유층의 향유물로 오해를 받게 되는 일부의 현상이 대다수 시민들의 항의를 받게 되는 것처럼, 단순하고 일차원적인 구호가 예술인 양 과대선전되는 것도 우리가 재고해야 할 문제라 하겠습니다. 이 문제에 대해서 문학평론가 이광훈(李光勳) 씨는 그의 논문 〈오늘의 문화현상 진단과 반성〉에서 다음과 같이 언급한 바 있었습니다. 즉,

앞으로 문화예술 창조자들이 해야 할 일은 사회에 확산되어가고 있는 반문화주의(反文化主義)적인 현상을 극복하고 예술의 미학(美學)과 힘을 회복시키는 일이다. 그리기 위해서는 오늘의 문화적 갈등과 분열증세를 치유하며 '새로운 문화'의 창조적 에너지를 흡수 소화할 수 있는 문화의 타당성을 회복하기 위한 힘을 길러야 할 것이다.

라고 제시한 바 있습니다.

성숙사회에 있어서의 연극과 관객

80년대를 들어오면서 학원가를 중심으로 하는 젊은 세대의 주류적인 문화예술이 확산되어가고 있는 현실은 결코 치기(稚氣)나 객기(客氣)로만 돌려세울 문제는 아닙니다. 계층간의 위화감을 조장케 하는 문화, 소외당하는 사회층을 소외하는 문화, 언론과 출판에 대한 경직된 정책 등은 오늘 이 시대를 살아가는 우리들이 다 함께 머리와 심장을 맞대고 연구해야 할 과제가 아닐는지 모르겠습니다. 그런 점에서 나는 서두에서 소개한 김성태 교수의 '성숙인격론'을 다시 한 번 모든 작가, 정치가, 행정가, 기업가, 그리고 국민들이 재음미해봤으면 하는 심정입니다.

4

나는 지금까지 성숙사회에 있어서 모든 창조 분야를 막론하고 작가가 지녀야 할 정신적인 바탕에 대하여 살펴보았습니다. 그러나 내가 몸담고 있는 연극에 있어서 문제점이 있다면 무엇이겠으며, 불원간에 성숙사회를 맞이하게 될 우리 연극인으로서의 자세와 각오는 어디서 찾아봐야 할 것인가에 대해서는 아직 구체적인 관찰은 못 한 터입니다. 그러나 모르면 모르되 모든 예술 가운데서도 연극이 지니는 그 특성 내지는 독자성을 감안한다면 한 사회의 발달이나 구성요인 간의 긴밀성에 관한 한 연극만큼 사회성이 짙은 예술도 드물 것입니다. 그것은 두말할 것도 없이 연극은 그 형성되었던 기원(起源)이나 발전 과정에 있어서 항상 관객과 더불어 살아왔다는 한 가지 사실만으로도 그 특성은 설명되고도 남음이 있기 때문입니다. 문학이나 미술에도 독자나 감상자가 필요하고 음악에는 청중이 필요하다는 것도 사실이긴 하나 유독 연극에 있어서 관객의 위치는 보다 본질적으로 그 예술적 형성에 참여해왔을 뿐만 아니라 연극과 그 운명을 함께해 나왔다는 사실을 상기할 때 우리는 새삼 연극과 관객의 문제를 묵과할 수가 없습니다. 아니 연극예술의 구성요소 가운데 관객이 필요불가결의 요소로 규정지어지는 이유만을 보더라도 그 진가(眞價)를 쉽게 이해할 수가 있을 것입니다. 그러므로 한 편의 연극의 성패는 그 시대의 관객의 지지를 받았느냐 못 받았느냐에 달려 있던 역사를 감안하였을 때 다가올 성숙사회에서 연극은 바로 그 관객과도 밀접한 관련을 맺고 있다고 봐야 할 것입니다.

그럼 잠시 여기서 연극과 관객과의 관계를 연극사 속에서 살펴보기로 하겠습니다. 연극이 침체하고 무기력해졌을 때 그 국력은 쇠퇴했고 그 국력이 선양되었을 때 연극은 한층 화려하게 꽃을 피웠습니다. 중세기의 암흑시대에 종교극은 있었을지언정 참다운 민중을 위한 연극은 없었으며 셰익스피어를 낳게 했던 엘리자베스 시대나 몰리에르가 기염을 토하였던 루이 왕조가 찬란한 문화의 개화기였음을 우리는 서양연극사에서 쉽사리 찾아볼 수가 있습니다. 그러나 연극사 속에서 때때로 '민중을 위한 연극'이니, '소시민을 위한 연극'을 외쳤던 소리가 있었음을 우리는 자주 들어왔습니다. 레싱이나 디드로가 그러했고 로맹 롤랑이 바로 그 선구자였습니다. 다시 말해서 연극이 귀족이나 특권층의 점유물로 전락했거나 황금의 노예로 타락함으로써 그 문학성이나 예술성을 상실했을 때 예외 없이 외치는 소리는 바로 연극을 민중에게 돌려줘야 한다는 사연이었습니다. 앞서 언급한 로맹 롤랑이 젊은 날의 한 시대를 민중극장 건설을 위하여 몸 바쳤던 적극적인 행동이 그러했고, 베를린에서 민중무대 운동을 위하여 첫 봉화를 드높게 밝혔던 브루노 빌레의 몸부림도 바로 그러한 증좌일 것입니다. 그리고 보면 연극개혁의 역사에는 크게 두 가지 흐름이 있었음을 알 수가 있습니다. 즉 그 하나는 연극을 예술적으로 이끌어 올리려는 방향이요 다른 하나는 연극을 민중 속으로 파고들게 하려고 하는 몸부림이라 하겠습니다. 그것은 모두가 연극이 관객과 함께 있음으로 해서 그 존재가치를 발견할 수 있다는 대전제였습니다. 그러나 만약에 연극이 저속한 관객에게 영합함으로써 비속화(卑俗化)되었을 때 그 관객에게 등을 돌려 관객의 존재를 무시하며 오직 자기 자신의 예술성만을 드높이려고 몸부림치게 됩니다. 이와 같은 연극운동은 새로운 시대에 있어서의 새로운 이상과 결합하여 소수의 선택된 관객들의 지지를 얻으면서 차츰 자기발전을 이룩하기도 했습니다. 1887년 자유극장(自由劇場) 운동을 일으켜 근대극에 한 구획을 지은 프랑스의 앙드레 앙투안이나 20세기의 천재로 알려진 그로토프스키가 바로 그러한 경우의 범례(範例)가 될 것입니다. 그러나 다른 한편에서 연극을 민중 속으로 파고들게 하려는 경우는 연극의 성립 조건으로서의 관객을 분명히 의식하며 민중의 문화적 자각(文化的自覺)과 그 지지에 보답하려는 적극적인 의지를 보이게 되었습니다. 따라서 예술적인 연극운동이건 민중적인 연극운동이건 모두가 연극의 혁신을 꾀하고 그 질적 향상을 의도하였음을 부인할 여지가 없을 것입니다. 그리고 그 공통분모는 바로 관객에 대한 연극창조자들의 의식적 태도였음을 우리는 시인하지 않을 수가 없을 것입니다.

이처럼 연극예술의 화려한 개화(開化)를 위하여는 되도록 광범위한 관객층, 그러면서도 되도록 높은 정신세계와 결합되어야 한다는 적극적이고도 의식적인 행동이 절대적으로 필요했던 점을 우리는 익히 알고 있습니다. 그러면서도 연극의 활동현상의 역사는 연극과 관객의 관계가 반드시 정상적이었던 것만은 아니었다는 점도 우리에게 보여주고 있습니다. 때로는 이상적인 상태에 놓였을 때도 있었지만 때로는 괴리와 분열의 불행한 상태에 버려진 시대도 자주 있었음을 우리는 알고 있습니다.

연극이란 한마디로 말해서 스스로 끊임없이 발전시켜나가려는 자율성과 자신을 최고의 경지로 승화시키려는 자기목적을 지닌 예술입니다. 물론 그것은 넓은 의미에서 모든 창조적 행위에 해당되는 일이기도 합니다. 그러면서도 유독 연극의 경우는 연극 자체를 종합시키기 위하여 관객이 절대적으로 필요하며, 그것은 타 분야의 예술의 경우처럼 단순한 감상자나 방관자가 아님을 우리는 알아야 할 것입니다. 그것은 단순한 관념의 영역에서가 아니라 극히 현실적인 문제이며 외적 조건임을 우리는 재확인해야 할 것입니다.

따라서 연극의 발전 여하(如何)는 앞서 말한 자기목적(自己目的)과 외적 조건과의 융합이냐 갈등이냐에 따라 결과가 나타남을 알 수가 있을 것입니다. 관객이 수준 높은 정신상태에 놓여 있을 때 연극은 그 관객의 정신세계와 결합됨으로써 자기목적과 외적 조건과의 통일을 이룩하며 연극의 꽃을 피우게 할 것입니다. 그러므로 여기서 뜻하는 관객의 높은 정신상태란 애국심, 헌신적 이념, 신앙, 이상, 미래지향의 희망, 높은 교양, 그리고 문화를 사랑하는 마음을 두고 하는 말이기도 합니다. 그러나 이에 반하여 낮은 정신상태에 놓여 있을 관객과 손을 잡게 되거나 그것에 영합 내지는 그 시녀로 전락했을 때 연극은 자기목적과 외적 조건 사이에 크게 마찰이 생기고 갈등을 일으킴으로써 타락의 늪 속으로 떨어져 들어가게 마련입니다. 그렇다면 여기서 관객의 낮은 정신상태란 무엇을 뜻하는가에 대해서 다짐을 하여야 할 것입니다. 그것은 두말할 것도 없이 이기적이며, 역사의식이 결여되었으며, 찰나적이며, 몰이상적(沒理想的)이며, 관능적인 자극성과 물질욕에 지배되어 교양이나 문화에 대한 애정이 결핍된 관객을 뜻하는 말이기도 합니다. 그것은 오직 인간의 삶을 향락적인 데서 인정하려 들고 그곳에 안주(安住)하려 드는 세기말적 소비성향을 말합니다. 내일을 기다리려고 하거나, 하나의 이상을 위하여 오늘을 충실화하려는 노력보다는 순간적이며 맹목적인 상태를 뜻하는 말입니다. 하물며 그들에게서 문화의식이나 민족적 역사의식 따위를 찾아내려는 것은 하나의 낭비요 일방적인 짝사랑과도 같은 것입니다. 모든 사고방식을 물질욕과 귀결시키려 들고, 이상을 향한 축적이 아니라 이기적 욕구를 위한 자기만족만을 중요시하는 소비적 경향을 두고 하는 말입니다. 따라서 연극이 발전하려면 어떤 관객과 만나야 하겠는가에 그 관건이 달려 있다 해도 결코 과언은 아닐 것입니다.

<h2 style="text-align:center">5</h2>

나는 연극은 관객과 더불어 그 운명을 같이하고 성패를 함께한다는 점에서 관객이란 무엇인가를 분석해보았습니다.

그렇다면 우리가 머지않아 맞게 될 성숙사회에서 연극은 어느 방향으로 가야 하며 우리가 만나야 할 관객은 무엇인가라는 문제와 자연스럽게 만나게 된 셈입니다.

우리는 앞서 성숙사회의 정의에서 그것이 정신적인 면에서의 성숙보다는 다분히 물질적이며 외적(外的)인 여건에 의한 성숙을 뜻한다고 말한 바 있습니다. 즉 경제적, 정치적, 산업적인 면에서의 향상이 가져다준 그 성숙의 의미를 이제는 정신적인 면에서의 성숙으로 전환시켜야 할 당위성 앞에 서 있는 것입니다.

우리는 외적인 성숙은 인정하면서도 내적인 면에서는 전에 없었던 가치의 혼돈과 전도와 갈등 속에서 시달리고 있음을 시인하지 않을 수가 없습니다.

우리는 앞서 "성숙사회란 무엇인가?"라는 질문에 대하여 고려대학교의 임희섭 교수가 제시한 답을 밝힌 바 있습니다. 그것을 여기서 요약하자면,

① 이상화할 수 있는 사회질서 확립
② 잘 통합된 행위의 체제화
③ 계급적 갈등이 없는 사회
④ 부(富)의 분배의 정당화
⑤ 자발적, 창조적 자아(自我)와 사회적 자아와의 균형 유지

⑥ 인간의 소외가 최대한 극복된 사회

이것은 바로 오늘날 우리 민족이 지향하고, 세계 인류가 갈망하는 가장 이상적인 사회일 수도 있습니다.

그러나 현실적으로 우리가 살아가고 있는 사회, 그리고 앞으로 다가올 사회란 반드시 그 이상에 부합되는 유토피아도 아니고 그렇게 될 수도 없다는 게 대부분 지식인들의 견해이기도 합니다. 아니 어떤 지식인은 바로 인류의 멸망까지도 예견하고 있을 정도로 어둡기만 하는 현실적 상황이기도 합니다.

그와 같은 상황 속에서 과연 연극은 무엇을 해야 하며 어느 방향으로 나아가야 할 것인가라는 문제는 바로 우리 연극인의 기본자세이자 당면한 숙제가 아닐 수 없습니다. 그리고 오늘을 살아가는 그 사람이 곧 오늘의 연극의 관객이라는 사실입니다.

우리는 앞서 연극사를 통하여 연극의 발전 양상의 두 가지 모습을 살펴본 바가 있습니다. 즉 연극을 예술적으로 성숙시키려는 면과 보다 많은 대중 속으로 파고들려는 의지였습니다. 그렇다면 이른바 성숙한 사회로 일컫는 상황에서 이 두 가지 몸부림은 가능할 것인가라는 점입니다. 다시 말해서 연극의 예술적 성숙과 민중 속으로 파고들려는 연극의 양립이 가능할 것인가라는 문제와 만나게 됩니다.

그러나 현실적으로 볼 때 우리는 매우 암담한 상태에 놓여 있음을 시인하지 않을 수가 없습니다. 그것도 성숙사회일수록 관객의 층(層)은 여러 형태로 분열하거나 대립을 가져오기 때문입니다. 이를테면 농경문화가 지배적이었던 시대는 그 관객의 층은 매우 단순했습니다. 즉 지주와 농민으로 나누어졌습니다. 따라서 농민들을 위한 놀이는 바로 모든 관객의 것이었고 소수의 지주층도 그것에 적극적 참여는 없었을지라도 일단은 그 관객 속에 녹아들어 함께 즐길 수가 있었습니다. 그리스의 고대 연극도, 우리나라 조선조시대의 연희문화(演戲文化)도, 그 예외일 수가 없었습니다. 양반계급이나 종교를 풍자하는 내용의 탈춤이나 꼭두각시 놀이가 모든 관객의 지지를 받았던 것도, 그리고 그리스의 연극이 전 시민의 지지 속에서 명맥을 이어갔던 예도 바로 그것을 뜻하는 증거일 수도 있습니다.

그러나 기계문명의 발달과 산업사회에 있어서의 관객은 그 성분으로 보아 천차만별입니다. 학력, 연령, 환경, 직업 등 여러 측면에서 차등이 있거나 유형을 달리합니다. 따라서 모든 계층을 초월한 초현실적인 무대가 과연 가능할 것인가도 문제입니다. 특히 오늘날 연극관객의 성분 조사에 나타난 결과를 보면 전체 관객의 90퍼센트가 학생층이며 그중에서 여자 대학생이 80퍼센트를 차지한다는 통계가 나타나고 있습니다. 그리고 일반 사회인의 경우도 극소수이긴 하나 20대나 30대의 젊은 회사원이 대부분이며 장년이나 노년층은 거의 연극과 접할 기회가 없는 걸로 나타나 있습니다. 그런가 하면 고등학생이나 대학생들을 대상으로 하는 여론조사에서도 일 년에 연극을 몇 편이나 보는가라는 답에서 대부분이 고작해서 2편 내지는 3편으로 그치고 있습니다. 이것은 지난 1984년 필자와 이해랑(李海浪), 이원경(李源庚) 세 사람이 공동으로 작성한 〈연극관객의 의식구조 연구〉라는 논문에서 밝혀진 바이며 여기서 그 일부를 소개하자면 다음과 같습니다. 이 논문은 총 54항목의 설문을 응답자 3,816명에게서 받아낸 결과를 통계숫자로 산출함으로써 오늘의 연극관객의 의식구조가 어디쯤 와 있으며 그것을 토대로 한국연극이 나아가야 할 길을 모색하자는 데 그 의도를 두었습니다. 그런데 그 설문 가운데서

※ 제8항 …… 근래에 와서 연극 관람 횟수?
한 달에 1회 …… 615명(16%)
한 달에 2회 …… 423명(11%)

한 달에 3회 ······ 131명(3%)

한 달에 4회 이상 ······ 99명(3%)

의 응답이 나왔으며 1년을 기준으로 한 응답자 수는

1~2회 ······ 1,178명(31%)

3~4회 ······ 871명(23%)

한 번도 안 본다 ······ 186명(5%)

로 나타났었습니다. 그리고

※ 제11항 ······ 즐겨 보는 연극은?

번역극 ······ 2,020명(53%)

창작극 ······ 1,568명(41%)

이었으며 다시 이 관객에게

※ 제12항 ······ 좋아하는 연극의 내용은? (순위대로 다섯 가지만)

비극 ······ 1,634명(43%)

희극 ······ 1,922명(50%)

사회고발극 ······ 1,728명(45%)

전위극 ······ 1,011명(26%)

민속극 ······ 1,122명(29%)

으로 나타났습니다. 다음으로 창작극과 번역극에 대한 기호를 물었더니,

※ 제17항 …… 창작극을 좋아하는 이유는?

우리의 현실이나 역사를 알게 되니까 …… 1,013명(27%)

한국 연극을 육성하기 위하여 …… 671명(18%)

창작희곡을 대하게 되니까 …… 617명(16%)

※ 제18항 번역극을 좋아하는 이유는?

새로운 세계와 접할 수 있다 …… 1,114명(29%)

문학성이 높다 …… 1,005명(26%)

외국의 연극 경향을 알 수 있다 …… 462명(12%)

※ 제21항 번역극이 창작극보다 자주 공연되는 데 대하여 어떻게 생각하는가?

좋은 일이다 …… 398명(10%)

잘못된 일이다 …… 1,068명(28%)

무방하다 …… 1,071명(28%)

※ 제33항 …… TV극과 연극을 비교했을 때

TV극이 더 재미있다 …… 611명(16%)

연극이 더 재미있다 …… 1,060명(28%)

TV극은 도식적이다 …… 1,197명(31%)

※ 제53항 …… 연극은 국민생활과 어떤 관계가 있다고 생각하는가?

밀접한 관계가 있다 …… 1,913명(50%)

청소년 교육상 필요하다 …… 1,237명(32%)

없어도 무방하다 …… 202명(5%)

※ 제54항 연극을 발전시키기 위한 정책면에서의 방법은?

극장이 더 있어야 한다 ······ 675명(18%)

학교교육의 교과과정에 편성되어야 한다 ······ 1,271명(33%)

지방연극이 더 성해야 한다 ······ 925명(24%)

기업인들이 참여해야 한다 ······ 853명(22%)

6

이상의 설문응답은 앞서 밝힌 바와 같이 여자 2,329명, 남자 1,487명을 대상으로 한 통계 가운데서 본 논문과 관계가 있는 부분만을 골라 소개한 것입니다. 물론 이 설문에 응답한 사람은 서울을 비롯하여 대전, 청주, 광주, 부산 등의 공연장과 학생들을 대상으로 54항목의 설문에서 뽑은 것이므로 그것이 절대적인 가치를 지녔다고 볼 수는 없습니다. 그러나 그 통계숫자가 절대적인 것은 못 된다 할지라도 최소한 오늘의 연극관객이 무엇을 생각하고 있으며 무엇을 원하고 있는가에 대해서는 비교적 선명하게 나타난 셈입니다. 그러고 보면 머지않아 다가올 성숙사회를 대비하여 연극이 지향해야 할 문제점은 저절로 밝혀진 셈입니다. 바꾸어 말해서 성숙사회가 단순한 물질생활의 풍요로움이나 과학문명의 편익에서만 찾을 것이 아니라 적어도 한국국민의 의식면에서 보다 근본적으로 접근하려는 의식적인 창조행위가 요청되는 것입니다. 그것은 외래문화와 전통문화의 마찰에서 오는 가치관의 전도이며 오랜 정치적 풍화 속에서 우리도 모르게 젖어버린 사대주의나 식민지사관에서 오는 자기비하나 열등의식에서의 과감한 탈출이라고 할 수가 있을 것입니다.

창작극보다 번역극이 성행되는 이유는 오늘의 연극관객이 그것을 원하기 때문이라는 극단 측의 의사표시를 우리는 기억하고 있습니다. 다시 말해서 관객이 원하는 작품을 공급한다는 일차원적인 수요와 공급의

원칙을 우리는 결코 무시하겠다는 뜻은 아닙니다. 그러나 연극이 하나의 역사의식에 눈을 떠야 하고 또 그것이 바로 이 시대를 살아가는 모든 예술가의 사명일진대 우리는 관객이 원한다고 해서 무비판적으로 저속하고 통속적인 상업주의 연극을 공급할 때는 아니라고 봅니다. 백보를 양보해서 관객을 보다 높은 수준으로 이끌어 올리려는 의지가 없이는 이 시대의 연극은 무의미합니다. 원하는 연극이란 반드시 저속한 연극만은 아닐 것입니다. 앞서 소개한 〈연극관객의 의식구조 연구〉 논문 가운데서의 관객이 어떠한 연극을 보고 싶어 하는가라는 설문에 대한 대답 가운데도 분명한 점은 '보다 예술적이며 한국적인 특성을 살린 창작극'이라는 해답이 상당수에 이르고 있다는 것입니다. 그럼에도 불구하고 통속적인 상업주의 연극, 특히 미국이나 유럽에서 오르내리는 오락연극이 아직도 관객 유치의 방편으로 쓰여지고 있다는 것은 곧 연극인 자신의 의식구조가 전근대적이며 단세포적이라는 결과로밖에 볼 수가 없는 것입니다. 이 시대의 관객에게 어떠한 연극을 보여주는 것이 옳겠는가라는 스스로의 질문에 대응할 만한 답을 가지고 있지도 않은 채 거의 맹목적이며 타성적으로 연극을 하고 있다는 결과가 되는 셈입니다.

우리는 지금 경제적으로 중진국 대열에 끼어들었고 머지않아 성숙사회로 돌입할 도상에 있는 것은 의심할 여지가 없습니다. 그러나 경제적 풍요가 곧 행복과 자유를 약속하는 것이 아니라면 우리는 지금부터라도 그 근본문제를 향한 접근이 앞서야 할 것입니다.

관객을 위하여 있어온 연극이 오늘의 관객과 어떻게 만나야 옳겠는가라는 기본적인 자기성찰(自己省察)이 없이 연극을 한다면 그것은 국민에게 또 하나의 노예근성이나 피해망상증을 심어주게 될 것입니다. 그러므로 여기서 우리는 새로운 시대의 지평을 열기에 앞서서 연극과 관객이 가져야 할 기본적인 자기성찰과 의지가 무엇이겠는가에 대하여 결론적으로 정리를 해야 할 단계에 이른 셈입니다.

그 첫째는 앞서 연극관객의 의식구조를 알기 위한 설문조사에서도 나타난 바 있지만 결론적으로 오늘의 관객의 의식구조란 결코 저질스럽지도 않거니와 무식한 것도 아니라는 점입니다. 대다수의 사람 가운데서 그래도 진실을 소중히 여길 줄 아는 젊은 관객이 연극을 지켜보고 있다는 엄연한 사실이 바로 그것입니다. 도도히 흘러내리는 탁류(濁流)가 현실이라면 이 소수의 의식 있는 관객은 어느 골짜기에서 흘러내리는 맑은 생수라고 봐도 무방할 것입니다. 그 생수가 먼 훗날 탁류를 청류(淸流)로 바꾸어놓을 가능성이 있다고 인정한다면 우리는 이 젊은 관객들의 소리에 귀를 기울여야 마땅할 것입니다. 연극인들이 연극을 수단으로 삼지 않고 목적으로 여기면서 정도(正道)를 걸어가는 진실의 회복이야말로 이 젊은 관객들의 응답을 값지게 해줄 것입니다. 원래 연극이란 선택된 관객을 위해 있고, 그들에 의하여 지지를 받아왔었던 역사를 인정한다면 오늘의 연극인은 이 의식 있는 소수의 관객을 저버릴 수 없을 것입니다.

　둘째로, 고도의 산업사회화가 우리의 생활을 안일과 편익(便益)으로 이끌어간다는 현실에서 연극은 무엇을 해낼 수 있는가에 대한 답이 시급하게 요청되고 있습니다. 연극이 관객을 전제로 하는 예술임에는 틀림없지만 그렇다고 해서 관객에게 무조건 영합하거나 그들에게 저질의 오락을 팔아가면서까지 관객 유치에만 혈안이 되는 속물주의에서 벗어나야만 되겠습니다. 언젠가는 보다 많은 관객이 극장을 찾아오리라는 기대와 환상에 빠지게 되는 것은 그 사람의 자유의사일 겝니다. 그러나 그것이 단순화된 상품거래와는 본질적으로 다르다는 점에서 우리는 연극인 자신들의 의식 개혁이 선행되어야 한다고 믿습니다. 여기서 연극인의 의식 개혁이란 무엇보다도 연극을 왜 하는가에 대한 원초적인 질문이 앞서야 하고 그 질문에 대한 적절한 답변이 있어야겠습니다. 물론 그 관객은 의식이 있는 관객이며 그 의식이 있는 관객의 확보는 곧 연극을 양질의 예술로 이끌어 올릴 원동력이 될 것입니다.

　끝으로 오늘의 관객은 대체로 연극에 대해서 방관적이거나 부담스러운 것을 기피하는 계층이 많다는 점을 알아야 할 것입니다. 바꾸어 말해서 오늘의 대부분의 관객은 단순히 즐거움을 얻으려 하거나 부담없이 즐길 수 있는 내용이나 형식을 원하고 있습니다. 게다가 연극인들 자신들도 그러한 관객의 관심을 끌 만한 매력도 부족하겠지만 보다 적극적으로 관객을 향하여 발언하거나 이끌어 들이려는 데 소극적일 수밖에 없는 처지입니다. 그 이유로는 연극의 공연 횟수는 날로 늘어나고 극단 수도 늘어가는 반면에 그 내용이나 형식에 있어서 전문화된 연극을 만나기가 힘든 실정에 놓여 있습니다. 작가의 발언을 토대로 하여 연극이 현실적으로 관객에게 어떤 메시지를 전달하려는 문제에는 아직도 미급하다는 실정을 우리는 솔직하게 시인해야 할 것입니다. 일부 젊은 연극인들 사이에서는 서구식 연극과의 접촉이나 그것에 접근하려는 실험성을 과신하는 나머지 그것이 곧 연극의 현대적 의미를 가진 일이라고 속단하거나 이른바 전위연극의 실현이 곧 앞서가는 사회의 연극이라고 오인하는 것도 우리는 재음미해야 할 단계에 와 있는 것입니다. 우리가 연극적인 유산을 전통연극에서 끌어오건 서양연극에서 이입시켜 오건 궁극적으로는 그것이 이 땅에 뿌리를 내리고 그래서 새로운 전통성을 성립시키는 데 밑거름이 되어야 할 것입니다. 따라서 제아무리 앞서가는 연극일지라도 그것이 우리의 생활과 유리되었거나 우리의 전통과 융화되지 못했을 때 그것은 한낱 순간을 살다 가는 일시적인 생명의 유희로 끝나고 말 것입니다.

　한 나라의 연극은 궁극적으로 그 민족정신의 정화를 모은 정수이자 한 나라의 민족예술을 대신하는 종합예술로서 자립하고 성장했을 때만이 그 가치가 있는 것입니다. 일시적인 유행이나 모방으로 호기심을 불러일으키는 일시적 감성의 유희가 아니라 보다 성숙한 연극이란 보다 성숙한 민족정신의 바탕에 서야 한다는 대전제를 놓고 생각할 때 성숙사회에 있어서의 연극의 방향은 자명해질 수밖에 없습니다. 그렇게 하기 위하여 오늘의 부동적(浮動的)인 관객을 연극으로 끌어들이고 사회와 국가를 바르게 영글어가게 하는 연극이 꽃피었을 때 참다운 성숙사회가 오리라는 믿음을 가져야 할 것입니다.

한국의 공연예술사는 다시 써야 한다

해방공간(解放空間)의 연극, 무용을 중심으로

1

선생님 그런 사실은 기록으로 남기셔야지 선생님 혼자서 가슴속에 품고만 계시면 안 되지요. 후학들을 위해서도 그렇고 우리나라 연극사를 바로 잡기 위해서도 기록으로 남기십시오. 거창하게 논문이라고 내세우지 않으셔도 됩니다. 야사(野史)가 되었건 이면사가 되었건 사실은 사실대로 남기셔야 합니다.

이 말은 20년도 훨씬 넘는 옛날 내가 서항석(徐恒錫) 선생에게 여쭈었던 얘기의 한 토막이다.

그 당시만 해도 연극계에서는 서항석과 유치진(柳致眞) 두 분 사이의 미묘한 관계가 연극계 전체에 하나의 어두운 그림자를 드리웠던 때였다. 탁 털어놓고 싶어도 말을 못 했던 사정이 있었고 뒤늦게야 그러한 감춰진 사실이 드러났을 때의 여파가 두렵고도 조심스러웠던 것도 사실이다. 게다가 그런 얘기의 대부분이 당사자들 사이의 감정 문제나 이해관계와 관련되어 있어서 좀처럼 공표할 용기가 나지 않았으리라.

언제고 사실을 사실대로 쓰게 될 날이 있겠지.

서항석 선생은 의미심장한 미소를 머금고 확답을 회피하시더니 끝내

176

쓰겠다는 약속을 못 지키신 채 세상을 떠나셨다.

이와 같은 심정은 유치진 선생도 매한가지였다. 일생을 이 나라 연극 발전을 위해 바치셨고 사재까지 내던져 연극교육의 터전을 마련하셨건만 자신을 친일파로 몰거나 공유화되어야 할 극장을 사유화했다는 주변의 따가운 시각에 대해서 시원스런 해명도 못 한 채 우리 곁을 떠나셨다.

해야 할 말은 해야 한다. 따지고 항변하고 흑백을 가리자는 의도에서가 아니다. 사실은 사실대로 남아야 하고 그것은 후세에게 바로 알려져야 한다. 그래서 후학들은 그 사실에 바탕을 둔 역사성이나 보편타당성을 얻기 위하여 새로운 주장이나 이론도 제기하게 되는 법이다.

그러나 우리의 경우는 그게 아니었다. 있었던 사실도 은폐되고 지워졌다. 심지어는 그런 사실을 믿어서는 안 된다고 불호령을 내렸고 그 근처에만 가도 화상(火傷)을 입을까 두려워서 몸을 사리는 꼴이 되었다. 그것이 가장 심하게 나타난 시기가 해방 직후의 시기이고 보면 이 시대의 공연예술은 그 자료(資料)마저 산실되어 하나의 커다란 공동기(空洞期)로 남게 되었다. 특히 연극과 무용 등 무대 위에서 꽃피웠던 그 공간예술은 남을 길이 없었다. 그래서 어쩌다가 신문기사나 개인이 소장하는 빛바랜 사진을 만나게 되면 십년지기라도 만난 듯 호들갑을 떠는 실정이었다.

누가, 언제, 어디서, 무슨 작품을 공연했다는 기초적인 자료조차 소실되었으니 누가 그 시대의 사실을 상상이나 할 수 있겠는가. 아니 그런 자료가 설령 있다손 치더라도 관(官)이나 수사기관의 눈치를 살펴야 하고 개인적인 원한관계에까지 확산될지도 모르니 부득이하게 곡필(曲筆)하거나 피해 갈 수밖에 없었다. 그러므로 사실을 사실대로 기록할 수 없었던 게 해방공간기의 역사였다.

나는 오래전부터 의도적으로 파버린 이 역사의 공동기(空洞期)를 무슨 수단으로라도 메꿔야 한다고 생각했다. 내 자신이 익히 알고 있고

한국의 공연예술사는 다시 써야 한다

체험했던 사실마저도 역사에서 삭제되는 실정이 우리가 겪은 민주주의 역사였다. 그리고 그 민주주의적 투쟁이 그 얼마나 공허하고 가식적인 구호였던가를 뼈아프게 여겨왔다. 때로는 내 자신도 그 대열에 끼었던 슬픈 시대가 있었다는 남부끄러움을 고백하지 않을 수가 없다. 따라서 지금은 가해자와 피해자를 갈라놓고서 얘기할 시기가 아니다. 결론적으로 말하자면 우리들 모두가 가해자요 피해자였기 때문이다. 특히 그 공동기를 살아남았던 기성세대들에게 있어서는 변명도 항변도 용서받을 수 없는 역사적 멍에였다. 그러므로 그 시대를 체험 못 한 젊은 세대들에게 지금이라도 늦지 않으니까 정확한 사실의 발굴과 자료 제공이 이루어질 수만 있다면 그것은 하나의 양심선언이자 속죄로 볼 수도 있을 것이다. 그러므로 그런 사실을 곡해하거나 잘못된 시각에서 독단적으로 그 공동기의 공연과 사람들을 평가절하하려 드는 젊은 연극학도들에게는 또 하나의 경각심이자 깨우침이 될 것은 분명하다.

지금 우리에게 필요한 일은 이 텅 빈 공백을 메꾸는 일이다. 잘못된 역사를 바로잡는 일이다. 설령 과거에는 그런 인식을 가졌을지라도 지금은 순 객관적인 이성과 지성을 동원하여 고정관념을 깨려는 결단과 용기가 필요한 것이다. 한일 간의 왜곡된 역사 인식으로 인해 세상이 들끓고 있는 와중에서 우리의 길지 않은 공연예술사마저 왜곡된 역사를 방치할 수는 없다. 그것은 민족의 이름으로 치욕죄를 선고받을 일이다.

나의 이 작은 시도는 어디까지나 해방공간기의 연극 및 무용의 역사를 사실 그대로 기록하고 인식하자는 데 있다. 따라서 그것은 어느 한편에 치우치거나 어느 한편을 옹호하고 변명할 생각은 추호도 없다. 정치적 이데올로기가 모든 것을 지배했고 그것으로 인해 감수할 수밖에 없었던 기나긴 냉전(冷戰)의 터널을 지나온 이 시점에서 우리는 좀 더 솔직하고 정직하게 관찰하고 분석하며 기록하려는 데 그 뜻이 있음을 밝히는 바이다.

2

1945년 8월 15일. 그것은 분명 우리 민족사에 있어서 가장 소중하고도 충격적인 감동을 안겨준 역사적인 날이었다. 그러나 그 순수했던 환희와 감격은 순간적인 충격이었을 뿐 사회 전반은 혼돈과 대립의 수렁으로 빠져들었고 모든 분야의 예술인과 조직체는 저마다의 슬로건을 내걸며 구각탈피를 절규하였다. 1945년 8월 16일에는 맨 먼저 조선문학건설본부를 필두로 조선연극건설본부, 음악건설본부, 미술건설본부, 영화건설본부 등이 줄이어 결성되었다. 그리고 이 단체들은 곧이어 '조선문화건설중앙협의회'라는 간판 아래 연합체를 만들었으니 이 단체가 말하자면 해방 직후부터 1948년 대한민국 정부가 수립되기까지 모든 예술분야에서 주도적인 활동을 한 기간단체이다.

그렇다면 이들이 나아가야 할 방향과 그 목적은 무엇이었는가를 정확하게 파악할 필요가 있다. 즉 일제식민지정책 아래서 자유를 박탈당한 채 그들의 명령에 맹목적으로 추종했거나, 적극적으로 협력했거나 아니면 그 압력에서 벗어나 칩거생활을 해왔던 예술가들까지도 이제는 새로운 예술창조와 민족문화 정립을 위하는 일념에 모였으리라는 사실은 상상하고도 남는다. 그것은 어찌 보면 과거의 잘잘못을 이제 덮어두고 서로 용서와 화합의 집단으로 거듭나려는 데 본뜻이 있었다. 그런 의미에서 연극단체도 결코 예외일 수는 없었다. 지난날 신극을 했건 신파나 악극을 했건 이제는 그 치욕스런 과거를 청산하자고 새 출발을 맹서했다. 그 증거로 연극건설본부 산하 때 모인 연극인들의 조직과 구성원을 보면 쉽게 알 수가 있다.

| 중앙위원장 | 송영(宋影) |
| 서기장 | 안영일(安英一) |

중앙위원	김태진(金兌鎭), 이서향(李曙鄕), 함세덕(咸世德), 박영호(朴英鎬), 김승구(金承久), 나웅(羅雄)
극작부	서항석(徐恒錫), 조명암(趙鳴岩, 靈出)
연출부	이서향(李曙鄕), 나웅(羅雄)
연기부	배용(裵勇), 서일성(徐一星), 윤부길(尹富吉)
무대미술부	김일영(金一影)
무대음악무용부	김해송(金海松), 송희선(宋熙善)
극단경영부	박구(朴九), 박민대(朴民大)
심무실	김승구(金承久), 박영호(朴英鎬), 유치진(柳致眞), 함세덕(咸世德)

이상의 기구에서 볼 수 있듯이 과거에 동양극장이나 신파극단은 물론 악극단에서 활동했던 김해송, 송희선, 박구, 윤부길까지도 총망라되었고 일본의 국민연극운동에 적극 가담했던 극작가 유치진과 서항석의 이름 도 끼어 있다는 게 이채롭다. 그러나 유치진은 지난날 일본의 국책연극 에 적극적으로 참여했던 과거사를 뉘우치고 자숙하는 뜻에서 실질적으 로도 아무런 관계를 맺지 않았다.

그렇다면 이 조직이 내건 목적은 무엇인가를 살펴볼 필요가 있다. 연 출가이자 서기장직을 맡았던 안영일이 1947년도판 「예술연감」에 기고 한 다음 글을 참조하면 자명해질 것이다.

해방(解放)이 가져온 흥분(興奮)과 감격(感激)이 물결치는 파도(波濤) 속에서 조선연극인(朝鮮演劇人)은 엄숙(嚴肅)하고 진지(眞摯)하고 냉정 (冷靜)하게 민족연극(民族演劇)의 재건(再建)을 꾀하였다. 인민(人民)을 위한 인민(人民)을 기초(基礎)로 하는 연극창조(演劇創造)를 위(爲)하여 모든 힘과 정열(情熱)과 능력(能力)을 바쳤다. 그리고 장구(長久)한 기간

(其間) 동안 우리 체내(體內)에 침윤(浸潤)하였던 제국주의적(帝國主義
的)인 독소(毒素)를 청소(淸掃)하기 위(爲)하여 싸울 기초(基礎)를 세웠
고, 낡은 봉건적(封建的) 유제(遺制)에 대(對)하여 끊임없는 숙청공작(肅
淸工作)을 전개(展開)함으로써 새 세대(世代)를 장식(裝飾)할 찬란(燦
爛)한 민족연극(民族演劇)의 토대(土臺)를 만들려고 노력(努力)하였다.
그러므로 조선문화건설중앙협회(朝鮮文化建設中央協會)를 통하여 협의
결정(協議決定)된 조선연극(朝鮮演劇)의 기본방향(基本方向)이 첫째로
일본제국주의(日本帝國主義)에 의(依)한 일체(一切)의 야만적(野蠻的)
이고 기만적(欺瞞的)인 문화정책(文化政策)의 잔재(殘滓)를 소탕(掃蕩)
하고 이에 침윤(浸潤)된 문화반동(文化反動)에 대(對)하여 가책(苛責)없
는 투쟁(鬪爭)을 전개(展開)할 것, 둘째로 연극(演劇)에 있어서의 철저적
(徹底的)인 인민적(人民的) 기초(基礎)를 완성(完成)하기 위하여 일체
(一切)의 봉건적(封建的) 요소(要素)와 잔재(殘滓)의 청산(淸算)을 위
(爲)하여 활발(活潑)한 투쟁(鬪爭)을 전개(展開)할 것, 셋째로 세계연극
(世界演劇)의 일환(一環)으로서의 민족연극(民族演劇)의 계발(啓發)과
앙양(昂揚)을 위(爲)하여 필요(必要)한 모든 건설사업(建設事業)을 설계
(設計)할 것, 넷째로 문화전선(文化戰線)에 있어서의 인민적(人民的) 협
동(協同)의 완성(完成)을 기(期)하여 강력(强力)한 문화(文化)의 통일전
선(統一戰線)을 조직(組織)할 것-등등(等等)에 있음을 확인(確認)하고
그 구체적(具體的)인 조항(條項)을 채택(採擇)하여 우리 연극운동(演劇
運動)의 새로운 기치(旗幟)를 삼았던 것이다.

이상의 안영일의 글에서 읽어낼 수 있듯이 연극건설본부는 일제 식민
지 시대의 연극 유산의 청산을 강조하고 있다. 그곳에는 이른바 공산주
의나 프롤레타리아 연극 이념하고는 아무런 상관이 없음을 알 수가 있
다. "오직 일본제국주의에 의한 일제의 야만적이고 기만적인 문화정책

의 잔재를 소탕하고 일제의 봉건적 요소와 잔재를 청산하고 세계연극의 일환으로서 민족연극의 계발과 앙양을 위하여 새로운 연극운동을 전개해나갈 것"을 다짐하고 있다.

그런데 언제부터인가 이 주장은 무시된 채 해방 직후의 연극은 프롤레타리아 연극과 마르크스 레닌주의를 선전하는 연극으로 전락된 양 인식되고 말았다.

1945년 9일 15일 조선연극동맹이 조직되면서 그 산하에 인민극장, 극단 청포도, 일오극장, 극단 동지, 혁명극장, 서울 예술극장, 조선예술극장 등이 결성되었다. 그해 12월 정치계에 신탁통치 문제가 대두되자 그것을 적극 지지한다는 성명 발표에서부터 사건의 발단이 생겨났다. 즉 정치계에서 신탁이냐 반탁이냐는 양론이 극렬하게 대립되자 반탁을 지지하는 이른바 우익진영과 신탁을 지지하는 좌익진영이 대립되면서 연극을 비롯한 모든 예술단체도 양파로 갈라서게 되었다. 해가 바뀌어 10월에는 우익진영은 그동안의 침묵을 깨고 민족예술무대를 발족시키면서, 연극동맹 산하의 각 극단들을 좌익단체라고 지칭하게 되었다. 여기에서 주목할 점은 앞서 말한 조선문화건설중앙협의회를 주도했던 사람들 가운데 임화(林和), 송영(宋影), 김태진(金兌鎭), 한설야(韓雪野), 이기영(李箕永) 등은 평소에 좌익 사상에 투철하였던 관계로 그 영향력이 컸던 것은 사실이다. 그러나 대부분의 연극인은 오직 연극을 할 수 있는 환경에서 연극만 하는 게 소망이었을 뿐 그들 모두가 투철한 공산주의 이념을 내세워 그 선전이나 투쟁에 앞장섰다고는 볼 수 없다. 그 증거로 그 당시 상연되었던 작품목록을 참고로 한다면 쉽게 알 수가 있기 때문이다.

그런데 1947년 11월 우익진영에서 조선연극문화협회가 발족되고 다음 해 5월 23일 유치진을 중심으로 하여 극예술협회가 창립되면서부터 좌우익 양 진영 극단의 대립은 첨예하게 맞섰다. 뿐만 아니라 같은 해

11월에는 한국무대예술원이 결성되면서 우익진영은 정면으로 공격태세를 취하였다. 그리고 좌익진영 연극을 가리켜 반민족적(反民族的), 반동연극(反動演劇) 배격운동을 선포하기에 이르렀다. 그러나 이와 같은 사태의 변화는 연극계 자체의 자발적인 의식의 변화만은 아니었다. 1948년 5월 14일의 남한 단독정부 수립을 위한 총선거를 앞두고 정치적으로 연극을 이용하는 데서 비롯되었으니 연극동맹은 남조선 노동당(약칭 남로당)의 지시 아래 들어갔고 한국무대예술원은 이승만을 중심으로 하는 정치세력의 비호를 받게 됨으로써 치열한 공방전을 벌였으며 심지어는 테러리즘에 의한 폭력이 난무하게 된 것도 따지고 보면 정치세력을 등에 업고 저지른 이성 잃은 행동이었다.

여기서 우리가 신중히 짚어나가야 할 점은 '민족'이라는 단어의 개념에 대한 정의이다. 다시 말해서 민족이라는 말을 두고 좌, 우익의 개념 규정이 전혀 다른 데서 비롯되는 후유증이기 때문이다. 문학, 연극, 음악, 미술 등 각 분야에서 분열과 대립을 낳게 된 원인이 바로 그것 때문이다. 해방이 되자 조선문학가동맹에서는 민족문학 수립을 주장하면서 민족의 개념을 대충 다음과 같이 규정지었다. 즉 "민족이란 친일파, 민족반역자, 악질적 지주와 자본가 등 부르주아지를 제외한 대부분의 선량한 시민과 노동자, 농민을 지칭한다"는 뜻으로 규정을 지었다. 여기에 대해서 우익진영에서는 "국토, 언어, 풍속, 혈통이 같고 생활양식과 정서가 통일한 집단"으로 단정을 내렸다. 이 두 개의 개념상의 차이가 결국은 민족주의와 민족예술의 개념가치에도 큰 차질을 가져왔으니 전자는 정치적인 이념을 강조한 주장인 데 반하여 후자는 순수한 혈육으로서의 개념을 고집하는 데서 비롯되었다 해도 과언이 아니다.

과거 36년의 일본 제국주의의 악독한 억압과 착취 밑에서 시달렸던 우리로서는 친일파나 민족반역자들은 아무리 혈육을 나누었다손 치더라도 받아들일 수 없다는 현실론과 그와 같은 정치적인 해석으로 혈육을 적대시하는 일은 인간성을 무시한 반윤리적 강변이라는 데서 완전히 별개의 세계로 갈라선 것이다.

그러므로 앞서 인용한 1947년 연출가 안영일의 「예술연감」에서 발표한 취지에 대해서 연극계가 보다 구체적이고도 객관적인 분석과 검토가 있었어야 옳았다. 단, 1948년 11월 23일 한국무대예술원이 좌익연극을 가리켜 반민족적 반동연극이라고 정면으로 공격을 가한 데 대해서도 역시 실증적인 분석이 있어야 옳았다.

그러나 불행히도 연극평론가나 연극학자들은 이 시기의 연극에 대해서 보다 핵심적이고도 객관적인 논술에 대해서는 인색했었다. 그 예로 해방 후 우리나라 연극사를 처음으로 저술했던 국문학자 이두현(李杜鉉) 교수의 「한국연극사」(1973년 12월 20일)는 매우 소중한 저작이다. 그러나 그 책의 제7장 해방 후의 연극이라는 항에서 광복기의 신극이라는 소제목 아래 연극은 불과 세 쪽 반의 분량이 고작이다. 1945년 해방부터 1950년 6.25 발발까지의 5년간의 연극사가 그렇게 짧게밖에 다루어질 수도 없거니와 우리 연극사상 가장 심각하고도 결정적인 분수령적인 역사를 그렇게 간단히 써 넘길 일이 아니었다. 그 5년 동안 발표한 작품, 극작가, 연출, 연기, 무대미술 등 그리고 그 사회적 정치적 배경 등에 대해서 좀 더 세밀하고도 객관적인 서술이 필요했었다. 물론, 이 해방공간 5년의 연극사가 그렇게 기술될 수밖에 없었던 객관적인 상황을 우리는 잘 알고 있다.

특히 1948년의 5.10 선거를 앞두고 미군정청은 모든 좌익 문화단체들을 불법화하고 경찰은 그 집단들에 대한 감시와 사찰을 강화시키는 와중에서 우익진영은 더 유리한 고지를 차지하게 되는 반면에 좌익단체는 혼란과 와해의 불안 속에서 동요되기 시작했다. 그 틈바구니에서 기회를 노리던 일부 좌익 연극인들 가운데는 이미 실패의 눈치를 채자 월북을 결행하는 사람도 있었다. 마침내 5.10 선거는 이승만이 주도하는 세력에 의해 승리를 차지했다.

남로당, 민청(民靑) 등 좌익단체는 해산되었고 지하로 잠적하거나 월북하는 사람이 속출하는 가운데 대한민국 정부는 비로소 그 주권을 장악하게 되었으니 연극계의 실세도 우익진영이 장악하고 좌익연극은 사실상 소멸된 셈이었다.

1949년 6월 5일 정부는 공식적으로 보도연맹(保導聯盟)을 창설함으로써 지난날 좌익에 가담했던 모든 인사들에게 자수하라는 공고를 냈다. 그리하여 예술가, 사회인, 학생, 노동자, 부녀자 등 전과를 가진 자는 속속 자수를 하였으며 신문지상에 신고문까지 게재하게 했다. 당시 보도연맹 가입자 수는 전국적으로 30만 명, 서울만도 19,700명에 달하였으니 그 후유증은 후일 6.25 동란 전후해서 사회적 문제로까지 파급되었다.

보도연맹이 명시한 5개 강령은 다음과 같다.

① 대한민국 절대 지지, ② 북한정권 절대 반대, ③ 공산주의 사상의 배격, 분쇄, ④ 남·북 노동당의 민족파괴 정책의 배경 폭로, ⑤ 민족진영의 각 정당, 사회단체에 적극 협력

이와 같은 준엄한 상황 아래서 이미 좌익극단은 사실상 맥이 끊기고 설 땅을 잃어버린 상태였다.

따라서 그 당시의 실정의 객관적인 평가란 불가능했다. 우익진영에 가담한 사람은 애국자가 되고 그 대신 좌익진영에 가담했던 자는 전과자가

한국의 공연예술사는 다시 써야 한다

된 현실 속에서 그 누구도 사실을 사실대로 기록하기를 기피했다. 하물며 월북하였거나 행방불명된 자는 영원히 어둠 속에 매몰된 채 다시는 햇빛을 볼 수가 없었으니 그 어떤 학자도 그 사실을 밝힐 용기조차 잃었던 시대가 바로 해방공간이었다.

이런 상황에서 연극사가 제대로 나올 수도 없거니와 진실이라는 이름 아래 기록할 용기를 상실했던 암울한 시절에 제대로 역사가 기록되기란 곤란했다.

그러나 1966년 국문학 교수인 이두현(李杜鉉)은 「한국신극사연구」라는 역저를 간행하여 학계뿐만 아니라 연극계에도 공헌한 바 있었고 이어서 1973년 12월에는 「한국연극사」를 출간하였다. 지금까지 연극사는 일제시대에 김재철(金在喆)이 저술한 「조선연극사」가 고작이고 보면 「한국연극사」는 해방 후 최초이자 대표성을 지닌 연극사이다.

「한국연극사」는 1973년 12월 23일 초판이 나왔고 1985년 3월 30일 개정초판이 간행되었다. 그동안 산실되었거나 방치상태에 놓여 있었던 광범한 전통 연희문화까지 널리 수집하였고 공연목록도 폭넓게 채집하였다는 점에서 타의 추종을 불허하는 역저이다. 그러나 몇 가지 아쉬움을 안겨주기도 했으니 그 첫째가 바로 해방공간기의 연극사가 사실보다는 가볍게 다루어진 점이다. 예를 들자면 그 지면 할애부터가 매우 제한되었고 인색했다.

「한국연극사」에서 광복 후의 연극이라는 항목 안에 광복기의 신극이라는 소제목으로 진술한 해방공간기의 연극은 불과 3페이지에 불과하다. 거기에 비해서 일제시대에 신극운동의 선구자 격이었던 극예술연구회는 무려 17페이지나 할애되었다. 그리고 그 앞서 있었던 토월(土月會)는 10페이지에 걸쳐 상세하게 기술되어 있다.

이와 같은 결과는 물론 자료가 많고 적은 것도 그 이유가 되겠지만 한 극단의 역사와 한 시대를 몰고 갔던 수많은 극단의 역사와의 그 무게나 비중으로 봐서 후자가 더 길고 복합적이고 다양했으리라는 추측은 그다지 어려운 일이 아니다. 뿐만 아니라 1920년대와 1930년대보다는 1945년부터 5년 동안이라는 시간성과 공간성을 참작한다면 그 자료의 수집은 보다 쉬웠을 것이다. 그럼에도 불구하고, '광복기의 신극'이 불과 3페이지 분량밖에 안 되었던 까닭은 무엇일까. 뿐만 아니라 전기한 토월회나 극예술연구회 등 이른바 아마추어 연극과 기성 연극이 대중에게 미친 영향에는 큰 차이가 있었으리라는 실정을 감안했어야 옳았을 것이다.

일제하에서 활동했던 이른바 신극(新劇)은 긍정적으로 기술하되 신파(新派) 등 상업극은 일방적으로 저속한 연극으로 규정짓거나 그 실제적 파급도 그다지 중요시하지 않았다는 점에도 재고할 여지가 있다. 비록 그 질적인 면에서 저질일지언정 연극사는 어느 한쪽으로 치우칠 순 없다. 따라서 그 객관적인 기술에 문제가 있다고 봐야 옳을 것이다. 물론 원고 집필 당시의 시대적 배경으로서 이른바 반공법에 저촉되는 사실은 기술할 수 없기에 연극사에서 삭제 또는 말살시켜버릴 수밖에 없었던 고충도 짐작은 간다. 궁극적으로 철저한 반공정책과 반공교육의 산물은 학문이나 예술의 생명이라고 할 수 있는 객관주의적인 사고방식이나 표현마저도 위협했던 현실을 우리는 기억한다. 따라서 필자의 사상이며 출신성분까지 의심받거나 위법행위로 몰아댄 상황에서 진실한 역사의 기록이란 상상도 못 할 일이었음을 우리는 기억한다. 그러기에 지난 반세기 동안 그 기록은 화석처럼 굳어버린 셈이다. 그러나 1980년대에 들어서면서 정치계의 해빙기와 민주화운동이 일어나면서부터 그 얼어붙은 벽도 붕괴되기 시작하여 어언 20년이 흘렀다. 따라서 이제는 그 구각에서 벗어나야 할 필연성을 인식할 단계에 놓여 있다.

4

그러나 연극사의 기록에는 또 다른 근본적인 문제가 도사리고 있다. 그것은 앞서 말한 해방 직후부터 5년간 공연된 작품의 내용에 관한 평가 문제이다. 바꾸어 말하자면 좌익진영인 연극동맹 산하의 각 극단이 공연한 작품에 대한 평가의 대부분이 마르크스 레닌 사상을 선전하거나 프롤레타리아 연극을 전파시키는 데 혈안이 된, 이를테면 정치색채가 짙은 보잘것없는 연극으로 못을 박고 있다는 사실이다.

예술이 정치와 결탁하는 일이 하나의 타락임은 우리도 익히 알고 있다. 그러나 유감스럽게도 해방공간기의 우리 연극은 우익진영과 좌익진영 모두가 다 정치세력의 비호를 받거나 그 우산 아래 들어가서 현실도피에 급급했다는 사실을 결코 배제 못 할 것이다.

순수예술이나 순수문학을 주장했던 단체들이 우익정당이나 미군정청의 직접, 간접적인 보호와 후원을 받았는가 하면, 좌익진영은 남로당(南勞黨)의 지시를 받았었던 사실을 우리는 기억하고 있기 때문이다. 따라서 한때나마 폭력이 난무했을 때 우익지인 대동신문(大同新聞)과 좌익지인 인민일보(人民日報)는 서로가 백색테러와 적색테러라 지칭했던 사실을 기억한다. 그것은 살아남기 위해서는 어떠한 방법도 가릴 수가 없었다. "목적을 위해서는 수단 방법을 가리지 않는다"라는 말은 좌우 양쪽 진영 모두가 저지른 오판이자 술책이라 해도 과언은 아니다.

그러나 실지로 공연된 작품의 내용을 분석하자면 사정이 판이하게 다르다. 앞서 말한 민족이라는 말의 개념에서부터 차이가 있었으니 양쪽 모두가 민족연극, 민족예술을 부르짖고 있지만 그 결과는 사실과는 달랐다.

소설가 김동리(金東里)와 평론가 김동석(金東錫)의 논쟁은 이 시대의 문학관 및 예술관을 표면화시킨 대표적인 사건이기도 했다.

그러므로 이른바 좌익진영의 연극 내용이 한결같이 마르크스 레닌주의의 선전극이며 프롤레타리아 연극의 확산을 그 목적으로 삼았는가라는 사실 여부는 신중하게 검토할 여지를 남기고 있다.

국문학자 이두현(李杜鉉) 교수의 뒤를 이어 1970년대 후반부터 연극평론가로 등단한 국문학자 유민영(柳敏榮) 교수는 그동안 왕성한 집필활동과 저서 출판으로 두각을 나타낸 소장파 학자이자 연극평론가이다. 그는 국문학 전공이면서도 한국연극사를 체계적으로 연구 정리하였고 지금까지 「한국현대희곡사」, 「한국극장사」 등 20여 권의 전문서적을 출간하여 연극평론가로서는 독보적인 위치에 서 있다. 그리고 그동안 수많은 후학 양성에도 남다른 노력을 기울여왔다.

그는 1989년 〈좌·우익 연극의 분열과 갈등〉이라는 논문을 예술원이 발행한 논문집에 발표했고 다시 1999년 한국유진오닐연구회가 발간한 논문집에도 그것을 전재하였다.

그는 논문의 서문에서

해방 직후 좌·우익 연극의 분열과 갈등을 분석하고 또 혼란기를 틈타서 발호했던 프롤레타리아 연극의 정체를 파헤쳐서 프로연극의 가면을 벗겨놓으려는 데 일차적 목적을 두었다.

(중략)

따라서 본고는 해방 직후 5년여의 좌·우익극의 분열과 갈등, 그리고 성쇠를 정리한 것으로서 해방 후 현대연극사의 출발을 선명하게 하려는 작업의 일단이 되는 것이다.

라고 밝힌 바 있다.

그리고 해방 직후의 모든 좌익 문화단체들이 남로당의 주구로 전락, 배후에서 조종하는 남로당의 지령에 따라 꼭두각시화되듯이 프로연극동맹도 문화단체연맹(자칭 文聯)의 산하로 들어가서 공산주의 정치선전 도구화되어갔다고 못을 박았다.

따라서 해방 직후 우후죽순처럼 나타났던 모든 극단이 광복 전부터 공산주의 사상이나 프로연극에 익숙해 있었고, 그들이 해방과 함께 한통속이 되었다는 논리가 성립된다. 그러나 그것은 사실과 다르다. 물론 그들 가운데 일제시대에 프로극에 가담했거나 공산주의 사상을 신봉하는 사람도 있었지만 그것은 극히 소수에 불과했다. 그렇기 때문에 그들이 연극동맹을 출범시키면서 공통적으로 내린 강령은 ① 일본제국주의 잔재 소탕 ② 봉건주의 잔재 소탕 ③ 국수주의 배격이었다고 유민영 교수도 분명히 하면서 그 기본방침에 따라 선동운동을 전개하기 시작했다고 주장했다.

그렇다면 그들이 실제 행동으로 나타낸 공연의 내용은 무엇인가가 궁금해진다. 물론 이 시기에 프롤레타리아 연극 진영의 재창단을 꿈꾸는 집단이 있었다. 연출가 나웅(羅雄)을 위원장으로 조직한 극단이다. 과거 1934년에 끝까지 남았다가 일제 경찰에 의해 강제 해산당한 프로연극단 신건설(新建設)을 11년 만에 재건하려는 시도를 했다. 그리고 보다 선명하게 자신들이 나아갈 세 가지 행동 강령을 천명했으니

①프롤레타리아 연극의 건설과 그 완성 ②일체의 반연극과의 투쟁
③노동자 농민의 생활력과 투쟁력의 원천이 되는 연극 수립

이것이 그들의 표면상의 강령이었고 여기에 찬동하여 가담한 극단은 청포도, 일오(一五)극장, 해방극장, 전선, 서울예술극장, 혁명극장 그리고 자유극장의 7개 극단이 모여 조선연극동맹의 핵심이 되기도 했다. 그러나 그들 진용 내부에도 강건파와 온건파가 대립하면서 더러는 이탈하는 극단도 나왔었다.

그러나 문제는 그들이 실제 공연한 연극의 내용이 무엇인가가 핵심이라야 한다. 유민영 교수의 주장대로 프롤레타리아 연극을 확산시키거나 마르크스 레닌 사상을 고취하거나 공산주의를 선전했던가의 사실 여부가 문제의 관건일 뿐이다.

1946년 3월, 그들은 자기 진용의 실세를 과시하기 위해서 제1회 3.1절 연극 공연을 감행했다. 여기에 참가한 5개 극단과 그 공연 작품은 다음과 같다.

박영호(朴英鎬) 작 박춘명(朴春明) 연출 〈님〉 혁명극장(革命劇場)

조영출(趙靈出) 작 나웅(羅雄) 연출 〈독립군〉 서울 예술극장(藝術劇場)

이운방(李雲芳) 작 양산선 연출 〈나라와 백성〉 백화(白花)

박노아(朴露兒) 작 이서향(李曙鄕) 연출 〈3.1운동과 만주영감〉 자유극장(自由劇場)

김남천(金南天) 작 안영일(安英一) 연출 〈3.1운동〉 조선예술극장(朝鮮藝術劇場)

이상에 명기된 작품은 그 제목이 말하고 있듯이 어떤 정치적인 색채나 사상적인 선전은 아니다. 그보다는 우리 민족의 쓰라린 과거의 상처를 다루려는 역사극들이다. 그리고 그들이 노리는 건 예술성이나 문학성이 아니라 악독한 일본제국주의의 죄악사를 폭로함으로써 일본에 대한 증오심과 적대감을 고취시키는 데 있다고 해도 과언은 아니다.

그 반증으로 당시 젊은 극작가로 활약했던 김영수(金永壽)는 1946년 4월 1일자 매일신보에 〈3.1운동(運動) 대회(大會)의 성과(成果)〉라는 제목 아래 다음과 같이 관전평을 쓴 바 있다.

극단(劇團)은 하나의 성전(盛典)이었고 장대(壯大)한 기획이었다. 그

러나 그것은 우선 동일(同一)한 사실적(事實的)인 소재(素材)를 가지고
서로가 여하(如何)히 형성(形成)하느냐 하는 바 최대(最大)의 관심(關心)
과 주목(注目)이 앞섰기 때문이다. 다섯 극단(劇團)의 다섯 작품(作品)이
모두 비슷한 소재(素材)를 다룬 것으로 역사(歷史)를 회고(回顧)케 함에
그치고 말았다.

이상의 평문이 말하고 있듯이 비슷한 소재를 다룬 역사의 회고일 뿐
그 이상도 이하도 아니다. 아니 백보를 양보해서 일본제국주의의 침략
과 그 죄악상의 폭로가 곧 민주주의와 결부되어 하나의 저항의식을 고취
시키는 데 있었다면 그것은 자주민족의 양심이자 자부심으로 떳떳할 뿐
이다. 그러나 만의 하나라도 그 가운데 가진 자와 못 가진 자 사이의
역학 관계를 묘사함으로써 계급의식을 고취시키려는 복병이 숨어 있다
면 그것은 곧 일본에 대한 복수심과 민족적 울분이었지 그것을 정치사상
과 결부시킬 수는 없다.

해방의 기쁨과 감동은 그렇게 우리가 논리적으로 냉철하게 행동할 수
는 없었다. 어떤 면으로는 거의 동물적인 흥분을 무대 위에 재현시킴으
로써 관객을 흥분의 도가니로 몰아넣는 것만으로도 충분했었다. 따라서
해방 직후 처음으로 결속된 그들의 연극에서는 이른바 정치적이거나 정
치적 이념을 선전 전파시키는 작품하고는 거리가 멀었다. 물론 작가인
김남천(金南天), 박영호(朴英鎬) 그리고 연출가 안영일(安英一), 이서향
이 과거에 프로연극에 가담했던 행적은 있었지만 정작 관객이 본 연극은
그런 계산 아래 이루어진 선동적이거나 정치사상의 선전극은 아니었다.
오히려 그 감상주의적 단순성 때문에 작품의 수준이 예술적으로 퇴보했
다는 김영수의 논평은 매우 적절하고도 타당성을 지닌 표현이라 할 수
있다.

5

우리는 그 사실을 뒷받침하는 실증을 아래의 공연작품 일람표에서 쉽게 알 수가 있다. 이 자료는 대한민국 예술원에서 펴낸 이진순(李眞淳)의 「한국연극사」의 제3기 편을 참조한 매우 중요한 자료이다.

공연작품 일람표

1945년

극단명	공연일	작품	작자	연출자	공연장소	비고
태극성	〃	청춘항로		김태욱	조일좌	창립공연
태극성	〃	화류애화		김태욱	조일좌	창립공연
학병동맹문화부	12.10	피흘린 기록		김욱	명치좌	
토월회	12.16	사십년	박승희	안종화	수도극장	
낙랑극회	12.19	봄밤에 온 사나이			대륙극장	
조선	12.19	거리의 천사	이서구		중앙극장	창립공연
조선	12.19	기생의 반생	임선규		중앙극장	창립공연
일오극장	12.21~12.23	까치 우는 성	송영	김광우	동양극장	
혁명극장	12.23~12.29	북위 38도	박영호	박춘명	수도극장	
서울예술극장	12.24~12.30	남부전선		이서향	동양극장	
청춘극장	12.25	사랑에 속고 돈에 울고	임선규		우미관	
민예	12.25	카츄샤	톨스토이 작 김형윤 역	이광래	중앙극장	
전선	12.31~ 1949.1.9	호접(胡蝶)	김사량		서울소극장	

1946년

극단명	공연일	작품	작자	연출자	공연장소	비고
청춘극장	1.5	안중근사기(史記)	김춘광	안종화	수도극장	
	1.19	3.1운동 후 김상옥사건	김춘광	김춘광	대륙극장	
	2.15~23	신(新)아리랑	김춘광	김춘광	대륙극장	
	3.7	안중근사기(후편)	김춘광	안종화	수도극장	
	3.18	의사안중근	김춘광	안종화	동양극장	

극단	날짜	제목	원작	연출	극장	
	4.4	단종애사(端宗哀史)	김춘광	안종화	동양극장	
	4.25~28	어머님사랑	이서구		단 성 사	
	5.24	안중근사기(후편)	김춘광	안종화	동양극장	
	6.2	해와 달과 별	김태진	안종화	수도극장	
	6.13	여선생	김춘광	김춘광	국제극장	
	6.24	어머님 사랑	이서구	이서구	동양극장	
	7.25	아들의 심판	이서구	이서구	동양극장	
	8.14	서광삼천리	이서구	김춘광	중앙극장	
	9.23	촌색시	이서구	김춘광	동양극장	
	10.27	대원군	김춘광	안종화	국도극장	
	11.8	어머니 힘	이서구	이서구	단 성 사	
자유극장	1.6~7	탈락자	고가부	나웅	동양극장	
	1.31	무지개	박노아	나웅	대륙극장	
	1.31	망향	진우촌	나웅	대륙극장	
	3.6	3.1운동과 만주영감	박노아	이서향	수도극장	
	3.10	선구자	박노수	박노수	동양극장	
	4.16	민중전	김영수	나웅	국제극장	
	6.10	선구자	박노수	박노수	단 성 사	
	6.25	유랑삼천리	임선규	나웅	국도극장	
	7.15~21	율곡과 그 어머님	송영	안영일	국제극장	
	8.8	정열지대	김영수	안영일	수도극장	
	9.19	유랑삼천리(해방편)	임선규	박춘명	국도극장	
	12.6	애정춘추	주영순	박진	동양극장	
민예	1.26~31	카츄샤	톨스토이	이광래	중앙극장	
	2.9~15	활민당	김동인	채남인	중앙극장	
	3.1~3	활민당	김동인	이광래	성남극장	
	3.4~6	카츄샤	톨스토이	채남인	성남극장	
	8.14	청춘의 정열	이광래	이광래	단 성 사	
백화	1.19~25	백의민족	이운방	안종화	동양극장	
	2.7	백의민족	이운방	안종화	성남극장	
	3.4	나라와 백성	이운방	양산선	동양극장	
	5.15	젊은 지사(志士)	이운방	안종화	제일극장	
	6.13	춘향전	김건 각색	신오당	제일극장	
혁명극장	2.15	북위 38도	박영호	박춘명	제일극장	
	2.15~21	번지없는 부락	박영호	박춘명	제일극장	
	3.4	님	박영호	박춘명	국제극장	
	7.24	세동무(전3막)	김태진	박춘명	중앙극장	
	8.6	무영탑	현진건	박춘명	중앙극장	
	11.13	배나무집 딸	박춘명	김일영	중앙극장	
	12.24	임자없는 소년들	김태진	박춘명	제일극장	
조선예술극장	2.1	향연(香宴)(5막)	오영진 원작 김태진 각색	안영일	중앙극장	

	3.1	3.1운동(3막 8장)	김남천	안영일	중앙극장	
	5.20	임진왜란	김태진	안영일	국제극장	
	10.8	논개(4막 7장)	조영출	안영일	국제극장	
	12.15~21	녹두장군(3막 4장)	박노아	이서향	국도극장	
낙랑극회	3.1	기미년삼월일일(4막)	함세덕	이서향	국제극장	
	4.22	기미년삼월일일	함세덕	이서향	중앙극장	
	5.2~8	산적(5막)	쉴라 원작 함세덕 각색	함세덕	단 성 사	
	7.5	뇌우(雷雨)	조우 작 김광주 역	이서향	국도극장	
	7.30	바람부는 시절(4막)	박영호	안영일	단 성 사	
	8.15	복돌이의 군복	김사량	이서향	국도극장	
	12.24	바람부는 시절(4막)	박영호	홍영진	동양극장	
	12.31~1947.1.5	정열의 대지(4막 7장)		박 진	동양극장	
청포도	1.19	8.15전야	문철민	박상진	중앙극장	
청탑	1.23	보검(3막 4장)	진우촌	서정조	수도극장	
일오극장	2.18	단종애사(5막 8장)	김건	안종화	국제극장	
서울예술극장	2.26~28	독립군(3막 6장)	조영출	나웅	동양극장	
	3.26	독립군(3막 6장)	조영출	나웅	서울극장	
	4.10	옥문이 열리던 날	한홍규	이서향	수도극장	
시민극장	3.8	포구(전3막)	남궁만	박춘명	중앙극장	
해방극장	3.16	피흘린 기록	허집	김욱	단 성 사	
토월회	3.25	아느냐! 우리들의 피를			수도극장	
	8.14	모반의 혈(血)	프로스펠메리어 작	박진	수도극장	
독립극장	5.9	충무공 이순신(4막 8장)	이운방	안종화	동양극장	
	7.1~7	끝없는 사랑		홍개와	제일극장	
	7.13	애비없는 자식들(4막 6장)	임선규	홍개와	동양극장	
	10.14	풍년기	유치진	서항석	동양극장	
	11.1	쌍둥이의 복수(4막 5장)	김래성	서항석	단 성 사	
황금좌	5.3	금삼(錦衫)의 피	박종화	안종화	중앙극장	
	6.11	어머니와 딸(4막 5장)	김아부	김훈일	단 성 사	
	8.21	연산군(4막 5장)	박종화	안종화	국제극장	
	9.22~27	김(金)방갓(4막 6장)	청초생	민당	제일극장	
	10.8	과부(4막 5장)	청초생	민당	수도극장	
	11.6	섬색시(4막 5장)	청초생	민당	제일극장	
녹성	5.25	이완용(5막)	조건	김욱	중앙극장	
예술촌	8.5	투쟁(4막 7장)			성남극장	
	9.25	아리랑(3막 4장)	나운규	송악영	성남극장	
삼천리	8.14	산유화	조영출	신정당	수도극장	창립공연
신무대	9.15	전야(3막 5장)	강위	박상진	제일극장	창립공연

한국의 공연예술사는 다시 써야 한다

	9.16	순수한 사람들(1막 2장)	김정환		동양극장	창립공연
대지	9.16	밤(2막 4장)	레옹할트후랑크 작 박상진 역		동양극장	창립공연
현대극장	10.31	오빠를 찾아서(3막 4장)	김건	백령	제일극장	
화랑극장	12.5	두 어머니를 가진 딸(4막)	전세원	김송	단 성 사	
문화극장	12.9	불(3막 6장)	박춘명	정순모	국제극장	
찬장대	7.8	해아(海牙)밀사(4막 5장)	김아부 각색	이백수	국제극장	
무대예술연구회	11.24	데트엔드(전3막)	시드니킹스레아 작 최규석 역	허집	중앙극장	
영화배우협단	6.13~16	안개낀 항구	마루셀파놀 작	이서향	국도극장	
동극연극제	11.15	청춘일기(3막 6장)	함세덕	박진	동양극장	
보전연극부	5.31~6.3	청춘회상(5막)	마이야벨스타 작	박춘명	단 성 사	
국학전문학교연극부와경성전재학생수호회	10.3~5	항구없는 항로(3막 5장)			국도극장	
배재연극부	11.28~29	대차(待車)집	이주홍	이서향	배재강당	
고려대학극예술연구회	12.15~19	아Q정전(4막)	노신	이서향	중앙극장	

1947년

극단명	공연일	작품	작자	연출자	공연장소	비고
청춘극장	1.5	사랑과 인생(3막 4장)	김춘광	김춘광	국도극장	
	1.6	산팔자(山八字) 물팔자(八字)(1막 4장)	김용호	김용호	장안극장	
	2.4	미륵 왕자(후편)	김춘광	김춘광	수도극장	
	2.11	누가 그 여자를 그렇게 만들었나 (4막)	김아부	김아부	단성사	
	2.18	그 여자를 누가 죽였나	김춘광	김춘광	수도극장	
	3.1	안중근사기(전·후편)	김춘광	김춘광	수도극장	
	3.27	이차돈(전편 5막)	김춘광	김춘광	국제극장	
	4.8	미륵왕자	김춘광	안종화	중앙극장	
	4.17	검사와 여선생(4막 6장)	김춘광	김춘광	단성사	
	5.1~3	김상옥사건(4막 6장)	김춘광	김춘광	수도극장	
	5.4~5	사랑과 인생(3막 4장)	김춘광	김춘광	수도극장	
	5.6~7	단종애사	김춘광	김춘광	수도극장	
	5.19	이차돈(후편)	김춘광	김춘광	국제극장	
	6.19	귀신이 웁니다	김춘광	김춘광	수도극장	
	9.27	만고열녀와 바보 영웅	김춘광	김춘광	국제극장	

	11.5~8	눈물의 진주탑(3막 4장)	김춘광	김춘광	단성사	
	11.9~11	어머니는 어느 곳에(3막)	이서구	이서구	단성사	
	11.16	제11대군왕	이서구	이서구	수도극장	창립2주년 기념
	12.15	평양공주와 버들애기(전·후편)	김춘광	김춘광	중앙극장	
낙랑극회	1.20	여명(4막)	임선규	안영일	국도극장	
	2.16	뇌우(4막)	조우 작 김광주 역	이서향	중앙극장	
황금좌	1.15	황진이(5막 8장)	김광주	이서향	수도극장	
	2.10	한많은 어머니	청초생	민당	단성사	
	3.8	임경업장군(5막 8장)	청초생	민당	수도극장	
	3.11	팔선녀(4막 9장)	청초생	민당	국도극장	
	4.10	사육신의 일편단심(6막 8장)	청초생	민당	국제극장	
	5.16	심청아가씨(5막 6장)	청초생	민당	단성사	
	6.27	당명황(唐明皇)과 양귀비(3막 5장)	청초생	민당	수도극장	
	8.27	머리없는 신랑	청초생	민당	국도극장	
	9.11	양귀비			중앙극장	
	9.11	숙영낭자전			중앙극장	
	9.26	탄식하는 백화(4막 9장)	청초생	민당	국도극장	
	10.30	쌍옥루	청초생	조건	국제극장	
	11.23	아리랑 처녀	청초생	민당	중앙극장	
	12.25	추야장탄(秋夜長嘆)(4막 5장)	청초생	민당	국도극장	
자유극장	2.3	낙화암(3막 4장)	주영순	주영순	국도극장	
	5.18	사랑하는 사람들	주영순	주영순	제일극장	
	9.6	잊지 못할 사람들(전7장)	주영순	주영순	제일극장	
	9.6	미풍(1막)	주영순	주영순	제일극장	
	10.22~28	유랑삼천리	임선규	박춘명	제일극장	
	12.27	위대한 어머니	박원경	주영순	동양극장	
극예술협회	5.9	자명고(전5막)	유치진	유치진	국도극장	창립공연
	6.18	마의태자(전5막)	유치진	이화삼	국제극장	
	7.22	마의태자(전5막)	유치진	이화삼	제일극장	
	7.29	왕자호동과 목단공주(전5막)	유치진	유치진	동양극장	
	8.11	은하수(3막)	유치진	유치진	수도극장	
	9.21~24	목격자(3막 5장)	멕스웰 엔 더슨 작 장기제 역	유치진	국제극장	
독립극장	1.22	울리고 갈길(4막)	남혜성	남혜성	도화극장	
	9.27	암굴왕(원명, 몬테크리스트백작)	알렉산더 뒤마 작	홍개화	제일극장	창립2주년 기념
중앙무대	1.25	흘러간 시절	강춘수	강춘수	제일극장	
	11.6~10	망향의 노래			장안극장	
문화극장	1.21	황야(3막 5장)	김영수	박춘명	국제극장	

한국의 공연예술사는 다시 써야 한다

	2.17	사랑의 십자로(4막)	임선규	박춘명	단성사	
	4.10	처녀탑(4막 6장)	남혜성	박춘명	단성사	
민중극장	1.28	원야(原野)(일명 탈주범)(4막)	조우 작 김광주 역	안영일	수도극장	창립공연
시민극장	2.18	눈날리는 고향길(4막)	김용호	안영일	제일극장	
	3.8	수일과 순애(4막 6장)	김용호	박상진	단성사	
	4.16	슬픈 어머니(4막 6장)	김용호	김용호	제일극장	
	5.1~7	흥부와 놀부	김용호 각색	남민	단성사	
	6.5	피흘린 만리장성(4막 7장)	김용호	남민	수도극장	
	8.21	홍도야 왜 우느냐(7막 5장)	남민 각색		단성사	
	11.5	주막집 딸	김용호	김용호	제일극장	
연극동맹	2.26	태백산맥(5막 6장)	함세덕	이서향	국도극장	
	3.5~11	위대한 사랑(5막)	조영출	안영일	국도극장	제2회 3.1연극제
극예술단극장	2.25	조국(2막)	유치진	유치진	국제극장	
국도좌	3.3	첫사랑(4막 6장)	청초생	민당	동양극장	창립공연
	3.8~10	장화홍련전	청초생 각색	민당	동양극장	황금좌 합동공연
	3.21	숙영낭자전(5막 8장)	청초생	민당	단성사	"
	4.8	며느리의 죽음(3막 4장)	청초생	민당	동양극장	
	5.24	시들은 꽃송이(전4막)	청초생	민당	동양극장	
무대예술연구회	3.24	큰집(3막)	허집	허집		
	7.5~7	큰집(3막)	허집	허집	국도극장	창립1주년 기념공연
	10.29	날개없는 천사(3막)	시드니킹 스라 작		제일극장	
호화선	4.22	사랑을 팔아 사랑을 산 여자	조향남	이서구	동양극장	
	6.22	정열의 대지(3막 5장)	임선규	오영	동양극장	
	9.17	전원비곡(일명 백진주)	한노단	한노단	동양극장	
애국문화회	2.16	정의와 사랑(3막)	홍현동	허남실	국제극장	
극단청년 예술극장	3.14	청춘항의(青春抗議)(3막 5장)	이재영	박춘명	단성사	
혁명극장	4.2	정조성(貞操城)(3막 6장)	임선규	박춘명	동양극장	
고향	4.3	화려한 죽엄(4막 6장)	임선규	박춘명	국제극장	창립공연
연극시장	12.12	피흘린 처녀(4막 5장)	청초생	민당	단성사	창립공연
	12.22	결혼식날 쫓겨난 신랑	조건	민당	중앙극장	
창조극장	4월하순	진동(4막)	황야우	민당		창립공연
청년예술극장	5.25	피리부는 처녀(3막 4장)	이재영	박춘명	제일극장	
예술극장	6.5	의기논개(義妓論介)(4막 7장)	조영출	안영일	동양극장	
	6.16	녹두장군(2막)	박노아	안영일	제일극장	
	6.16	미스터 방(方)(1막)		안영일	제일극장	
전진무대	6.17	사랑의 기념탑			성남극장	

극단명	공연일	작품	작자	연출자	공연장소	비고
신협	6.23	태양이 온다		이경환	제일극장	창립공연
삼문극장	7.16	시집가는 날(3막 4장)	오영진	안종화	단성사	
학연극회	9.1	어데로(4막 6장)	유상열	유상열	제일극장	
조국	8.27	안해(2막 3장)	문원	문원	제일극장	
신인무대	9.8	젊은 태양(3막 5장)	이현민	김희동	성남극장	
극우회	9.28~30	며느리 죽인 시부모(4막 7장)	청초생	민당	동양극장	
신지극사	10.17~21	태양이 그리워(일명 월출)(4막)	조우 작 김광주 역	이진순	국도극장	
	12.11	언덕에 꽃은 피고(3막)	이진순	이진순	수도극장	
신청년	10.31	오남매(3막 4장)	김영수	박진	중앙극장	창립공연
	11.19	사랑의 가족	김영수	박진	단성사	
향토	11.11	조국(1막)			제일극장	
	11.11	이땅의 젊은이들(2막 4장)			제일극장	
중앙무대	12.17	마카오호(號)(3막 5장)		박노초	제일극장	창립공연
성균관대연극부	7.2~4	아름다운 청춘(4막)	김인식	안영일	중앙극장	
연대연극부	6.2~4	지평선 저 넘어	유진오닐작	윤준섭	국제극장	
제1회 종합예술제	1.8	하반(夏般)		이서향 안영일	중앙극장	

1948년

극단명	공연일	작품	작자	연출자	공연장소	비고
자유극장	1.7	사랑하는 사람들	주영순	주영순	서울극장	
	1.26	마음의 등불(4막 7장)	박원경	주영순	제일극장	
	2.24~29	예술가의 아내(3막 6장)	주영순	송민우	동도극장	
청춘극장	1.1	소년대통령(3막 5장)	김춘광	김춘광	국도극장	
	1.21	왕자탄생(5막 7장)	김춘광	김춘광	국도극장	
	1.24	사명당	김춘광	김춘광	국도극장	
	2.10	주마등(4막 5장)	박민 작 김춘광 각색		수도극장	
	2.24	사명당(4막 6장)	김춘광	김춘광	국도극장	
	3.2~3	안중근사기(전편)	김춘광	김춘광	국도극장	
	3.3~4	안중근사기(후편)	김춘광	김춘광	국도극장	
	3.26	왕자님	김춘광	김춘광	단 성 사	
	5.3	아라리(4막)	김춘광	김춘광	국도극장	
	6.11	임그려(4막 5장)	김춘광	김춘광	조선극장	
	8.4~6	괴도일지매(4막 6장)	조건	김춘광	국도극장	
	8.31	운현궁의 봄	김춘광		시 공 관	
	12.6	아! 청춘(4막 6장)	장정희 작 김춘광 윤색	김춘광	시 공 관	
	12.31	사랑을 위한 진리(3막 4장)	조건	김춘광	국도극장	
	1.27	홍길동(4막 5장)	이광래	민당	국도극장	

한국의 공연예술사는 다시 써야 한다

	2.3~5	쌍옥루(4막 7장)	청초생	조건	동양극장
	2.7~9	아리랑 처녀(4막 6장)	조건	민당	동양극장
	2.17	철로에 지는 장미화(4막 7장)		민당	중앙극장
	9.10	돈이 죄냐 청춘이 죄냐(4막 5장)	김용호 각색	민당	단 성 사
신청년	1.4~6	혈맥(3막 4장)	김영수	박진	동도극장
	1.23~29	사랑		박진	중앙극장
	1.23	애지기(愛志記)(4막)	김희소	김희소	동도극장
	2.23~29	사랑(3막)		박진	중앙극장
	5.13	여사장	김영수	안종화	중앙극장

이 자료에 의하면 1945년 8월 15일부터 그해 연말까지 공연된 10편의 연극 가운데 독립이나 민족수난사를 소재로 한 작품은 단 세 편일 뿐 나머지 일곱 편은 이미 일제 때 공연된 번역극과 신파극이었다는 사실로 미루어봐서도 당시의 연극인의 의식구조는 아직도 낮은 수준이었음을 짐작할 수가 있다.

그리고 다음 해 1946년 한 해 동안에 공연된 작품 수는 약 30편(기록상은 28편)이며 앞서 언급했던 제1회 3.1연극제에 참가한 다섯 편 이외의 작품 내용도 〈안중근의사〉, 〈단종애사〉 등 역사극을 제외하고는 모두가 지난날 일제시대에 동양극장이나 극단 황금좌에서 상연되었던 신파극의 재상연이 주종을 이루고 있다. 만약에 당시의 연극인이 유민영 교수의 지적대로 마르크스 레닌 사상을 선전하거나 프롤레타리아 연극을 재건하기 위한 소셜리얼리즘을 신봉했었다면 그들의 작품 선택이 이 지경으로 뒷걸음질 칠 수는 없었으리라. 그뿐만 아니라 다음 해 1947년으로 접어들자 좌우 연극진영은 보다 적극적인 공세를 취했다. 특히 우익 연극진영은 한국무대예술원을 창당하고 우익정당이나 미군정청의 후원을 받음으로써 완강하게 반격 태세를 갖추었다.

특히, 다음 해 1948년에 실시될 5.10 총선거를 앞두고 양 진영은 필사적인 대립과 폭력행위까지도 불사한 극한 상황으로 몰고 갔다. 이 시기야말로 좌우익 극계는 극도의 긴장과 최악의 경지로 돌입했다고 해도 과언이 아니다. 따라서 연극동맹이 1947년 제2회 3.1연극제를 감행하자 한국무대예술원은 1948년 6월 문교부가 주최하고 무대예술원이 주관하는 전국연극경연대회로 맞불을 놓았다. 그것은 연극동맹의 거센 힘에 대응하려는 우익진영의 전투적인 의지였음은 물론이다. 이 경연대회에 참가한 극단과 작품은 다음과 같다.

동방예술단   〈백일홍 피는 마을〉
호동   〈포강(浦江)〉
극협   〈검둥이는 서러워〉
청춘극장   〈백제성〉
신청년   〈혈맥〉
백조   〈흘러가는 인생선〉
태평양악극단   〈꿈꾸는 처녀〉
새별극장   〈태극기 밑에서〉
예문사가극부   〈금단의 화원〉

이상의 공연 작품에서 쉽게 감지할 수 있는 점은 한국무대예술원의 구성원이 순수연극단체뿐만이 아니라 악극단까지 포함시켰다는 점이며 따라서 작품 경향도 연극동맹 산하 극단의 일제에 항거하거나 투쟁성이 아닌 일반 관객에게 연합함으로써 친근감을 주려는 데 주안점을 두었음을 쉽게 알 수가 있다. 따라서 대중성을 강조하며 관객을 끌려는 저의가 있었을 뿐 어떤 문제의식이나 연극예술의 전도를 내다보는 의욕적인 흔적은 찾아볼 수가 없다. 그러나 그해 수상작인 김영수 작 박진 연출의 〈혈맥〉이나 박재행(朴齋行), 김복자(金福子) 같은 우수한 배우들의 연기는 돋보이는 수확이었다.

한편 연극동맹이 결행한 제2회 3.1연극제는 산하 7개 극단의 합동공연으로 이루어졌다. 즉 낙랑극회, 자유극장, 초명극장, 무대예술연구회는 〈태백산맥〉을, 문화극장, 민중극장, 예술극장은 〈위대한 사랑〉을 각각 분담함으로써 공전의 성황을 이루었다. 〈태백산맥〉은 함세덕 작 이서향 연출로, 그리고 〈위대한 사랑〉은 조영출 작 안영일 연출로 연극동맹이 사활을 걸고 최후의 결집력을 발휘했다. 그러므로 우리의 상식으로는 이 두 작품이야말로 "가장 정치적이며 공산주의를 찬양 고취시키며 사회주의 리얼리즘을 최대한으로 발휘한 작품"으로 상상할 것이다. 그러나 사실은 그게 아니었다. 〈태백산맥〉은 일제 치하의 독립군의 대일본제국주의에 대한 항쟁을 그렸고, 〈위대한 사랑〉은 동학 농민항쟁을 배경으로 하는 두 남녀의 사랑을 핵심으로 한 감상적인 애정극이라는 점이다.

물론 작가나 연출자는 그 작품의 밑바닥에다 더러는 계급의식이나 항쟁의식을 깔아 민중들을 선동하려는 의도가 분명히 있었겠지만 연극 자체는 회고 취미에 감상주의적인 감성이 농후하였다. 말하자면 그것이 오히려 경직된 상황 속에서 모인 관객들에게 보다 효과적인 충동적이기를 꾀하였으리라. 그리하여 연극사상 보기 드물게 많은 관객을 동원시켰던 것도 사실이다. 일설에는 그 수가 10만 명이라는 기록도 있으나 필자도 당시 을지로 4가에 위치했던 국도극장에서 직접 관극을 했었지만 그 신빙성은 희박하다. 실지 객석수로 봐서 그것은 사실보다 과장된 표현이었다.

그리고 문제는 연극의 내용이다. 희곡 〈위대한 사랑〉의 대본을 간직하고 있는 나로서는 그 연극의 내용을 누구보다 분명하게 말할 수가 있다. 따라서 해방공간 5년 동안의 연극에 대한 유민영 교수의 견해는 재검토가 불가피하다고 말할 수밖에 없다. 유 교수는 전술한 논문의 말미 부분에서

5년여 동안의 연극은 좌우익의 극한적 대립 속에서 그야말로 카오스의 이념극 시대였다. 47년까지 전반기 2년 동안이 좌익극이 판치던 프로

극의 일변도 시대였다면 47년부터 50년 초까지는 프로극의 상처를 씻으면서 민족극의 기틀을 다시 잡는 우익 민족계몽극의 시대였다. 좌익연극인들이 기선을 잡고 프로연극동맹을 중심으로 남로당의 지령하에 조직적인 이데올로기 선전극을 한 데 반해 우익민족 연극인은 '극예술협회'와 '한국무대예술원'이라는 조직체를 갖고 좌익에 대처하면서 파괴된 연극 기반을 정비함은 물론 연극보다 로드운동을 통해 공산주의 비판과 민중극의 계도에 앞장섰던 것이다.

(중략)

그리고 10여 개의 좌익극단들이 공연한 작품들도 대부분 '소시얼리어리즘'에 입각하여 마르크스 레닌의 혁명사상을 밑에 깔고 억지로 급조한 이데올로기 극이었다.

(중략)

설익고 도식적인 프로이념에 따른 낡은 사회주의 리얼리즘 작품만을 공연했다.

라고 못을 박았다.

이와 같은 개념 규정은 하나의 전설인 듯 지난 반세기 동안 고정관념화되었고 후학들 역시 그것을 그대로 맹신하는 상태에서 한국연극사는 커다란 공동을 그대로 방치해 나온 셈이다. 정당한 논거나 물적 증거도 없는 주장은 위험하다. 1947년까지의 2년 동안의 연극이 프로연극 일변도인지 아닌지는 별첨 자료로 바로 알 수가 있다.

그리고 또 한 가지 짚고 넘어가야 할 문제가 있으니 과연 해방공간기인 1945년부터 6.25까지의 5년 동안의 우리 연극이 침체되고 저질적이고 그래서 희망이라고는 찾아볼 수 없었던 공백기였던가라는 점이다. 대부분의 연극학자들, 특히 최근에 외국에서 연구하고 돌아온 젊은 학자나 평론가들의 글을 읽다 보면 이 시기는 아예 연극의 불모지이거나 일고의

한국의 공연예술사는 다시 써야 한다

가치도 없는 시기라서 처음부터 언급조차 하지 않은 글을 종종 읽게 된다. 그리고 극단, 연극인, 공연작품, 뒷스태프에 대해서는 단 한마디도 언급하지 않음을 나는 알고 있다. 5년이라는 세월 속에 그 연극적인 가치관이나 예술성과는 별도로 사실은 사실대로 추구하고 기록하는 게 학구적인 태도가 아니겠는가.

어떤 사람은 자료가 산실되었기 때문이라고 변명을 하는가 하면 이미 선배들이 그렇게 기술하였기 때문에 그것을 기정사실로 볼 수밖에 없다는 구실을 대기도 한다. 일리가 없는 것도 아니다. 그러나 자기 스스로 그 불모의 땅을 뒤집고 뛰어들려는 용기가 없는 한 그것은 옹색한 변명에 불과하다. 외국의 연극 지식은 알아도 조국의 연극에는 무관심한 신예학자의 글이 난무하고 있다.

그러나 이 시기의 연극은 결코 죽은 건 아니었다. 1948년 5.10 총선거를 치르고 나서 대한민국 정부가 수립되면서부터 연극계는 또다시 소생하는 뜨거운 입김과 몸부림이 일기 시작했다. 한때 좌절과 절망의 시기가 없었던 건 아니지만 재 속에서 다시 불씨가 되살아났음에도 불구하고 그 사실들을 묵살하거나 무관심 속으로 몰아넣어버린 젊은이들의 오만과 독선은 우리 연극계뿐만 아니라 타 예술계를 위해서도 통탄을 금치 못할 일이다.

바꾸어 말해서 1948년 좌익 연극인이 대부분 월북하거나 지하로 잠적해버리자 극단도 줄고 극장도 더러는 문을 닫기도 했다. 그러나 그 회오리바람이 지나가자 어디서부터인가 연극을 살리려는 소리가 들려왔고 흩어진 사람들이 하나둘 결집하기 시작했다. 유치진, 이해랑, 김동원, 윤영일, 박상익 등이 극협 팀워크에 시동을 걸었다. 그리고 그 뒤에서 밀고 부추기는 힘이 있었으니 미국문화원이 바로 그것이다. 한국이 독립국가로 태어나면서 우방국가인 우리와 미국은 끊을 수 없는 혈맹 관계가 되었다는 인식은 그 누구도 부인 못 할 것이다. 따라서 미 국무성 측도 그런 인식에서 문화사절과 친선외교를 통한 교류라는 차원에서 우리 연극을 돕게 되었다. 재정적인 후원을 자청하고 나섰다. 물론 의상 소품에 이르기까지 원조를 아끼지 않았다. 작품은 시드니 킹즐리 작, 유치진 연출 〈목격자〉, 아서 로렌츠 작 〈용사의 집〉 그리고 맥스웰 앤더슨 작, 허집 연출 〈높은 암산〉의 세 편이 선보였다. 여기에 참가한 배우와 스태프는 극협이 중심이 되었고 재정은 미 국무성이 전담했다.

공연은 지금까지 볼 수 없던 본격적인 번역극의 진미를 우리에게 안겨준 일로 높게 평가받았다. 특히 〈높은 암산〉에서 발휘했던 허집의 연출 역량과 희극 배우로서의 진수를 발휘한 박상익의 연기는 해방공간뿐만 아니라 그 이후의 우리 연극계에서는 희극(喜劇)으로서는 길이 기억할 만한 수작이었다.

이것은 지금까지의 우리 연극이 대부분 영세한 제작비 때문에 임시방편의 극단 운영과 인건비 지출이 인색해 언제나 가난한 무대밖에 못 만들었다는 반증이기도 하다. 미 국무성에서 풍부한 지원금을 받았기에 의상 장치는 물론 연기자들에게도 응분의 사례금이 지불됨으로써 오랜만에 풍요로운 연극의 진미를 만끽할 수 있었던 것도 하나의 추억으로 남는다.

특히 〈높은 암산〉에서는 무대 위에 키 높은 크레인까지 설치되어 관객을 놀라게 한 것도 처음 있는 감동이었다.

그런가 하면 1948년 가을 여류연출가 박노경을 중심으로 부군이자 영문학 교수인 오화섭(필명은 吳說)을 중심으로 황경운, 조갑주, 이병복(예명 문설이) 등 이화대학 출신들로 조직된 여인소극장의 출현은 하나의 신선한 충격이었다. 무대는 아직도 생경하고 아마추어의 경지였지만 외국의 현대작품을 새로 번역하여 우리에게 소개한 공은 크다 하겠다. 주더만 작 〈고향〉, 헨리크 입센 작 〈인형의 집〉, 헬먼 작 〈라인강의 감시〉, 조우 작 〈매미 껍질을 벗다〉(일명 〈내일의 세계〉), 카우 듀소 작

〈깊은 뿌리〉, 셰익스피어 작 〈오셀로〉 등 한국 초연의 번역극을 지속적으로 소개했으니 그 연극적인 성과보다도 새로운 번역극을 소개한 공은 값진 것이었다. 그것은 지금까지의 번역극이 주로 일본의 쓰키지(築地, 소극장)에서 공연되었던 작품에 의존한 데서 벗어나려는 의지였기 때문이다.

그리고 1949년 가을 한국연극학회가 주최했던 제1회 전국 남녀대학 극경연대회를 통하여 먼 훗날 이 땅의 연극영화계의 일꾼이 될 최무룡, 박현숙, 김기수, 최창봉, 차범석, 신태민, 주동운 등이 배출되었던 사실도 바로 해방공간기에 있었던 하나의 수확으로 꼽을 만하다.

그러나 무엇보다도 중앙국립극장의 창설은 가장 특기할 만한 수확이자 감동이었다. 국립극장 설치 문제는 이미 1945년 해방 직후부터 예술계에서 논의되었던 숙원이었다. 그러므로 서항석이 중심이 되어 국립극장 설치준비위원회를 결성하여 활발하게 진행 중 미군정청 측의 소극적인 대응으로 일시 중단된 상태였다. 그러나 대한민국 정부 수립을 계기로 미군정(軍政)이 종식되자 이듬해인 1948년 10월 18일 대통령령제로 국립극장 설치안이 공표되면서 다음 달 29일에는 초대 극장장에 지금까지 일해 나온 서항석이 아닌 유치진으로 결정이 났다. 이로 인해 한국연극계는 또 다른 하나의 풍파가 일어났다.

사실 해방 직후 유치진은 일제가 권장한 국민연극운동에 적극 협력했다는 과거사 때문에 속죄와 자중으로 1년 가까이 바깥출입도 삼가왔다. 그러나 1947년 극예술협회를 창단하면서 다시 연극계 활동을 재기했을 뿐만 아니라 당시의 우익연극진영의 주도권을 쥐고 있었다. 따라서 5.10 총선거 때 좌익연극과 전면적인 공방전에 나선 유치진은 정치계에서도 우익진영과 친분이 생겼고 미 국무성 측이나 정부 측과도 친분이 두터워졌던 배경이 서항석보다는 유리하여 결국은 초대 극장장 자리에 앉게 되었으리라는 추측은 당연하다.

그러나 그 사건으로 고배를 마신 서항석의 처지는 매우 심각하고도 미묘했다. 일제시대부터 같은 연극동지이자 선후배 관계인 두 사람의 우정은 깨지고 결국은 연극계 전체의 화합에까지 금이 가게 되었다. 그러나 1950년 6.25가 발발하자 아쉽게도 국립극장도 서울을 버리고 피난을 떠났고 이 와중에서 유치진은 사표를 냈다. 따라서 국립극장은 대구로 옮겨지고 제2대 극장장에 서항석이 임명되면서부터 두 사람 사이의 냉각과 대립은 심화되고 분파와 알력은 집요하게 이어졌다. 유치진의 직계인 이해랑과 서항석을 추종하던 이진순 두 사람의 관계 역시 대물림하듯 이어졌으니 어찌 보면 해방공간의 연극계에 커다란 공동(空洞)을 남긴 것은 연극이 아닌 인화(人和)의 상실이 그 원인이었다 해도 과언은 아닐 것이다.

6

해방공간의 우리 연극사는 한마디로 정치적 이념보다 인간관계의 불화가 가져온 어둡고 우울한 유산이 더 많았다고 말할 수가 있다. 연극의 예술적인 이념이나 창조작업에서 오는 갈등보다는 사람과 사람 사이의 사적인 애증(愛憎)과 갈등이 더 컸기 때문에 그 역사를 서술한 평론가나 학자들도 그 어느 쪽의 눈치를 볼 수밖에 없었다. 그것은 비굴이나 아첨이 아니라 그만큼 몸을 사려야 하는 동양적인 사려라고 볼 수도 있었을 것이다.

수많은 연극인과 극단과 그 공연활동은 그 당시에 발간된 신문이나 잡지 등에 남아 있어 근자에 와서 그것을 발굴하는 데 심혈을 기울이는 소장파 학자도 없지 않다. 그러나 아직도 크게 구멍이 뚫린 채 공백으로 남은 해방공간 5년의 연극사는 아직도 제대로 채워지지 않고 있다. 뿐만 아니라 근거도 없는 억측이나 연로한 선배 몇 사람의 무책임한 회고담을

한국의 공연예술사는 다시 써야 한다

정설로 믿거나 과대평가한 끝에 써낸 글이 그대로 검증도 없이 통용되고 있다.

이와 같은 현실은 연극뿐이 아니라 무용계에도 마찬가지 일들이 벌어지고 있다. 예컨대 1935년 동양극장을 창설한 배후에는 무용가 배구자의 힘이 컸던 걸로 알려져 있다. 그러나 배구자는 본격적인 무용예술가가 아닌 일본의 마술곡예단 쇼교쿠사이 덴카쓰(松旭齋 天勝)의 일개 무희(舞姬)에 불과했다. 그 춤은 이른바 레뷰라 불리는 오락적이며 상업적인 저속한 춤이었다. 그녀가 13세 소녀로 덴카쓰 단원이 된 사연은 아직 확실하지 않다. 어떻든 그녀는 2년 동안 적을 두었을 뿐 그 예술적인 발자취는 불확실하다.

그런데도 무용학 교수 송수남의 「한국무용사」에는 "우리나라 최초의 직업 무용가였고 무용을 격조 높은 신무용문화로 인식시킨 선구자적 역할을 한 사람"으로 못을 박고 있다. 그런가 하면 근자에 와서는 젊은 무용 평론가인 장광열 씨는 무용 전문지의 기고에서 배구자를 가리켜 최승희와 대등한 서열에 두고 "한국현대무용의 선구자"라며 그 예술성의 재평가를 주장한 바 있다.

그러나 사실은 다르다. 공교롭게도 올해는 최승희 탄생 90주년이고 배구자 탄생 100주년이다. 최승희가 동경에 건너가 이시이 바쿠(石井漠) 문하생으로 현대무용을 배우다가 처음 발표를 동경에서 가진 게 1934년인 데 비해 배구자가 마술단에서 나와 서울에서 첫 발표회를 가진 게 1929년 7월이다. 현대무용이라는 용어 자체가 일본에서 씌어진 것은 이시이 바쿠를 시조로 삼는 데서 비롯된다. 그리고 레뷰와 현대무용의 세계는 본질적으로 다른 장르이다. 그리고 시기적으로나 예술적으로 두 사람의 모든 것은 차별화해야 하는데도 배구자의 위상을 최승희와 같이 높게 보는 뜻은 무엇일까.

공교롭게도 올해 백 살인 배구자는 지난봄 미국에서 신문기자와의 대담을 통하여 놀라운 사실을 털어놓았다. 자기 자신은 일본 메이지(明治) 천황의 11번째 상궁 사이에서 태어난 황녀(皇女)라고 밝히면서도 동양 극장 사주 홍순언(洪淳彦)과의 관계도, 덴카쓰(天勝) 단원이었던 경력에 대해서도 일언반구 언급을 피하며 일본 사람임을 자처하며 영어와 일어만을 사용하는 그런 여자에 동정을 쏟는 까닭은 무엇인가.

이와 같은 작은 사실은 우리의 무용사가 얼마나 허술하고 불확실한가를 뒷받침하고 있는 한 예시다. 2년 동안의 무용 습득, 그것도 예술무용이 아닌 쇼 무대에서나 하는 레뷰를 배웠다는 사실은 최근 무용평론가 김영희 교수의 논문(「몸」지(誌) 게재 중) 가운데도 분명하게 밝혀진 바 있다.

그것뿐이 아니다. 해방 직후 5년 동안 이 땅에는 수많은 무용가가 있었고 죽어갔다. 그러나 현재 살고 있는 사람들, 특히 평론가들의 글에서는 그 흔적을 찾아볼 수가 없다. 오직 지금 무대에 선 사람만이 논의의 대상일 뿐 과거는 모두가 공백으로 남아 있을 뿐이다. 가치가 없어서인지 무지해서인지 모르겠다.

모든 역사론은 근거가 있어야 한다. 단순한 억측이나 추리만으로는 신빙성이 없을 뿐만 아니라 혼란까지 가져온다는 사실을 알고 있다면 공연예술의 역사 기술은 마땅히 그 사실에 입각한 주장이든 반론이라야 한다.

필자가 한국연극사에 관해서 얘기하면서 엉뚱하게 무용계까지 언급한 까닭은 분명하다. 연극이나 무용은 시간예술이다. 그 장면은 막이 내림과 함께 즉시 사라지고 환영만이 우리 가슴과 머리에 남는다. 실체는 사라지고 상상만이 남는다. 그러므로 그 기록은 어렵다. 물론 지금은 비디오를 통한 보관, 재현이 가능하지만 옛날에는 그렇지가 못했다. 그러므로 반세기 동안 그렇게 방치 상태에 놓여 있던 공연예술사의 부분적인 수정이나 보완은 빠를수록 이롭고 값지다는 믿음에는 조금도 물러설 수가 없다.

50년 동안 연극이 변했다면 무엇이며, 안 변했다면 또 무엇이 문제였던가. 나는 내가 살아 나온 연극인생 50년 동안의 생생한 추억과 체험의 부스러기를 다시 머리에 떠올리며 이 글을 정리해보았다.

5년 동안의 해방공간은 우리에게 있어서 아무짝에도 쓸모없는 공백기였던가. 아니면 버리고 떠날 휴지조각 같은 시간이었던가. 나는 아니라고 분명히 얘기하고 싶어서 이 잃어버린 역사를 다시 들추었을 뿐이다. 그것은 사사로운 주관을 떠나서 순수한 객관적인 안목과 판단으로 사실을 사실대로 밝히지 않는다면 우리 뒤를 따라오는 후배들은 영원히 눈이 먼 상태에서 잘못 인도하는 흰 지팡이에 의존하게 될 공산이 크기 때문이다. 그것이 이 땅의 공연예술의 맥을 이어가는 길이자 자신의 위상을 확인하는 길이다. 뿌리가 없는 꽃이 어디 있으며 어제를 모르는 오늘이 얼마나 허구인가 말이다.

해방공간 5년 동안의 연극은 결코 부정적으로만 볼 성질의 것이 아니다. 질과 양으로 따지자면 선진국의 그것에 비해서는 하찮은 일일지도 모른다. 그러나 우리보다 앞서 살았던 그 사람들의 갈구와 열정과 꿈은 나름대로 소중했을 게고 그들이 우리에게 남긴 역사적인 교훈은 그것대로 그 무엇과도 바꿀 수 없는 소중함이 거기 있기 때문이다.

예술이 정치세력을 업어서는 안 된다는 그 초보적인 교훈을 과연 우리는 과거 50년 동안 지켜왔던가 물어보고 싶다. 우리가 살아 나온 한 세기 동안 우리는 무엇을 얻었던가 냉철하게 되돌아봐야 한다. 말로는 저마다 순수와 자율과 권위를 외쳐대면서 사실은 그 어떤 힘을 등에 업거나 그것에 아첨하면서 살아 나온 부끄러운 과거가 아니던가. 일제 36년, 분단시대의 냉전과 군사독재 통치하에서 언제 우리가 우리의 목소리로 노래하고 우리의 몸짓으로 춤을 추었던가 생각해볼 일이다. 그것은 에누리 없는 종살이자 악어새의 생리를 닮았다고 해도 할 말이 없다.

좌익은 좌익대로 우익은 우익대로, 자기 패거리로 편짜기와 살아남기 위해서는 언제나 정치와 권력을 등에 업어야 했던 슬픈 역사는 21세기가 막이 오른 지금도 이 땅에 그대로 숨쉬고 있다. 정치뿐만이 아니다. 우리 쪽이 접수해야지 그러지 않으면 언제 또 먹힐지 모른다는 강박관념이 지금 이 땅의 예술계 일각에 아직도 끈질기게 꿈틀거리고 있다. 그래서 정치세력이나 관의 힘을 빌리려는 작태를 그대로 답습하고 있다. 그래서 그 사람들에게 유리한 역사를 쓸 사람이 또 나올 것이다. 예술은 어디까지나 예술가에 맡겨야 한다. 예술이라는 미명 아래 파벌을 조성하거나 지원금이나 따내기에 급급하는 그들은 아직도 어두웠던 시절의 악몽에서 못 깨어나고 있다. 그리고 예술단체의 장(長) 자리가 곧 정치계로 입문하는 첩경으로 착각하는 몰지각한 사람도 있다. 하나가 되고 화합을 해야 한다면서도 지금 우리는 어쩌면 뒷걸음치고 있는 꼴이다. 그것은 곧 역사의식에 둔하거나, 모르거나, 알려고 하지 않는 무지에서 비롯되는 병폐일진대 우리는 다시 한 번 우리들의 정확한 역사를 되돌아봐야 한다. 그리고 과거 속에서 현재를 비추어보고 미래를 설계하는 겸손과 슬기를 배워야 한다. 그것이 역사의식에 눈뜨는 지름길인진대 저속한 상업주의와 한탕주의 그리고 얄팍한 저널리즘과 결탁하여 소영웅주의에 이성을 잃어가는 작태에서 과연 민족예술이 무엇인가를 되묻게 된다.

잃어버린 역사를 찾아 나서려는 나의 작은 시도는 다름 아닌 솔직성과 정직성을 되찾자는 심정에서이다. 그것은 곧 객관성의 회복이라고 해도 무방할 것이다. 과장된 표현과 선전술로 사람을 혹하게 하는 시끄러운 연극이 있는가 하면, 봄비처럼 촉촉이 젖어드는 연극도 있고 불길 같은 연극이 있는가 하면 소슬바람 같은 연극도 있어서 다양성과 개성이 난만한 연극계가 되어야 한다. 그리고 그 속에서 우리의 정체성을 확인하는 차별성이 있어야 하겠다는 뜻에서 나는 이 졸문을 썼을 뿐이다.

한국의 공연예술사는 다시 써야 한다

제2부

연극계의 인맥

한국연극계의 인맥(1)

극예술협회(1)

1

  사람이 모여 사는 세계에 인맥(人脈)이 있다는 것은 어느 의미로 보아서는 매우 자연스러운 현상이라고 볼 수가 있다. 스승과 제자, 선배와 후배 그리고 혈연과 지연에 따라 알게 모르게 그 맥을 이어나간다는 것은 결코 봉건적이거나 전근대적인 것도 아닌 소박한 인정의 나눔이자 공동체 의식이라 해도 과언은 아닐 것이다. 아니 그러한 인맥이 있음으로 해서 한 사회는 지탱을 해 나왔으며 정상적인 인맥의 계승이 어쩌면 건전한 사회를 이루어나가는 원동력일 수도 있다. 정치, 경제, 학술, 예술 등 사회 각층에서 건전한 인맥은 곧 건전한 발전 계승을 의미했던 사실을 우리는 알고 있기 때문이다.

  그런데 예술계에서는 그 인맥이 대체로 두 가지 양상으로 나타나고 있음을 확인할 수가 있다. 즉 그 하나는 도제제도(徒弟制度)에 의한 맥의 계승이요, 다른 하나는 이해관계로 인한 집단화가 바로 그것이다. 우리나라 예술계의 경우를 볼 것 같으면 음악이나 미술, 그리고 무용 등은 대체로 전자에 속하는 데 반하여 문학, 영화, 그리고 연극은 후자에 속하는 경향이 짙게 깔려 있다. 물론 이와 같은 판단은 어떤 과학적인 통계에 의해서 판명된 것은 아니다. 경우에 따라서는 그 상황이 정반대로 뒤바뀌는 적도 있었고 그 어느 쪽에도 속하지 않은 예도 없지가 않다. 그러나 해방 후, 예술계 각 분야에서 알게 모르게 일어났던 분규나, 크고 작은 사건이나 분규를 놓고 볼 때 우연치 않게도 그러한 유별(類別)을 발견하게 된다. 국전(國展) 심사, 음악콩쿠르 및 교육계의 출신교별 세력 분포, 그리고 문학단체의 선거 열풍, 영화계의 내분과 대립 등은 그러한 실태를 단적으로 나타내주고 있다. 그런 관점에서 본다면 연극계는 비교적 무풍지대로 보였고 사실상 세상을 깜짝 놀라게 한 충격적인 사건이 없었던 것도 사실이다. 그런 현상을 어떤 사람은 말하기를 "연극은 가난한 사람들이 모여 사는 곳이라 누가 더 먹고 덜 먹을 거리가 없기 때문이다"라고도 한다. 쉽게 말해서 이권이 개재되어 있지 않기 때문에 사건이 일어날 수도 없다는 단세포적인 판단일 수도 있다. 그렇다면 연극계는 아무런 파벌이나 인맥이 없는 문자 그대로 무풍지대였을까. 연극계에 충격적인 사건이란 없었으니 매사가 순풍에 돛 단 듯이 그렇게 순조롭기만 했던가.

이러한 질문이나 자기반문을 만났을 때 자신 있게 확답할 사람은 그다지 많지는 않을 것이다. 8.15 광복을 전후해서 신극운동과 신파극과의 대립이나, 좌우익 세력의 갈등을 제외하고는 이렇다 할 돌풍적인 사건이 없었던 연극계에도 알고 보면 그 밑바닥에 인맥은 있었고 그것 때문에 더러는 분란도 있었음을 우리는 알고 있다. 그것이 그늘에 묻혀버렸거나 세인의 이목을 끌어들일 만큼 센세이셔널하지는 못했을지라도 그 인맥 때문에 이 땅의 연극 발전에 지장을 가져오게 했음을 우리는 솔직히 시인하지 않을 수가 없다. 그러나 이와 같은 발상에서 이 글을 쓰게 된 것은 새삼스럽게 지난날 서로의 상처를 건드려보자는 얄팍한 충동주의에서가 아니다. 그것은 오늘을 살아가고 내일을 이어나갈 우리 후배들에게 하나의 개안(開眼)과 경종을 위해 타산(他山)의 돌로 삼기를 바라는 마음에서이다.

우리 연극사를 살펴보자면 멀리 삼국시대까지 거슬러 올라가야 옳다. 그러나 인맥을 놓고 볼 때는 아무래도 신연극이 도입된 1910년대 이후 부터라고 봐야 타당할 것이다.

그러나 1908년 신연극을 표방하고 나왔던 국초(菊初) 이인직(李人稙) 이 원각사(圓覺社)를 건립했고, 임성구(林聖九)가 혁신단(革新團)을 창 단하여 일본의 신파연극을 도입한 1910년대부터 20년대까지만 해도 연 극계에는 진정한 의미로서의 인맥은 형성되지 않았다. 다만 신파극단이 우후죽순 격으로 속출하면서 일본 신파를 모방하거나 각색, 번안 등으로 저마다의 의욕을 불태웠을 뿐 차별성이라고는 찾아볼 수가 없었다. 그 것은 이를테면 일본연극사에서 찾아볼 수 있는 어떤 계보(系譜)나 유파 (流派)에다 기반을 둔 게 아니라 당대로 끝나버린 일년초 같은 삶이었 다. 바꾸어 말하자면 뿌리 없는 생명체였다. 따라서 이 무렵에 활동했던 연극인으로 알려진 이기세(李基世), 윤백남(尹白南), 이상협(李相協), 조일제(趙一濟), 김도산(金陶山), 김소랑(金小浪), 현철(玄哲) 등 몇몇 사람의 극작가나 배우를 제외하고는 하루살이처럼 살다가 가버린 흔적 이 희미하게 남았을 뿐 연극사적으로도 그다지 평가를 받지 못하였고 간신히 인명사전에 그 이름을 남겨놓고 간 사람들이다. 그들의 업적이 하나의 맥으로 이어져서 지금도 그 발자취를 찾아보기란 거의 불가능하 다. 그러나 일본의 경우는 한 연극인의 후계자는 몇 대를 이어나가면서 같은 이름을 계승하는 이른바 세습(世襲)제도이다. 그것은 신파건 가부 키건 매한가지이다. 그러나 우리의 경우는 모두가 당대로 끝나버리거나 중도에서 사라져버려 후세 사람들이 그 뿌리를 찾아볼 수 없는 실정이 다. 부모가 자식에게, 스승이 제자에게, 선배가 후배에게 그 예(藝)와 기(技)를 물려주거나 이어받는 세습제도가 부지불식간에 하나의 예맥을

연극계의 인맥

형성하는 데는 매우 자연스럽고도 바람직스러운 환경이라는 점은 이미 알려진 사실이다. 물론 이와 같은 세습제도는 우리나라 전통예술계에서도 자주 볼 수가 있으니 판소리나 춤은 바로 그 대표적인 경우이다. 그러나 연극계에서는 좀처럼 찾아볼 수가 없다 보니 뚜렷한 인맥이 없다고 보는 시각도 인정해야 옳을 것이다.

그런데도 불구하고 연극계의 일각에서는 눈에 보이지 않게 그런 기미가 보였고 때때로 그런 현상이 표면으로 나타나기도 했다. 그리고 실제로 그것을 몸소 겪었다는 소리도 있다.

대체적으로 연극은 운명적으로 가난을 면치 못한다는 숙명론을 전제로 한다면 인맥의 형성이란 어려운 일이다. 그럼에도 불구하고 오래전부터 알게 모르게 연극계의 인맥이 입에 오르락내리락했고 그런 일로 인해 물의를 일으켰던 사실을 전적으로 부인을 못 하는 것도 사실이다. 더구나 그것이 인화(人和)의 경지를 떠나 조직적이고도 의도적인 모사로 노출됨으로써 이 땅의 연극 발전에 하나의 걸림돌이 되었던 것도 사실이다. 예술적인 철학이나 정치적인 이념의 차이에서 파생되었던 일이라면 그건 오히려 권장할 만한 일일 게다. 그러나 대부분이 사소한 감정이나 명분이나 실리를 가운데 두고 서로 반목하고 대립했던 서글픈 역사는 그다지 유쾌한 얘기도 못 되거니와 아름다운 추억담하고는 더더구나 거리가 멀다. 그렇다면 연극계의 인맥이 언제부터, 누구에 의해서 형성되었던가를 묻지 않을 수가 없다. 나는 나름대로의 견해와 체험에서 우리 현대연극사 가운데 이른바 제1세대에 속하는 서항석(徐恒錫)과 유치진(柳致眞)에서부터 그 실마리를 풀어야 한다고 생각하는 쪽이다. 왜냐면 적어도 연극이 하나의 예술행위임을 자각하고 연극의 사회적 위상을 높이기 위해서 의식적인 연극운동을 일으킨 선구자가 이 두 사람이었기 때문이다. 물론 이 두 사람보다 앞서서 연극을 순수한 예술로 자각한 연극인이 없었던 것은 아니다. 김우진(金祐鎭), 홍해성(洪海星), 조명희

(趙明熙), 윤백남(尹白南) 등도 꼽을 수가 있다. 그러나 그들은 어디까지나 개인 자격으로 연극에 임했고 실질적으로 본격적인 운동을 감당하기에는 역부족이기에 후세 사람들에 대한 기여도가 낮다는 점도 배제 못할 일이다.

3

서항석과 유치진은 1931년 창립된 극예술연구회(劇藝術硏究會)의 창단 동인이자 그 집단을 주도해 나오는 데 누구보다도 열성적으로 헌신해 온 연극동지였다. 서항석은 그 당시 동경제대 독문학부를 마치고 곧바로 동아일보 학예부장으로 근무하고 있어서 말하자면 사회적으로나 자연인으로서는 유치진의 선배 격이자 극예술연구회의 대부 격이었다. 극예술연구회의 창립동인 12인이 모두 외국문학 전공학도로서의 외국의 문학예술에 나름대로의 식견을 지니고 있었다. 1930년 여름 처음으로 극영동우회(劇映同友會)를 조직하고 여름방학을 이용하여 동아일보사 사옥을 빌려 전시회를 갖는 데도 서항석의 힘이 컸으리라는 것은 쉽게 추정할 수 있는 사실이다.

그러나 극단 운영 면과 창작 면에서는 후배인 유치진이 단연 두각을 나타내기 시작했다. 유치진은 통영태생으로 그다지 넉넉지 못했던 가정형편이어서 거의 고학을 하다시피 하며 릿쿄대학(立敎大學) 영문과에 진학을 하게 되었다. 그가 연극을 꿈꾸게 된 것도 그 불우했던 환경 속에서 깨닫게 된 사회의식이나 정치의식이 한때는 허무주의와 회의주의에 심취하게 되었다고 자신의 회고록에서 피력하기도 했다. 그가 로맹 롤랑의 「민중예술론」에 심취했거나 아일랜드의 작가 숀 오케이시의 작품에 감동을 받은 것도 사실 따지고 보면 젊은 날의 암울함과 분노와 어떤 이상주의적인 정열에서 그의 문학과 예술이 싹텄다고 봐도 과언은 아닐

것이다. 거기에 비하여 서항석은 함경도 홍원군 용원면에서 대지주의
아들로 태어나 유복한 환경 속에서 순탄하게 일본의 명문대학까지 마칠
수 있었다는 점에서 두 사람의 삶은 매우 대조적이다.

그런데 두 사람이 극예술연구회에서 만난 이래 1941년 현대극장(現代
劇場)을 창단하여 국민연극 운동을 앞장섰을 때까지 두 사람은 선후배
라기보다는 동지로서 활발한 연극운동을 전개한 바 있었다. 그러나 유
치진은 극작가로서 많은 작품을 써온 까닭으로 일반에게 더 알려진 대신
서항석은 몇 편의 희곡만을 쓴 것뿐으로 그 지명도는 유치진을 따르지
못했었다. 그것은 극작가로서의 재능도 문제이거니와 대인관계나 사회
생활에 있어서의 자세의 차이도 무시 못 할 조건 가운데 하나였다. 유치
진의 적극적이며 정열적인 추진력에 비하여 서항석은 소극적이며 냉철
한 보수주의를 지녔고, 유치진이 사교적이고 행동적인 데 비하여 서항석
은 권위주의적이고 이론적으로 규명해나가는 편이었다. 이와 같은 선천
적으로나 후천적으로 상반된 성격 차이는 어느덧 두 사람 사이에 하나의
라이벌 의식을 유발케 했으며 서항석에게 있어서는 마음 한구석에 하나
의 피해의식 같은 것이 도사리고 있었을지도 모를 일이었다.

그러나 8.15 해방이 되면서 연극계의 반응은 색다르게 나타났다. 즉
유치진이 극작가로서는 뛰어났을지 모르나 과거 현대극장에서 공연했
던 그의 작품인 〈흑룡강(黑龍江)〉, 〈북진대(北進隊)〉, 〈대추나무〉가
지나치게 친일 색채를 띠었다는 점은 씻을 수 없는 오점으로 지적되
었다.

그러므로 유치진은 자신의 과오를 참회하는 뜻에서도 자중할 수밖에
없었다. 그러나 서항석은 지금까지 10여 년 동안 유치진과 함께 연극을
해왔지만 친일행위에 있어서는 그 농도가 희박했으므로 그를 친일연극
인으로 낙인을 찍기보다는 그의 해박한 학식과 체험을 해방된 조국을
위하여 몸바치기를 자타가 인정했을 것이다. 그러기에 1946년 봄 국립

극장운영위원회가 조직되자 초대 국립극장직을 내정하기에 이르렀고 머지 않아 태어날 이 땅의 최초의 국립극장에 쏟을 정열과 희망은 부풀 대로 부풀었다.

그러나 미군정(美軍政) 당국이나 행정부는 국립극장 설치 문제에 대해서 소극적이었다. 특히 국립극장 건물로 쓰기로 되어 있었던 부민관(府民館)을 두고 문교부와 서울시 사이에서 줄다리기를 하는 와중에 시간만 흘려보내게 되었다.

그러나 뒤늦게나마 국무회의에서 국립극장 설치법이 통과되자 그동안 자중해오던 유치진이 새로 구성된 국립극장운영위원회의 일원으로 참가하게 된 데서부터 두 사람의 암투는 표면화되기 시작했다.

서항석과 유치진은 저마다 초대 국립극장장 자리를 넘어다보고 치열한 로비활동을 했던 것도 사실이다.

1949년 10월 21일, 문교부는 새로 선출된 여섯 사람의 국립극장운영위원회를 소집했다.

안석주(安碩柱)(영화)

채동선(蔡東鮮)(음악)

박헌봉(朴憲奉)(국악)

서항석(徐恒錫)(연극)

유치진(柳致眞)(연극)

민강식(閔康植)(국회문사위원)

이 회의 석상에서 뜻밖에도 초대 국립극장장 자리는 유치진이 차지하게 되었다. 서항석으로서는 청천벽력 같은 일이었다. 그러나 예술가로서가 아닌 인간으로서의 배신감과 패배감에 깊은 상처를 받았으리라는 추측은 그 누구도 부인 못 할 일이었다.

연극계의 인맥

여기서부터 두 사람의 관계는 미묘하고도 신경질적인 암투로 인해 멀어지기만 했다.

한국연극계의 인맥(2)
서항석과 유치진

1

　서항석과 유치진의 사이가 벌어지기 시작한 것은 어쩌면 1946년으로 거슬러 올라가서부터였다고 해도 억지스럽지는 않을 것이다. 왜냐면 해방이 되자 일제하에 친일연극을 했다는 이유로 유치진도 자의반 타의반으로 외부활동을 전혀 못 한 채 은둔생활을 면치 못했던 시기에 서항석은 일선에 나서서 제법 활발하게 움직이고 있었다. 두 사람은 1931년 극예술협회의 창단동인이었고 1941년 현대극장이 창단되었을 때도 역시 동인이었으니 말하자면 연극인생의 유일한 동반자였다. 그리고 문제가 되었던 현대극장 시절의 소위 '국민연극'운동에도 함께 참여했던 동지였다. 그러나 해방이 되자 유치진은 친일연극인으로 낙인이 찍힌 대신 서항석은 여전히 일선에서 뛰고 있었으니 말하자면 어제의 동지가 오늘은 적수가 되어버린 지경이 되었다. 모르면 몰라도 서항석이 앞장을 서서 세속적인 표현으로 구명(救命)운동이라도 했던들 유치진은 가슴이 덜 아팠을 것이다.

　그러나 그 두 사람은 이미 각각 다른 세계에서 살았던 것이다. 서항석은 현실적인 처세로 연극동맹에 가담했던 연극인들과 행보를 같이하였으며 실질적으로 그의 존재가 인정받게 되었다. 그 증거로 1946년 3월 25일자 서울신문에는 5월경에는 국립극장이 발족되리라는 기사가 나왔고 1946년 4월 4일자 조선일보에는 국립극장 설치의 필요성을 강조하기 위해 도하 8개 신문이 당국에 공동건의서를 제출했다는 기사가 보도되었다. 뿐만 아니라 그 사업을 추진시킬 중심인물들로 망라된 국립극장운영위원과 그 부서 담당까지 작성하여 미군정청에 끈질긴 건의를 한 바 있었다. 그런데 유감스럽게도 그 명단에는 유치진의 이름은 보이지 않았다. 그 명단은 다음과 같다.

극 장 장	…… 서항석(徐恒錫)	부극장장	…… 이창용(李創用)
사무국장	…… 채연근(蔡延根)	연 극	…… 이서항(李曙鄕)
영 화	…… 김 한(金漢)	가 극	…… 박진홍(朴眞洪)
음 악	…… 김재훈(金載勳)	무 용	…… 조택원(趙澤元)

이상의 명단에서 우리가 추측할 수 있는 몇 가지 사실이 있다.

그 하나는 당시의 국립극장 설치의 필요성은 연극만이 아닌 모든 분야가 공통적으로 열망하고 있다는 점이고 그 주요 멤버들이 당시 패권을 장악하고 있었던 각 예술동맹에 소속된 인사들이라는 점이다. 여기서 서항석이 정식으로 연극동맹에 가입했는지의 여부는 소상히 알 길이 없으나 간접적으로나마 그쪽과 손이 닿았었거나 아니면 그의 학력이나 경력으로 봐서 반강제적으로 추대를 받았을지도 모를 일이다. 만약에 서항석이 그것을 수락하지 않았던들 그 역시 유치진과 함께 친일연극인으로서의 낙인을 면치 못했을 공산도 크다.

아무튼 서항석은 1946년부터 국립극장장으로 내정된 것을 기정사실로 알고 있던 터라 그로부터 3년 후 1949년 10월 21일의 국립극장운영위원회의 결의사항은 큰 타격이자 충격이 아닐 수 없다.

이러한 세태의 변화와 연극계의 혼돈 속에서 국립극장 설치 문제는 지지부진한 상태를 보였으나 1948년 대한민국 정부가 수립되자 연극계에는 변화를 가져왔다. 그것은 연극동맹이 지하조직으로 잠적하게 되자 유치진을 중심으로 하는 민족진영의 연극이 부상하게 되면서 국립극장 설치를 촉구하는 소리가 거세게 나오기 시작했다. 유치진, 김진수, 오영진, 김생려 등은 신문지상이나 건의문을 통하여 하루속히 국립극장을 설치할 것을 촉구하였다. 그러므로 이 땅에 국립극장이 필요하다는 궁극적인 당위론은 세상의 변화와는 관계없이 공연예술계로서는 지상과제임에 틀림이 없었다.

그러나 이 무렵 연극계에 하나의 이변이 일어나고 있었다. 그것은 대한민국 정부 수립과 함께 공산당이 불법화되자 지금까지 연극동맹에 가맹했거나 그 노선에 동조했던 사람들을 선도 보호한다는 명목 아래 국민보도연맹(國民保導聯盟) 산하로 가입시킴으로써 그 소속감을 명백히 하려는 정책을 시행하기에 이르렀다. 말하자면 사상적 전향과 더불어 신생 정부에 충성을 결의하는 제도였다. 따라서 해방 후 4년 동안 본의이건 아니건 연극동맹에 가담했었다가 전향을 강요당하게 됨으로써 인간관계에 금이 가게 되었고 심지어는 죄책감과 적대감, 좌절감과 멸시감 등이 교차되면서 연극인 사이에는 미묘한 갈등이 일기 시작했다.

대세가 뒤바뀐 상태에서 자진 월북했거나 본의 아니게 추동한 연극인은 그렇다 치고 이 땅에서 계속해서 연극무대에 서야 할 사람은 국민보도연맹에 가입을 하게 되었다. 따라서 무대예술원은 문교부와 공보처의 협찬을 얻어 1950년 2월 6일 이른바 '무대예술원 산하단체 연기자 자격심사'를 실시하였다. 이것은 예술인의 자질 향상에도 목적이 있었겠지만 심리적으로 하나의 구속감이나 소속감을 다짐하는 제도였음이 분명했다. 그리하여 2월 9일 응시자 수는 853명이었으니 그 내역을 보면, 연극 338명, 가극 297명, 악사·무용 218명으로 최종심사에서 359명이 합격을 하게 되었다. 행정부가 주동이 되어 연극인 및 연예인의 자격심사를 하겠다는 자체가 매우 불합리하고도 비문화적 발상이었는데도 불구하고 그와 같은 제도가 실현된 배경에는 바로 연극인들 사이의 마찰과 적대감이 잠재하고 있었음을 무시할 수가 없었다. 그러나 이와 같은 현실에 대해서 연출가 이진순(李眞淳)은 1950년 1월 1일자 경향신문에 "민족연극의 체계를 세우자"라는 제목 아래 다음과 같이 진단을 내렸다.

그리하여 우리나라 연극은 근대극이 가진 결함과 현대극의 외부적인 스타일만 섭취했을 뿐, 또 그 위에 이 4년간에 그것을 정리 못한 채 갑자기 들어온 양대사상(兩大思想)에 휩싸여 투쟁하는 태세로 변모되었던 것이다. 이 새해야말로 정말 참된 연극을 하지 않아서는 안 될 때라고 느낀다. 시기로 보나, 무엇으로 보나 연극인들은 참말로 잊어버렸던 모든 가지가지 연극성(演劇性)을 정리하고 다시 찾고 새로 출발하는데 연극이 연극으로서 살 길이 있지 않을까. 어느 시대나 연극이 발전하지 못하는 것은 연극인 자신이 그 책임을 지지 않아서는 안 될 것이다. (중략) 최근 일부 배우들의 연기정신의 타락성은 정말로 불유쾌하다. 더욱 연출과 장치, 조명은 지금 이 상태보다 훨씬 발전하지 않으면 안 될 것이다. (중략) 신춘(新春)부터는 활발한 이론을 전개하여 민족연극의 이념체계를 확립하고 지금까지의 마이너스를 크게 충당하지 않으면 안 될 것이다.

이상에서 배우들의 연극정신의 타락이 실제로 무엇을 뜻했는지 알 길도 없거니와 연극인의 자격심사제가 과연 민족연극의 이념체계 확립에 어떤 효력을 나타낼 수 있었는지는 미지수였다. 그것은 앞서 언급한 이데올로기의 대립으로 인해 잠시나마 적대관계에 있었던 연극인들 사이의 감정적 보복심리도 결코 배제할 수 없는 사실이었다.

1950년 4월 26일, 국회본회의(제82차)는 국립극장 설치법과 동극장 특별회계법을 통과시켰다. 그러나 극장 개관공연을 앞두고 극장 내부 수리며 조명기재 등을 외국에서 구입해야 할 지경인데도 일반회계가 아닌 특별회계라는 제약 때문에 예산 집행에 큰 어려움을 겪게 되자 유치진은 그 당시 저축은행 은행장인 오위영(吳緯永)을 찾아갔다. 오 씨는 젊었을 때 유치진과 부산에서 우편국 직원강습을 받았을 때 같은 하숙에 있었던 인연으로 알고 지내는 사이였다. 유치진의 융자 부탁을 받은 오위영은 그 당시의 문교부 장관이었던 안호상(安浩相)을 통하여 1억 원의 거금을 선뜻 융자해준 덕으로 개관 준비에 차질이 없었다고 유치진은 후일 회고담에서 밝힌 바 있다.

공연작품은 유치진의 신작 희곡 〈원술랑〉으로 허석(許碩), 이화삼(李化三) 공동연출이었다. 그런데 이때 국립극장 안에는 신극협의회를 발족시키고 그 산하에 신협(新協)과 극협(劇協)의 두 전속극단을 두기로 하고 진용을 편성하였다. 이광래를 간사장으로 하고 이해랑, 김동원, 박상익, 주선태, 오사량, 박제행, 박경주, 현지섭(최삼), 전두영, 송재로 등 남자 10명과 김선영, 유계선, 황정순, 유해초, 송미남, 백성희 등 여자연기자가 단원으로 기용되었다. 그러나 여기에도 문제가 생겼으니 이 단원 분포에서 볼 수 있는 바와 같이 대부분이 유치진 계열의 인물들로 서항석, 박진, 홍해성, 윤백남 등 그 당시의 기성 연극인들은 모두 제외된 결과가 되고 말았다. 뿐만 아니라 연기자들도 과거에 연극동맹에 가입했거나 동양극장 계열의 신파배우, 그리고 일시적으로나마 좌익진영에서 활동했던 배우도 대부분 제외되고 본즉 결국 국립극단이 편파적이라는 비판을 받게 되었다. 그것은 어느 의미로 봐서는 예술적 이념의 차이에서 오는 당연한 귀결일 수도 있었다. 다시 말해서 적어도 일국의 국립극장 전속단원에 저속한 신파배우는 받아들일 수 없다는 단호한 의지의 표명일 수도 있었다. 다시 말해서 그 당시 일본 유학을 하여 이른바 신극(新劇)운동에 투신한 참신하고도 지성적인 배우를 우선적으로 기용하겠다는 의지 표명은 받아들이기에 따라서는 매우 혁신적이며 신선감을 주는 말이기도 했으리라. 그러나 연극계 일각에서는 지난날 극예술연구회와 현대극장에서 유치진의 휘하에 든 사람만을 기용했다는 점과 특히 현대극장에서 친일적 연극에 참여했던 오점은 전혀 문제로 삼지 않은 것도 이해가 안 간다는 비판들도 없지가 않았다.

그러므로 이와 같은 잡음과 혼선은 나름대로의 명분이 있었으나 궁극적으로는 잘못된 인맥에서 파생된 결과였으며 이와 같은 잡음과 불협화음은 계속 꼬리를 물고 이어졌으며 유치진의 존재가 뚜렷해질수록 서항석의 존재는 자칫 희미해지는 것 같은 현실로 나타났다.

2

1950년 4월 29일에 개관식을 가진 다음 30일부터 개관공연에 들어간 우리나라 최초의 국립극장은 자못 화려한 각광을 받으며 시민들 앞에 나섰다. 연극 〈원술랑〉이 약 5만 명의 관객을 동원하였고, 국극(國劇)인 〈만리장성〉, 오페라 〈춘향전〉, 그리고 극단의 두 번째 작품인 〈뇌우(雷雨)〉에 이르러서는 그 인기가 절정에 달하였다. 그것은 문자 그대로 극장예술의 르네상스를 방불케 하는 활기 띤 현장이었다. 그러나 발레 〈인어공주〉가 막을 올린 지 이틀 만에 6.25전쟁이 발발함으로써 모처럼의 축제와 숙원과 르네상스의 큰 꿈은 여지없이 깨지고 말았다. 개관 2개월도 채 못 된 상태에서 국립극장은 본의 아니게 문을 닫아야 했고 단원들은 뿔뿔이 헤어지니 더러는 한강 이남으로 피난을 갔었고 더러는 시골로 묻히기도 했다. 그러나 피난지 임시수도인 부산에서 국립극장을 재건해야 한다는 소리가 1951년부터 일기 시작하고 그 일에는 극장장인 유치진이 끈질기게 매달렸다. 그러나 당시의 황량하고 살벌한 상황 속에서 국립극장의 필요성을 인식할 만한 관리도 국회의원도 그리고 국민들도 없었다. 이에 참다 못하여 유치진은 사표를 내던지고 극장장 자리에서 물러나게 되었다. 그리고 극단 신협도 국립극장과 결별하고 개별적으로 셰익스피어극을 공연하면서 호구지책을 삼게 되었다. 말하자면 모처럼 얻었던 국립극장이 공중분해 상태에 놓이게 되었다.

그러나 1952년 5월 14일, 국무회의는 정부가 서울 환도할 때까지 대구에다 국립극장을 둘 것과 특별회계에서 24억 환의 예산과 2억 환의 건물 수리비까지 책정하게 되었고 공석 중인 극장장에 서항석이 제2대 극장장으로 들어앉게 되었다. 그리고 대구에 있는 문화극장에다 중앙국립극장 간판을 내걸고 개관 준비 착수에 나섰다. 그 당시 문교부 장관이었던 김법린(金法麟)은 서항석과 친분이 있었던 관계로 인사발령은 순탄하였지만 역시 예산집행에는 애로가 많았던 모양으로 서항석은 그 당시의 곤경을 이렇게 회고하기도 했다.

건물 수리비로 2억 환이 책정은 되어 있었지만 그것이 곧 국고에서 현금으로 나오는 것이 아니고, 상업은행의 담보로 사채를 얻어내야 하는 것이어서 그것은 나에게는 너무나 벅찬 일이었다. 다행히 문교부장관 김법린 선생의 주선으로 불교총무원에서 일부를 무이자로 얻어내고, 당시의 국립극장 운영위원이었던 현제명 씨의 알선으로 서울대학교 안의 학생회에서 역시 무이자로 일부를 얻어내어 겨우 2억 환의 아귀를 채우는 법석을 피워 가지고서야 건물수리에 착수하게 되었다. (〈나와 국립극장〉, 「극장예술」 제3호)

서항석 극장장은 오랜만에 사교적 수완을 발휘하였고 피난지에서 국립극장을 재건한다는 포부에 부풀어 있었다. 그는 과거의 운영위원제도를 기획위원회로 바꾸어 직접 극장이 기획까지 관여할 수 있게 하고 타 극단에게 대관도 허용하는 제도를 도입했다. 이것은 전속극단이 없는 상태에서는 어쩔 수 없는 현실이었기 때문이다.

서항석은 오래전부터 꿈꾸어오던 국립극장을 자신의 두뇌와 기획으

연극계의 인맥

로 재개하는 첫 작품을 윤백남 작 〈야화(野花)〉(4막 7장)로 정하고 원우
전(元雨田) 장치 서항석 연출로 막을 올렸다. 그와 같은 기획의 동기를
개관 프로그램에서 다음과 같이 밝혔다.

초창기의 선배 윤백남 선생의 극본에 낭만극기(浪漫劇期)의 토월회동
인 원우전 선생의 장치를 청하고 보니, 여기서 신극수립기의 극연(극예
술연구회의 약칭)의 동인인 내가 연출을 담당하는 것이 국립극장의 재발
족에 다소 사적 의의를 부여하는 성싶기도 하다.

보는 사람에 따라서는 타당성이 없는 것도 아니나 현실적으로는 매우
성급하고 피상적인 발상으로 간주되었으니 극작가 한노단(韓露壇)은

이번 국립극장의 첫 레퍼토리로 윤백남 씨의 〈야화〉를 각색해서 들고
나왔다. 신극에 있어서 가장 중요한 첫 문제는 레퍼토리 선정이다. 그런
데 왜 이 〈야화〉를 들고 나왔을까? (중략) 더구나 전통없는 벼락단체로
하여금 3, 4일의 연습시일을 가지고 부랴부랴 구정(舊正)을 대어 국립극
장 문을 열었다는 것은 신극은 고사하고 연극하는 태도가 아니다. 지나
간 일로 되었지만 앞으로 반성이 있기를 바란다. (〈신극과 상업극〉, 서울
신문, 1953년 3월 22일)

그런가 하면 역시 1953년 5월 31일자 서울신문의 문화단평(文化短評)
에서 실린 〈국립극장의 이변〉이라는 시평(時評) 가운데서

대구의 국립극장의 지금까지의 운영을 살펴볼 것 같으면 다만 만족하
지 못하다는 정도가 아니다. 해방 이후 공산주의문화운동자들과 사투(死
鬪)를 거듭하고, 민족문화와 예술의 양심을 절도 있게 지켜온 무대인,

연극인들이 국립극장에서 보이코트를 당하고, 그렇지 못한 자들이 국가적, 문화적 의의 있는 국립극장에 용기를 발휘하고 있었는가 하면, 저속한 작품, 가극, 창극 같은 것으로 국립극장을 운영하여 나왔다는 것은 다만 수지계산에서만 존립할 수 있는 어쩔 수 없는 국립극장의 운영방법이었던가? 극장 측은 주장하기를 저속한 것으로부터 점차 예술적인 것으로 대치하겠다고 말하며 지금 관중이 저급한 것을 원하고 있다고 한다. 그리고 높고 가치 있는 작품은 귀족적이라는 것이다. 서 국립극장장의 이러한 견해와 발언은 과연 지당하다고 볼 수 있을까? 이것은 실로 문화 향상에 대한 반역이고 예술가치에 대한 모독이 아닐 수 없다. (중략) 서항석 씨는 좀 더 문화적인 양심을 가져보라.

라고 통박하고 나섰다. 여기에 대해서 서항석은 그것을 국립극장에 대한 방해자의 소행으로 그동안 여러 가지로 방해를 하여 국립극장 문을 닫게 하려는 악의에 찬 음모이며 그 일을 위하여 자유당 국회의원까지 사주하여 국회에서 국립극장 폐지론까지 거론케 했다고 술회한 바 있다.

그러나 한노단 씨가 당시 부산대학교 영문과 교수로 재직하였고 이해랑 씨와 가까운 교분을 유지해온 점과 필자가 밝혀지지 않은 문화지평의 글 가운데서 서항석에 대한 예술적 감각과 운영방법과 그리고 편파적 인재 기용(연기자를 뜻하겠지만)까지도 예거한 내용으로 미루어보아 확실히 인간관계의 불완전함에서 나온 결과임을 알 수가 있다. 즉 유치진이 이끌어오던 사람을 자의건 타의건 기용치 않았거나, 실력 있는 배우보다도 연극 주변에서 얼씬거리는 사람들을 손쉽게 등용시켰을지도 모르며 특히 공산주의 문화운동자라는 말까지 거론함에 있어서는 다분히 악성적인 매도를 꾀했음을 짐작할 수가 있다. 피난 시절 공산주의 문화운동자와 맞서 싸운 사람을 푸대접했다면 과연 그것이 무엇을 뜻하는 말인지 쉽게 짐작이 가는 일이기 때문이다.

연극계의 인맥

3

대구의 국립극장이 개관되면서부터 연극계의 분열은 더욱 심화되어 갔다. 그러나 유치진과 신협의 유대는 반대로 더 굳어졌으며 실질적으로 신협은 유치진의 통솔과 지휘하에 활발하게 공연을 계속하였으니 순수극단으로서 신협은 가히 독무대였다. 따라서 신협을 제외한 몇 개의 극단과 연극인은 자연히 서항석의 그늘로 모여들었다. 뿐만 아니라 이 무렵 신극과 신파의 마찰에서 또 한 사람의 인물이 버티고 있었으니 극작가 겸 연출가인 박진(朴珍)이다.

박진은 자신을 가리켜 '신파쟁이'로 자칭하기 일쑤였다. 그러나 저속한 신파가 아닌 '고급신파'를 했노라고 호언하기도 했다. 박진은 구한말 때의 명문가의 태생이었으나 일찍이 연극에 뜻을 두었으며 토월회의 주재자인 박승희(朴勝喜)와도 친척이 된다.

박진은 주로 동양극장에서 극작가 겸 전속 연출가로 활동하였던 까닭으로 신파연극의 진수를 알고 있을 뿐만 아니라 인간관계가 폭이 넓고 정감이 두터우면서도 이해타산에 집착하지 않은 야인 기질을 가진 인품이 여러 사람의 호감을 샀다. 그 자신의 말처럼 동양극장에서 신파연극에 익숙했으며 연극의 재미가 무엇이며 연기의 진수가 무엇인가에 대해서 그 많은 체험으로 터득한 사람이다. 그러므로 박진은 일찍이 유치진, 서항석이 이끌어 나온 극예술연구회의 연극행위에 대해서 비판적인 견해를 가지고 있었다. 다시 말해서 신극은 이론으로 떠들고 예술이라는 말을 전유물처럼 나불대는 철부지 학생연극이며 그것은 소수의 인텔리들이나 만족할 연극이지 결코 대중을 폭넓게 포용할 연극이 아니라고 정면으로 공박했다. 문학성이니 예술성을 내세우면서 번역극으로 관객을 현혹시킬 뿐 연기라고는 볼 수도 없거니와 이론적 토론만 앞세우니 그것은 아마추어들의 예술토론이며 그들은 대중들이 모이는 극장에서는 공연을 못 하고 학교 강당이나 공회당 같은 집회소를 찾아 나섰으니 그것은 곧 '공회당 배우들'에 불과하다고 야유를 서슴지 않았다. 그런 면에서 볼 때 박진의 연극관은 유치진이나 서항석과는 불협화적인 입장에 있었다고 볼 수가 있다. 따라서 박진의 주변에는 지난날 동양극장 시절 직접 교육시켰거나 출연했던 크고 작은 배우들이 스스럼없이 모여들어 그 인간미가 풍부하고 소탈하며 서민적 체취에서도 유치진이나 서항석과는 대조적이었다. 술을 좋아하고 연극뿐 아니라 악극, 창극 분야까지도 폭넓게 넘나드는 박진이 연극계에서는 하나의 세력분포를 가졌다면 그것은 오히려 당연하고도 자연스러운 현실이라고 할 수가 있다.

그러나 국립극장이 설치되면서부터 박진은 두 사람 사이에서는 한마디로 초파적이기도 했고 독자적인 입장을 취하기도 했다. 즉 예술성보다는 대중성을 더 내세웠고 번역극보다는 창작극을 우선으로 하되 한국적인 체취나 뚝배기맛을 연상케 하는 인간미에서 박진은 한 파벌의 보스이자 지주라고 해도 과언은 아니었다.

그러므로 서울에서 국립극장이 개관됐을 때는 빛을 못 보았으나 대구의 국립극장이 개관되면서는 대관이 용이해짐에 따라 신파나 창극으로 접근하기를 시작하게 되어 박진과 서항석의 거리는 유치진보다는 가까워지게 되었던 것도 자연스러운 추세라고 볼 수가 있다. 그 당시 동양극장에서 명성을 떨쳤던 신파배우는 대부분 월북하고 없었으나 그 밖에 남은 김승호, 한은진, 진랑, 고설봉, 전옥행, 변기종, 이기홍, 강창수, 지계순, 복혜숙, 최은연, 임동훈 등은 박진을 스승으로 모실 정도로 인간적 유대감으로 맺어 있었다. 따라서 그 당시의 연극계의 맥은 유치진, 서항석 그리고 박진을 대부로 하는 3파 시대를 이루고 있었다.

연극계의 인맥

한국연극계의 인맥(3)
극예술협회(2)

1

1950년 중앙국립극장의 역사적인 개관은 이 땅의 연극사에 하나의 획을 긋는 쾌사였다. 그러나 불과 두 달도 못되어 6.25의 참담한 시련을 받게 되고 모든 문화예술은 정체 속에서 간신히 숨통만을 남기고 있었다. 연극도 예외가 아니었으니 피난생활 동안 대구에다 임시로 자리를 잡은 중앙국립극장은 그래도 이 땅에 연극예술이 숨 쉬고 있다는 사실을 입증하고 있었다. 그러나 제2대 국립극장장인 서항석은 극장 운영 면에 있어서, 특별회계법을 따라야 하는 불편과 그나마도 예산 부족으로 인한 전속극단의 유지의 어려움을 타개하기 위하여 이른바 프로듀서 시스템으로 대관공연 제도를 도입하였다. 이러한 제도는 정극(正劇)이라 불리는 순수극보다는 대중 취향의 악극이나 여성국극이 더 활개를 치게 됨으로써 순수연극의 터 잡기에는 별다른 도움을 주지 못했을 뿐만 아니라 그것을 비판적인 눈으로 보는 유치진을 중심으로 하는 신협(新協)과의 괴리 현상은 날로 깊어만 갔다. 따라서 연극행위가 곧 생활의 수단이었던 그 당시로서는 연극인은 연극을 안 할 수가 없었으니 국립극장을 무대로 사용하려면 아무래도 극장장인 서항석의 밑으로 들어갈 수밖에 없었다. 박진, 이진순, 이원경 등은 바로 그 주도적 인물이었고 극단 신협의 깃발 아래로 모인 사람은 이광래, 한노단, 윤방일, 이해랑, 김동원, 박상익, 오사량 등 유치진의 휘하에 있는 사람들이었다.

그리고 극단 신협은 사변 전에 서울에서 공연했던 주요 레퍼토리의 재공연으로 그 명맥을 이어갔다. 특히 피난지에서 순수연극을 만날 수 없었던 시민들에게 셰익스피어의 비극과 유치진의 창작희곡을 신보이게 한 신협은 그 당시로서 유일한 신극단체였다. 〈햄릿〉, 〈오델로〉, 〈쥴리어스 시저〉 등 셰익스피어의 고전극과 〈춘향전〉, 〈마의 태자〉, 〈원술랑〉, 〈처용의 노래〉, 〈순동이〉, 〈가야금의 유래〉 등 유치진의 구작과 신작을 공연함으로써 자못 관객들의 뜨거운 호응을 받았었다. 그런가 하면 여성국극단의 폭발적인 대중의 지지는 어쩌면 이 땅의 연극계의 대명사 구실을 했으니 임춘앵, 임유앵, 김경애, 김경수, 김진진, 문미나, 조금앵 등은 당대의 우상으로 부각되기도 했다.

그러나 이 와중에 하나의 작은 반란이 일어났다. 그것은 신협 휘하에 있었던 이광래, 오사량, 최무룡 등이 이탈하여 극단 극협(劇協)으로 빠져나간 사실이다. 물론 그 계기는 이해랑, 윤방일 등 신협의 주도세력에 반기를 들고 나옴으로써 보다 참신한 연기진으로 구축된 젊은 연극을 지향하였다. 극협은 창단 공연으로 유치진의 신작 〈통곡〉을 공연하였으며 이어서 현진건의 소설 〈무영탑〉을 이광래가 각색하여 공연하고 지방 순회공연까지 가졌으나 얼마 못 가 문을 닫고 말았다.

이 작은 반란은 어찌 보면 신협이라는 막강한 조직에 대한 평소부터의 불만이 표면화되었다고 볼 수 있다. 다시 말해서 예술적 이념이나 표현형식의 의견 차이라기보다는 대인관계나 금전상의 이해관계에서 일어난 불평이 더 깊게 깔려 있었다.

2

1953년 휴전협정과 함께 서울 수복과 정부의 서울 환도 그리고 국립극장도 대구를 떠나 서울로 올라왔다. 그러나 전쟁 전에 사용했던 구 부민

연극계의 인맥

관은 미군이 사용하고 있었으므로 서울시 소유인 명동의 시공관을 어렵게 얻어 쓰게 되었다.

그러나 이 무렵에 연극계에 하나의 운동이 태동하고 있었다. 그것은 과거의 반목과 대립의 늪에서 벗어나 새로운 연극 창조와 열기의 회복을 위해서는 연극인의 대동단결이 절대적으로 필요하다는 소리가 드높아 가고 있었다. 특히 이 움직임의 주동은 당시의 문총(전국문화단체총연합회의 약칭)의 최고위원인 이헌구, 김광섭과 이진순을 중심으로 한 몇몇 중견 연극인들이 앞장을 섰다. 그것은 바로 시대적인 흐름이나 연극계의 재건이라는 시각에서 매우 적절한 발상이었으며 서항석과 유치진의 눈에 보이지 않는 대립을 불식함으로써 하나의 연극계로 뭉치자는 도덕성이 보다 강하게 작용했다.

1956년 4월 13일 오후 5시, 문총 산하에 있었던 한국무대예술원 회의실에서는 가칭 연극부흥협의회(演劇復興協議會)를 발기하는 모임이 열렸다. 참고로 발기인 명단을 들자면 다음과 같다.

변기종(卞基鍾), 이용(李龍), 노재신(盧載信), 이원경(李源庚), 이해랑(李海浪), 김승호(金勝鎬), 장훈(張勳), 주증녀(朱曾女), 이익(李翼), 이진순(李眞淳), 이향(李鄕), 고설봉(高雪峰), 김미선(金美線), 김석민(金石民), 김정항(金貞恒), 강계식(姜桂植), 최무룡(崔戊龍), 정애숙(鄭愛肅), 오상원(吳尙源), 강성범(姜聖範), 박경주(朴景柱), 김칠성(金七星), 조미령(趙美鈴), 박동근(朴東根), 임명선(林明善), 정민(鄭珉), 고선애(高善愛), 김진수(金鎭壽), 허영(許影), 박석인(朴石人), 주선태(朱善泰), 전옥(全玉), 이광래(李光來), 전근영(全槿暎) 등이었고 지도위원으로는 이헌구(李軒求), 홍해성(洪海星), 유치진(柳致眞), 김광섭(金珖燮), 서항석(徐恒錫), 박진(朴珍), 최일(崔一)을 추대하였다.(이진순 저,「한국연극사」참조)

이 명단으로 미루어보았을 때 당시 연극계의 주도적인 현역은 물론 일부 악극단 배우까지도 망라하였고 연극계의 지도층은 총동원된 점으로는 일대 혁신이라 할 수 있었다. 따라서 연극계의 부흥을 목전에 보는 듯했었다. 참고로 그 발기취지문을 살펴보자면 다음과 같다.

우리 연극계도 어언 반세기에 가까운 연륜을 헤아리게 되었다. 그동안 우리 연극인들은 불우한 속에서 그래도 연극의 탑을 쌓아올릴 수 있었다는 것은 다행한 일이었다. 그러나 근래 10년간 연극은 그 지향한 바, 본래의 정신을 잃어버렸고, 연극인은 부득이 연극에서 멀어져 가는 형편에 이르렀다. 오늘 우리들의 연극이 여기까지 이르게 된 그 원인은 여러 가지가 있을 것이나 우리는 먼저 연극인 자신의 정신을 가다듬고 연극 본래의 정신을 위하여 여기 '연극부흥협의회'를 창립하는 바이다. (이하 생략)

이 취지문에서 우리가 쉽게 찾아볼 수 있는 점은 바로 '연극인의 동지적 결합'과 '다음 대에 물려줄 현대극운동의 전개'이다. 해방 10년이 되도록 반목과 대립과 유아독존만이 있었고 연극은 없었다는 자기반성에 뒤늦게 눈을 돌렸던 이 자각은 매우 소중한 것이었다.

이 발기회에서 재야에 흩어진 연극인들을 규합하여 협의체로 구성된 극단을 조직하자는 제안에 따라 극예술협의회(劇藝術協議會)를 발족하였다. 이 사실은 그 당시 가장 탄탄한 극단으로는 오직 신협뿐이라는 현실을 감안하여 또 하나의 강력한 극단이 있어야 한다는 의지였음은 의심할 여지가 없다. 그리하여 극예술협의회는 그 창립공연으로 6월 7일부터 마거릿 미첼 원작인 〈바람과 함께 사라지다〉를 이원경 각색, 이진순 연출로 시공관에서 막을 올렸다. 그러나 그 공연은 뜻하지 않은 오해와 억측을 남게 하였다. 왜냐하면 주요 배역이 김승호(버틀러 대위),

전옥(스칼렛 오하라), 변기종(제럴드 오하라), 장훈(애슐리), 김정옥(멜라니)으로 신협 멤버는 한 사람도 끼지 않았었다. 이 사실은 공교롭게도 신협이 자체 공연에 바쁘기 때문에 부득이 참가를 못 했으리라는 추측도 있겠지만 현실적으로 신협 공연은 4월 6일부터 5일간의 헨리크 입센 작의 〈민중의 적〉을 끝냈고, 다음 공연으로 임희재(任熙宰) 작, 김규대(金圭大) 연출의 〈꽃잎을 먹고사는 기관차〉가 7월 2일로 예정되었다면 얼마든지 참여할 시간적 여유는 있었다고 볼 수가 있다. 그럼에도 불구하고 신협 멤버로서는 단 한 사람 주선태(朱善泰)가 참여했다는 사실은 아직도 연극계의 밑바닥에 두 세력의 앙금이 사라지지 않았다는 증거이기도 했다. 뿐만 아니라 4월 6일부터 5일간 시공관에서 공연한 〈민중의 적〉의 연극평을 둘러싸고 불안한 소문이 떠돌았다. 그때 젊은 연극평론가 김경옥(金京鈺, 제작극회 동인이었다)이 명동의 술집에서 신협 멤버였던 주선태, 박암(朴巖), 최남현(崔湳鉉) 들로부터 폭언과 협박을 당했다. 물론 연극의 평에 사감이 끼어서는 안 되겠지만 신협 단원이 평소에 불편한 관계가 있었던 인사에게 폭언을 가했다는 사실은 표면상으로는 단결을 외치면서 그 이면에는 아직도 대립과 반목이 계속되고 있었다는 증거였다.

그러나 사라질 뻔했던 서항석과 유치진 사이의 불편한 관계가 다시 표면화된 것은 그 다음 해인 1957년에 들어서면서였다. 즉 대구에 있던 중앙국립극장이 서울로 환도하자 5월 31일을 기하여 명동에 있는 시공관을 시와 공동으로 쓰기로 하고 새로운 중앙국립극장 기획위원을 구성하고 모든 공연기획의 자문을 받게 되었다. 그런데 그 기획위원의 명단을 보면, 서항석, 박진, 이무영, 김정환, 이해랑, 이진순, 김진수의 7명으로 이 가운데 유치진 계열의 인사로는 이해랑과 무대미술가인 김정환 두 사람뿐이었다. 물론 이 무렵에 유치진은 연극계 시찰차 외국여행 중이었지만 사실상은 의도적으로 제거하려는 움직임이 있었다. 그 증거로 서항석은 국립극장이 환도하자마자 극단 신협 단원들에게 국립극장 전속으로 합칠 것을 제안했었다. 신협 단원들은 크게 환영했다. 이유는 간단했다. 국립극단 전속이 됨으로써 고정수입을 얻게 되니 그 당시의 어려운 환경 속에서 그보다 고마운 일은 없었기 때문이다. 그리하여 환도 기념 첫 작품으로 카를 쉰헤르 원작, 서항석 번역, 홍해성 연출로 〈신앙과 고향〉을 택했고 출연에는 이해랑, 김동원, 백성희, 박암, 황정순 등 신협 단원이 대거 참가했다. 그러나 한 가지 걸림돌이 생겼다. 그것은 서항석 극장장으로부터 신협이라는 극단 명칭은 쓸 수 없고 국립극단으로 부르도록 한다는 의견이었다. 이에 대해 신협의 대표자 격인 이해랑은 오랜 전통과 실적을 감안해서라도 신협이라는 명칭은 버릴 수 없다고 완강히 고집했으나 단원 전체의 의사는 명칭에 대해서는 별다른 관심이 없었던 터라 결국 신협이라는 명칭은 사라지고 말았다. 바로 이 무렵 유치진이 해외여행에서 돌아왔다. 이 소식을 전해 듣고 마음이 편할 리가 만무했다. 그리고 잠시 사라졌던 서항석과의 대립 심리가 되살아나자 이해랑을 불러 사태의 진상을 듣고 사후대책을 논의했다. 유치진 역시 손때 묻혀서 키워낸 신협이 해산한 일에 만족할 리가 없었다. 그 결과 이해랑은 자진 국립극단에서 탈단하고 말았다.

이러한 상황에서 외로웠던 유치진은 나름대로의 계획과 포부를 구상하고 있었다. 록펠러재단의 힘을 입어 1년간의 유럽과 미국 연극계 시찰 여행에서 연극의 국제교류의 중요성을 느낀 터라 맨 먼저 착수한 게 ITI 한국본부 조직 착수였다. ITI란 국제극예술협회(International Theatre Institute)는 연극의 유네스코라 불리는 국제기구로 정치적 이념을 초월한 조직이었다. 1월 24일 중앙공보관에서 창립총회를 가진 후 임원을 선출하였는데 그 명단은 다음과 같다.

　　위원장 …… 유치진

부위원장 …… 오영진, 김연수(국악)

　　상임위원 …… 정인섭, 남경홍, 오화섭, 이해랑, 김승호, 이광래, 김학

　　　　　　　　상, 김백봉, 이두현, 최창봉, 김세영

　　사무국장 …… 김경옥

　이상의 명단에서 알 수 있지만 서항석 계열의 인사로는 연기자인 김
승호가 들어 있을 뿐이다. 이와 같은 사실은 1958년 2월 5일자 동아일보
문화면에 기사화되었으니,

　　앞으로의 일 성과가 주목되거니와 창립총회준비위원으로 중요한 소
　임을 거쳐 온 인사의 성명이 상임위원 명단에서 안 보이는 등 다소의
　경솔과 난점이 있지 않나 하는 의아의 소리가 들리는 바 … (이하 생략)

라고 하여 편파적이라는 인상을 꼬집고 있었다.
　그러나 이때를 같이하여 연극계에 큰 파문이 일어났으니 세칭 '왜 싸
워 사건'이 바로 그것이다.

한국연극계의 인맥(4)
〈왜 싸워〉

왜 싸워

〈왜 싸워〉는 극작가 유치진의 희곡작품의 제목이다. 그는 이 희곡을 이미 1년 전인 1956년 「자유문학(自由文學)」지에다 게재한 바 있었다. 외국 시찰여행에서 돌아온 유치진은 자신이 주재해오던 한국연극학회 주최로 전국남녀대학 연극경연대회를 열기로 하고 희곡 〈왜 싸워〉를 지정작품으로 게시하여 각 대학 연극부에 배포하였다. 이 학생극경연대회는 이미 1949년에 개최된 바 있었고 그 행사를 통하여 신인 극작가며 연출가 및 배우를 배출시킨 바 있었다. 유치진은 오래전부터 신진연극인 양성에 남다른 역점을 두었고 또 그 길만이 이 나라 연극을 발전시킬 수 있다고 믿고 있었다. 그러므로 이 사업은 그만큼 의의가 있고 또 문교부나 공보처에서도 적극적으로 권장해온 터였다.

따라서 사전에 월간 「자유문학」에 게재함으로써 사전 선전도 겸하려는 뜻에서 주간인 시인 김광섭에게 게재를 부탁했다. 유치진과 김광섭은 지난날에 조직한 극예술연극회의 창단 동인이며 이른바 해외문학파로서 주도적 역할을 해왔고 얼마 전까지는 이승만 대통령이 이끄는 정권하에서 공보비서까지 맡은 실제파의 한 사람이었다.

그런데 연극경연대회가 개최할 날을 앞두고 갑자기 〈왜 싸워〉에 대한 공연금지령이 내려진 것이다. 말하자면 작품이 공연에 적합하지 않으므로 공연 허가를 내릴 수 없다는 통첩을 받은 셈이다. 행사를 며칠 앞두고 그와 같은 통첩을 받는다는 것은 일종의 사형 선고와도 버금가는 충격이요 놀라움이었다.

유치진은 문교부 장관인 최재유 씨를 찾아갔다. 무슨 이유인가를 따질 속셈이었다. 그런데 뜻밖에도 공연 부적격 이유로,

첫째 … 이 작품은 일제시대 발표한 유치진의 희곡 〈대추나무〉를 제목만 바꾸었을 뿐 원작과 대동소이하다는 점.

둘째 … 그 주제설정이나 내용이 친일작품임으로 학생극작품으로 부적합하다는 점.

셋째 … 문총 등 문화예술계에서도 비판의 소리가 높으니 공연허가를 내릴 수 없다는 점.

을 열거하면서 문총에서 보내온 건의문을 제시한 것이다. 그 건의문은 여러 문학인과 연극인들이 연서한 연판장으로 공연 반대의 내용이니 유치진은 눈앞이 캄캄해질 수밖에 없었다. 그 이름들은 지난날 극예술연구회 시절의 동지들이었고 현재 문총 최고위원들이니 망연자실할 수밖에 없었다. 유치진은 차츰 이성을 되찾으며 흥분을 가라앉히려고 안간힘을 썼다. 그리고 문총 최고위원들을 찾아 나섰다. 대학생들과의 약속과 관객들과의 신의를 생각해서라도 그 행사만은 수행돼야겠다고 마음먹었다. 그것은 지상의 사명감이었다. 유치진은 재차 문교부를 찾아가서 공연 허가를 내줄 것을 요청하면서 격앙된 어조로 주장을 했다.

〈왜 싸워〉가 공연되면 원작인 〈대추나무〉가 친일작품이라는 누명도 벗겨지고 내 처신이 명명백백히 밝혀질 것이니 검열허가를 내어 공연토록 해달라. 만일 공연을 못하게 된다면 당신을 걸어 명예훼손죄로 고소하겠다.

라고 항의했다.(「동랑자서전(東朗自敍傳)」에서 인용)

여기서 한 가지 밝힐 필요가 있는 사항은 바로 문총(文總)이다. 문총은 전국문화단체총연합회의 약칭으로 현재 있는 예총(藝總)인 한국예술문화단체총연합회의 전신이기도 하다.

문총이 창설된 것은 1947년 2월 12일 종로에 있었던 기독교회관에서 열렸던 민족진영 예술문화인들의 모임에서 협의를 거친 후 창설되었다. 여기에는 1946년 1월부터 활동해온 중앙문화협회와 같은 해 3월에 창립한 전조선문필가협회와 그리고 한국무대예술원 등이 주축이 되어 조직한 문화단체였다. 따라서 문총은 "정치주의 이념에 예술을 예속시키려는 집단에 맞서 진정한 예술의 자유정신과 자율성을 수호하기 위해 만들어진 집단으로 그야말로 분열에 직면한 민족정신을 위기에서 구하고 민족문화 창달을 위한 창조적 노력을 바로 찾아 발휘하자는 결의에서 출범한 것이다."(김양수(金良洙), 「예총삼십년사」)

그리고 문총은 각 분야의 원로급으로 최고위원회를 구성했으니 서항석, 유치진, 김광섭, 모윤숙, 박진, 김관수, 이무영 등이 총망라되었고 그들은 좌익진영에 대항하기 위하여 하나의 혈맹(血盟)으로 맺어졌다. 그래서 1950년 6.25가 발발하자 문총은 전시체제하에서 문총구국대를 조직하여 일선 종군까지 했는가 하면 전시하 반공문화 활동에도 헌신적으로 총력을 집중시키기도 했다. 유치진은 그러한 개인적 집단적 우정관계로 보아서도 문총이 앞장을 서서 방해할 리가 없다고 단정을 했고, 오히려 궁지에 몰린 자기 자신을 도와줄 수 있는 유일한 방파제라고 믿었던 것도 숨길 수 없는 사실이었다.

그러나 유치진의 가슴속에는 분노와 배신감이 들끓고 있었다. 이것은 그 누군가가 고의적으로 방해공작을 벌이고 있다는 심증을 굳혀가고 있었다. 그리고 그 연판장에 서명한 사람들은 대부분 지난날 일제 압정하에서 함께 연극운동을 했던 동지들이 아닌가! 변호는 못 해줄망정 앞장을 서서 이런 식으로 나온 것은 나 유치진을 매장하려 드는 흑심이 아닐 수 없다고 주먹을 쥐고 몸을 떨었다. 그러나 한 가지 명백한 사실은 어쩔 수가 없었다. 그것은 〈왜 싸워〉의 원작인 〈대추나무〉가 1942년 9월 18일부터 11월 25일까지 개최되었던 제1회 연극경연대회에서 작품상을 수상했다는 경력이다. 이 경연대회는 조선연극문화협회가 주최하는 행사로 문화정책에 협력하기 위한 경연이었다. 따라서 표면상으로는 조선의 연극문화 향상을 위해서라고 했지만 속셈은 연극을 통한 황민화를 꾀하고 있었다. 그러한 경연대회에서 현대극장은 유치진 작, 서항석 연출의 〈대추나무〉를 출품하여 정보과장상인 작품상을 수상한 바 있으니 일반의 오해가 따르는 것은 당연한 일이었을지도 모른다. 그러나 다른 면에서 볼 때 그 당시의 그 환경 속에서 연극을 안 하겠다면 모르되 하기 위하여는 그런 기구나 기회를 이용할 수밖에 없었던 불가피성과, 다른 하나는 연극을 했으되 연극인들의 마음과 진실성은 결코 '일제의 주구'로 안주하지 않았다는 변명도 수용할 수가 있었다.

이런 관점에서 유치진은 그 당시의 연극인의 고민과 실상을 그 누군가가 변명하고 옹호해줄 사람을 찾아 나섰다. 〈대추나무〉 작가인 자기 자신의 해명보다는 제3자가 객관적인 입장에서 해명하고 변호해줄 사람이 나타나야 했었다. 그런데 이 문제를 풀어줄 사람이 한 사람 있었다. 서항석이었다. 그는 같은 현대극장 단원으로서 연출을 맡았으니 누구보다도 〈대추나무〉에 관해서는 소상히 알고 있었기 때문이다. 작품 내용이 조선의 농토민들이 간도(間島) 개척단을 지원해서 농촌을 버리는 참상보다는 새로운 농토이자 보금자리인 만주대륙으로 떠나간다는 것은 일본 군국주의나 제국주의 정책에 협력한다는 시각으로도 볼 수 있으나 그 당시의 우리 농민들의 삶은 그것이 아니었음을 그 누군가가 말해주기를 바랐었다. 유치진은 내가 그들의 북진정책에 영합하려고 간도행(間島行)을 넣은 것은 아니었다. (중략) 나는 그들의 정책과 정면 충돌하는 작품을 쓸 수도 없었고 그렇다고 민족혼에 배치되는 글을 쓸 수도 없었다. 나는 오랜 고심 끝에 우리 백성의 현실을 그들이 가장 싫어하는 표현을 피하면서 그려나가기로 결심했던 것이다. 일제가 아무리 간악하여도 순수한 인간상을 그린 작품을 갖고 지나치게 이래라 저래라 할 수는 없었을 것이며, 작품의 여러 대목을 그들이 좋을 대로 해석하는 것은 그들의 자유였다. 나는 내가 처해있는 곤경을 우리 대중들이 이해해주고, 그 작품 속에 담긴 나의 참뜻을 깨쳐주기를 얼마나 바랐는지 모른다. 〈대추나무〉는 그대로 재미있는 것이었고, 지금도 나는 이 작품을 나의 대표작의 하나로 꼽는데 서슴지 않는다.

라고 후일 그의 저서인 「동랑자서전(東朗自敍傳)」에서 밝힌 점으로 미루어봐서도 유치진의 소신이 순수했음을 짐작할 수가 있다. 따라서 그와 같은 작가의 마음을 제3자이자 동지였던 서항석에게 의존하고 도움을 받으려고 했던 것도 숨길 수 없는 심정이었다. 그야말로 물에 빠지면 지푸라기라도 붙들고 싶은 심정 그것이었다.

그런데 서항석은 희곡 〈대추나무〉를 가리켜 "친일적인 작품이라고 보기에는 아닌 것도 있고, 그렇지 않다고 보기에는 불충분하고…"라는 매우 애매모호한 주석을 붙임으로써 다시 한 번 유치진을 곤혹스럽게 만들었다. 적어도 그 작품의 연출을 맡았던 사람으로서 그렇게 애매모호한 논평밖에 할 수 없었던 까닭은 무엇일까. 유치진은 화가 머리끝까지 치밀었다.

나는 가만히 있을 수가 없었다. 그때 문총은 김○○(김광섭), 이○○(이헌구), 모○○(모윤숙) 셋이서 주관하고 있었는데 〈왜 싸워〉를 두고

그들과 나 사이에는 격렬한 논쟁이 벌어졌으며 나는 〈왜 싸워〉 어디에
일제에 아첨하는 귀절이 있는가? 있다면 법정에서 따지자 라고 극언했다.

라고 자서전에서 술회하기도 했다. 그러면서 이 〈왜 싸워〉 사건은 그 당
시 문총의 실력파들과 서항석과의 반목에서 파생된 하나의 중상모략 사
건이라고 보는 시각도 있다. 그리고 한 가지 재미나는 점은 김광섭, 모윤
숙, 이헌구, 그리고 서항석은 하나같이 극예술연구회 시절의 유치진의
동지들이며 모두가 함경도 출신이라는 점이다. 여기서 지역성을 내세우
는 것은 억지일지 모르나 같은 동인이었던 영문학자 정인섭과 연출가 허
남실, 이광래는 유치진을 두둔하고 협력하였는데 그 둘은 유치진과 같은
경상도 태생이었다는 것도 우연의 일치치고는 묘한 뉘앙스를 풍기게 하
는 꼬투리가 될 수도 있다.
　이렇게 해서 그 희곡 〈왜 싸워〉는 공연 중단의 쓴맛을 맛보게 되었고
일시적으로 대동단결의 기운이 나돌 것 같은 연극계에는 더 깊은 골이
파이게 되었다. 뿐만 아니라 〈왜 싸워〉 사건으로 패배의 잔을 마시게
된 신협 단원들은 자기들의 지도자인 유치진에 대한 흠모와 동정이 더
깊어갔으니 그 반증으로 두 가지 사건이 일어났다.
　그 하나는 신협 단원들의 소설가 이무영 씨에 대한 폭행 사건이요,
다른 하나는 극단 신협 멤버들의 국립극단 탈단 사건이다.
　어느 날 밤 명동의 어느 술집에서 이해랑, 주선태, 박암, 최남현 등이
술을 마시고 있었는데 우연히 이무영이 친구들과 들어섰다. 당시 이무
영은 국립극장 기획위원이자 문총 최고위원의 한 사람이었으니 신협 단
원 모두가 적대시했을 것은 무리가 아니었다. 따라서 그 자리에서 얘기
가 오고 가다가 신협 단원들이 이무영의 팔과 손을 비틀었다는 소문이
밖으로 퍼지면서 이무영이 신협 단원들에게 폭행당한 것처럼 전해졌다.
일이 여기에 이르자 지도자적인 문학인에게 배우가 손찌검을 했다는 점

만 확대되어 문총 사무실은 물 끓듯 했다. 그런데 이 판국에 또 한 사람의 실세가 등장하였으니 임화수(林和秀)다. 임화수의 소속은 영화분과이나 세상에 알려진 폭력단의 한 사람으로 자유당 말기에 가서는 문교장관 자리를 넘어다보았다는 엉뚱한 인간이다. 그는 문총의 최고위원들에게 호감을 사기 위해서 폭행했다는 배우들을 응징하는 방법을 택했다. 그 당시 영화산업이 급속도로 상승세를 보임에 따라 웬만한 연극배우들은 모두가 영화계로 전향했었고 그래서 임화수의 존재는 매우 무서운 존재였다. 따라서 주선태, 박암 등이 임화수로부터 호되게 매를 맞고도 말 한마디 못 했다는 후문도 결코 근거 없는 얘기는 아니었을 것이다.

그러나 무엇보다도 충격적인 사건은 신협 멤버들이 대거 국립극단을 탈퇴한 사건이다. 애당초 그들이 국립극단 전속단원으로 입단하였을 때는 두 가지 이유에서였다. 그 하나는 안정된 생활기반이요, 다른 하나는 마음 놓고 좋은 연극을 할 수 있으리라는 희망이었다. 그래서 신협(新協)이라는 간판을 내리겠다는 제안이 들어왔을 때도 대국적인 안목으로 그 제안에 따르기로 했었다.

그러나 첫 작품인 〈신앙과 고향〉을 위시하여 〈태풍지대(颱風地帶)〉, 〈발착점(發着點)에 선 사람들〉, 〈인생차압(人生差押)〉, 〈딸들은 연애자유를 구가하다〉 등 공연 횟수는 제법 늘어갔으나 관객의 호응은 낮아지고 박진, 이해랑, 이진순, 이원경, 이광래 등 연출가들 사이의 불협화음은 자연히 연기자들 사이로 번져지면서 하나의 파벌이 자리 잡게 되었다. 따라서 그런 와중에서 편한 마음으로 연극이 되어질 수도 없었고, 연기력과 용모에 자신 있는 중견배우는 모두 영화계로 전향하다 보니 국립극단도 이름만 있을 뿐 그 내용은 허술하였다. 그러므로 고정수입을 받는 것은 좋았을지 모르나 연극인의 사회적 위상이나 예술적 성숙 면에 있어서는 거리가 먼 실정이었다.

연극계의 인맥

이런 시기에 유치진은 〈왜 싸워〉 사건으로 의기소침해지고 이해랑 역시 국립극단 주변에서는 멀어지고 그 대신 이진순, 이원경 등이 국립극장 내부에서 자리를 굳히게 되자 마침내 신협 단원들의 집단 탈퇴가 거론되었다. 그것은 외국여행에서 돌아온 유치진이 신작 〈한강은 흐른다〉를 오랜만에 탈고하였으니 이 작품을 옛 신협 단원들의 재규합의 동기로 삼자는 기획 의도를 밝혔다. 따라서 그것은 실질적으로 신협재건 공연을 뜻하며 문총(文總)파에게 퇴출당한 유치진의 재기를 뜻하기도 한 발상이라고 해도 결코 무리는 아닐 것이다. 그러기에 1958년 9월 21일자 경향신문에는,

국립극장의 서울 환도를 계기로 하여 전속극단으로 참가했던 신협(新協)은 그 후 국립극장 운영진 측과의 의견대립으로 전원이 탈단한 바 있는데 근 1년 만에 뿔뿔이 흩어졌던 전단원이 모여 신협(新協)의 재건을 꾀하는 첫 공연으로 〈한강은 흐른다〉를 공연키로 했다.

라고 기사화하였다.

연극 〈한강은 흐른다〉는 이해랑 연출로 9월 26일부터 시공관에서 공연되었다. 이 무대에는 그동안 영화계로 전향했던 황정순, 최은희, 문정숙, 김동원, 주선태, 박암에 김승호까지 새로 가입하였고 백성희, 박상익, 강계식 등이 가세하여 명실공히 황금배역이었다. 그리고 희곡 형식도 유치진의 종래의 사실주의 방식에서 대담하게 탈피한 극작술로 하나의 작가적 변신을 보여준 작품이었다. 그러므로 신협의 재건은 일단은 성공적이었고 극계는 다시 국립극단과 신협의 두 개 분포로 나뉘어진 셈이다. 그런데 이 무렵에 국립극장에 깊이 관계하고 있던 연출가 이원경이 1958년 12월 17일자 동아일보 문화면에 〈무너지는 전통〉이라는 제목으로 다음과 같은 원고를 투고하였다.

우리나라에는 뜻하지 않게 극단이 둘이 생기게 되었던 것이다. 만일 국립극장과 신협이 연극적 내지는 예술적 견해와 사고의 대립으로 둘로 갈라졌다면 그것은 우리나라 연극의 발전을 위해서 크게 환영할 사실이 겠는데 그렇지가 않고 솔직히 말해서 감정의 대립으로 분리된 것인 만큼 그 결과는 최소한도 '국립극장'의 약체화를 가져오게 하였으며 동시에 '신협' 자체도 독립함으로써 단체 행동을 계속 유지했었으면 모르되, 1회 공연으로 중단상태인 채, 올해를 넘기게 되고 보니, 이는 연극 전반적인 면으로 보아서 서로가 다 손실이 컸지 이득은 아무 것도 없는 결과를 가져오고 말았다. 사실상 우리나라의 현실로서는 하나의 직업극단이 연극행동을 계속하기엔 운영 면에 있어서 거의 절대에 가까울 만큼 불가능하게 되어 있다. 즉 경제적으로 수지 균형이 맞지를 않는다. 이것을 여실히 증명하고 남음도 지난번 추석의 신협의 〈한강은 흐른다〉 공연에 동원된 관객의 수로써 알 수가 있다.

이 1958년의 문화계를 결산하는 글은 자연인 이원경의 글이자 동시에 국립극장의 기획위원이라는 자격으로 쓴 하나의 시평(時評)이자 자성의 글이라고 봐서 크게 빗나가지는 않을 것이다. 그러나 그 초점은 극단 신협의 단원들의 국립극단 탈단을 탐탁스럽게 여기지 않았던 서운함이 바닥에 깔린 글이요 그것은 곧 극장장인 서항석과 유치진의 눈에 보이지 않는 암투와 대립을 전제로 한 시각에서는 신협의 재기공연은 그다지 반가운 일이 아니었음은 부인 못 할 사실이었다.

그러나 신협 단원의 집단 탈퇴로 국립극단이 약화되었던 것은 부인할 수 없는 사실이었고 따라서 세입 세출의 예산 면에서도 적자운영으로 나타나자 각 일간지에서는 국립극장 존폐론까지도 거론하기에 이르렀다. 뿐만 아니라 이 문제가 국회로까지 상정되어 국립극장 존폐론이 더욱 심각하게 나타났다. 그러나 민족문화예술의 육성이라는 근본원칙을 놓고 볼 때 일국의 국립극장이 채산을 맞추는 일은 반문화적이라는 강한 문화계 인사의 여론과 일부 양식 있는 국회의원들의 주장으로 무마를 하게 되었다.

그러나 연극계 일각에서는 새로운 세력으로 부상하기 시작한 이진순과 이원경에 대한 시선이 날카롭게 비추었다. 이진순은 이해랑과 일본 대학 예술과 동창이었고 이원경은 1941년 유치진이 현대극장을 창단했을 때 미술부에서 일을 맡았던 사제지간이고 보면 이해랑과는 동인관계였다고 해도 과언은 아니다. 따라서 유치진이 궁지에 몰렸을 때 누구보다도 그를 도와야 할 처지에 있음에도 불구하고 그 둘은 각기 다른 길을 가고 있었다. 이진순은 문총의 사무국장을 맡았었고 이원경은 서항석의 휘하에서 국립극장 기획위원을 맡고 있었으니 어쩔 수가 없었으리라는 추측도 할 수가 있었다.

그러나 서로가 거의 같은 연배요 일본 유학 시절의 동지였고 한 스승을 모시고 있으면서도 순순히 풀어내지 못한 원인은 무엇이었을까. 바꾸어 말해 공(公)과 사(私)를 냉철하게 구별지었던 이성(理性)에서였다면 몰라도 그 외의 다른 이유란 있을 수가 없었을 것이다. 굳이 말해서 라이벌 의식에서였다면 또 다른 방법과 수단도 있을 법하지 않았는가라는 소리도 바람결에 들려왔다.

뿐만 아니라 국립극장 측이 극단 신협의 공연활동에 비협조적으로 나온 일이 있었으니 그 사연은 다음과 같다.

1950년 가을 유치진 선생으로부터 좀 만나자는 전갈이 있었다. 나는 약속장소에 나갔더니 당시 노벨문학상 수상작인 보리스 파스테르나크의 원작 〈닥터 지바고〉를 희곡으로 각색할 수 없겠느냐는 사연이었다. 나는 긴장과 감격으로 몸 둘 바를 몰랐다. 유치진 선생은 나에게 극작가의 등용문을 열어주신 분이기도 하거니와 어찌 되었건 연극계의 큰 어른이 직접 작품 청탁을 하시니 피라미 작가로서는 그 이상 가는 영광이란 있을 수 없었다. 나는 여원사(女苑社)에서 발행한 상하권으로 된 책을 구입했다. 검정색 표지에 금박으로 제목이 박힌 책을 불철주야로 읽고 각색에 착수했다.

내가 각색한 희곡이 극단 신협에 의해 무대화된다는 그 한 가지 사실만으로도 나는 행복의 절정에 있었다. 낮에는 학교에 나가고 밤에는 집필하는 나날은 즐거웠다. 바로 내가 기성 작가로 발돋움하는 그 계기가 된다는 데 거의 취해 있었다.

나는 한 달 만에 탈고한 원고 뭉치를 들고 유치진 선생을 찾아갔다. 며칠 후 다시 시중 다방에서 만났다.

"수고했어, 걱정했던 것보다 잘 되었더군. 그 긴 소설을 그 정도로 정리하기란 쉬운 일이 아닌데… 정말 고생했어. 범석!"

나는 유 선생님이 내민 봉투 안에 얼마가 들어 있었는지 기억이 흐리지만 작품료를 정식으로 받기란 난생 처음 있었던 감격이었다.

유치진 선생은 신협 멤버가 총출연한다면서 대본에다 배역 표까지 써서 보여주었다. 김승호, 최은희, 김동원, 장민호, 박암, 주선태, 김정옥, 황정순, 최남현, 오사량….

그런데 며칠 후 기별이 왔다. 국립극장 측에서 공연 불가라는 통첩이 왔다는 것이다. 그 이유는 소련 작품은 공연법에 의해 불가능하다는 것이며 국립극장 측에서도 〈의사 지바고〉를 각색했다가 포기했노라는 애기였다.

적성국의 작품이 출판은 되어도 공연은 안 된다는 이 이율배반은 도대체 어느 나라의 법인가. 그리고 〈의사 지바고〉는 세계가 인정하는 문학작품이자 반공산주의 성향의 소설인데도 공연이 불가하다니 어불성설이었다. 유치진 선생의 표정은 심각했다. 어쩔 수 없이 포기할 수밖에 없지만 그 이면에는 반드시 어떤 흉계가 있었을 것이라는 의미 있는 감회를 토로하였다.

연극계의 인맥

그 후 1976년 극단 배우극장에서 나의 연출로 비로소 햇빛을 보게 된 연극 〈의사 지바고〉는 나에게 또 하나의 추억을 심어주었지만 20년 전의 그 쓰디쓴 입맛은 좀처럼 가시지 않았다.

그러나 이를 계기로 국립극장과 신협의 눈에 보이지 않는 암투는 더 노골화되었다. 그것은 곧 서항석과 유치진의 대립이자 그 두 사람을 추종하는 연극인들의 불협화음을 의미하는 것으로 연극활동은 줄어들고 연극인들의 의욕도 위축되어갔다. 그 일례로 국립극단은 1958년에 네 편의 자체 공연이 있었을 뿐이고 신협은 재기공연을 마친 뒤 한동안 극계에서 그 이름을 찾을 수가 없었다. 참고로 이 기간 동안에 국립극단이 공연한 작품을 들자면 다음과 같다.

김홍곤 작, 이진순 연출 〈우물〉 3월 22일~27일. 이용찬 작, 이원경 연출 〈가족〉 4월 5일~9일. 강문수 작, 박진 연출 〈인생일식〉 7월 25일 ~30일. 모르나르 작, 이광래 역, 이원경 연출 〈릴리옴〉 11월 1일~5일.

이상에서 볼 수 있듯이 국립극단의 연극은 이진순, 이원경, 박진 세 사람이 대부분의 연출을 맡았다. 그러나 유치진을 따르던 이해랑은 1961년 신협 합동공연의 하유상 작 〈미풍(微風)〉을 끝으로 1962년 남산 드라마센터가 개관될 때까지 거의 활동무대를 잃었을 뿐만 아니라 생활의 핍박을 받을 정도였다. 게다가 국립극장에서 희곡 현상 제도를 두게 되자 그 등용문을 통하여 등장한 하유상, 이용찬, 강문수도 얼마 동안 국립극장과 가까운 인연을 맺게 되었던 것은 자연스러운 현상이라고 볼 수가 있다.

4.19가 나고 사회변혁이 일어나자 연극계에도 하나의 이변이 생겼다. 그것은 연극협의회(演劇協議會)의 탄생이었다.

이 단체는 극계를 망라한 소장파와 지금까지 빛을 보지 못했던 대부분의 연극인들이 모여 연극인의 권익 옹호와 단결을 선언하고 나선 것으로 1960년 6월 20일 그 창립총회를 보았다. 그것은 4.19 혁명의 여세가 몰고 온 연극계 내부의 혁신을 뜻하는 말이었으니 기성 연극에 대한 반발이자 혁신의 신호를 내세운 것이 바로 연극협의회의 입장이었다. 따라서 이 시기에 기성 연극이란 국립극단이 그 대상이니만큼 그 공격목표는 바로 국립극장이었다. 뿐만 아니라 과거 자유당 정권 아래서 독재정권과 유착했거나 두드러지게 협력한 연극인에 대한 규탄 문제까지 거론이 되다 보니 극단 신협도 그 대상이 될 수밖에 없었다. 왜냐하면 신협은 1957년 3월 연극 〈풍운(風雲)〉을 공연했기 때문이다.

이 작품은 오영진이 쓴 시나리오 〈청년 이승만〉을 작가 자신이 극화한 것으로 대통령 선거를 앞두고 자유당으로부터 제작비 일체를 지원받아 김규대 연출로 전국순회공연까지 한 작품이었다. 그리고 이 작품은 임화수가 영화로 제작까지 했다. 따라서 자유당 정권 유지에 협력을 한 작품이라는 시각에서 보았을 때 그대로 넘어갈 성질은 아니었다. 그런 관점에서 연극협의회라는 집단은 매우 혁신적이면서 하나의 실권을 안고 나온 연극계의 실세로 등장한 셈이다.

한국연극계의 인맥(5)
연극협의회의 환상

1. 연극협의회 발기

1960년 5월 25일 몇몇 연극인 앞으로 한 통의 통지서가 배달되었다. 발신인은 연극협의회 발기준비회로 쓰여 있었다.

통지서의 내용은 다음과 같았다.(원문 그대로)

별첨과 같은 취지에 의하여 발기회를 다음과 같이 가지고자 하오니 발기인으로 추천받은 이는 빠짐없이 참석하여 주시기 바라나이다.

일시 : 5월 30일(월) 하오 3시

곳 : 명동 2가 12번지 (약도 별기)

토의 사항

ㄱ. 협의회 창립총회에 관한 건

　　1. 일시 및 장소

　　2. 준비부서 선정

　　3. 기타

ㄴ. 기타사항

그리고 다음과 같은 연극협의회(가칭) 발기취지서가 첨부되어 있었다.

연극협의회 발기취지서(發起趣旨書)

모든 것이 새로운 질서를 찾아 모색하고 추구하여 혼신의 힘을 다하고 있는 오늘 진정 값지고 의로운 젊음의 피에 다시금 감격하면서 이 빛나는 민주혁명에 아무런 힘이 되지 못하였던 우리 연극인들 스스로 자괴하는 마음 이를 데 없다. 이 자괴로 하여 앞날에의 의의를 갖기 위하여서는 다음의 몇 가지를 생각할 수 있겠다.

우선 무엇보다도 우리는 너나없이 연극의 수호를 운위(云謂)하면서도 이것을 올바르게 이끌어 나오지 못하였다는 것이다. 여기에 있어서 순결의 과시도 본의 아니었다는 반민주의 변명도 위치의 보전책도 아무런 의미가 없으리라.

구차스러운 예증을 늘어놓을 것까지도 없이 순수한 연극을 진흥하기 위한 연극인 전체의 의견종합기구로서의 아무런 사회조직도 없어왔다. 연극인 서로의 친목과 권익을 도모하는 아무른 유대도 없이 오로지 관료대행기관(官僚代行機關)의 횡포가 있을 뿐이었던 것이다. 우리가 뒤진 느낌이 없지 않으나마 연극인의 순수한 집합체로서의 연극협의회(가칭)를 발기하는 소이(所以)도 여기에 있는바 우리는 쇄신된 의식과 지성으로 여기 담합해야 하리라고 믿는 바이다.

일제시대의 유물 그대로 내려오는 검열제 및 흥행취체령의 철폐, 극예술의 발전을 저해하는 일체법령의 개정, 공연의 자주성 확립, 그리고 극예술에 대한 국가보조의 강화와 운영의 민주화 등 우리가 얻어야 할 일들은 너무도 많을 것이다.

이처럼 연극의 수호와 발전을 위한 과업을 수행함에 있어서 어떤 편파성도 불순성도 있을 수 없으리라.

거룩한 자유민권을 구가하는 대열 속에서 이제야말로 문화와 사회의 전승(前承)에 서고자 우리 연극인들은 본 협의회를 중심으로 합심하여 순수한 연극운동을 전개할 것을 발기하는 바이다.

연극계의 인맥

1960년 5월 25일

연극협의회발기준비회

발기인피천명단(發起人被薦名單)

백성희(白星姬), 한은진(韓銀珍), 박암(朴巖), 조항(趙恒), 김상호(金湘鎬), 장민호(張民虎), 고설봉(高雪峰), 김동원(金東園), 오사량(吳史良), 하유상(河有祥), 이용찬(李容燦), 김경옥(金京鈺), 이근삼(李根三), 여석기(呂石基), 오상원(吳尙源), 이두현(李杜鉉), 김갑순(金甲順), 김상민(金相民), 이원경(李源庚), 차기봉(車基奉), 차범석(車凡錫), 최삼(崔三), 이석정(李石情), 김진수(金鎭壽), 이보라(李保羅), 강계식(姜桂植), 최성진(崔聖眞), 최명수(崔明洙), 강성범(姜聖範), 박석인(朴石人), 정우택(鄭禹澤), 심재훈(沈載勳), 김정옥(金正鈺)(무순)

가칭 연극협의회 발기준비위원회는 예정대로 진행이 되었다. 그리고 이 회의가 소집될 때까지의 기획과 진행은 극작가이자 무용평론가이기도 했던 김경옥이 주도했다. 취지문 초안 작성, 인원 선정 그리고 회의장소를 생각지도 않게 김백초(金百草)무용연구소로 섭외가 된 것도 그가 무용평론가로 있었다는 연유에서 이루어진 게 사실이다. 그날 준비위원회는 창립총회 일자를 25일 후인 1960년 6월 20일로 결정하고 폐회를 했다.

여기서 우리는 가칭 연극협의회를 창건할 수밖에 없었던 시대적 배경과 그것이 4.19가 연극계에 있어서 어떤 의미를 지녔던가에 대해서 밝혀둘 필요가 있다. 왜냐하면 그것은 우발적인 발상에서가 아니라 해방 후약 15년 동안의 문화예술계가 안고 있었던 복합적인 요인이 폭발했기 때문이다.

2. 연극협의회 결성 배경

1960년 6월 20일 하오 2시, 서울 한복판인 을지로 입구에 자리했던 원각사(圓覺社) 소극장에는 다소 이색적으로 비쳐지기도 하는 하나의 집단이 산고를 치르고 있었다. 연극협의회 결성이 바로 그것이다. "연극인 상호간의 친목과 권익을 옹호하고 나아가서는 연극인의 사회참여를 목적으로 한다"라고 그 취지문에서 밝힌 이 집단은 4.19 혁명이 연극계에 몰고 온 하나의 혁신적인 몸짓이었다.

극작가, 연출가, 연기자, 평론가, 무대미술가 등 38명의 대의원이 참석한 장내의 뜨거운 열기는 자못 긴장과 패기와 그리고 과거의 찌꺼기를 씻어내려는 의지에 가득 차 있었다. 3.15 부정선거가 마침내 일당독재의 아성인 자유당 정권을 무너뜨리게 하자 사회 각계각층에서는 의도적인 개혁 바람이 불기 시작했다.

4.19 혁명의 기수가 젊은 학생층이었던 만큼 각급 학교에서는 날마다 시위와 집회가 일어났고 특히 악덕 사립학교 재단의 족벌제도는 예외 없이 심판의 도마 위에 올라서야 했다. 재단 이사장이 학총장이나 교장을 겸임하던 학교들은 본의 아니게 분리를 강요당했다. 정치풍토는 오랜 고난과 박해 속에서 허덕이던 야당이 집권당으로 올라앉았고 크고 작은 기업체에서도 노임 인상과 인사 혁신의 선풍이 불어왔으니 4.19는 문자 그대로 혁명이었다.

이러한 사회 전반적인 소용돌이가 예술계라고 해서 무풍지대로 안주해둘 리가 없었다. 그 가운데서도 가장 민감하게 반응을 보인 분야가 문학이었다. 문학계 일각에서 일기 시작한 혁신 선풍은 세칭 만송족(晩松族)의 축출이었다. 만송(晩松)이란 당시의 자유당 정권의 제2인자였던 이기붕(李起鵬)의 호다. 그러므로 권력자인 이기붕의 그늘에서 그 비호를 받았거나 아부하며 문단정치권을 형성하였던 문학계의 일부 인사를 가리켜 만송족이라고 불렀다. 박종화, 조연현, 모윤숙 등은 그 대표적인 인사들이었다. 이와 같은 현실은 예술이 그 어떤 정치세력의 비호를 받거나 그 지령을 받아서도 안 되고 예술은 어디까지나 예술 자체의 순수성을 위해 존재해야 한다고 주장했던 문총의 창립정신에 위배된 자기모순이기도 했다. 해방 직후 잽싸게 조직된 조선문화건설중앙협의회와 조선문화단체총연맹에 대항하기 위하여 전국문화단체총연합회(약칭 문총)는 1946년 2월 결성되었다. 그리고 그들이 내건 3대 목표는 ① 완전자주독립의 촉성, ② 세계문화의 이념에서 민족문화를 창조하여 전세계 약소민족의 자존을 고양하며, ③ 문화유산의 권위와 독자성을 옹호하자고 천명한 바 있다.

그러나 그러한 사명을 실천하기 위해서는 무엇보다도 재정적인 뒷받침이 필요했다. 그 난제를 해결하기 위해서는 당시의 이승만 정부의 지원을 받지 않고서는 불가능하다고 의견이 모아졌다. 친여(親與) 인사로 알려진 모윤숙, 김광섭, 이헌구, 박종화, 조연현 등 문인들이 표면에 나서기 시작했다. 특히 모윤숙은 이승만 대통령의 신임을 얻었고 UN대사로 발탁되어 국제정치무대에서도 활약을 했다. 그런데 여기서 박종화나 조연현은 비교적 유치진과 친숙한 편이었지만 그 밖의 문총 최고위원들과의 사이가 원만치 못했던 것은 서항석과 그들의 거리가 더 가까웠기 때문이다.

유치진도 배경이 필요했다. 연극을 하기 위해서도 그러했거니와 자기를 따르는 후배 연극인을 위해서도 재정적 뒷받침은 필요 불가결했다. 때마침 대통령 선거를 앞두고 자유당은 득표공작의 하나로 문화예술인을 포섭하기에 의견을 모았다. 문학 쪽은 이기붕에게 접근했다. 그것이 후일 만송족(晩松族)으로 사회 지탄을 받게 되었다. 이 와중에서 문예지 「문예(文藝)」가 발행되었으니 1949년 8월 창간 당시 발행인은 모윤숙, 편집인을 김동리, 조연현이 맡음으로써 그 실적을 쌓게 되었다.

유치진은 물론 「문예」에도 관계를 맺었다. 그는 모윤숙하고도 1931년 극예술연구회 시절의 동인이었으며, 김동리나 조연현은 같은 영남 출신이라는 친분이 있었다.

그러나 유치진은 연극을 할 수 있는 여건이 필요했다. 이 무렵 자유당 측에서 한 가지 제안이 들어왔다. 대통령 선거를 앞두고 이승만 박사를 보다 국민들 앞에 부각시키기 위해서는 서울은 물론 전국순회공연을 할 수 있는 연극을 해야겠다는 제안이었다. 그 당시 평안도 출신이면서 유치진의 직계로 알려진 오영진(吳泳鎭)은 이승만의 파란 많은 삶을 희곡으로 썼다. 제목이 〈풍운(風雲)〉이었다. 그리고 공연제작은 유치진의 영도 아래 있던 극단 신협이 맡고 제작비 일체는 자유당 측에서 전담하기로 합의를 보았다.

극단 신협은 오랜만에 신바람이 났다. 그리고 유치진은 눈에 보이지 않는 적수(?)들에게 연극으로 승부를 걸 수 있는 기회가 도래했다. 그리고 무엇보다도 식생활에 위협을 받고 있는 단원들에게 생활 보장을 해줄 수 있다는 게 무엇보다도 매력적이며 매우 고무적이었다. 그것은 반드시 자유당이나 이승만에 대한 충성을 확약해서라기보다도 연극 불모지대에서 마음 놓고 연극을 할 수 있었던 사실에 더 보람을 느꼈을 것이다.

게다가 영화 제작자 임화수는 이 희곡의 제목을 〈청년 이승만〉으로 바꾸어 영화화하기로 하고 오영진에게 시나리오를 청탁했다. 연극보다는 영화가 훨씬 대중적이고도 파급력이 커서 선거 결과에 지대한 영향을 끼치리라고 내다보았기 때문이다.

이러한 인연으로 유치진과 임화수의 관계는 급속도로 가까워졌다. 서항석은 연극인이면서도 신협하고는 불편한 관계였기 때문에 그는 문총(文總)의 최고위원으로서 체면 유지와 권위를 내세웠다. 그러나 유치진은 당대의 실세이자 이승만 대통령의 절대적인 신임을 받고 있는 임화수와 가까워졌다는 게 하나의 활로라고 여겼다. 그것은 지금까지 너무나

연극계의 인맥

약하게만 살아온 연극인으로서 배경이 든든하다는 점에서는 더할 수 없는 좋은 받침대가 되었을 것이다. 그러던 어느 날 유치진은 임화수로부터 반공예술인단 창단위원을 맡아달라는 간청 아닌 강압적인 추대를 받게 되었다. 문총 산하의 인물들도 마찬가지였다.

그 당시 나는 새도 떨어트린다는 실력자 임화수의 간청을 물리치기에는 이미 때가 늦었었다. 연극과 영화로 이미 올가미가 씌워진 처지였다. 그러나 유치진에게는 고민이 있었다. 그 첫째는 반공예술인단의 성격이었다. 그 중심 멤버는 주로 악극이나 국극 그리고 영화계 사람들이 대부분이었다. 그것은 바로 임화수의 세력권 아래 있었던 박호, 김석민, 박구, 최일 등을 위시한 악극단 단장과 조미령, 엄앵란, 최은희, 최무룡, 신상옥 등 영화인이 대부분으로 그 격으로 봐서도 대표성이 없다고 판단이 되자 연극계에서 이해랑을 끌어들였다. 이해랑 역시 그 당시의 실정에 비춰 스승의 권유를 거역할 수 없었다. 때마침 자유당 정권은 문화예술인들의 생활 보장을 공약으로 내세웠다. 서대문구에 문화인촌을 건설하여 집 없는 예술가들에게 국민주택을 무상으로 마련한다는 구상을 실천 중이었다. 이해랑, 이진섭, 김광주, 장민호, 조항, 김대현… 등 작가와 배우들이 주로 입주할 계획이었다.

이해랑은 스승인 유치진의 권유도 있었거니와 이승만 대통령은 같은 전주 이씨 문중이라는 인연도 감안하여 별다른 생각 없이 반공예술인단 부단장 자리에 앉게 되었다. 단장은 물론 임화수 자신이었다. 막말로 가난한 예술가에게 주택을 마련해준다는 현실적인 혜택을 마다할 사람은 없었을 것이다. 가난에서 벗어날 수 있게 해주겠다는데 누가 반대할 사람이 있었겠는가. 어쩌면 그것이 그 시절 이 땅의 대부분의 예술인들의 솔직한 심정이었을지도 모른다. 그러나 3.15 부정선거는 전국민의 분노와 피맺힌 절규와 항거 앞에서 무너지고 4.19 혁명의 봉화가 붉게 타올랐다.

이런 상황에서 예술가들이라고 앉아서 보고만 있을 일이 아니었다. 문총은 정권의 시녀로 타락했고 대표성을 지닌 작가 예술가들이 권력에 앞장서는 추태를 보고만 있을 순 없었다. 이제 그 사람들의 시대는 간 셈이다. 새로운 역사는 차세대 역군에게 맡겨야 옳았다. 그리고 지금까지 그늘진 곳에서 별로 빛을 못 보았던 사람들이 제 세상을 만난 듯 흥분했다. 이제는 우리들의 손으로 새로운 연극을 만들어야 하고 정권에 아부하는 구세대는 마땅히 물러나야 옳다는 한 목소리가 바로 연극협의회를 탄생시킨 것이다.

그러나 그와 성격의 차이는 있었지만 정치적 권력을 배경으로 하여 만송족 못지않게 권력을 남용한 사람들이 의외로 많았던 게 문총 산하의 각 예술단체들로 특히 영화, 연극, 연예 등 이른바 공연예술계였다. 당시 이승만의 정치적 이슈는 한마디로 반공과 반일이었으니 반공을 내세운다는 것은 곧 이승만에게 충성을 과시하는 몸짓이 되었고 그 반공을 내세워서 안 되는 일이라곤 없던 시대가 바로 자유당 독재 시대였다.

한동안 '왜 싸워 사건'으로 거의 단절 상태로 빠져 들어간 유치진과 서항석 및 문총 최고위원들과의 불편한 관계는 4.19의 덕택으로 잠시 소강 상태로 들어가는 느낌이었다. 말하자면 과거 자유당 정권과 밀착했다는 사실을 근거로 삼는다면 이 양대 세력은 동격(同格)일 수밖에 없었으니 말이다.

따라서 그 포문이 열리는 전초전으로 연극협의회가 결성이 되고 연극인의 사회참여까지도 부르짖고 나오게 되었으니 문단의 일각에서 외쳐대던 만송족 추방이 연극계라고 예외일 수는 없었다. 즉 일당독재정권 아래서 제대로 대접도 못 받고 제대로 작품 활동도 못 했고, 그래서 연극이 시대에 역행하는 후진성을 면치 못했던 시기에서 과감히 탈피해나가자는 이 집단의 전 16조로 된 연극협의회 헌장과 9개항의 의결사항은 새 시대에 부응하는 새로운 연극을 창조하자는 데 있어서는 나무랄 데 없는 전체 연극인의 소망이 결집되었던 활화산의 분화구 같기도 했었다. 그래서 이 집단의 실세는 거의가 30대 후반의 젊은이들로 구성되었다.

연기자 출신의 오사량(吳史良)이 사회를 맡고 김경옥(金京鈺)이 개회사를 한 데 이어 이용찬(李容燦)이 경과보고를 맡았던 이 회의는 임시의장에 김경옥이 선출되었으며 전문 16조로 된 헌장을 통과시키는 한편 일체의 편파성과 불순성을 배제, 연극의 수호와 발전을 한결같이 염원한다는 연극인들의 굳은 의지를 담은 결의문을 채택하였으니, 1960년 6월 22일자 서울신문과 동아일보에서 그 내용을 다음과 같이 밝혔다.

1. 관료적인 일체기관 및 관료대행기관의 폐지와 자율적인 자치 보장
2. 상연을 제한한 제 악법 및 제도의 철폐. 즉 검열제, 조선흥행취체령 (取締令), 기예증제(技藝證制), 임검제(臨檢制)의 철폐
3. 국립극장 건물의 확보와 각 도에 국립극장 설치
4. 연극문화에 대한 국가보조의 대폭 강화와 운영의 민주화
5. 국립극장운영위원회의 예술인 자치로의 개편
6. 현행 국립극장 운영의 모순점 시정과 연극인의 대우 개선
7. 입장세법의 전면 철폐

연극계가 안고 있었던 숙제들은 매우 타당성이 있는 제의로 받아들여져 만장일치로 통과되었음은 물론이다. 그런데 문제의 핵심은 그 인적 구성에 있었다. 다시 말해서 지금까지 연극계의 양대 세력으로 자타가 공인해오던 인사들은 전부 제외된 채 젊고 생소한 이름들이 부상하게 되었으니 우선 이날 결성대회에서 선출된 임원의 명단을 살펴보자면 다음과 같다.

의   장……오화섭

부 의 장 …… 이원경, 김경옥

사무국장 …… 강계식

상임위원 …… 장민호(연기분과)

　　　　　 여석기(평론분과)

　　　　　 오사량(연출분과)

　　　　　 김진수(극작분과)

　　　　　 〈무대미술은 미정〉

　이상의 명단에서 우리가 알 수 있는 점은 이른바 연극계 제1세대는 한 사람도 끼어 있지 않고 제2세대도 이원경 한 사람뿐이었다. 그리고 연령별로 볼 때 강계식, 오화섭, 김진수가 40대 후반이고 남은 네 사람은 모두 30대 후반이고 보면 연극계에도 하나의 개혁 분위기가 불어온 것만은 사실이었다.

　이 사실은 단적으로 말해서 서항석, 유치진의 시대는 이미 막을 내렸으니 이제는 새로운 부대에 새 술을 담아야 한다는 의지 표명에서 나온 결과임을 쉽게 알 수 있다. 그리고 이해랑, 이진순 등 제2세대가 제외되었던 이유는 이해랑은 반공예술단 부단장이며 이승만 대통령후보를 미는 선거공연을 했다는 이유였고 이진순은 어용단체인 문총의 사무국장이었다는 이력을 들어 제외되었다.

3. 연극협의회 주도세력

　여기서 한 가지 궁금한 문제가 떠오르게 되니 도대체 연극협의회를 탄생시키기 위하여 발 벗고 나선 주역은 누구였을까라는 점이다. 앞서 밝힌 임원 명단 가운데서 우리는 그 당시로서는 좀 생소했던 이름을 찾아볼 수가 있는데 그 첫 번째 인물이 김경옥(金京鈺)이다. 그는 그 당시

제작극회 동인으로 있으면서 극작, 평론, 연출, 시창작 등 다방면으로 재능을 나타냈던 35세의 패기 있는 연극인이었다. 그러나 극작가로서 본격적인 활동보다는 소극장 연극 운동가로서 발이 넓은 편이었다. 그런 김경옥이 4.19가 나고 장면(張勉) 내각이 들어서자 하루아침에 공보 국장 자리에 앉았다. 고려대학 동문인 정객들이 주변에서 밀어준 덕이다. 원래가 활동적이며 일 벌이기를 좋아하고 조직적인 두뇌의 소유자였던 그는 바로 그러한 배경을 이용하여 연극계에 두각을 나타낸 것이다. 물론 제작극회 동인으로 있으면서 기성 극단의 대부 격인 신협 연극을 혹평했다고 해서 신협 측으로서는 매우 불편한 존재였던 만큼 사태가 이렇게 돌아가다 보니 김경옥으로서는 호기를 만난 셈이다. 그러나 여러 가지 조건으로 미루어봤을 때 연극협의회 의장이라는 감투는 좀 커 보였을 뿐만 아니라 자신이 표면으로 나타난다는 것은 공직인으로서도 삼가는 게 좋겠다는 주변의 조언도 있었던 만큼 부의장 자리를 맡은 셈이다.

그렇다면 의장은 누구에게 맡기는가라는 문제가 나왔을 때 학벌, 연령, 경력 그리고 대인관계로 보아 가장 무난하다고 여겨진 인물로 오화섭을 지명했다. 오화섭은 이미 그 아내인 박노경(朴魯慶)과 함께 여인소극장을 운영해온 경력과 영미 희곡 번역을 그 누구보다도 활발하게 해내온 실적으로 봐서는 연극계에서 위치가 확고하며 연령도 44세로 가장 많은 편(물론 이원경은 45세였지만)이었으니 자격은 충분했다. 그러나 무엇보다도 오화섭은 6.25 전 고려대학교 영문학 교수로 재직한 바 있으니 김경옥과 사제 간이었다는 점을 빠뜨릴 수가 없었다. 그리고 그 인간미가 원만하고 특정한 세력권에 들지 않았다는 점에서도 오화섭은 적임자였다.

그런데 여기에 의외적인 인사가 있었으니 이원경과 김진수다.

이원경은 지금까지 국립극장 기획위원으로 있으면서 국립극단 작품의 연출을 맡아온 점으로 미루어봤을 때 이진순과 마찬가지로 서항석의 영도 밑에 있었다고 해서 크게 빗나가지는 않을 것이다. 뿐만 아니라 국립극단 운영 면에도 깊이 관여해온 점으로 봐서 이 땅의 연극계 2세대로서 이해랑, 이진순, 김동원, 박상익, 이화삼 등과 계열을 같이하는 존재였다. 그런데 같은 동료인 이진순과 이해랑이 연극계 후배들로부터 지탄을 받고 있는 와중에서 그만이 연극협의회 부의장 자리에 맡게 되었다는 것은 연극활동이 부진하여 지명도가 낮았다는 데도 이유가 있었다. 그것은 곧 권력에 아부를 안 했다는 이유이기도 하여 다행한 일이었다. 그러나 당시 동아일보 문화부 기자로 있으면서 신진 극작가로 등단했던 이용찬과 친교가 있었을 뿐만 아니라 팔월극장(八月劇場)이라는 극단을 창단하여 그의 작품 〈삼중인격(三重人格)〉을 공연하곤 했던 경력이 또한 그의 현주소를 확인시키는 데 크게 작용했다. 다시 말해서 이원경은 이해랑, 이진순과는 다른 각도에서 젊은 연극인들과 손을 잡은 신선함을 주는 인사로 손꼽혔고, 그 자신 또한 자기는 그 누구의 편에 끼는 것을 거부하는 위치에 있다고 주장한 점에서 이 젊은 연극인들과 쉽게 손을 잡을 수 있었을 것이다.

1942년 유치진이 현대극장을 창단했을 때 그 미술부에 적을 둔 점을 감안한다면 그는 유치진을 멀리할 수 없는 처지였고 최근까지 국립극장 기획위원이자 연출을 자주 맡았던 인연으로 본다면 서항석의 그늘에 있다고 봐도 무리는 아니었다. 그러나 4.19가 몰고 온 혁신 기류는 그와 같은 개인적인 인간관계를 넘어서서 보다 큰 문제 해결에 나서야만 했을지도 모른다.

여기에 비한다면 극작가 김진수는 한마디로 불우한 작가였다. 그는 나이로 따진다면 당시 51세였으니 최고 연장자였다. 그러나 연극계에서의 현주소는 그다지 분명한 것이 못 되었다. 그는 이미 1936년 장막희곡 〈길〉로 데뷔했으며 중앙대와 경희대 교수로 재직했던 점으로 봐서는 분명히 선배 연극인이었다. 그리고 그가 데뷔한 것은 극예술연구회가 주최한 희곡 공모에서 당선되었으니 유치진의 제자 격이었다.

그리고 공교롭게 일본 릿쿄대학(立教大學) 문과 졸업이라는 점에서도 그는 유치진의 학교 후배 격이다. 그런데 실제로 그는 항상 유치진을 비난하고 반대하였다. 그 원인이 무엇인지 확실히 밝힐 수는 없었지만 유치진이 자기의 문학을 인정하지 않는다는 데서 생긴 불평이자 증오였다. 그러므로 그는 문총 중앙위원과 한국자유문학자협회의 희곡분과위원장을 지내면서 항시 유치진과는 반대세력 편에 있었다. 김진수는 폭주가였다. 술만 마시면 유치진과 그 측근인 이해랑까지도 싸잡아 비난했던 주정은 널리 알려진 사실이다.

그런데 그가 희곡분과를 대표하는 상임위원으로 선출된 것도 역시 김경옥과 제작극회 동인들과의 친분 때문이었다. 다시 말해서 기성 연극에 대한 도전을 내세운 제작극회 동인들과 기성 연극의 아성인 신협을 이끌어온 유치진과 이해랑을 비난하는 김진수는 공교롭게도 같은 버스를 타고 가는 승객이었을지도 모른다.

이와 같은 몇 가지의 추측은 드디어 현실화되었다. 즉 연극협의회 결성을 기념하는 연극공연을 가졌으니 이용찬 작 〈피는 밤에도 자지 않는다〉를 뜻밖에도 무용평론가인 박용구(朴容九) 연출로 첫선을 보였다.

박용구는 원래가 연극인이라기보다는 음악가였다. 음악을 전공했고 음악평론을 하다가 자유당 치하에 일본으로 밀항한, 어찌 보면 이승만 정권에 저항한 예술가 가운데 한 사람이었다. 어느 날 갑자기 백마강에 투신자살한다는 유서를 남긴 채 잠적해버린 박용구의 해프닝은 한때 세인들을 경악시켰다. 그러나 그가 투신자살할 만큼 절박한 이유가 무엇이었는지 정확하게 말해준 사람은 없었다.

그런데 그 죽은 줄로 알았던 박용구가 어느 날 고국으로 돌아온 것이다. 일본에서 무용평론과 무용극연출가가 되어서 돌아왔으니 하나의 금의환향이라고 해도 과언은 아니었다.

　박용구가 일본에서 발레무용단에 깊이 관여했으며 저명한 발레무용가인 고마키 마사히데(小牧正英)와도 친교가 있었다는 인연만으로도 그의 명성은 갑자기 높아졌다. 그리고 그와 맨 먼저 손을 잡게 된 사람이 김경옥이었다. 왜냐하면 그 당시 이 땅에 무용평론가라고 하면 김상화(탤런트 김자옥의 부친), 조동화, 그리고 김경옥 정도였으니 박용구는 쉽게 그들과 손을 잡을 수 있었다.

　이 무렵 일본에서 오랜 저항 생활을 해온 무용가인 조택원이 귀국한 것도 빠뜨릴 수는 없다.

　그러므로 무용계 인사이지만 소속감과 새로운 시대의 연극을 지향하려는 사명감에서 새로운 연출가의 영입은 매우 의미 있는 시도였다. 이용찬 작 〈피는 밤에도 자지 않는다〉는 새로운 연출가 박용구에게 맡겨진 셈이다.

　그러나 이 공연은 합동공연이라는 기획성은 인정하되 작품으로는 실패로 돌아간 결과를 가져왔다. 모처럼 범 연극인이 새로운 연극의 지평을 연다는 의욕도 헛되이 실패작으로 돌아간 데에는 여러 가지 이유가 있었지만 궁극적으로는 연출가 박용구의 책임이 컸다는 중론이었다. 그러나 장본인은 연극연출을 처음 맡아본 사람으로서 하나의 실험을 했을 뿐이라는 소문이 나돌자 연극계의 일각에서는 연극무대가 실험실 구실밖에 안 되었다는 후문도 나돌게 되었다. 결국은 이 연극협의회가 몇몇 사람의 독재와 소영웅주의의 제물로 전락되고 말았다는 소문만 남긴 채 연극계의 혁신은 끝내 이루지 못하고 제2의 출발은 무산되고 말았다.

　그것은 어찌 보면 연극계에 또 하나의 인맥을 구성하려던 이번 공작의 모사였을 가능성도 배제 못 할 것이다.

　다시 말해서 연극협의회는 국립극장과 신협 세력에 반기를 들고 나선 새로운 연극계의 집단이라 해도 과언은 아니다. 그러나 그것이 예술적인 면에서의 결집이 아니라 대인관계나 친소관계 등 극히 편파적인 인연으로 모여진 만큼 그 붕괴 또한 허망하게 닥쳐온 꼴이었다. 기성 연극계에서 소외당한 사람, 제작극회를 중심으로 한 소극장운동가, 그리고 대학교수와 유학파가 잡다하게 모인 셈이다.

유치진과 서항석 밑에서 사랑을 받았건 안 받았건 그것은 연극과는 별개의 문제이다. 국립극장이나 극단 신협에서 녹을 먹었건 안 먹었건 그것은 개인적인 문제였다. 그럼에도 불구하고 연극인들의 이합집산의 생리는 단세포적이며 일차원적이어서 그 논리성이나 윤리성과는 상관없이 달면 삼키고 쓰면 뱉는 세속적인 행동이 마냥 반복되고 있음을 우리에게 보여준 셈이다.

한국연극계의 인맥(6)
드라마센터의 탄생

　모처럼 연극계에 혁신 기풍을 몰고 올 듯했던 연극협의회가 단명으로 소멸된 것은 자유당 정권을 뒤엎고 들어섰던 장면(張勉) 정권의 단명(短命)하고도 그 맥을 같이했다고 볼 수가 있다. 모처럼의 혁명은 갖가지 갈등과 알력 속에서 날로 정력만 마모시켰을 뿐 정치적 난맥상과 사회적 혼란은 급기야 서민 생활의 위험수위까지 몰고 오는 와중에서 5.16 군사 쿠데타가 터지고야 말았다.

　5.16의 역사적 의미나 그 정치적 흑막은 여기서 밝힐 필요는 없을 것이다. 다만 혁명의 기운이 익지도 못한 채 여지없이 군벌들에 의하여 정권을 빼앗기자 사회 전방의 양상은 어느 의미로 봐서는 4.19 이전으로 뒷걸음치는 작태를 나타냈다. 아니 그와 같은 혼란과 갈등과 난맥은 어쩌면 정권을 장악하려는 사람들에게는 하나의 좋은 구실이 될 수도 있었고, 그것을 계기로 군사문화적 특징이라고 볼 수도 있을 획일화, 통제화가 시급히 요청될 수 있었을 것이다. 말하자면 이렇게 자유방종한 상태로 방치해두는 것보다는 차라리 하나의 기강과 질서를 재확립하는 계기가 주어진 셈이었다. 그리하여 모든 조직은 재편성을 불가피하게 만들었고 그 여세를 따라 문화예술계도 예외일 수가 없었다.

　혁명의 새벽은 너무나도 짧았고 연극계의 혁신은 제자리걸음에서 벗어나지 못한 채 앞이 보이질 않았다. 구세대의 연극인을 제거하고 새 세대의 연극인에 의하여 새로운 역사 창조에 매진하자던 연극협의회의 대업은 무너진 채 잠시 진공상태 속에서 머뭇거렸다.

그러나 한편에서는 암중모색의 미로에서 하나의 활로를 찾아낸 듯 안도의 한숨을 길게 내뱉은 사람들이 있었다. 유치진과 서항석 그리고 그를 추종하던 연극인들이었다. 자유당 정권 아래서 그들에게 적극적인 협력이나 동조를 했다는 이유로 잠시나마 금족령(禁足令)을 언도받았던 그들은 하나의 해방감에서 회심의 미소를 띠었을지도 모를 일이었다.

역사는 되풀이되는 것일까. 음지가 양지 되고 새옹지마(塞翁之馬)의 고사가 새삼 실감 났을지도 모를 일이다. 잠시나마 연극협의회 측으로부터 푸대접을 받았거나 의도적으로 격리를 당했던 그들은 이제 다시 자유의 몸이 되고 만 셈이다. 그것은 하나의 면죄부를 받은 격이니 과거의 허물은 묻지 않기로 하고 새로 등장한 군사정권으로 안장을 갈아타게 된 것은 어쩌면 인간세상의 상정이었을지도 모를 일이다.

군사정권은 재빨리 혁명공약과 함께 국가재건최고회의의 시퍼런 칼날 아래 사회 각계의 재건에 착수하기 시작했다.

새로운 역사 창조는 한마디로 구악(舊惡)의 청산이었다. 그리고 그 기본은 반공(反共)을 국시로 정하고 당면과제로는 절대빈곤으로부터의 해방을 주창하고 나서서 민중의 지지를 호소했다.

하룻밤 사이에 달라진 세상. 그 누구 한 사람 군사 쿠데타라는 말도 못 하고 독재정권이라고 비판할 여유도 없었다. 5.16은 그저 혁명이라고 믿었고 심지어는 그들을 구세주의 강림처럼 여기는 지식인들이 여기저기서 나오기 시작했다. 그들의 대부분은 4.19로 인해 한때나마 곤욕을 치렀거나 수모를 당한 사람들이 많았으니 그것은 어찌 보면 보복적 감정이 더 짙게 깔려 있다고 해도 과언은 아니다. 그래서 어제의 친구가 오늘은 원수가 되고 어제의 원수가 오늘은 동지로 변하는 이 땅의 정치풍토가 여전히 재현되고 있었다. 그것은 비단 정치계만이 아니었다.

과거에 있었던 문총(文總)은 이미 4.19 직후부터 그 생명력을 잃은 채 거의 활동을 못 해온 터라 문총 자체의 재건이 아닌 새로운 문화단체의 총합체가 필요하다고 생각하였던 모양으로 1962년 1월 5일 한국예술문화단체총연합회(약칭 예총)가 창립되었다.

예총의 창립 목적은 그 정관 제2조에서 밝혔듯이 "예술문화인 상호간 친목을 도모하고 그 권익을 옹호하며 민족예술의 국제적 교류와 나아가 인류예술문화발전 및 창달에 기여한다"라고 천명하고 나섰다.

그리고 초대 회장에 유치진을, 부회장에 윤봉춘, 김환기, 이유선이 선임되었다. 물론 이것은 당시의 문교부와 공보부가 뒷받침하여 탄생시켰던 까닭으로 그 임원 선출에도 정부 측의 의사가 전혀 반영 안 되었다고 볼 수는 없었을 것이다. 그렇다면 연극계 인사인 유치진이 회장으로 선임되었다는 것은 지금까지 인맥의 존속상을 감안했을 때 4.19 후 약 1년 동안 자중을 강요당해왔던 유치진과 그 세력권에게 이니셔티브가 넘겨졌다고 볼 수가 있을 것이다.

뿐만 아니라 1962년 3월 27일 당시의 국가재건최고회의의 박정희 의장의 문학인들의 원고료 면세 조치에 대한 담화문이 발표되면서 정부 측은 적극적으로 예술계와의 접근 작업을 시도하기로 했다.

지금까지 열세로 몰려 있었고, 특히 〈왜 싸워〉 사건 이래 거의 침묵을 지키다시피 해오던 유치진이 권토중래의 기백으로 복귀하게 되자 1963년 1원 26일 한국연극협회가 창립총회를 열어 임원선거를 했다. 투표 결과 초대 이사장에 유치진, 부이사장에 박진, 이해랑이 선출됨으로써 일단 연극계의 실세는 유치진을 축으로 하는 판도로 변해갔다는 것은 말할 것도 없다.

특히 1961년 12월 말 서항석이 국립극장장 자리를 내놓게 됨으로써 실질적인 기반을 잃게 되었고, 제3대 극장장으로는 공무원인 김창구 씨가 당분간 직무대행 직함으로 취임을 하게 되었다.

그러나 유치진은 그 당시 이미 하나의 꿈 아닌 꿈을 꾸고 있었다. 3년 전부터 그는 남산 중턱에다가 극장을 짓는 일에 열중하고 있었으니 내용

연극계의 인맥

상으로는 예총이나 연극협회는 안중에 없었다고 해도 과언이 아니었다. 다만 연극계 일각에서 유치진 세력을 시기하거나 말살시키려고 온갖 모사를 꾸몄을 테지만 정부 측이 유치진의 실력을 인정해주고 있는 이상 아무런 위협도 안 받는다는 자신감에 싸여 있었을지도 모른다.

그러면서 유치진이 잠시도 잊을 수 없는 일은 극장 건축이 완성되는 일이었다.

생각하면 아스라한 옛날 1931년 극예술연구회 시대로 거슬러 올라가는 꿈이기도 하다. 젊은 날의 유치진은 좋은 연극을 하기 위해서는 자체 극장이 있어야 하고 그리고 그 극장을 본거지로 하여 새로운 일꾼을 양성하는 교육시설이 있어야 한다고 주장해왔었다. 영화관을 대관해서 하는 연극은 결국 값싼 상업주의 연극이 될 수밖에 없으니 양질의 연극 창조는 자기 자신이 마음대로 쓸 수 있는 극장이 있어야 한다고 외쳐왔다. 그리고 최근 두 번에 걸친 해외여행에서 그 뜻은 더 굳혀졌고, 그래서 외국여행 도중에 록펠러재단과의 접촉에 성공하면서부터 극장 건립의 꿈은 실천 단계에 옮겨졌다.

나에게 극장만 있게 된다면 그것은 나의 모든 것을 얻는 길이라고 믿었던 그는 집을 팔고 정부와 시청을 설득시키고 그리고 록펠러재단으로부터 원조를 받아 건축가 김중업 씨의 설계를 토대로 착공한 때가 1960년 10월이었다. 그로부터 3년간 유치진은 거세게 불어오는 바깥바람에는 아랑곳없이 날마다 쌓아 올려지는 벽돌벽과 지하로 파 내려가는 미로(迷路) 속에서 그의 마지막 정열을 불태웠다.

    총건평 ······ 700여 평
    객석수 ······ 500석
    무대면적 ······ 30평
    사이드 스테이지 ······ 100평

부대시설 ······ 도서관, 분장실, 연극학교 교실, 의상실, 소품제작실,
조명실

이와 같은 규모는 매우 개방적이고도 합리적인 구조로 좁은 면적을 가장 효율적으로 사용하려는 유치진의 경제의식이 크게 작용했다. 그래서 객석에 들어설 의자도 독지가나 연극애호가들의 희사와 기탁금을 받아 설치하며 그 의자 뒷면에는 기증인의 명찰을 부착하는 등 하나의 일체감과 관객의 저변 확대에도 적지 않게 신경을 썼다.

그러나 유치진이 무엇보다도 신경을 썼고 또한 그것만이 한국연극을 살리는 길이라는 역점을 둔 점은 바로 '사람'이었다. 누구와 함께 연극을 하는가라는 점이다. 제아무리 현대적인 극장이 섰을지라도 그 그릇과 무대에 담겨지는 내용은 사람일진대 그 사람을 어디서 구할 것인가. 구태의연한 신파배우, 인간성이 불투명한 뜨내기 배우, 그리고 실력은 없고 입만 잘 놀리는 그런 사람만이 들끓던 시절이 있었다.

유치진은 결단을 내렸다. 구태에서 벗어나려면 새사람을 써야 한다는 것과 철저한 동지적 결합 아니면 도제주의(徒弟主義)로 단련된 사람이라야 한다고 결심하였다. 우선권은 극단 신협 단원에게 있었다. 그러나 신협 단원들도 대부분 영화계로 전향했거나 국립극단에 소속된 사람도 있고 보면 몇 사람 안 되었다. 이렇게 해서 규합된 단원들의 성분은 대충 다음과 같았다.

(1) 신협 단원 중에서
김동원, 황정순, 장민호, 오사량
(2) 신인 중에서
최성진(제작극회), 김동훈, 여운계, 나영세, 김성옥(이상 실험극장), 천선녀(제작극회), 권영주

(3) 해외유학파 중에서

이근삼, 김정옥, 양광남, 양동군, 박명희, 이로미, 여석기, 김석강, 안민수, 유인형, 앙정현

(4) 영화계에서

최지희, 김삼화, 남궁원

대개 이런 분포도로 분류될 수 있는 인적 구성으로 드디어 그 개관공연의 막이 올랐으니 1962년 4월 18일 셰익스피어 작, 여석기 역, 이해랑 연출로 〈햄릿〉을 공연했다. 물론 이 배역은 신인과 기성인의 이중배역이었다. 다만 연출은 연습 초반에는 해외파에서 맡았으나 별 진전을 보지 못하자 중간에 이해랑이 뛰어들어 마무리를 맺어야 했던 뒷얘기도 남겼다. 그러나 일단은 성공이었다. 말썽이 많고 바람 잘 날이라고는 없었던 연극계에 한 연극인의 집념으로 초현대식 극장이 남산 중턱에 서게 되었고 그 이름도 '드라마센터'라는, 당시로서는 시대를 앞서가는 용어로 정해진 연극의 전당은 모두가 환영했고 찬사를 아끼지 않았다. 그 증거로 개관공연을 두고 동아일보 문화란은(1962년 4월 14일자) 다음과 같이 찬사를 보냈다.

우리의 기대에 어긋남이 없이, 이번 공연은 우리 연극계에 장래가 있다는 뚜렷한 희망을 보여주었다. 그 어떠한 작품에 비해도 난해하고 무대화에 있어서 문제가 산적되어 있는 이 작품 〈햄릿〉을 요령 있고 산뜻하게 옮긴 번역자의 고생과 연출자의 능숙한 솜씨로 이번 공연은 훌륭한 성과를 거두었다. 드라마센터가 갖는 특수한 무대를 대담하게 활용하는 수법이며 조직화된 등장인물들의 브로킹이 무엇보다도 인상적이었다.

드라마센터는 그 여세를 몰고 10개월 동안에 총 6편의 작품을 공연하

였으니 다음과 같다.

2회 〈밤으로의 긴 여로〉(유진 오닐 작, 오화섭 역, 이해랑 연출)

3회 〈포기와 베스〉(헤이워드 부처 작, 오사량 연출)

4회 〈한강은 흐른다〉(유치진 작, 유치진 연출)

5회 〈세일즈맨의 죽음〉(아더 밀러 작, 오화섭 역, 이기하 연출)

6회 〈로미오와 줄리엣〉(셰익스피어 작, 김재남 역, 유치진 연출)

그러나 결과는 한마디로 실패였다. 3회 공연까지의 연극은 작품으로
서는 호평을 받았으나 관객이 줄기 시작하며 적자를 면치 못했다. 그런
데 4회 이후부터는 작품도 흥행성적도 참패를 면치 못하게 되자 드라마
센터는 재정적인 과중한 힘을 이겨낼 수 없어 본의 아니게 장기휴관을
면치 못하게 되었다.

연중무휴로 언제나 좋은 연극을 관객에게 보여줌으로써 이 땅의 연극
중흥을 이룩하고야 말겠다던 드라마센터의 의지는 꺾이고 만 셈이다.
유치진의 착잡하고도 암울한 심정은 헤아릴 수 없었다. 그러나 그런 결
과를 낳게 된 원인 가운데 하나가 바로 사람 때문이었다는 것도 결코
무시 못 할 사실이었다. 그것은 구성인 사이의 불협화음과 유치진이 신
진들에게 걸었던 기대, 그리고 얄팍한 상업주의적 운영방침에 대한 신진
들의 반발이 바로 그것이다.

앞서 얘기한 바와 같이 드라마센터 개관을 계기로 유치진은 새로운
인재의 등용과 인재양성을 크게 내세웠다. 그래서 우선 해외에서 연극
공부를 하고 돌아온 극작가 이근삼, 연출가인 김정옥, 연기자인 양광남,
양동군, 박명희, 이로미 등을 대거 참여시켰다. 그것은 이 땅의 연극 중
흥을 위한 가장 근원적인 작업이었으며 또한 현실적인 문제였다. 새로
운 시대에 새로운 스타일의 표현방법을 도입하기 위하여 선진국에서 연

연극계의 인맥

극을 공부하고 돌아온 엘리트들을 영입하려는 의지는 그 누가 보더라도 시의에 적절한 방법이었다. 그러나 실제로 연극 현장에서 나타나는 그 사람들의 이론과 실력은 거리가 있었다. 특히 연기에 있어서 화술의 불안정과 다른 배우들과의 조화는 미흡하였고 감각적으로도 눈에 보이지 않는 걸림돌이 곳곳에서 발견되었다. 어떤 것이 가장 현대적인가라는 문제는 어떤 것이 가장 한국적인가라는 질문만큼이나 어렵고도 막연한 과제였다. 다만 외국에서의 기술 습득이 한국의 연극현장에서는 그다지 빛을 볼 수 없었다는 일반 연극계의 비판적인 시각은 매우 따가웠다. 그것은 지난날 1931년 극예술연구회가 발표한 연극을 가리켜 머리는 있으되 손발이 없는 연극이며 그것은 이론만 앞세운 아마추어 연극이라고 비난을 받았던 상처를 되새기게 하는 아이러니였다.

게다가 그 당시의 소극장 연극의 기수로 알려졌던 제작극회와 실험극장에서 소질이 있다고 인정되는 배우들을 대거 발탁한 것도 매우 의미 있는 일이었다. 최성진(TV 연출하는 최상현의 예명), 천선녀, 김성옥, 김동훈, 여운계, 나영세 등이 대거 참여하여 좋은 연기를 보여준 점으로는 해외에서 돌아온 연기자보다 훨씬 높게 평가를 받았으면서도 그들 사이에 파인 골은 날이 갈수록 깊어만 갔다. 예술에 해외파, 국내파가 어디 있겠는가 하면서도 실지로는 눈에 보일 만큼 양자 간에 차이가 난 데다가 신협에서 굵어진 이른바 기성 연극인과의 앙상블 조성은 매우 힘든 상태였다. 그것은 우선 발성법 자체부터가 다른 데다가 과장된 연기와 억제된 연기와의 사이에서 생기는 불협화음은 또 하나의 숙제로 남게 되었다. 거기에다 이른바 영화스타로 지명도 있는 배우로서 남궁원, 최지희, 김삼화까지 끌어들인 지경에 이르자 해외파와 신진파에서는 노골적으로 반발을 보였다. 드라마센터가 쇼를 하기 위하여 세워진 극장이 아닐진대 포스터 밸류만을 존중한 나머지 영화배우까지 끌어들이는 처사는 지나친 상업주의적 잔재라면서 대거 이탈하는 상태에까지 이르렀다. 제아무리 포부는 크고 이상 높은 드라마센터일지라도 그 거센 바람을 막을 길은 없었다.

유치진은 생각했다. 극장 건물 세우는 일도 어려웠지만 사람을 이끌어가는 일과 인재양성에 대한 투자는 더욱더 어려운 일이라는 점이었다. 아니 애당초의 계획대로만 되었던들 드라마센터를 본거지로 하는 참신하고도 역량 있는 연극계의 인맥이 저절로 형성되었을지도 몰랐을 그 값진 기회가 수포로 돌아가는 과정에서 유치진은 새삼 석양 속에 서 있는 극장 건물이 너무 높고 크기만 했을 것이다.

그러나 드라마센터에서 가장 값지고도 새로운 인재양성에 성공한 점이 있다면 그것은 연극아카데미를 중심으로 한 극작워크숍의 성과라 하겠다. 이 부설기구는 고대 교수이자 영문학자인 여석기가 주재하여 신진 극작가와 연기자를 양성하는 일이었다. 따라서 이미 4년제 대학과정을 마친 엘리트들이 모여 진지한 수업을 거치는 동안에 그곳에서 탄생한 인재는 다음과 같다. 즉 윤대성, 이재현, 노경식, 박조열, 이상일(평론) 그리고 연기자로서 신구, 전무송, 민승원 등도 있어 오늘날 그들이 연극계에 놓인 위치를 생각할 때 드라마센터의 인맥은 결코 두절되거나 전무했었다는 절망만은 아니었다.

이와 같은 과정에서 배출된 연극계의 인재들이 오랜 세월 동안 갈고 닦은 끝에 한국연극계에 그 빛을 더했다는 점으로 보자면 유치진은 그 의도적이거나 작위적인 작당 행위로서의 인맥보다는 교육을 통한 자연스러운 인맥 조성에 더 밝은 편이었다. 한편 이와 같은 초창기의 격랑을 헤쳐온 드라마센터에는 또 하나의 파문이 일어나고 있었다.

다름 아닌 드라마센터 건립 문제를 둘러싸고 들려오는 잡음이 바로 그것이다.

이 잡음의 발단은 이근삼(李根三)이 미국의 록펠러재단 측에다 대고 드라마센터 건립에 대한 재원 지원은 잘못된 일이라고 말했고 드라마센터를 유치진이 사유화(私有化)하려고 한다는 음해설이 나도는 데서 비롯된다.

그 당시 이근삼은 동국대학교 영문과 교수로 있다가 미국 노스캐롤라이나대학에 교환교수로 연구 중이었다. 그러므로 유치진은 몸소 미국까지 자주 드나들 여유가 없는 처지라 록펠러재단 측과의 접촉이나 교섭은 후학인 이근삼에게 일임하고 있었다. 그렇지만 이근삼은 드라마센터를 탄생시키는 데 일익을 담당한 공로자 가운데 한 사람이었음은 주지의 사실이다. 그리고 록펠러재단 측에서 현지조사차 담당자가 한국 방문하는 일에 있어서도 적지 않게 힘을 썼던 처지였다. 그런데 뒤늦게 "드라마센터는 한국연극의 진흥을 위해서 미국의 록펠러재단이 재정지원을 했는데도 드라마센터는 연극계에 개방되지 않고 마치 사유물처럼 사용하고 있다"라는 소문이 퍼져나간 셈이다.

유치진은 노발대발했다. 제자에게 배반당했고 뒤늦게 뒤통수를 맞는 격이었다. 그렇지 않아도 화려한 개관공연도 일장춘몽으로 끝나고, 믿었던 해외파 연극인과 국내 신진 연극인들도 하나둘 발길을 돌림으로써 드라마센터가 코너로 밀려 나가는 와중에서 이런 말이 들려왔으니 그 심정은 이해하고도 남을 것이다. 그러나 당사자인 이근삼은 먼 훗날에 가서도 그것은 전혀 근거 없는 낭설이며 자기야말로 이용만 당한 꼴이 되었다고 일축하였다.

사태가 이쯤 되니 유치진을 따르던 신협 측 인사는 말할 것도 없고 이해랑, 김상호는 이근삼을 노골적으로 적대시했고 아직 학생 신분이나 다름없는 김의경도 이근삼과 동조했다 하여 원성을 사기에 이르렀다.

유치진은 용병술에 능할 듯하면서도 사실은 근시안적인 면이 없지 않았다. 외국에서 연극 공부를 한 사람을 무조건 환영하는 편이었다. 그래서 자신의 3남매와 사위까지도 미국 유학을 보냈고, 아카데미 출신들에게도 미국 유학의 길을 열었던 게 사실이다. 모두가 시야를 넓게, 멀리 외국으로 돌리자는 염원이었다. 그러나 결과적으로 그 해외유학파는 드라마센터에 잠시 머물다가 떠나갔다. 이근삼, 김정옥, 양광남, 양동군은 밖으로 나가 극단 민중극장을 창단했다.

이런 와중에서 연극계에는 하나의 새로운 실세가 고개를 쳐들었다. 그것은 평론가들의 등장이다. 지금까지 연극평론가라면 영문학자인 오화섭, 김경옥, 한재수, 그리고 각 일간지 문화부 기자가 고작이었다. 그리고 그것은 엄격한 의미에서는 인상비평이지 평론의 경지까지는 이르지 못했다.

유치진은 이 땅의 연극을 발전시키기 위해서는 평론가가 나와야 한다고 주장했다. 그러므로 1957년 ITI 한국본부가 결성될 때부터 각 대학에서 문학을 강의하는 교수들 가운데 연극과 인연이 있는 사람들을 적극 영입했다. 정인섭(鄭寅燮), 김갑순(金甲順), 이두현(李杜鉉), 나영균(羅英均) 등이 회원으로 가입했다.

그리고 여석기(呂石基)는 드라마센터 개관과 동시에 그 스태프로 들어가 유치진의 연극운동에 적극 가담했다. 창립공연 작품 〈햄릿〉이 여석기의 번역이었다는 사실 하나만으로도 그 신임도를 입증할 수가 있었다. 그 당시 〈햄릿〉의 번역은 이미 설정식(薛貞植)과 김재남(金在楠)이 출판한 바 있었다. 그러나 설정식은 월북작가였기에 채택할 수가 없었다.

여석기는 연극이론가로서 드라마센터 연극아카데미의 초대 교장 격으로 앉아서 많은 후진을 양성하였음을 앞에서 밝힌 바 있다. 훗날 연극평론가협회가 탄생하고 연극평론이 그 독자성을 차지하게 된 그 근원은 바로 여석기 교수의 공이자 유치진의 미래를 내다본 안목이 있었기 때문이라 해도 과언은 아니다.

　　　　　　　　　　　　　　연극계의 인맥

한국연극계의 인맥(7)

이해랑과 이진순의 갈등과 암투

우리나라 신연극 80년의 발자취를 더듬어 내려오자면 우연치 않게 하나의 일치점을 발견하게 된다. 그것은 약 10년 간격을 두고 하나의 이벤트적인 매듭이 지어졌다는 점과 그 시대의 주도적 구실을 해온 연극인들의 연령이 대개 10년 터울이었다는 점이다. 물론 이와 같은 사실은 어떤 과학적인 근거가 있다거나 정확하게 계산된 일은 아니다. 다만 그 시간적인 구분이 공교롭게도 약 10년 간격을 두고 있다는 것뿐이다.

예컨대 우리나라에서 최초로 신파연극을 공연했다는 기록은 1911년 임성구가 혁신단(革新團)을 창단하여 〈불효천벌(不孝天罰)〉을 선보인 데서 비롯된다. 물론 그 이전인 1908년에 국초(菊初) 이인직(李人稙)이 원각사(圓覺社)에서 자신의 작품인 〈은세계(銀世界)〉를 상연했다는 데 근거를 둔다면 그보다 증거가 분명한 점에서는 혁신단을 먼저 내세울 수밖에 없을 것이다. 그런데 임성구가 뿌린 신파연극이 기폭제라도 되듯 문수성(文秀星), 유일단(唯一團), 청년파(靑年派), 예성좌(藝星座), 취성좌(聚星座) 등 수많은 신파극단이 명멸하더니 동경 유학생인 박승희(朴勝喜)가 중심이 되어 의식있는 연극을 표방하고 나섰던 토월회(土月會)가 창단공연을 가진 게 1923년이었다. 그런가 하면 역시 동경 유학생들이면서도 이른바 해외문학파로 알려진 극예술연구회가 신극운동(新劇運動)의 기치를 높이 들고 발족한 게 1931년이었다. 한편 일본 군국주의의 압정 아래서도 최초의 연극전문극장이던 동양극장이 세워진 게 1935년인 데 이어서 일본의 문화말살정책의 일환으로 어용기관인 조선연극협회(회장 이서구)가 조직되어 모든 극단체들을 산하단체로 포섭하기에 이른 게 1940년이었고 제2차 세계대전이 발발한 게 이듬해인 1941년 12월이고 보면, 일제하 36년 동안의 커다란 매듭이 약 10년의 간격을 두었다는 점은 흥미 있는 일이라 하겠다.

그러므로 이런 이벤트와 때를 맞추어 한 시대를 영도해온 연극지도자가 배출되었으니 학계의 일각에서는 연극계의 한 세대를 10년으로 잡고 현재까지를 6세대로 나누어보는 소리도 있다. 그 세대별로 중요 연극지도자를 들자면 대충 다음과 같다.

제1세대 ······ 임성구, 윤백남, 이기세, 김도산
제2세대 ······ 박승희, 현철, 김우진, 조명희, 변기종
제3세대 ······ 서항석, 유치진, 홍해성, 박진, 송영, 임선규, 김태진, 박
　　　　　　　영호, 이서구, 나웅, 주영섭, 강홍식
제4세대 ······ 이해랑, 이진순, 이광래, 김동원, 이원경, 이서향, 안영일,
　　　　　　　함세덕, 황철, 심영, 김선영, 고설봉, 강계식, 김영수, 오
　　　　　　　영진, 조영출, 유계선, 김복자, 김양춘, 박학, 서일선
제5세대 ······ 허집, 오사량, 강효실, 장민호, 황정순, 박암, 강유정, 백
　　　　　　　성희, 하유상, 차범석, 이근삼, 정애란, 김규대, 최현민,
　　　　　　　김금지, 나옥주, 이용찬
제6세대 ······ 허규, 임영웅, 김정옥, 김의경, 김동훈, 권오일, 오현경,
　　　　　　　김성옥, 이순재, 오태석, 윤대성, 노경식, 박조열, 박정자,
　　　　　　　손숙, 추송웅

이상과 같은 분류는 자연인의 연령에 따라 대충 10년 안팎의 터울을 보이고 있으나 연령하고는 관계없이 연극계에서 실적을 남긴 점을 감안해서 볼 수도 있을 것이다.

그와 같은 관점으로 미루어보자면 지금까지의 연극계의 인맥은 제3세대에 속하는 서항석과 유치진이 두 개의 계파를 이루었다고 볼 수가 있을 것이다.

그러나 1960년대에 들어서면서부터 실질적으로 서항석과 유치진의 대립관계는 고개를 숙인 대신 그 뒤를 이어받은 계파의 2대 산맥은 제4세대인 이해랑과 이진순으로 집약되었으며 그 두 사람의 갈등과 암투는 1960년대 중반부터 70년대 말까지 끈질기게 계속되었다. 그렇다면 그 두 사람의 갈등은 어디서 온 것이며, 그 공(功)과 과(過)는 무엇이었는지 잠시 살펴보기로 하겠다.

이해랑은 1916년생, 이진순은 1915년생의 한 살 차이로 이진순이 위였지만 함께 일본대학 예술과를 졸업했고, 김동원은 1934년 동경에서 조직했던 학생예술좌(學生藝術座)의 한 식구였다. 뿐만 아니라 해방 후 민족진영의 연극계를 지켜왔고 1949년 중앙국립극장이 창설되자 그 직속극단이었던 신극협의회(약칭 신협)의 동인이었다. 이때까지만 해도 이해랑은 연기자였고 이진순은 연출자였으나 그 후부터 별세할 때까지는 모두가 대표적인 연출가로서 연극계를 이끌어 나왔다는 점에서는 한배를 타고 험난한 항해를 계속한 동지이자 동반자라고 봐도 결코 무리는 아니었다. 특히 암울했던 일제 치하에서 젊음과 예술에 대한 정열을 함께 쏟았던 동경 시절의 우정을 생각했다면 그 누구보다도 가까워야 했을 동지임에 틀림이 없었다.

그러나 두 사람의 만남과 헤어짐은 결코 순리적인 것이 아니었다. 일제 말기에 두 사람은 실질적인 연극활동을 할 수가 없었다. 그러나 이해랑은 은사인 유치진 선생이 주재했던 극단 현대극장의 단원으로 있으면서 연극에 참여하였지만 아직은 두각을 나타낼 정도는 아니었다.

한편 이진순은 전시(戰時)에는 연극을 할 수 없다고 판단이 되자 중국 북경으로 도피 아닌 도피를 함으로써 두 사람의 사이는 멀어졌다. 그러나 이해랑은 1945년 8.15 해방이 되자 극단 전선(全線) 및 극단 낙랑극회 등에서 연극을 하고 있었고 은사인 유치진이 친일연극인으로 낙인 찍혔을 때의 괴로움도 함께 겪었다. 그러므로 이해랑 역시 당시 기세가 등등했던 연극동맹의 세력 앞에서는 기가 죽어 있었을지도 모를 일이다.

다음 해 1946년 말 이진순이 중국에서 돌아왔다. 중국 북경에서 그동안 연극운동을 했다고는 하지만 그 실적은 불확실한 상태였다. 다만 그가 일본대학 예술과를 졸업했고, 학생예술좌 단원으로 있었다는 경력으로 봐서는 그 당시 드물게 볼 수 있었던 지식층에 속하는 연극인이었다. 연극인으로서 정규 대학을 나온 연극인은 이진순, 이해랑, 김동원, 이화삼, 박상익(연희전문)이 고작이었다. 그리고 이진순은 유일하게 연출가로 자처하고 구변이 좋고 정열적인 성품 탓으로 연기자인 다른 동배들보다 돋보였음은 짐작하고도 남을 일이었다.

이진순은 음악가인 이안드레아의 재정적인 후원을 얻어 극단 극예술원을 창단하면서 이해랑, 김동원, 이화삼, 박상익 등을 단원으로 영입하였다. 미국인 작가 맥스웰 앤더슨 작 〈목격자〉를 레퍼토리로 선정하고 이진순 자신이 연출을 맡았으나 연습 도중에 중단의 쓴맛을 보게 되었다. 이진순은 자신이 쓴 「한국연극사(韓國演劇史)」에서 그 중단의 이유를 "극예술원 자체 공연보다는 1947년 3.1절 공연이 보다 뜻이 있다고 보아 작품을 유치진의 〈조국(祖國)〉으로 바꾸고 연출도 유치진이 직접 맡았다"라고 진술한 바 있다. 그러나 재정적인 뒷받침은 역시 음악가 이안드레아였고, 연극과 함께 이안드레아의 탱고악단(樂團)과 공동으로 2월 25일부터 국제극장에서 공연하였지만 창단작이면서 동시에 해단(解團) 작품이 되는 비운을 맛보게 되었다.

이진순과 음악가 이안드레아가 어떤 관계이며 그 협약조건이 무엇이었는지는 소상히 알 길이 없다. 다만 작품과 연출자가 한꺼번에 바뀌었다는 사실은 두 사람 사이에 인간적인 신뢰감이 끊기었을 공산이 크다. 그뿐만 아니라 극예술원이 갈라져서 극예술협회(약칭 극협)와 신지극사(新地劇社)를 탄생시켰다는 사실은 매우 아이러니컬한 일이라 하겠다. 왜냐하면 극예술원을 실질적으로 탄생시킨 이진순은 극예술협회 단원에 끼지 못한 채 또 하나의 극단인 신지극사를 창단했기 때문이다. 새로 탄생한 극예술협회의 단원 명단을 살펴볼 것 같으면 유치진을 중심으로 이해랑, 김동원, 이화삼, 박상익, 장훈, 김선영, 조미령, 한성녀 등으로 이진순의 이름이 끼어 있지 않았다는 것은, 모르면 몰라도 이때부터 이해랑과 이진순의 사이에는 적신호등이 켜져 있었으리라는 추측을 하고도 남음이 있다.

이진순은 다음 해 10월 17일 신지극사 창단공연으로 중국의 작가 조우(曹遇) 작, 김광주(金光洲) 역 〈태양이 그리워〉[원제 일출(日出)]를 연출하였으나 별다른 성과를 얻지 못하였다. 뿐만 아니라 이해랑은 당시의 민족진영 연극의 중추 멤버로서의 극협을 이끌어 나왔고 연기자로서도 김동원과 함께 그 위상을 높여왔다. 그러나 이진순은 자신의 근거지가 될 만한 극단을 가지지 못한 채 산발적으로 남의 극단의 연극을 두어 편 연출했을 뿐이었다. 이 무렵 이진순은 지촌(芝村)이란 예명으로 여성국극에 자주 참여했다. 모두가 먹고살기 위해서였다. 두 사람의 거리는 라이벌이 아닌 전혀 다른 세계에서 동떨어진 삶을 보냈다. 아마도 이 시기가 연극계로서는 가장 어려운 시기였을지도 모른다.

그것은 연극계에서 한동안 패권을 잡았던 연극동맹의 세력이 사라진 후 처음으로 있었던 단결이자 화합이라고 해도 과언이 아니다. 왜냐면 1948년 대한민국 정부가 수립되면서 연극동맹 회원들은 지하로 잠적하거나 월북을 하자 이 땅의 연극계는 한동안 황량한 바람이 불었다. 다름아닌 보도연맹의 제정이다. 좌익연극인의 사상적 전향과 용공세력의 발본책으로 보도연맹(保導聯盟)을 출범시킴으로써 8.15 이후 좌익 연극에 가담한 사람에게 전과(前過)를 불문에 부친다는 골자였다. 그러나 결과적으로 그것은 연극인들 사이의 불신과 불화감의 골을 더 깊게 파고들었다. 다시 말해서 지금까지 민족진영의 연극인은 하나의 승리감에 취했지만 이른바 부역(附逆)의 낙인이 찍힌 사람은 패배감과 위축감에서 눈치만 보게 되었다. 따라서 유치진을 중심으로 한 소수의 연극인 말고는 대부분이 보도연맹에 가입을 면치 못하게 되었으니 연극계에 참다운 화합은 있을 수가 없었다.

이제는 정치적 이데올로기에 끌려 다니는 연극이 아니라 참다운 민족연극을 수립할 때라고 그 설립목적에서 밝힌 중앙국립극장은 모두가 쌍수로 환영했다. 그러나 결과적으로는 오랜 반목 끝에 유치진이 그 실권을 쥐게 되자 지금까지 서항석의 비호 아래 있거나 연극동맹 산하에서 연극을 했던 사람은 국립극장의 문턱을 넘나들기가 힘들었다. 겉으로는 화합과 단결을 내세웠지만 그 구성원의 성분을 보자면 유치진과 이해랑의 측근과 추종자들이었다.

국립극장에는 신극협의회(新劇協議會) 약칭 신협(新協)과 극협(劇協)의 두 전속극단을 두기로 하였으나 적당한 인재도 없었던 터라 우선 신협만을 구성케 하였다. 그런데 뜻밖에도 이진순이 그 일원으로 뽑힌 것이다. 어떤 경로에서 이진순을 받아들였는지 정확한 이유는 아무도 알 수가 없었다. 다만 연기자는 그런대로 구할 수가 있었지만 연출은 힘들었던 실정이었고 어쩌면 이진순과 이해랑의 어색한 관계를 씻어냄으로써 국립극단의 위상을 세상에 알리려는 유치진의 속셈이었을지도 모른다. 따라서 연출 진용은 유치진, 허석(許碩), 이진순, 이광래(李光來), 이화삼(李化三)으로 틀을 짰다. 그리고 창단공연 유치진 작 〈원술랑〉은 허석이, 2회 작품 〈뇌우(雷雨)〉는 유치진이 연출을 맡아 호평을 얻었다. 극장 측은 그 여세를 몰아 3회 작품으로 그 당시로서는 파격적인 사르트르의 희곡 〈붉은 장갑〉을 이진순 연출로 결정하고 예고까지 했다. 지금까지 슬럼프에 빠졌던 이진순으로서는 절호의 찬스였고 그것을 계기로 이해랑과 이진순은 지난날의 우정을 만회할 수도 있었다. 그러나 뜻밖에도 6.25가 발발되면서 그 꿈은 무산되고 말았다.

중앙국립극장이 설치되면서 두 사람은 6.25 직후의 짧은 피난 시절에 신협의 이름으로 공연을 몇 차례 가졌던 것 말고는 그 관계가 매우 껄끄러운 가운데 오랜 세월을 흘려보내야만 했었다. 그 직접적인 원인은 바로 전세대인 서항석이 유치진의 뒤를 이어 국립극장장 자리에 앉게 되면서 두 사람의 불편했던 관계는 다시 표면화되었다. 따라서 서항석의 세력권 안에 있었던 이진순과 유치진 휘하에 있었던 이해랑이 불화를 일으켰다는 것은 어떤 면으로는 하나의 숙명적인 만남이라고 볼 수도 있었다. 그러면서 두 사람이 모두 4.19 직후 제5세대의 심한 반격으로 일시적이나마 소외당했다. 다시 두 사람 사이에 금이 가기 시작한 것은 수복 후 명동 국립극장 시대에서 비롯되었다. 즉 극장장인 서항석과 밀착되었던 이진순이 득세를 하여 연거푸 연출을 맡은 데 반해서 이해랑은 극단 신협의 집단 이탈로 발판을 잃게 되었다. 그래서 잠시 유치진이 창설했던 드라마센터로 올라가 유치진의 바른팔 구실을 함으로써 그 명맥을 이어나가는 가운데 국립극장 대 드라마센터의 암투가 계속되었다. 그러나 드라마센터가 창설 당시 연중무휴로 연극공연을 선언한 지 1년도 못가서 급격히 관객이 줄어들기 시작하자 운영상의 적신호는 심각했었다. 그런가 하면 국립극장은 1962년 12월 연말공연에 차범석 작 이진순 연출의 〈산불〉로 유례없는 관객 동원에 성공하자 이진순은 기고만장하여 그 여세를 몰고 활발한 연출 작업에 참여했다. 뿐만 아니라 국립극장 부설 연기자양성소의 지도위원을 맡으면서 신인들과 접촉이 잦아지자 그 영향력을 끼치게 되었다. 이 신인군들의 명단을 보자면 대충 다음과 같다. 즉

남자연기자 …… 김인태, 오지명, 이치우, 이진수, 유계영, 이종만, 박

규채, 정일성, 노덕준, 김순철

여자연기자 …… 백수련, 김금지, 노경자, 김화자, 박수현

등으로 이들은 후일 연극계나 방송계에서 크게 활약하게 될 유망한 인재들이었다.

이와 같은 환경 속에서 이진순은 탄탄한 기반을 다져나갔으나 반대로 이해랑은 드라마센터가 문을 닫게 되자 갈 곳이 없었다. 뿐만 아니라 구 신협 단원들도 대부분 영화계로 진출하고 몇몇 사람만 국립극단 단원으로 남게 되어 명실상부 지리멸렬의 상태에 있었다. 이해랑은 이 궁핍과 고독을 이겨내기 위해서 신협을 재건할 필요성을 느꼈다. 연출가로서 자기 극단을 못 가진다면 그건 무기 없는 병사와 다를 바가 없기 때문이다. 그렇다고 옛 단원을 고스란히 불러올 수도 없었다. 왜냐면 이해랑과 늘 운명을 같이해온 김동원과 주선태만 해도 당시 영화계에서는 톱스타로 일을 하고 있었던 터라 다시 무대로 돌아올 수가 없었다. 그런 와중에서 이해랑은 구단원이 아닌 사람일지라도 영화배우 가운데 무대를 동경하거나 실적이 있는 중견배우까지 망라하여 극단 재건 작업에 착수하였다. 여기 기획자로 애써온 김상호(金湘鎬)가 발 벗고 나서 섭외 작업에 들어갔다. 극단 신협의 연극계에 놓인 위상과 또 과거 신협이 떨쳤던 명성과 실적은 여전히 그 빛을 잃지 않았는지 예상외로 이름 있는 배우들을 규합하는 데 성공을 했으니 그 명단을 살펴보자면 다음과 같다.

남자연기자 …… 김승호, 허장강, 황해, 방수일, 남춘역, 장민호, 박상

익, 백송, 추석양, 주선태

여자연기자 …… 황정순, 이민자, 조미령, 김정옥, 차유미

연극계의 인맥

이 구성 분포로 보자면 순수연극인보다는 과거에 악극단에서 활동했던 배우들이 더 많았고 그것은 어쩌면 극단 신협이 고육지책으로 채택할 수밖에 없는 과제 가운데 하나였다. 왜냐면 그들은 이미 영화배우로서 탄탄한 기반을 다진 데다가 일반 관객에게는 더 친숙해진 연기자들이니만큼 연기력은 연극배우에 비하여 떨어질지 몰라도 관객들의 호응도는 훨씬 높을 거라는 계산을 했을 것이다.

드디어 1963년 6월 6일, 극단 신협 재기공연의 막이 명동 시공관에서 화려하게 올려졌다. 공연작품은 차범석 작 이해랑 연출의 〈갈매기 떼〉였다. 특히 이해랑은 한국일보사의 장기영(張基榮) 사장의 적극적인 후원을 얻어 선전 면에서 획기적인 협조를 구할 수가 있었다. 물론 제작비도 한국일보 장 사장이 부담하는 조건이었다. 예견은 적중했다. 초일 첫 회부터 표가 매진되고 극장 앞에 도열하는 관객의 줄은 문자 그대로 장사진을 이루었다. 극장 현관에는 잠바 차림에 캡을 쓴 장기영 사장이 직접 나와 진두지휘를 했다. 이해랑은 모처럼의 쾌재를 부르짖었다. 오랫동안 가슴앓이처럼 앓아오던 증세는 순식간에 날아가고 극단 신협의 깃발이 나부끼는 명동 거리에 다시 연극 중흥의 소리가 높아갔다.

그러나 그와 같은 현실을 지켜보고 있던 이진순의 가슴은 결코 평온하지가 않았다. 같은 연출가이자 연극인으로서의 단순한 라이벌이라기보다는 눈에 보이지 않는 위협과 불안을 속일 수가 없었다. 1962년 〈산불〉 공연은 공전의 성황을 이루었다지만, 그 다음에 이어진 〈센트존〉, 〈해풍(海風)〉 등은 계속 실패로 돌아갔기에 그 불안은 더했다. 그런데 이 무렵 극단 신협에 대한 뒷소리는 결코 유쾌한 것만은 아니었다. 장삿속으로만 귀가 뚫린 나머지 악극단 출신 배우며 신파배우까지 동원한 연극이니 그것은 하나의 타락 행위라는 것이었다. 그것은 신협이 지금까지 주장해온 신극(新劇) 정신에 위배되며 한낱 저속한 상업주의 연극에 불과하다는 비판의 소리가 번져나갔다. 그러나 신협은 경상도, 전라도의 지방순회공연을 떠났다. 가는 곳마다 초만원을 이루었다. 영화에서만 보았던 거물급 배우를 목전에서 볼 수 있다는 소박한 매력에 끌린 지방인들의 호기심도 가세하였음을 속일 수 없었다. 목포 공연 때는 연극이 끝난 후 극단 청소를 했더니 고무신짝이 한 가마니나 넘게 쏟아져 나왔다는 우스갯소리까지 흘러나왔다.

이해랑은 우쭐했다기보다는 흥분상태에 취해 있었다. 역시 자기 극단을 가지고 있어야 연극을 하는 재미도 보람도 있다고 실감한 것이다. 지금까지의 신협은 음으로 양으로 유치진의 영향 아래서 자라나온 것이 사실이다. 그러나 이제부터는 그 영향권에서 벗어났다는 홀가분함 또한 부인할 수가 없었다. 그러므로 신협은 그 여세를 몰아 하유상 작 〈학 외다리로 서다〉, 이만택 작 〈무지개〉, 셰익스피어 작 〈오델로〉를 연이어 공연함으로써 그 저력을 과시했다. 그러나 이진순은 국립극단에서 공연한 이재현 작 〈바꼬지〉와 드라마센터에서 공연한 시인 구상(具常)의 〈수치(羞恥)〉를 연출했을 뿐 별다른 활동을 하지 못하고 있었다.

이해랑과 이진순은 노골적인 반목은 아니었지만 서로의 만남을 꺼려하고 있었고 두 사람을 따르던 배우들은 저마다 반대편을 비난하는 버릇을 서슴지 않았다.

그런 가운데 연극계에서는 하나의 의미 있는 축전이 벌어졌다. 1964년 4월 2일부터 5월 23일까지 개최되었던 '셰익스피어 탄생 400주년 기념 축전'이 바로 그것이었다. 영문학자 여석기 교수와 각 극단들의 협력으로 이루어진 이 축제는 학술강연회, 세미나, 사진전시회, 그리고 연극공연 등으로 화려하게 장식되었다. 특히 공연에는 6개 극단이 참가하였으니 그 내용은 다음과 같다.

참가 극단	작 품	연 출
국립극단	베니스의 상인	이진순
신협	오델로	이해랑
민중극장	뜻대로 하세요	양광남
실험극장	리어왕	허규
동인극장	안토니와 클레오파트라	정일성
극단산하	말괄량이 길들이기	차범석
드라마센터	햄릿	오사량

이 공연에는 약 3백 명이 참가했으며 72회 공연에 약 4만 명의 관객이 동원되어 참가 극단들이 모두 흑자를 냈다는 희귀한 사실이 밝혀졌다. 애당초 이 축전위원회가 조직되고 그 위원장으로 선임된 영문학자 권중휘(權重輝) 교수가 팸플릿에 실은 그 취지문에서 다음과 같이 밝힌 바 있다.

서양에 사는 셰익스피어는 동시에 한국에도 살아야 되고 그가 한국에 산다는 뜻은 그로 하여금 우리의 문화를 살찌게 해주는 영양소의 구실을 해보자는 데 있다. 학계와 극단이 공동노력으로 이루어지는 이 조촐한 행사가 그 숱한 행로를 좋고 보람 있는 성과를 바라는 의도도 외람되나 마 셰익스피어를 촉매로 하여 우리 문화의 하나의 조그마한 르네상스를 이룩해 보려는 데 있다. 이 공동의 노력이 가장 아쉬워하고 있는 것은 문화를 이해하고 옹호하는 각계 유지인사들의 성원이다.

그것은 분명한 의지에 따라 이루어진 생명력 있는 노력의 성과였다. 왜냐면 그 관객 동원 수는 국립극장이 지난 2년 동안에 동원한 총 관객 수보다도 많았다는 한 가지 사실만으로도 그 실적을 입증할 수가 있었다.

한국연극계의 인맥(8)

이진순과 이해랑의 갈등

    극단 신협의 재기 공연 〈갈매기 떼〉가 공전의 흥행 성적을 올리는 데 이어 범 극단과 영문학계의 협조와 단결로 이루어진 셰익스피어 탄생 400주년 기념 연극축전이 또다시 성과를 거두자 연극계는 재생의 기쁨과 희망을 실감했다.

    이 축제에 참가한 6개 극단은 저마다의 관객 동원 수를 내세우면서 극단의 실세를 과시하기도 했다.

    그러나 이 행사를 계기로 하여 영문학자 여석기 교수를 중심으로 연극평론가 그룹이 서서히 형성되어가는 조짐을 보인 것은 한국연극계로서는 매우 다행하고도 고무적인 징조였다. 왜냐하면 한국연극의 발전사를 돌아볼 때 진정으로 연극평론이나 평론가를 내세우게 된 것은 1960년 이후부터였다. 그 이전에는 대학교수, 연출가, 극작가, 문학인들이 이른바 시론(時論)이나 관극평을 이따금 신문이나 잡지 등에 발표한 사례는 있었지만 연극평론의 독자성을 인식하며 그 비평적 기능을 적극적으로 펴나가는 사람은 찾아보기가 힘들었다. 해방 직후에는 이서향, 안영일, 임화, 나웅, 김영수, 윤정섭, 신고송 등이 비교적 활발하게 집필을 했지만 그건 엄격한 의미에서는 평론이라고 하기에는 거리가 먼 성격의 글이었다.

    6.25를 겪고 서울 환도부터 1970년대 중반까지는 영문학 교수였던 오화섭과 시나리오 작가이기도 했던 이진섭, 한재수, 김경옥 등이 관극평을 썼고, 특히 각 일간신문의 문화부 기자가 필봉을 휘둘렀다. 정영일(鄭

英一), 호현찬, 임영웅, 신우식, 황운헌, 정인섭, 최일수, 김진찬 등은 열심히 연습장과 공연장을 드나들면서 평문을 쓰고 때로는 횡포를 부리기도 했다. 이 시기에 연극계 내부인사로서는 이근삼, 이원경, 그리고 차범석 등이 평을 쓰곤 했었다. 그러나 앞서 말한 것처럼 그것은 평론이라기보다는 관극평이나 인상비평의 경지를 넘지는 못했다.

이런 상황에서 1957년 극작가 유치진은 눈을 세계연극으로 돌리면서 ITI 한국본부를 창립했고 그 회원으로 각 대학에서 연극을 지도하거나 영미희곡을 강의하는 교수들을 영입시켰으며 1962년 드라마센터 출범을 기하여 연극계와는 직접적인 관계가 없는 여석기 교수를 사무국장으로 영입한 것도 연극평론의 자리매김에 크게 이바지했다.

이러한 과정에서 오화섭, 여석기, 김갑순, 나영균, 정인섭 등 영문학 교수가 평론의 전면에 나섰고 그 뒤를 이어서 1970년대 후반에 한상철, 유민영, 이태주, 이상일, 구히서, 서연호 등 평론계의 제3세대가 서서히 고개를 들기 시작했다.

어쩌면 그 맥락이 이 땅의 연극평론의 제자리 잡기일지도 모른다. 한편 일시적인 호황(?)을 누렸던 연극계는 다시 슬럼프로 빠져들기 시작했다. 그것은 재정난, 공연장 부족, 인재난 등 여러 가지를 들 수 있겠으나 무엇보다는 직업연극이나 전문연극을 지향하는 극단이 전무했던 게 가장 큰 걸림돌이었다. 이 시기에 활동을 했던 실험극장, 민중극장, 산하(山河), 동인극장(同人劇場), 극단 드라마센터는 구태여 말하자면 동인제 극단으로서 연극이 좋아 무조건 모여든 동인서클이라고 해도 과언이 아니었다. 따라서 그들은 어떤 인맥이나 파벌에서가 아니라 저마다 새로운 연극, 젊은 연극, 현대연극을 표방하고 나선 비영리적 극단이었다. 따라서 지금까지 연극을 직업으로 하고 고난을 겪어온 이해랑, 김동원, 이진순, 이원경 등은 발붙일 곳이 없게 되자 이해랑은 신협 재기를 시도했다가 얼마 안 가서 또다시 장벽에 부딪치게 되었다.

뿐만 아니라 연중무휴의 연극상설극장을 표방하고 나선 드라마센터도 경영난에 부딪치자 건물 일부를 예식장으로 대여하기도 하고 민간방송 공개홀로 내주며 연명을 했다. 그러나 유치진은 이미 기성 연극에다가 걸었던 희망을 포기하고 학생극을 통한 연극인 양성을 꿈꾸었다. 그래서 해마다 중·고등학교 연극경연대회를 개최하는가 하면, 각 일간신문의 신춘문예 희곡 당선작품을 공연함으로써 새로운 극작가 양성에 힘을 기울였다. 이 행사가 계기가 되어 그동안 뿔뿔이 헤어졌거나 반목해 왔던 이해랑, 이진순, 이원경, 오사량은 유치진의 휘하로 들어가 연출작업을 했다. 그리고 당대의 영화스타 김진규(金振奎), 전옥(全玉), 남궁원(南宮遠), 김보애(金寶愛)까지 무대로 끌어들임으로써 연극 부흥을 위해 심혈을 기울였으나 그것도 얼마 가지 못하고 휴관 상태로 들어가고 말았으니 기성 연극인들은 다시 뿔뿔이 헤어질 수밖에 없었다.

이러한 와중에서 이해랑은 극도의 생활난과 연극행위의 정체 상태에서 탈출할 구상을 하고 있었다.

이해랑은 이대로 가다가는 연극의 멸종을 기다릴 뿐이라고 생각한 나머지 얻어낸 결론이 이동극장 창단의 발상이었다. 이웃 나라 일본에서도 '트렁크 극단'이며 '천막극단'이 있어 관객이 극장으로 오기를 기다리는 게 아니라 관객이 있는 곳을 찾아가는 적극적인 관객 유치를 하는데 이해랑도 그 방법밖에 없다고 마음을 굳혔다.

"어두침침한 소극장에서 뛰어나와 넓은 광장에서 심호흡하자. 인공적인 전기 조명 대신 자연광선을 흠뻑 쬐며 연극을 하자. 그리고 소수를 위한 연극에서 탈피하여 민중 속으로 파고 들어가 공동체의식을 일깨우고 문화적 향유를 꾀할 수 있는 연극을 하기 위해 이동극단을 만들었다"(유민영 저, 「우리시대연극운동사」에서)라고 회고록에서 밝힌 바 있다. 그러나 어떤 동기나 계기에서 이해랑이 엉뚱하게 이동극단을 꿈꾸게 되었는지는 아직도 수긍이 안 가는 점이 많다. 특히 지금까지의 '어두침침한 소극장에 대한 반발이 왜 그렇게 갑작스레 일어났는지에 대해서도 밝힌 바가 없다. 그리고 무엇보다도 이동극단을 만드는 데 필요한 경비와 앞으로 이동극단을 운영해나가 소요되는 재정 염출 문제가 가장 근본적인 관건이기도 했을 것이다. 그러나 이해랑은 그 당시만 해도 불광동에 있는 문화인촌에서 그다지 넉넉지 못한 살림을 꾸리고 있었다. 일제 시대부터 가정 살림은 부인의 내조에 힘입은 바 컸음을 공사석에서 이해랑 자신이 자주 술회했던 사실이다. 그런데 이 문제에 대해서 이동극단에 직접 참가했던 이해랑의 제자인 유흥렬(柳興烈)(전 문화방송 제작국장)의 증언으로는 한국일보사 장기영 사장의 도움이 컸었다고 한다. 즉 장기영 사장이 주선을 한 덕으로 대기업체인 제일제당과 미원(味元) 회사의 후원으로 마침내 이해랑 이동극단은 출범했다는 것이다.

우선 GMC 대형 자동차를 구입하여 무대로 쓸 수 있도록 개조하고, 시보레 웨건차를 마련했다. 그리고 단원 모집은 주로 동국대학교 연극 영화과 출신으로 유흥렬, 이창구, 고영숙, 이영식, 그리고 기성 연기자인 임동훈 등 21명을 선정하였다. 창단 작품으로 이진섭(李眞燮)의 한 시간 짜리 코미디 〈오해마세요〉를 채택하여 1966년 8월 경기도를 시점으로 전국 47개소의 순회공연을 강행했다.

이해랑의 회고담에서 밝힌 바 있듯이 '밝고 넓고 대다수를 위한 연극'을 표방하고 나선 이해랑 이동극단의 출범은 여러 가지 면에서 연극계에 문제를 던지기도 했다. 그것은 첫째 관객이 없었던 시대에 관객을 찾아 나섰다는 그 과감성과 연극예술에 대한 관심이 없는 기업체를 탄탄한 후원자를 획득했다는 외교성과, 그리고 신인 기성인을 망라한 단원들에게 소정의 보수를 지급함으로써 생활의 위협에서 벗어날 수 있었다는 점이다. 그것은 결국 이해랑이라는 자연인의 사교적 수완이자 정치적 배경이었다. 다시 말해서 이해랑은 군사정권이 들어선 그 시기에 드라마센터에서 당대의 실권자였던 김종필과 인연을 맺음으로써 공화당과 관련을 가지게 되었다. 그리고 그것이 인연이 되어 1967년 제6대 예총 (藝總) 회장으로 선출된 이래 다시 유정회(維政會) 국회의원의 자리까지 따내게 됨으로써 이해랑으로서는 가장 화려한 시절을 맞게 되었다. 그러나 이해랑은 후일 회고담을 통하여 "국회의원을 지냈던 건 나로서 씻을 수 없는 외도였다"라고 고백한 점으로 보아 정치에는 별 흥미가 없었던 것으로 추측되며 그가 다시 연출가로 되돌아간 일을 '돌아온 탕아'라 비유하기도 했다.

그런데 이 시기에 이해랑과 이진순의 미묘했던 대립관계가 노골화되었다. 이진순의 눈에 비친 이해랑은 단순한 라이벌이라기보다는 하나의 적수이자 추적의 대상이었다. 극단 신협과 이동극단을 가지고 있고 연극협회 부이사장을 거쳐 예총 회장의 자리까지 올라선 데 대해서 부러움을 느꼈다. 다시 말해서 이진순은 나도 그 정도는 할 수 있다는 자신감과 오기가 오래전부터 발동을 걸기 시작했다.

1969년 이진순은 그 첫 단계로 한국연극협회 제7대 이사장 선거에 출마를 선언했다. 지금까지 이진순은 연극협회 부이사장직을 이해랑과 4년에 걸쳐 선출되었지만 명분만 가졌을 뿐 단 한 번도 연극협회 일에 협조한 적은 없었다. 그러한 이진순이 이사장을 꿈꾼다는 사실이 알려지자 맨 먼저 반대를 하고 나선 사람이 이해랑이었다. 그는 이미 예총 회장 자리에 있었다. 따라서 만일 이진순이 연극협회 이사장으로 들어앉을 경우 예총 회장으로서 여러 가지로 불편함을 겪게 되리라는 불안감도 있었지만 근본적으로는 인간적인 신뢰감을 가질 수 없다고 노골적으로 반대 의사를 표시했다. 그렇다면 누구를 차기 이사장으로 내세울 것인가를 놓고 중론을 모은 끝에 이해랑은 당시 6대 부이사장인 장민호와 차범석을 놓고 검토를 하기 시작했다. 인맥으로 보아서도 당연히 장민호가 가장 가까운 후계자였다. 왜냐면 같은 신협 식구이자 하루도 빠지는 날 없는 술친구이고 보면 누가 보더라도 장민호는 적임자였다. 그러나 어느 날 이해랑은 차범석을 지명했다. 이해랑은 연극협회가 연극인의 친목단체인 만큼 어느 한쪽으로 기울거나 편향성이 있어서는 안 된다는 점에서 중도파인 차범석이 적임자라고 지목했다. 이해랑의 직계인 김상호(金湘鎬)가 섭외에 나섰다. 그러나 당사자인 차범석은 그 제의를 고사하였다. 나이도 그렇고 극작가로서 더 성숙해야 할 처지인 만큼 전혀 고려해본 적이 없노라고 한사코 사양을 했다. 당시의 선거 분위기는 소규모의 대의원이 모아서 치르는 매우 소박한 것이었다. 사전 선거운동이라고는 없었다. 선거 당일 지지자의 천거에 따라 입후보자가 결정되고 그 자리에서 투표를 하는 식이니만큼 그 우호적인 선거 풍경과 지금의 타락된 선거 풍경은 문자 그대로 금석지감(今昔之感)을 느끼게 한다.

연극계는 50대의 중진 연극인 이진순과 10년 아래인 차범석의 경합이 화제가 되었다. 그러나 투표 결과는 이사장에 차범석, 부이사장에 이진순과 장민호가 당선이 되었다. 이진순은 중간에서 퇴장을 하고 말았다.

이 작은 파동은 궁극적으로 이해랑과 이진순의 불편한 관계에 더 깊은 골을 파게 했고 그로부터 두 사람은 노골적으로 적대시하게 되었다. 이진순으로서는 그대로 물러설 수 없었다. 그는 1966년 3월에 이미 극단 광장(廣場)을 창단하여 그 휘하에 사람을 모았다. 여기에 그 명단을 살펴보자면 다음과 같다.

남자연기자 …… 고설봉, 권성덕, 윤계영, 이진수, 김석강, 신원균, 이
      춘사, 최길호, 추송웅, 임동진
여자연기자 …… 김금지, 김민자, 김애리사, 노경자, 정애란, 백성희,
      최명주
스태프 …… 고동율, 박민규(이상 작가), 장종선, 김화자(이상 미술),
      이석구(기획)

이상의 명단에서 보여주듯 국립극장부설 배우양성소 출신과 국립극단 단원 출신 그리고 몇몇 성우들이 주종을 이루었다. 이진순은 극단 창단 취지문에서 "연극은 어디까지나 민중과 더불어 살며 입김을 나눠야 한다. 민중이 연극에서 멀어져 가는 데는 여러 가지 원인이 있겠지만 연극에 대한 애정을 느끼지 못하는 데 있지 않을까"라고 밝힌 바 있다. 따라서 연극을 진정으로 사랑하는 사람끼리 모았음을 밝히고 있으나 협의로 보자면 마음대로 부릴 수 있는 사람들이 대거 모아졌다고 봐야 옳았을 것이다.

그 한 가지 실증이 바로 신인소극장(新人小劇場) 창단에 얽힌 일화이다. 앞서 말한 바와 같이 연극계에서 이진순은 외로운 처지였다. 그는 주로 서항석의 그늘에 있으면서 국립극장에 드나들었고 국립극장부설 배우양성소의 일도 도맡고 있었다. 그러므로 양성소에 적을 둔 젊은 연극인은 그의 뜻을 받들어야 옳았다.

이진순은 그 젊은이들을 모아 신인소극장을 창단하기로 마음먹었다. 그리고 창단 취지문을 평소에 아끼던 제자로 현 극단 미학(美學) 대표인 정일성(鄭一成)에게 작성토록 했다.

창단 총회가 열리는 날, 이진순은 자신이 극단 대표가 될 것을 의심치 않았다. 그러나 투표 결과는 엉뚱하게도 최현민(崔玄民)이 대표로 뽑혔다. 뜻하지 않은 반란표가 복병으로 남아 있었음을 이진순은 뒤늦게야 알았다.

최현민은 극장장인 서항석과 같은 함경도 출신으로 국립극장 무대감독으로 일하던 열성파였다. 그는 평소에 이진순과 함께 서항석을 따르던 터이니 뜻을 같이하는 척했을 뿐 속셈은 달랐다. 그리고 그 최현민의 직계 제자가 바로 정일성이고 보면 정일성은 두 스승을 가까이 모신 셈이다. 따라서 평소에도 대인관계가 부드럽지 않았던 이진순을 지지할 리가 없었다. 이진순은 배신을 당했다고 분노했다. 그리고 최현민과 정

연극계의 인맥

일성을 끝내 멀리하게 되었다.

훗날 최현민은 연출가로 활동하다가 영화제작자로 진로 변경을 했다. 그러므로 극단 광장 멤버에 양성소 출신으로는 몇 사람밖에 끼지 않았음을 알 수가 있다.

이진순의 연극협회 이사장 자리를 향한 집념은 끈질기게 이어졌다. 그는 1970년 선거에 다시 출마했다가 재차 차범석에게 패하였고 9대, 10대까지 연 4차례나 차범석에게 표를 빼앗기는 고배를 마시게 되었다.

이러한 과정에서 이진순 대 이해랑의 적수관계는 매우 뿌리 깊은 것이어서 좀처럼 뽑혀질 것 같지가 않았다. 지난날의 연극동지요, 학교동창이요, 그리고 같은 연출가이며 동년배(물론 이진순이 한 살 위지만)가 무엇 때문에 그토록 증오와 적대관계로 치달았을까. 두 사람을 지켜봐 온 차범석은 이해랑, 이진순 양인을 만나 서로 화해할 것을 간청했다. 지난날 서항석 대 유치진의 그 불편한 관계의 응어리를 두 사람이 다시 이어받는다면 그것은 연극계를 위해서나 후배들을 위해서 결코 이익이 될 수 없다고 간곡히 말했으나 좀처럼 풀릴 기미는 아니었다. 그것은 결국 두 사람의 인간적인 불신감에서 나온 결과였다. 어떤 이해관계나 실리를 위해서라기보다 서로의 인간성이 마음에 안 들어서 함께할 수가 없다고 두 사람 모두가 저마다 자기 항변을 했다.

인간성이라는 게 무엇일까? 성격, 예술론, 가정환경, 처세술, 덕행…. 이 모든 것을 놓고 보면 그래도 어느 한구석에 공통점도 있을 게고 이해도 갈 법한데도 두 사람은 거의 생리적으로 맞지 않는 이질성을 지니고 있었다.

그런데 기적이 일어났다. 1975년 제11대 연극협회 이사장 선출에서 차범석을 제치고 이진순이 당선되었다. 그 당시 이해랑은 유정회 국회의원직을 맡아 정사에 분주할 때였다. 주위 사람들이 끈질기게 간청하고 설득을 했겠지만 이해랑은 여전히 이진순을 적대시했다. 그리고 이사장 자리에서 물러나 평이사로 선출된 차범석이 연극협회 일에 적극적으로 협력한다 하여 차범석까지도 이진순과 밀착되었다고 단정하고 백안시했다. 그 증거로 제1회 대한민국연극제에 출품된 극단 광장의 차범석 작, 이진순 연출 〈화조(火鳥)〉와 극단 산하가 출품한 차범석 작, 연출 〈오판(誤判)〉의 두 편 모두가 부문상 하나도 받지 못한 채 수상권 밖으로 밀려나기도 했다. 그것은 심사위원장인 이해랑이 심사과정에서 음으로 양으로 영향력을 미치게 했다는 뒷소문은 전혀 근거가 없었던 것도 아니었다. 그 이후 차범석이 이끄는 극단 산하는 연극제에 불참했다.

그런데 12대 이사장 선거 때 하나의 이변이 일어났다. 이해랑이 이진순을 적극적으로 밀었기 때문이다. 그렇게 되기 위해서는 같은 연배이며 평생 연극동지인 김동원, 이원경과 그리고 국립극장장인 김창구의 우정과 조언도 크게 작용을 했다. 국회의원이라는 직함을 떠나서 인간적인 우정의 회복을 강조한 데서 이해랑은 지금까지의 고집을 버렸다.

이를 계기로 이진순을 동국대학 출강, 국립극장 연출, 예술원 회원 선출 등 알게 모르게 큰 영광과 이득을 안기게 한 것은 이해랑의 우정의 덕택이었다. 연극세대로서 제4세대가 한자리에 다시 모이게 되었으니 그것은 분명히 경사였다.

그런데 여기에 또 하나의 작은 파문이 일어났다. 이진순은 연극협회 이사장 자리를 따고 나니까 이번에는 예총 회장 자리에 눈길을 돌리게 되었다. 그러기 위해서는 연극협회에서 선출된 대의원들의 지지를 받아야만 했었다. 이진순은 대의원 가운데서 영향력이 있다고 인정되는 차범석을 찾았다. 그날 밤 명동 엘칸토소극장에서는 피터 섀퍼 작, 차범석 연출의 작품 〈탈출연습〉을 공연 중이었다. 극장으로 찾아온 사람은 이진순, 이근삼, 그리고 허규 세 사람이었다. 가까운 대폿집에 들어간 이진순은 차기 예총 회장에 출마할 결심을 굳혔다며 차범석에게 협력을 요청한 것이다. 그 당시 예총 회장은 이봉래였고 차범석은 부회장을 맡고

연극계의 인맥

있는 터였다.

그러나 차범석은 뜻밖에도 두 가지 이유를 들어 이진순에게 출마 포기를 종용했다. 그 하나는 예총 선거전은 10개 협회와 그리고 지방 대의원까지도 포섭해야 하므로 선거자금이 많이 든다는 점과, 선거전략에 있어서 현 이봉래 회장을 당해낼 힘이 약하다고 지적하면서 연극협회 이사장으로서 연극계의 어른으로 자리를 굳히기를 간청했다. 그러나 이진순은 번의할 의사가 없었다. 그리고 협력을 안 하겠다는 차범석에게 불편한 감정마저 품게 되었다.

예총 선거 결과는 예상대로 이진순의 참패로 돌아갔다. 그리고 차범석도 예총 부회장 자리를 물러나게 되었으니 본의 아니게 피해자가 되었다.

이와 같은 일련의 선거 행각은 결국 이진순이 못 버리는 하나의 명예욕 때문이었다. 그러나 뒤늦게 이해랑과의 화해와 우정의 복구는 소중한 것이었고 두 사람은 자주 술자리에 어울려 다녔다. 예술원 회원으로서 연극계 원로로서 두 사람의 우정은 남부러울 정도였다.

그런데 또 이변이 일어났다. 1980년 공화당 정권의 붕괴와 함께 유정회가 해산되자 이해랑은 국회의원 자리에서 물러나게 되고 한 사람의 야인으로 남게 되었다. 어제까지의 화려했던 시절이 순식간에 잿빛으로 변해가고 주변에서 부산하게 오가던 군상들도 모두 떠나가는 게 마치 한 그루의 헐벗은 나무와 같았다. 고독이라기에는 너무 처참하고 허무라고 하기에는 우스꽝스럽게만 여겨지는 이해랑의 착잡한 심정이었다. 한 예술가가 자의 반 타의 반으로 국회의원 배지를 달고 바쁘게 정가를 드나들 때는 몰랐던 그 무엇이 이제야 마음속 깊은 곳에 도사리고 있음을 깨달았다. 그 허전함을 달래는 길은 친구와 술이라도 대작하는 길뿐이었다. 원래가 애주가이기도 했던 이해랑은 그 누구보다도 친구가 그리웠다. 그리고 자기의 그 심정은 그 누구보다도 가까운 친구가 잘 이해해주리라 믿었다. 그의 마음 한구석에서는 이진순의 위로의 말과 정겨운 술잔이 오고 가기를 은근히 기다리고 있었다.

그러나 다른 사람들로부터 위로의 전화가 오고 안부의 소리가 전해지는데도 친구인 이진순한테서는 아무런 소식이 없었다. 약간 불쾌한 생각이 들었지만 무슨 사연이 있었겠지 하고 기다렸다. 며칠 후 이해랑은 이진순이 국립극장에서 연극 연습 중이라는 정보를 들었다. 그는 전화를 걸어 대포 한잔 사라고 말하자 대답은 바쁘다는 한마디뿐이었다. 그 순간 이해랑은 전신에 전류처럼 번져가는 야릇한 전율을 느꼈다.

"너와 나 사이가 그것뿐이었나?"

그것은 이진순에 대한 물음이라기보다는 자기 자신에 대한 의구심이었으리라. 다음 순간 분노, 배반감, 증오, 그리고 어쩌면 복수심까지도 금할 수가 없었다.

남자의 세계가 의리로 규정지어졌던 구세대 사람의 사고방식이 하루 아침에 무너져 내리는 것 같았다.

"세상 사람이 다 변한다 해도 너만은 나에 대해서 그럴 수가 없는 노릇이다!"

이와 같은 극단적인 적개심이 끓어오르자 그날 밤 이해랑은 한남동에 있는 작은 카페 가을에서 밤새 맥주를 마시면서 울화를 삭여야만 했다. 길었던 단절기에서 되찾은 이해랑과 이진순의 우정의 끈이 불과 4년도 못 되어 끊어진 셈이다. 그러나 이해랑은 이제 모든 것을 털어버리고 본연의 세계인 연극무대로 돌아갈 수밖에 없다고 결심을 했다. 그리고 국립극단의 연출을 비롯해서 신협과 극단 사조(思潮)와, 그리고 호암아트홀 개관공연 등 활발하게 연출작업을 계속함으로써 노익장의 기염을 과시하였다. 평생을 이 땅의 리얼리즘 연극의 정립을 위하여 몸 바쳐온 그 끈기와 의욕을 여전히 불사르며 젊은 후배들과 어울려 다니기를 즐기는 이해랑의 머리엔 갑작스레 노인의 그림자가 눈에 띄는 것 같았다.

그러나 그가 정말 고독이 무엇인가를 느낀 것은 예기치 않았던 이진순의 죽음 직전이었다. 1984년 겨울 국립극장 연습장에서 연습 도중에 쓰러진 이진순은 병원에서 자택으로 옮겨졌다. 의사의 판단은 절망적이 었다.

그 당시 연극협회 이사장이었던 김동훈(金東勳)과 차범석은 회원 몇 사람이 각출한 성금을 들고 문병을 갔었다. 피골이 상접한 몰골은 그렇 다 치고, 심한 실어증으로 할 말을 못 한 채 멍하니 허공만 쳐다보는 그 흐린 동공에는 이미 죽음의 그림자가 역력했었다. 그토록 입담이 좋고 열변자였던 사람이 저토록 말을 하고 싶어도 못 하는 모습은 그대로 비 극의 한 장면이었다. 후배들이 내민 얼마 안 되는 위로금 봉투를 떨리는 손아귀를 꼭 쥐는 그의 눈은 촉촉이 젖어 있었다.

다음 날 차범석은 이해랑을 찾아 문병을 가도록 간곡히 종용했다. 과 거는 과거가 아닌가. 죽음을 앞에 둔 옛 동지인데 그럴 수는 없지 않겠는가 하고 호소를 했다. 이해랑은 눈을 지그시 감은 채 한동안 말이 없었다.

후배들이 문병을 다녀왔다는 소식을 들었을 때 이해랑의 가슴에는 잔 물결이 일고 있었으리라. 모두들 문병을 다녀왔다는데 나는 이대로 있 어야만 옳은가를 자문자답하고 있었으리라. 그러나 그런 인간하고는 다 시는 얼굴을 대하지 않으리라던 그의 고집스런 생각이 차츰 열리기 시작 했다. 미움과 사랑은 종이 한 장 사이라는데 그런 경우 어느 쪽을 택해야 옳은가를 생각하고 있었다.

죽음 앞에는 그 무엇 하나 값도 없어진다는 평범한 체념론이 어느 날 이해랑으로 하여금 한강변에 있는 이진순의 아파트 문을 두드리게 하였다.

피골이 상접한 그 처참한 모습과 실어증과 현실과 환상 사이를 오락 가락하는 몽롱한 시선을 대하자 이해랑은 말문이 막혔다. 그는 이진순 이 가까스로 내미는 야윈 손을 덥석 쥐었다. 체온이라고는 느껴지지 않 은 어떤 나무토막과도 같은 그의 손. 그 억센 평안도 사투리로 달변을 폭포수처럼 쏟아내던 입은 왜 아무 말 없는가. 그 오만과 야망에 타오르던 날카로운 눈빛은 무엇을 보는가. 줄담배로 한시도 쉬지 않던 그 입은 왜 안 열리는가.

"진순아! 힘을 내서 어서 일어나 인마! 네가 몇 살인데 지금 이렇게…."

이해랑의 말이 채 끝나기도 전에 이진순의 눈에서 눈물이 주르르 흘러내렸다. 그러고는 1주일 후 이진순은 가고 이해랑만 남았다. 영결식장에서 이해랑은 비로소 인생이란 어떻게 살아야 옳겠는가를 깨달았다.

연극 외길 60년. 그리고 칠순 고개를 넘어선 두 사람의 원로연극인의 애증과 갈등 앞에서 모두가 한결같이 찾아낸 말은 삶의 진실이 무엇인가에 대한 답이었다. 예술을 떠난 감정의 교착을 아침이슬에 비한다면 오르고 또 올라도 다 못 오를 예술의 산맥 앞에서는 보다 겸손해야 하고 솔직해야 한다는 교훈이었으리라. 그로부터 6년 후 이해랑도 연습장에서 쓰러졌으니 어쩌면 이해랑과 이진순은 죽음의 길을 가는 방법도 서로 시샘을 했는지 모를 일이다.

한국연극계의 인맥(9)

제3세력의 박진(朴珍)과 평론가의 등장

1

1960년대에 들어서면서 연극계의 변화는 극단의 증가에서 나타났다. 6.25 직후 직업극단이라고는 국립극단과 신협, 민극이 고작이었고 이른바 동인제 소극장이라고는 제작극회, 실험극장, 신무대실험극회, 팔월극장, 원방각 등 열 손가락을 꼽기에도 어려운 실정이었다. 그러나 소극장운동을 표방하면서도 한편으로는 대극장 공연을 병행해나가는 이른바 전문극단이 우후죽순 격으로 모습을 나타냈다. 극단 산하, 민중극단, 동인극장, 광장, 자유극장, 여인극장, 동랑레퍼토리극장 등 굵직한 극단이 창단되자 연극계는 표면상으로는 매우 활성화되어가는 기미를 보였다. 따라서 앞서 밝힌 바 있는 셰익스피어 탄생 400주년 기념축전은 한국연극의 새로운 면모를 보여준 좋은 예이기도 했다.

그러나 연극계 내부사정은 그게 아니었다. 극단의 증가에 비해 공연장의 태부족과 재정 면의 빈약과 인력(연기자)의 부족 등으로 연극의 질적인 면에서는 매우 부정적이며 수공업적인 열세를 면치 못했다.

때마침 박정희 정권이 들어서면서 구악을 일소하며, 모든 문화예술인의 화합과 단결을 적극적으로 권장하는 의지가 마침내 한국예술문화단체총연합회(약칭 예총)를 출범시켰다.

1962년 1월 18일과 19일, 세종로에 위치한 시민회관에서 화려한 창립기념 축전의 막이 열렸다. 이 프로그램에 실린 초대 이사장 유치진의 인

사말 가운데 다음과 같은 구절이 눈에 띄었다.

"같은 사고 밑에서 같은 노선을 걸으면서도 혹은 개적(個的)으로, 혹은 집단적으로 자기도 모르게 대립되어 때로는 쓸데없는 마찰을 조성하여 오던 과거를 돌이켜볼 때 이번에 예술계 전원이 쾌연(快然)히 하나로 뭉치게 된 것은 확실히 연두를 장식하는 역사적 사실이 아닐 수 없습니다"라고 심정을 피력한 점에서도 우리 문화예술계에는 아직도 대립과 반목 등이 잔재하고 있었음을 알 수 있다.

이 기념공연에서 음악, 무용, 문학, 대중음악, 연극 등 당시로서는 총망라된 모습에서 밝은 미래가 엿보인 것도 사실이었다.

연극은 김영수 작 〈가족회의(家族會議)〉가 공연되었으니 그 스태프와 캐스트는 다음과 같았다.

> 연출 …… 박진
> 조연출 …… 최현민
> 무대감독 …… 전세권
> 조명 …… 전희영
> 의상 …… 김금복
> 소품 …… 김지찬
> 출연 …… 변기종, 최삼, 진랑, 정애란, 백성희, 강창수, 김금지, 옥경
>   희, 고설봉, 최성관

이상에서 박진이 총책임을 맡았고 연기진도 대부분 국립극단 단원이라는 점에서 박진의 위상이 어디쯤에 있었던가는 쉽사리 짐작할 수가 있을 것이다.

박진은 서항석이나 유치진과는 또 다른 자기세계를 구축하고 있었다. 무엇보다도 그의 호방한 성품과 서민적이고 격의 없는 대인관계는 예술

연극계의 인맥

가라기보다는 이웃 아저씨 같은 친근감을 느끼게 했다.

박진은 구한말의 고급관료였던 박정양(朴定陽)의 둘째 아들로 태어났다. 일찍이 양정고보(高普)를 거쳐 일본대학 예술과를 중퇴한 후 극단 산유화회(山有花會)를 창단함으로써 연극계에 투신하였으니 어찌 보면 가장 순조롭게 연극인생을 시작한 셈이다. 뿐만 아니라 박진은 서항석이나 유치진이 연극을 예술로서 받아들이고 연극운동가로 자처한 데 반하여 대중연극을 통하여 민중 속으로 파고들어 가기를 원했다. 그래서 그가 동양극장에서 오랫동안 극작과 연출을 맡게 되었던 것도 결코 우연한 일이 아니었다. 대중적인 연극이 바로 그의 신조였다.

박진은 평상시에도 자신을 가리켜 고등신파쟁이로 자처하면서 어설픈 신극이나 번역극 따위의 고답적인 연극인은 별로 가까이하지 않았다는 점에서도 그의 연극관과 인생관을 엿볼 수가 있다. 그러므로 박진은 연극계뿐만 아니라 국악, 악극, 신파, 무용 등 폭넓게 행동반경을 넓혔다는 점에서도 특기할 만하다. 그것은 곧 술과 여성관계가 화려했다는 실증이리라.

박진은 형식적인 체면이나 허세를 기피하여 한 사람의 야인(野人)으로 자처했다. 그는 넓은 포용력과 친화력, 그리고 때로는 카리스마적인 면도 갖추고 있었다. 그러므로 어디를 가나 술값 걱정은 안 해도 될 만큼 자유롭게 삶을 이어나갔다. 그러나 슬하에 소생이 없었던 개인적인 고민도 결코 배제 못 하리라. 그러기에 박진은 1966년 발간한 회고록「세세연년(歲歲年年)」에서 이렇게 심정을 토로한 바 있다.

"인생은 허무하다. 하지만 내 인생처럼 허무한 인생은 없을 것이다. 인생일장이 춘몽(春夢)이라 하지만 내 꿈같이 허망한 꿈은 없을 것이다. 공수래공수거(空手來空手去)라 하지만 나같이 깨끗이 빈손 들고 왔다 가기도 어려운 일이다."

그러고 보면 박진은 어떤 세력권의 구축이나 파벌의식하고는 거리가 먼 사람이었다. 개인과 개인의 친화를 토대로 인정과 의리에 집착했던 그의 인생 행각은 어찌 보면 보스 기질은 있으되 사리사욕이라고는 볼 수 없는 순수한 삶의 소유자였다.

동양극장 시절 그의 밑에서 배웠거나 생활을 함께한 사람은 그의 인간적인 매력을 잊지 못했다. 그에게는 어떤 저의와 권모술수로 세력을 넓히거나 패권을 장악하려는 야심이라고는 없었다. 왕년의 명배우 김승호, 전옥, 복혜숙, 석금성, 서일선, 서월영, 김소영은 물론 국악계나 악극계의 인사들이 박진을 따르던 의미를 우리는 음미할 필요가 있을 것이다. 그 실증으로 자서전 「세세연년(歲歲年年)」을 출판했을 때도 이른바 순수연극계 사람은 누구 하나 참여하지 않았으며 연예계의 김석민(金石民)이 주동이 되었다는 한 가지 사실만으로 짐작을 할 수 있을 것이다.

2

1968년 2월 26일과 27일, 수유리에 있는 아카데미하우스에서는 연극 사상 일찍이 없었던 대규모의 연극을 위한 대회가 열렸었다. 한국연극협회(이사장 차범석)와 크리스챤 아카데미가 공동 주최했던 이 모임은 실질적으로는 제1회 연극인대회라는 명칭으로 진행되었었다. 연극뿐만 아니라 인접 예술계까지 합하여 50여 명의 인사가 참석한 가운데 폭넓고도 진지한 연극 중흥의 목소리가 높게 울려 퍼지기도 했었다. 참고삼아 이 모임에서 발표된 주제와 연사를 열거하자면 다음과 같다.

1. 신극 60년과 내일의 연극(유치진)
2. 연극육성책(차범석)
3. 무대형상화의 내용과 형식(김경옥)
4. 대중문화와 내일의 연극(여석기)

이상과 같은 주제발표에 이어 진지한 대화가 이틀에 걸쳐 진행되었는데 여기에 참여한 명단을 보자면 서항석, 박진, 오영진, 이두현, 이진순, 이해랑, 이병복, 김정옥, 김의경, 전광용, 최창봉, 김갑순, 나영균, 김창구, 이인선 등으로 그 당시의 우리나라 연극계 기성세대와 신진세대가 모두 모였다고 봐도 과언이 아니었다. 따라서 이 모임은 세속적 표현을 빌리자면 연극계의 화합과 단결을 다짐했고 이른바 초당파적 차원에서 공동 관심사에 대해 진술한 대화를 나누자는 데 그 목적이 있었음은 물론이었다. 그것은 그 당시만 해도 연극협회에 등록된 회원단체 수가 21개였고 회원 수도 고작 3백 명 정도의 오붓한 식구였으면서도 알게 모르게 대립과 갈등은 내재하고 있었음은 의심할 수가 없었다.

그런데 대화 과정에서 하나의 작은 충돌이 일어났다. 그것은 네 번째로 주제를 발표했던 고려대학교 여석기 교수의 발언이 그 진원이었다. 여석기 교수는 주장 가운데서 다음과 같은 발언을 했다.

"… 신극 60년이라고 시간의 길이만을 자랑할 때가 아니다. 모질게 말해서 희곡에 관한 한 전통도 없고, 고전도 없다고 생각한다. 형식을 통해 대상을 찾는 방향을 제대로 못 찾고 있는 고통을 수많은 신인(작가 지망생을 포함해서)들의 작품 속에서 보며 고전과 전통이 없다는 것을 새삼스럽게 생각하게 된다. …"

다음 순간 박진의 그 걸걸하면서도 예리하고 독특한 말투가 여석기의 발언을 막자 두 사람 사이에는 날카로운 공방전이 벌어졌다.

"잠깐만! 지금 뭐라고 했소? 이 땅에는 전통도 고전도 없다고? 그럼 지금까지 이 땅에서 이루어진 연극은 아무것도 없었단 말이오?"

"그럼 뭐가 있습니까? 전통이라는 게 그저 세월만 흘려보냈다고 해서 되는 건 아닙니다. 후세들에게 자랑스럽게 계승시켜줄 만한 가치가 있어야 한다고 봅니다."

"그럼 여기 앉아 있는 경안(耿岸)이나 동랑(東朗)이나 그리고 나까지 몰아 잡아서 해놓은 일이라곤 없다 이거요?(경안과 동랑은 서항석과 유치진의 호이다)"

"그럼 선생님 세대에서 해놓은 게 뭐가 있습니까? 기껏해야 신파연극이 고작 아닙니까?"

"그래 신파연극을 했다! 그래도 내가 한 연극은 고등신파다! 그게 뭐가 잘못이란 말이야? 어디서 함부로 떠들어대는 거야? 아니 외국유학하고 영어 나부랭이나 씨부렁대며 대학에서 가르치면 다인가? 우리처럼 국내에서 고생한 사람의 연극은 하나도 취할 게 못 된다 이건가? 응? 그게 무슨 놈의 논리야?"

장내 분위기가 순식간에 경직되었다. 평소에도 소주를 즐기던 다혈질 성격인 박진의 상기된 표정과 언성은 쩌렁쩌렁 울렸다. 박진은 옆자리에 앉아 있던 노배우 변기종(卞基鍾)에게 "형님! 우리 같은 노틀은 앉아 있을 곳이 못 되는가 보오, 나갑시다!" 하며 말리는 후배들의 손을 뿌리치고 자리를 박차고 나가려 했다. 그러나 경안 서항석과 동랑 유치진은 미소를 머금은 평온한 표정으로 앉아 있었지만 가슴에서 끓어오르는 불길은 좀처럼 삭일 수가 없었을 것이다.

이와 같은 사태가 표면화된 것은 단순히 순간적인 감정이나 즉흥적인 발상이 아니었다. 바꾸어 말해서 오래전부터 연극계 일각에서는 기성 연극을 비판적인 시각으로 들여다보는 한 군상이 있었기 때문이다. 그 군상들 가운데서는 가장 연장자이며 현직 대학교수인 여석기가 평소에 품고 있었던 생각을 논리적으로 피력한 것뿐이었다.

여석기는 1962년 드라마센터 개관에 참여했던 이른바 해외파 가운데 한 사람이다. 물론 동랑 유치진은 한국연극의 장래를 위해서는 새로운 두뇌의 소유자를 끌어들여서 연극의 혁신을 해야 한다고 생각했고 그

연극계의 인맥

첫 단계로 드라마센터 안에 연극 아카데미를 설치했으며 그 책임을 여석기에게 맡겨왔었다.

여석기는 그 아카데미에서 공부하는 젊은 극작가와 평론가들과 생활해온 가운데 이른바 기성 연극의 취약점이 무엇이며 혁신의 손을 써야할 점이 무엇인가에 대해서 누구보다 소상히 알고 있었다. 그것은 우리 연극계에는 진정한 의미에서의 평론 분야가 형성되어 있지 않다는 점을 늘 마음에 두고 있었다. 진정한 예술의 발전이란 창작 못지않게 비평기능이 병행되어야 한다는 점은 주지의 사실이다. 그러나 우리나라의 예술계를 돌아다보면 문학 분야를 제외하고는 평론이란 거의 불모지나 다름없었다. 그 당시만 하더라도 음악에 유한철, 이성삼, 미술에 유준상, 이일, 이경성, 영화에 호현찬, 이영일, 이명원, 무용에 조동화, 김경옥정도가 고작이었다. 그리고 연극은 오화섭, 여석기 두 사람뿐이었으며 일간지 문화부 기자로서 최일수, 신우식, 임영웅, 김진찬, 정인섭, 손기상 등이 가끔 관극평을 실을 정도였다.

이러한 상황에서 여석기를 중심으로 이른바 연극평론가들이 모이기 시작했다. 그리고 그 사람들은 예외 없이 외국유학에서 돌아온 30대 젊은이들이었다. 이상일, 이태주, 한상철, 양혜숙, 유민영 등으로 이 가운데서 한상철만은 외국유학을 거치지 않은 소장파였다.

이날 연극을 위한 대화에서의 여석기의 발언은 바로 이들 소장 연극평론가들의 시각까지도 포괄적으로 대변했다고 해도 과언이 아니다. 즉 우리의 연극사는 공연 자체에만 치중해왔을 뿐 이론적인 정립도 없을뿐더러 더구나 해외연극의 도입에는 전혀 신경을 쓰지 못했다는 데 가장 깊은 취약점이 있다고 진단을 했다.

그러므로 여석기가 맨 먼저 구체적으로 독자적인 활동을 개시한 일은 「연극평론(演劇評論)」이라는 연극전문지를 창간했다는 점이다. 이 책은 1970년 4월 10일에 첫 호를 냈으니 앞서 소개된 아카데미하우스 사건으로부터 2년 후의 일이다. 「연극평론」은 발행인 겸 편집인이 여석기 자신이었고 그 어려운 가운데서 18호까지 찍어냈다. 우리나라 연극사에서 전문적인 연극지라고는 1965년 이진순이 발행한 「연극(演劇)」이라는 책이었다. 그러나 이 책은 발간 두 번으로, 그것도 계간(季刊)으로 나와 단명하였다.

그러나 「연극평론」은 국판으로 된 계간지였지만 18호까지 나온 비교적 장수를 누렸을 뿐만 아니라 그 책의 필진이 바로 한국연극의 또 하나의 실세를 형성하는 기틀이 되었다는 점에서 주목할 만하다. 여기에서 주요 필자를 열거하자면 한상철, 이상일, 이태주, 정병희, 조동일, 심우성, 서연호, 유민영, 양혜숙, 그리고 여석기 등을 꼽을 수가 있다.

3

연극비평의 불모지대에 새롭게 등장하는 소장파 평론가들의 날카로운 필치는 보기에 따라서는 매우 신선하고도 고무적인 자극일 수도 있었다. 더구나 외국유학이라는 매력적인 경력은 그 당시의 젊은 연극인들에게 야릇한 동경심까지도 안겨주었고 그들과의 접촉은 곧 새로운 연극으로서의 통로이자 각성이라고 생각했었다. 그리고 현실적으로 연극공연을 마친 다음 신문이나 잡지에 실리는 공연 평에 이왕이면 호평을 받는 게 극단 자체로서도 이득이요, 개인적으로도 영광이라는 세속적인 계산법은 마침내 평론가들과의 접근 없이는 연극은 어렵다는 속물근성까지도 낳게 되었다.

연극을 왜 하며, 연극이 이 사회에서 무슨 구실을 할 수 있으며, 연극이 이 나라 예술에 있어서의 위상이 무엇인가라는 근본적인 문제와는 달리, 어느 평론가의 눈치를 봐야 유리한가라는 근시안적 단견으로 극단 유지에만 연연해하는 젊은 연극인들이 늘어만 갔다.

그러나 여석기가 중심이 되어 펴냈던 「연극평론」은 결코 그와 같은 차원 낮은 발상이 아니었다. 어디까지나 창작정신과 비평정신의 균형 있는 공존과 상호보완만이 이 땅의 연극을 살찌게 한다는 사명감에서 만들어진 것이었다.

그렇지만 연극계가 받아들이는 눈치는 그것이 아니었다. 아카데미하우스에서 원로연극인 박진이 크게 노했던 그 심리는 이를테면 하나의 피해의식이라고 봐도 과언이 아니었을 것이다.

우리는 현장에서 죽어라 고생을 해왔는데 뒤늦게 나타나서 한다는 소리가 고작 해서 남겨 놓은 게 뭐냐고 반문을 해? 그것이 대학교수요 평론가가 할 소리인가 말이다.

다분히 감정적이며 조건반사적인 반동작용이 연극인들 사이에서 일어났던 것은 숨길 수가 없었다. 뿐만 아니라 지난 1962년 드라마센터 개관공연을 기하여 이른바 해외파 연극인의 수준이 어느 정도인가를 알고 있는 기성인들은 평론가라는 이름으로 군림하려 든다는 피해망상증에 적지 않게 시달렸던 것도 사실이다.

그 후부터 연극계에서의 평론가의 실세는 탄탄해졌다. 공식석상에서나 매스미디어를 통하여서나 그들의 발언은 하나의 비중과 함께 권위마저 지니게 되었다. 각종 연극 심사나 희곡 심사는 물론 개개 공연평과 연극교육의 현장에서의 발언이 날로 높아가게 됨으로써 연극계에 또 하나의 인맥이 형성된다는 것은 매우 자연스럽고도 타당성이 있는 물리현상이 아닐 수가 없다.

1974년 한국문화예술진흥원이 발족되자 각종 진흥사업이나 심사위원 위촉에 있어서 평론가의 위상은 점점 더 굳혀만 가는 현실에 대해서 연극 현장인의 불만 불평은 결코 수그러지지 않았다. 뿐만 아니라 연극제

참가 극단 선별이나 작품 선정 과정에 있어서도 평론가들의 입김이 크게 영향력을 미치는 사례도 없지 않았다. 따라서 연극인들 가운데는 평론가와의 접근을 우선으로 삼는 풍조가 눈에 띄기 시작했다. 그 구체적인 예로 연극 팸플릿에 어느 평론가들의 원고를 택하느냐는 문제가 바로 그것이다. 평론가가 외국작품 번역자로도 활동하고 있는 실정에서 작가의 말을 청탁하는 일은 그렇다 치더라도 연극 내용과는 아무런 관계 없는 평론가를 끌어들임으로써 하나의 방파제로 과시하려는 풍속이 나타나기 시작했다. 그것은 약한 자의 패배의식이라기보다는 하나의 노예근성이라고 하는 게 나을지도 몰랐다. 그러나 한술 더 떠서 자신(평론가)의 작품이 공연된 극단의 연극평을 스스럼없이 호평하는 평론가도 없지 않았다. 생각하기에 따라서는 나는 번역만 맡았을 뿐 연극현장과는 아무런 상관이 없다고 항변할 수도 있겠지만 인간사회란 그렇게 단순한 것은 아니었다. 그리고 세월이 흘러간 먼 훗날 그 우행을 깨우치게 되리라고 허공을 쳐다보며 쓰게 웃어버리는 기성 연극인도 없지 않았다.

예술계에 있어서 파벌이나 인맥은 긍정적으로 받아들일 수도 있다. 예컨대 학교 동문끼리 모였으니 친근감이 짙고 동지적인 결합이 잘될 것은 물론이다. 그러나 실제적으로는 동문끼리 모여서 끝까지 성공한 예가 없다는 사례도 있다. 학연, 지연에 따라 조직된 집단은 예술계에서는 통용이 안 되기 때문이다. 그들은 어디까지나 개인 자격으로서, 그리고 자유인으로서 있기를 원하기 때문이다. 동문끼리 모였으니 보다 강력한 결속력을 발휘하리라는 예측은 하나의 감상주의에 불과하다. 연극이 단순한 정서의 발로나 감상주의의 해소 장소는 아니기 때문이다. 이러한 가운데 평론가는 1978년 6월 서울연극비평가그룹을 조직하였다. 대표로 여석기를 추대했고 지금까지 산발적으로 활동하고 있는 평론가들이 비평의 향상과 상호간의 친목을 돈독히 한다는 취지 아래 조직된 이 단체가 서울극평가그룹상까지 제정하여 연극 발전에 기여하고 있음은 매우 고무적인 일이라고 볼 수가 있다.

그러나 그와 같은 순수하고도 건설적인 의도 아래 조직되었으면서 그 것이 연극계에 미치는 영향은 결코 단순치가 않다는 데 바로 문제가 있다. 그 구체적인 사례를 들자면 그들 평론가들이 호감을 가지고 있는 극단이나 극작가는 미리 정해져 있는 듯한 오해를 낳을 때도 있었다. 평론가들 자신도 예술적 안목이 다르고 인생관이 다를 터인데도 어떤 심사결과는 일사불란하게 단합된 모습을 보여주기도 했다. 그 반증으로 평론가 자신들이 논쟁을 벌인 적이라고는 거의 없었다는 사실을 들 수가 있다. 비평의 기준이란 적어도 객관화된 주관으로 판단한다는 원칙 아래서 이루어지니만큼 서로 의견을 달리할 수도 있을 터인데 그와 같은 논쟁이 한 번도 없다는 게 우리나라 무대예술계의 특징이다. 여기서 굳이 무대예술계라고 지칭한 의미는 무용계의 실정도 그와 대동소이한 상태이기 때문이다.

서로 다른 시각과 예술적 이념·심미적 안목이 맞붙어 일으키는 그런 평론이나 공연평도 있을 법한데 그런 글을 만나기가 힘들다는 데 바로 문제가 있다. 그렇기 때문에 평론가라는 존재가 연극계에 또 하나의 담벽을 쌓으면서 파벌을 조성하는 결과가 되고 말았다.

한국연극계의 인맥(10)
합동공연 〈그래도 막은 오른다〉의 전말기

1

언젠가 C극단에서 오랜만에 셰익스피어의 〈안토니아와 클레오파트라〉를 공연한 적이 있었다. 근래에 드문 대작이 무대화된다는 기대감에서 서둘러 관람을 했었다. 어려운 여건 속에서 이루어진 노작(勞作)이었음은 인정했으되 결코 성공작으로 볼 수가 없었다. 함께 보고 나오던 몇몇 연극인들도 같은 의견이었다. 그런데 며칠 후 모 일간지에 극평이 실렸는데 문자 그대로 격찬이었고 연기자 개개인의 평까지 언급함으로써 모든 성의를 다한 완벽에 가까운 평이었다. 그 순간 나는 나의 무식을 부끄럽게 여기면서도 다른 한편으로는 꺼림칙한 뒷맛이 결코 개운치가 않았었다.

시간이 좀 흘러간 뒤 연극인들끼리의 회식이 있었다. 극작가, 연출가, 연기자, 기획자 등 7, 8명 식구들이었다. 그 자리에서 나는 그 평 얘기를 상기시키면서 반응을 묻자 좌중의 모든 사람들이 나와 꼭 같은 의견이었음을 알 수가 있었다.

일이 이렇게 된다면 과연 공연 평이란 무엇을 뜻하는가라는 문제와 만나게 된다. 쓰고 싶은 대로 쓰는 글인가. 써서 되는 글과 안 되는 글이 따로 있지 않은가. 필자와 극단 측과의 특별한 관계가 있었다 할지라도 그 사정(私情)의 조절과 농담(濃淡)의 분수는 최소한 있어야 했을 것이다. 우정으로 비평을 한다면 그것은 잘못된 파벌을 키우게 되고 그것은 급기야는 빗나간 인맥을 형성하는 곡필(曲筆)임은 불을 보기보다 더 밝은 이치가 아니겠는가.

우리의 연극계의 취약점을 수술하고 보완하는 평론가의 존재를 우리가 소중히 여기는 이유에는 두 가지가 있다. 그 하나는 평론가는 등대라는 점이요, 다른 하나는 나침반이라는 점이다. 등대가 서 있는 곳으로 접근해서는 안 된다는 소극적인 조언과 함께 어느 방향으로 향해서 뱃머리를 돌리라는 적극적인 지시를 두고 하는 말이다. 그것이 곧 평론의 존재의미이자 가치이기에 나는 평론가를 소중히 여겨왔고 지난날 나를 향하여 내리쳤던 그 칼자국을 지금도 소중한 교훈으로 여기며 살아왔을 뿐이다.

그러나 인맥이 시간과 전통의 단절을 시도함으로써 새로운 예술의 창조에 뛰어드는 우리의 처지는 또 하나의 인맥을 낳게 하였다. 그것은 얼핏 보기에는 세대간의 차이에서 오는 갈등이요 몸살이라고 볼 수도 있으나 요즘 우리 연극계는 각 장르 간의 대립 내지는 적대시까지도 서슴지 않고 있다.

그 예로 한국연극협회 구성표를 볼 것 같으면 제28조(구성)에 다음과 같이 각 분과위원회를 두고 있다.

ㄱ. 극작분과위원회(번역, 각색도 포함)

ㄴ. 연출분과위원회(안무 포함)

ㄷ. 연기분과위원회(무용 포함)

ㄹ. 무대장치분과위원회(장치, 의상, 조명, 분장, 효과음악, 소품, 무대기술)

ㅁ. 학술분과위원회(평론 포함)

ㅂ. 제작기획분과위원회

이 기구를 볼 것 같으면 종합예술로서의 연극이 포용하고 있는 다양한 식구들의 모습을 쉽게 알아볼 수가 있다. 다시 말해서 각자 자기 위치에서 일을 하되 상부상조해나가는 가운데서 좋은 연극을 창조한다는 궁극적인 목적과 한배를 타고 가는 식구라는 점은 의심할 여지가 없다.

그런데 근자에 연극계에 나타난 현상 가운데 하나가 그 각 분과마다 자기 몫 차지를 하기 위하여 안간힘을 쓰고 있다는 점이다. 그 가운데서도 두드러진 분과가 연출과 연기분과의 경우다. 그 실례로 연출분과에 소속된 연출가들은 각각 30대 연출가그룹과 40대 연출가그룹이 조직되었다. 소박하게 말하자면 동세대끼리의 친목을 도모하고 권익을 옹호하자는 뜻에서 형성되었으리라는 그 의도는 쉽게 추측할 수도 있는 일이다. 그러나 실제는 그들이 하나의 불편한 관계에 있다는 점이다. 30대와 40대의 차이란 도대체 무엇인가. 아니 30대도 머지않아 40대가 되고, 50대는 머지않아 노년기에 이른다는 것과 무슨 차이가 있단 말인가. 그런 식으로 나가자면 50대, 60대, 그리고 70대 연출가그룹이 결성되어야 그 형평 칙에 일치될 성질이 아니겠는가.

이와 같은 단순 논리가 서두에서 말한 친목과 권익 옹호에서 벗어난 또 하나의 파벌 형성을 위한 전초전이라고 보는 시각이 있다면 그것은 분명히 말해서 불행한 일이다. 모두가 합쳐도 한 줌도 못 되는 연극계의 실정을 감안할 때 그와 같은 파당 형성의 유행성 감기는 다시 한 번 생각해볼 일이다. 한마디로 50대 이상의 노장파 연출가들하고는 대화를 나누고 싶지도 않고 그들은 이미 무용지물로 따돌리는 적대심이 없었다손 치더라도 최소한 오늘의 연극계를 바로잡을 사람은 우리밖에 없다는 자만심과 소영웅주의에서 생겨난 발상이라면 그것은 분명히 말해서 불행한 일이다.

어느 시대고 새로움과 낡은 것과의 갈등과 충돌은 있게 마련이다. 그러나 30대와 40대의 갈등이 무엇이며 그 충돌의 원인이 어디에 있는가

연극계의 인맥

를 다시 한 번 솔직하게 돌아봐야 할 것이다.

그것은 지난날 50대 평론가였던 여석기가 60대 후반의 노연출가 겸 극작가였던 박진에게 쏘아댄 탄환의 구경의 차이는 있을지라도, 그 맥을 같이하고 있는 듯하여 쓸쓸하기만 하다.

그런가 하면 연기분과위원회를 주도하는 연기자들의 목소리가 드높아가고 있다.

두말할 것도 없이 연극으로 생활할 수 있는 연극계의 풍토 조성이 그 첫째 구호이다. 그들의 주장대로 하자면 연극협회에 등록된 연극인의 70%가 연기자들인데도 문예진흥정책 가운데 연기자를 위한 조목은 없고 극작가나 연출가 위주의 지원책만 해왔으니 이제는 우리 몫을 찾아야겠다는 주장이다. 매우 타당성이 있는 주장이다. 대학을 나와 10년 이상이 되었는데도 월 평균 20만 원 수입도 못 되는 비참한 연기자들에게도 온정과 관심을 기울여야 한다는 것은 너무나 당연한 주장이기도 하다.

그러나 문제는 연기자가 다른 분야와 비교했을 때 차별대우를 받고 있다는 생각은 하나의 피해망상이다. 연극지원책이란 어떤 특정 장르를 두고 이루어진 것은 아니다. 연극이 발전하고 사회적 위상과 인식이 향상된다는 것은 극작가, 연출가, 연기자 그리고 무대미술 전반에게 그 혜택이 돌아오는 일이다.

1978년 처음으로 대한민국연극제가 제도화되고 그 실천을 보게 되었을 때의 기본취지는 참다운 민족연극의 수립은 우수한 창작희곡을 발굴하는 일에서부터 시작되어져야 한다는 것이었다. 그래서 지원금 가운데 극작가에게 소정의 작품료를 지불케 하여 극작가로 하여금 창작 의욕을 북돋게 한 것이다. 그런데 연기자나 연출자는 이제 와서 그것을 부당하다고 주장하는 모양이다. 이야기가 이쯤 되고 보면 결국 연극의 공중분열을 가져올 뿐이다. 좋은 연극을 만들기 위하여 무엇을 해야 할 것인가와 협동을 위한 적극적 노력이 없다면 결국 연극계의 핵분열밖에 없게 된다. 연극이 종합예술이라는 너무나 당연한 정의 앞에서 우리들이 내세워야 할 일은 예술적 이념이나 표현양식에 있어서의 발언이라야지 그 밖의 감상적이거나 물질적인 차등을 두고 거론하는 일은 우리 연극에 아무런 보탬이 못 된다.

그러므로 장르별로 사람이 모이고 뜻을 모은다는 것은 예술행위의 향상을 위함이지 밥그릇 챙기는 일이 아니다. 그것은 또 하나의 인맥을 잘못 끌어들이는 일시적인 감정놀이에 불과할 것이다.

2

그러다 보니 연극의 인맥이 지금까지의 종적(縱的)인 형태에서 횡적(橫的)으로 확산, 변화하기 시작한 것은 1960년대 말과 1970년대 초입부터 일어난 현상이었다. 그 원인은 급증하는 극단의 수효에서부터 비롯되었다. 지금까지는 어떤 개인과의 주종관계에서 자연스럽게 형성되었던 인맥이 이제는 엇비슷한 사람들끼리 모인 동인제 극단으로 뭉치게 됨에 따라 인맥이 아닌 집단과 집단의 대립, 또는 경쟁, 심지어는 반목까지도 낳게 함으로써 연극계는 일종의 군웅할거(群雄割據)의 시대를 방불케 했다.

그러면서도 각 극단들은 똑같은 악조건 속에서 헤어나지 못하고 있었다. 그것은 한 개인이나 한 집단만으로 해결이 될 성질의 위기가 아닌, 연극계 전체가 똑같이 위기감에 몸살을 앓게 된 것도 바로 이 무렵이었다.

1968년 차범석은 사단법인 한국연극협회 이사장을 맡게 되자 이와 같은 공동의 고민을 풀기 위하여 연극계의 융합을 내세웠다. 연극인대회를 열어 대화의 자리를 가짐으로써 현안문제에 공동으로 대처할 방안도 모색하였다. 그것은 곧 공동의 노력으로 파벌이나 인맥 따위를 배제하는 데 목적을 두었다.

　　　　　　　　　　　　　　　　연극계의 인맥

앞에서 언급한 바 있는 연극인대회에 이어 제2회 한국연극인대회를 가짐으로써 보다 구체적인 현실 극복의 방안을 모색했다. 그 주제는 '연극계 오늘의 문제점과 그 해결을 위한 시안(試案)'이었다.

각 극단 대표들과 연극계 인사가 중지를 모으려던 그 자리는 이제 인맥이나 파벌은 사라져야 하고 우리 모두가 공동운명체로서의 인식과 사명감에 눈뜰 때라는 자각이 갑작스럽게 부상되었다. 참고로 그날의 시안을 소개하자면 다음과 같다.

연극계 오늘의 문제점과 그 해결을 위한 시안(試案)

1) 연극공연을 위한 무대가 확보되어 있지 않다.

(현실) 연극공연을 위한 전용극장으로는 서울에 국립극장, 드라마센터가 있을 뿐이다.

(해결책) 1. 도청소재지 및 시청소재지의 문화관 또는 교육회관 등을 개조하여 소규모의 연극공연을 할 수 있게 행정적으로 지원한다.

　　　　 2. 국립극장 설치법에 있는 것처럼 지방 국립극장의 설치를 추진한다.

　　　　 3. 극장과 영화관은 명칭 상으로 구별할 뿐 아니라 설치 기준령을 구별함으로써 소극장 건립을 장려한다.

2) 극단운영이 이적으로 되고 있지 않다.

(현실) 대개의 주요극단들이 국립극장에서의 공연을 위한 50만원 내외의 제작비를 소비하고 그 제작비의 회수에만 급급하고 있다. 그나마 출연자 및 스태프의 사례는 전혀 지불 못하고 있다.

(해결책) 1. 어떤 공연이 많은 관객을 동원할 경우는 영화의 경우처럼

320

연장공연이 보장되어야 한다.

2. 현실적으로 관객의 1/5이상은 초대권 손님이며 그나마 초대된 본인이 아닌 경우가 많은 점을 감안해서 초대권은 전매하던가 아니면 공연 첫날을 완전 초대공연으로 하여 입장권은 현금과 동일시되어야 한다.

3. 각 대학 및 직장 단위의 관극서클이 조직되어야 한다.

3) 오늘의 한국연극의 정립을 위해 기초가 되는 창작극이 부진하다.

(현실) 최근 창작극에 대한 관심이 높아지고는 있으나 아직도 부진하며 극작으로 출발한 신인작가들을 다른 분야로 빼앗기고 있다.

(해결책) 1. 영국 등 선진국가에서처럼 창작극을 공연하는 극단에게는 특별보조를 한다.

2. 문학지(文學誌) 및 종합지(綜合誌)에 희곡게재의 길을 주선하고 희곡집(戱曲集)의 출판 등을 권장한다.

4) 매스컴과의 협조가 잘 되어 있지 않다.

(현실) 신문의 문화란에 연극평이 거의 취급되어 있지 않으며 라디오나 텔레비전 등에서도 연극예술과 관련이 있는 교양프로가 거의 없다.

(해결책) 1. 신문의 문화란에 연극평을 부활하도록 신문사 측의 협조를 요청한다.

2. 연극과 관련이 있는 방송 교양프로를 가능한 한 많이 두도록 협조를 요청한다.

3. 라디오 및 텔레비전과의 연기자 교환을 원활히 하며 드라마 프로의 제작에 극단 참여의 길을 권장한다.

5) 교육에 있어서의 연극의 중요성이 평가되어 있지 않다.

(현실) 교육의 중요한 비중을 차지하는 스피치 교육이 중·고등학교
　　　교육에서 거의 무시되고 있으며 학생극을 지원하는 일을 연극
　　　인들이 등한시하고 있다.

(해결책) 1. 중·고등학교의 교육에 스피치과목이 편성되도록 당국의
　　　　　협조를 요청한다.
　　　　2. 학생극을 위한 희곡집을 발간하도록 출판사와 교섭한다.
　　　　3. 대학극 경연대회를 부활한다.

　이 시안에서 두드러지게 나타난 특징은 우리 연극계 전체의 현실문제
를 분석했을 뿐만 아니라 그 대책도 한 개인이 아닌 연극인 전체가 공동
으로 고통을 분담해야 한다는 의지가 짙게 나타나 있음을 알 수가 있어
매우 고무적이고도 건설적인 의지를 엿볼 수가 있었다.

3

　그 가운데서도 결과적으로 두 가지 수확이 있었으니 그 하나는 합동
공연이고 다른 하나는 연극절(演劇節) 제정이었다. 이 두 조항 모두가
개인을 떠나서 연극계 전체를 위한 구체적이자 보기 드물게 협동정신의
표방이라는 점에서 어찌 보면 한국연극계가 성큼 앞으로 전진하는 기미
를 보였다. 그것은 과거 지향적 후진성을 털어버리고 공동운명체로서의
거듭나기를 위한 선언이라고 볼 수가 있었다. 연극협회는 우선 합동공
연의 실천을 위하여 준비위원회를 결정하자는 데 의견을 모았다. 토의
끝에 준비위원장은 이사장인 박진(朴珍)이 맡고 부이사장 차범석(車凡
錫)과 장민호, 전무이사 김의경(金義卿), 이사 중에서 이진순(李眞淳)이
위원으로 뽑히고 협회 외곽에서 예총 회장 이해랑(李海浪)과 국립극장

장 김창구(金創九)를 위원으로 위촉함으로써 합동공연의 기본틀을 짜는 데 이르렀다. 곧이어 1967년 12월 7일 중앙공보관에서 정식발기위원회를 소집하였으며 공식 명칭도 '한국신연극 60주년 축전'으로 정하였다. 그러나 그 사업의 실질적인 업무 개시는 다음 해 1968년 신임 이사장인 차범석에게 인계됨으로써 본격적인 추진이 시작되었다.

여러 차례의 회의 끝에 확정된 조직과 업무 분담은 다음과 같았다.

위원장 …… 이해랑

부위원장 …… 차범석(선전, 구성), 장민호(기획)

기획간사 …… 김의경, 김창구(공연)

선전간사 …… 김정옥

공연간사 …… 김유성

이 밖에 이진순, 여석기, 이두현, 이근삼, 박노춘, 장한기는 별도로 출판위원회를 구성했다.

합동공연은 봄, 가을, 두 차례 가지기로 하고 먼저 봄 공연부터 착수했다.

이 합동공연에 참가 극단은 국립극단, 드라마센터, 신협, 실험극장, 산하, 자유, 광장, 동인, 배우극장, 여인극장, 가교 등 모든 극단이 총망라되었던 점으로 봐서도 유례가 없는 고무적인 성과였다.

작품은 원래 의도는 '눈으로 보는 연극사'로 차범석에게 구성이 맡겨지자 작품 제목은 〈그래도 막(幕)은 오른다〉로 개정하였다. 내용은 신연극 초창기 1910년부터 시대적인 대표작을 골라 재구성했으니 그 작품과 연출은 다음과 같다.

제1막 육혈포 강도(六穴砲 强盜)(임성구 작, 박진 연출)

　　　　　　　　　　　　　　연극계의 인맥

제2막 아리랑 고개(박승희 작, 이진순 연출)

제3막 토막(유치진 작, 김정옥 연출)

제4막 검사와 여선생(김춘광 작, 전세권 연출)

제5막 시집가는 날(오영진 작, 허규 연출)

그리고 출연자도 범 극단적으로 총망라되어 공전의 성과를 올렸던 사실은 연극사상 흔히 볼 수 없었던 화합과 협동의 모습을 보여줌으로써 연극계의 내일을 엿보는 듯했다.

4

연극계는 뭉치려고 마음만 먹는다면 안 될 게 없다는 자신감이 들었다. 그리고 사심을 버리고 소영웅주의에서 벗어나는 기본정신만 서 있다면 안 되는 게 없다는 교훈을 남긴 것도 합동공연 〈그래도 막은 오른다〉의 수확이었다. 그런데 이 과정에서 작은 파문이 일어났다. 그것은 출범 당시에는 적극 협력하기로 약속했던 드라마센터 측에서 갑작스레 태도를 바꾼 것이다. 첫째는 애당초 계획대로라면 제3막 작품을 〈버드나무 선 동리의 풍경〉이라는 유치진의 단막극을 채택하려고 했지만 작가의 반대 의사가 있어 부득이 〈토막(土幕)〉으로 작품을 바꾸었다. 뿐만 아니라 제1막의 〈육혈포강도〉의 연출은 처음엔 오사량(吳史良)으로 내정되었는데도 역시 본인의 의사에 따라 사퇴하자 박진으로 변경하게 되었다. 사태가 이쯤 되자 모처럼 범 연극계가 하나로 뭉치는 모습을 보임으로써 정체된 연극계를 중흥시키자던 굳은 의지에 균열이 가는 듯한 징조가 나타난 셈이다.

그럼에도 불구하고 드라마센터 측에서는 시원스런 대답을 하지 않았다. 그러던 어느 날 연극협회 이사장이자 이번 행사의 실무자인 차범석

앞으로 한 통의 서신이 전달되었다. 1968년 2월 21일자로 된 유치진의 친필이었다.

"아침에 전화한 바와 같이 한국 신연극사 50년 기념으로 드라마센터에서 역사적인 작품을 상연하고자 작년부터 기획하고 있으니 다른 단체에서의 같은 기획이 중첩되지 않게 해주기 바라며 신연극 60년 기념회에서 이 기획을 뒷받침하여 경제적인 후원을 해주기 바랍니다.(원문 그대로임)"

드라마센터 소장이자 극계의 대부이신 유치진의 서신 내용은 이런 연극협회의 행사에 왜 비협조적이었는가라는 이유를 밝힌 셈이었다. 실무자들로서는 당혹감을 느낄 수밖에 없었다.

바꾸어 말해서 드라마센터 측의 주장은 ① 신연극 60주년 기념행사는 1년 전부터 자기들이 기획한 일이니 기득권은 드라마센터에게 있다. 따라서 중첩되지 말 것. ② 재정적으로 어려우니 연극협회 측에서 예산을 쪼개줄 것이 골자였다.

차범석은 합동공연 행사의 공식적인 대표자인 이해랑에게 그 뜻을 전하자 이해랑은 그 특유의 눈웃음만을 지을 뿐 말이 없었다. 이해랑으로서는 스승의 뜻을 따르고 싶었겠지만 사실상은 불가능한 일이었다. 뿐만 아니라 연극협회에서 합동공연을 기획한 것은 박진 이사장이 재임 중인 1967년 봄부터였고 1968년 차범석 이사장에게 인수인계하여 이미 세상에 공표가 된 기정사실이었다. 그런데 유치진의 의견대로 기획이 중첩되지 않기를 바란다는 뜻은 연극협회 측에서 포기하라는 뜻을 의미한다. 뿐만 아니라 재정적인 후원을 요청해 왔지만 연극협회 자체가 무일푼에서 시작하되 공보부 측의 보조금과 몇몇 사람으로부터의 차입금으로 일을 시작하는 판국에 원조란 어불성설이었다. 김종필 국무총리를 명예회장으로 추대하고 사회적 저명인사들을 고문으로 모셔는 왔지만 그 누가 십 원 한 장 내놓지 않은 메마른 분위기를 그들

연극계의 인맥

역시 모를 턱이 없었다. 행사가 끝난 후 보고된 결산 내용을 밝히자면 다음과 같았다.

공보지원금 30만 원
예총(차입금) 20만 원
장민호(개인차입) 1만 원
김의경(개인차입) 1만 5,000원
극장수입금(매표) 34만 6,680원

이상이 예산집행의 틀이었다. 그리고 청산 과정에서도 예총 측엔 10만 원 갚을 뿐이다. 그러니 일체의 출연료는 무료였고 연출과 장치에 약간의 사례와 제작비가 나갔으며 인쇄물은 광고료로 충당했고 극장 대관은 무료로 하는 궁핍한 살림이었다.

그런 점으로 미루어볼 때 드라마센터 측의 재정 후원 요구는 하나의 명분이었을 뿐 반드시 그것을 쟁취하려는 의지에서가 아니었을 것이다. 굳이 말한다면 1962년에 드라마센터가 화려하게 개관을 했지만 2년도 채 못 되어 개관휴업의 지경인 데다가 연극계로부터 다소 경원당하는 듯한 소외감에서 오는 반발이라고 한다면 지나친 생각일까.

겉으로는 평온한 호수처럼 보이지만 아직도 연극계 일각에는 그 반목과 불협화의 앙금이 남아 있다는 증거가 될 것이다.

그런데 또 한 가지 잡음이 일어났다. 그것은 평론가들 사이에서 왜 하필이면 공연작품 제목이 〈그래도 막은 오른다〉인가에 대한 시비였다. 작품 구성을 책임 맡은 차범석은 팸플릿에서 그 작의를 밝혔는데도 평론가들의 의견은 ① 지금까지의 한국연극의 타성과 의식 없는 불확실성 ② 안일한 매너리즘에 의존하는 무성격 등을 내세우며 비아냥거리는 소리가 들려왔다. 차범석의 의견은 그것이 아니었다.

우리나라 신연극 60년의 역사는 한마디로 빈곤과 무관심과 무성의로 일관되었다. 항상 불안과 피해의식 속에서 떨고 있었지만 연극은 부단히 자라났고 계승되어 왔다. 그 누가 도와주지 않아도, 그 누가 멸시하더라도, 그 누가 눈여겨보지 않았어도 한국의 연극은 어제도, 오늘도 막이 올랐듯이 내일도 막은 오를 것이다.

라는 취지로 천명한 바 있다. 그것은 연극인의 숙명론이자 한국연극의 운명이다. 언제 정부가 연극을 위해서 적극적인 육성책을 세운 적이 있었던가. 연극인들의 권익 보호책을 세워줬던가. 사회, 문화, 학계가 언제 연극에 따뜻한 시선을 돌렸던가. 60년 전이나 지금이나 그 답은 여전하다. 그러나 연극은 아직도 살아남았다. 그래도 막은 오른 것이다.

합동공연 작품 제목 〈그래도 막은 오른다〉는 안일도, 패배도, 자학도 아닌 우리 연극인들의 몸부림일진대 어째서 평론가들에게는 타성과 안일과 매너리즘으로만 받아들여졌는가. 그것은 잘못된 선입관이다. 참다운 애정의 결핍증이다.

그러한 눈에 보이지 않은 차별의식이나 고정관념이 씻어지지 않는 한 연극계의 인맥이나 파벌은 남을 수밖에 없을 것이다.

한국연극계의 인맥(11)

6개 극단협의회(劇團協議會)의 파문

1

1966년 10월 16일

연극계 일각에서는 작은 지각변동이 일어났다. 여기서 굳이 지각변동이라고 표현하는 이유는 연극계의 침체에서 벗어나려는 자아의식으로서는 전례가 없는, 하나의 자발적이고 적극적인 의지 표명의 뜻이 있었기 때문이다.

그것은 다름 아닌 6개 극단협의회의 발족이다. 그 명칭이 나타내고 있듯이 6개 극단이 모여서 공동관심사에 대한 타개책을 강구하자는 데 그 목적이 있었다. 구체적인 사업으로 연극금고를 설치하여 제작비를 상호 융통하며, 선전, 대관 신청 및 인적(배우) 교류 등을 기하며 심각한 연극계의 당면문제를 해결해나가자는 데 그 설치목적을 두었다.

여기에 찬동한 극단 및 구성은 다음과 같다.

- 의장 …… 이진순 극단 광장
- 총무 …… 김의경 실험극장
- 이사 …… 노덕준 동인극장
- 이사 …… 양광남 민중극장
- 이사 …… 김정옥 극단 자유
- 이사 …… 차범석 극단 산하

그리고 인원은 6개월마다 교체하자는 데 의견 일치를 보았다.

이와 같은 발상의 배경에는 몇 가지 이유를 들 수가 있다. 그 첫째는 극단의 수효는 날로 늘어나는 추세인데도 공연장은 명동에 자리잡은 시공관(당시 국립극장) 하나밖에 없어서 공연에 큰 걸림돌이라는 점이다. 둘째로 각 극단마다 재정적인 영세성에서 벗어나기 위하여 연극기금(금고)을 설치하여 저리(低利)로 융자함으로써 난관을 타개하자는 의견이었다. 그 당시 관람료는 200원이었다. 그러나 대관일수는 고작해서 5일을 넘을 수가 없었다. 바꾸어 말하면 5일간 10회 공연이 만원을 이룬다 해도 7,000석이니 그 수입이 140만 원이다. 그러나 하루 평균 100여 명의 관객을 확보하기도 어려운 실정이고 보면 연극계의 실정은 거의 밑바닥을 기어가는 꼴이었다.

연극계는 각개 극단이 나서서 해결할 수 없었다. 그래서 얼마 전부터 공동체를 구성하여 상호 협력으로 해결해나가는 길을 모색해오던 차 선두에 서서 제안한 사람이 김의경(실험극장 대표)이었다.

그러나 어느 극단하고 섭외를 할 것인가에 대해서는 문제가 간단하지 않았다. 그 당시 극계 현황으로는 앞에서 거론된 6개 극단 이외에 신협, 드라마센터, 제작극회, 여인극장, 가교 등도 있고 보니 그 선별의 기준을 세우기란 어려운 일이었다. 그래서 각 대표들은 극단의 실적과 구성요원의 자질과 그리고 현재 활동상 등을 참고로 하여 우선 6개 극단으로 결정을 보았다.

그러자 즉각적인 반발의 소리가 들려왔다. 맨 먼저 항의한 극단은 드라마센터였다. 때마침 수유리 아카데미하우스에서 개최된 연극인의 대화의 자리에서 유치진 선생은 몹시 흥분된 어조로 항변했다.

"6개 극단협의회의 정체가 뭔가? 이건 일제 말기에 있었던 신파극단의 흥행사(興行師)들의 모임의 재판이다. 자기들끼리 담합해서 자기들만의 수익만을 확장하려는 불순한 저의에서 시작한 게 아닌가. 이런 조직은 절대로 용납될 수도 없거니와 그런 전근대적인 발상은 철회해야 옳다'라고 강력한 발언을 했었다. 그러나 당시 참석자들 가운데 누구한 사람 당당하게 항변을 못 했다. 그러자 대표 격인 이진순이 겸허하게 그 발안의 배경과 목적에 대해서 설명하자 잠시 분위기는 가라앉았다. 그러자 이 기구에서 제외되었던 극단 대표들이 산발적으로 반대 의사를 표명하고 나섰다. 한마디로 그것은 연극계의 파벌 조성일 뿐 실효성이 없다는 것이 요지였다. 그러나 그 속셈은 뻔했다.

"왜 너희들끼리만 모이고 우리 극단은 제외시키는가?"라는 불평불만이었다. 파벌 조성이란 예상도 못 한 일이지만 그 누구도 시원한 답변을 할 수가 없었다. 제아무리 용기가 있다 해도 "당신네 극단은 실적이 없고 실력도 모자라고 연륜도 얕으니 제외시키오"라고 답변하기란 상상도 못할 일이다.

극단 신협은 1963년 재기공연 〈갈매기 떼〉(차범석 작, 이해랑 연출)로 일시적인 명성은 만회했으나 근자에 와서는 이해랑 이동연극단으로 남아 있었을 뿐 별다른 활동은 없었다. 드라마센터나 제작극회도 역시 개점휴업 상태이고 보면 사실상 조직에서 제외될 수밖에 없었다. 그러나 준비위원회는 이 계획은 일단 유보상태로 묻어버렸다. 그 이상의 오해나 잡음이 두려웠다. 그러나 1966년 봄 국립극장(극장장 김창구)과 연극협회가 공동주최로 연극절(演劇節)을 제정하였다. 연극절의 제정 배경은 연극의 활성화에 있었다. 극단마다 산발적으로 공연하는 일보다 한 시즌에 집중적으로 공연함으로써 관객 유치와 매스컴의 집중적인 홍보효과를 얻자는 의도였다. 그것은 지난 1964년에 개최되었던 셰익스피어 탄생 400주년 기념축전의 성과에서 얻어낸 아이디어였다. 그러므로 4월 초부터 6월 초까지 약 2개월간 연극절에는 국립극단, 신협, 산하, 실험극장, 동인극장, 민중극장이 참가하여 평균 관객 동원 수는 4,000명 내외의 성과를 얻어냈다.

그런데 하반기에 들어서면서부터 연극계에 이변이 일어나기 시작했다. 하반기 시즌의 첫 테이프를 끊은 극단 산하는 〈베켓트〉(장 아누이 작, 한상철 번역, 표재순 연출)가 5일 공연에 6,500명의 관객 동원에 성공을 한 것이다. 뿐만 아니라 국립극단의 〈이순신〉, 신협의 〈불신시대〉, 산하의 〈열대어〉, 자유의 〈따라지의 향연〉, 실험의 〈무익조(無翼鳥)〉, 동인의 〈상복이 어울리는 엘렉트라〉, 극단 창조의 〈파우스트〉 등은 모두 최하 5,000명부터 최고 9,000명의 관객 동원에 성공하였다. 그것은 20개 극단이 상연한 연극에 약 9만 명의 관객이 몰렸고 특히 〈파우스트〉는 앙코르 공연까지 감행하는 성공을 얻었다.

그해 연말 조선일보는 일 년간 연극계를 회고하는 기사를 통하여 "무대정착(舞臺定着)의 새터전 닦아"라는 표제 아래 이토록 연극 붐이 일어나게 된 요인을 다음과 같이 분석하였다.

① 그동안 저질영화에 진절머리를 느끼게 된 관객들이 연극에서 새로운 재미를 느끼기 시작했고
② 연극배우들이 TV나 라디오를 통해 널리 알려졌고
③ 연극의 관객수준이 매우 향상되었다.

고 분석하면서

"여기에서 무엇보다도 문제가 되는 것은 레퍼토리 선정이다. 금년의 공연을 되돌아보아도 공연의 성과가 좋았던 〈파우스트〉나 〈베켓트〉는 모두 외국의 명작들이었다. 이것은 우리 관객들이 공연단체의 개성에 매혹되어 찾아간다기보다는 역시 레퍼토리를 염두에 두고 극단을 선택한다는 이야기이기도 하다. 또 이것은 우리 극작가들의 빈곤을 웅변으로 증명해주는 결과이기도 하다. 여기에 특히 기록할 만한 일은 공연단체가 구성원이 되는 공연단체협의회의 발족이다. 이들은 협의회 구성의

목적은 레퍼토리 선정에 있어서의 의견교환, 연극은행의 설치, 종합적인 PR 등을 내걸고 있다. 연말에 구성되어 아직 뚜렷한 활동은 보여주지 않고 있지만 이런 협의체의 필요성이 항상 논의되던 것이고 보면 구성 자체만으로도 하나의 성과가 아닐 수 없다'라고 고무적으로 분석하였다.

6개 극단협의회는 여기에 자신을 얻고 다시 발족의 의지를 굳혔다. 그것은 결코 연극계의 파벌 조성도 편파적인 이윤 독식도 아닌 연극계가 살아남을 길이라고 재확인했다.

6개 극단협의회는 주변의 사나운 시선을 물리치고 그 첫 번째 사업으로 다음 해인 1967년 1월 대대적인 합동공연을 기획하였으니 내용은 다음과 같다.

극 단	작 품	작 가	연 출	시 일
실험극장	〈화니〉	마르셀 파뇰 민희식 역	나영세	1966.12.24
민중극장	〈크노크〉	쥘 로맹	양광남	1966.1
동인극장	〈햄릿〉	셰익스피어	정일성	1967.1
광장	〈벚꽃동산〉	안톤 체홉	이진순	1967.1
자유극장	〈만리장성〉	막스 프리쉬	김정옥	1967.1

그러나 실험극장의 〈화니〉 공연을 제외하고는 모두가 도중하차로 끝나고 말았다.

2

모처럼 발족한 6개 극단협의회가 제대로 성공하지 못한 데에는 여러 가지 원인이 있겠지만 가장 큰 원인은 인화(人和)의 결여였다. 여기서 인화란 단순히 개인과 개인의 인간관계가 아니라 집단과 집단의 역학관계에서 빚어진 불협화음이다.

'한국연극의 중흥', '연극의 직업화', '전문화'라는 말은 1970년대를 전후해서 가장 빈번하게 사용되었던 슬로건들이었다. 그것은 우리 연극도 아마추어 수준에서 벗어나서 성숙해야 하고 직업화됨으로써 연극인들의 생활 보장과 사회적 위상을 향상시켜야 한다는 보다 미래지향적 의지에서 나온 말이다.

그러나 결과적으로 그러한 이론에는 찬성하면서도 그것을 얻어내기 위한 실질적인 노력이나 집단(극단)의 협동정신은 매우 소극적이고도 폐쇄적이었다. 그렇다면 그 원인은 어디에서 온 것인가라는 물음 앞에서 이제는 개인과 개인의 친소(親疎)나 선후배 관계가 아닌 한 집단과 집단 사이에서 벌어지는 경쟁의식이 두드러지기 시작한 데서 비롯되었다. 바꾸어 말해서 이제는 어느 한 개인의 역량이나 영향력보다는 어느 집단에 소속되거나 스스로 극단을 소유함으로써 얻는 실효성 여하에 따라서 자신의 위상을 확인하게 된 셈이다. 그러므로 어느 극단의 소속원인가에 따라 그 실질적인 인정도 받고 수상의 혜택도 받게끔 되었으니 그것은 지금까지의 인맥의 개념하고는 전혀 다른 인식이다. 다시 말해서 자리바꿈을 하게 되었으니 그 구체적인 현상이 다름 아닌 극단 수효의 증가 추세였다.

앞서 언급한 6개 극단협의회가 그 설 자리를 잃게 된 것도 따지고 보면 군소 극단의 증가에 따르는 암투나 중상과 그릇된 경쟁의식의 잔재였다.

바꾸어 말한다면 극단과 극단 사이의 공존(共存)보다는 상대방을 쓰러뜨리고라도 살아남고자 하는 욕구가 더 노골화되었고, 자신의 존재성을 과시하겠다는 소영웅주의가 갑자기 발동을 하기 시작했다고 봐도 과언은 아니다.

그 증거로 연극협회 산하 극단은 초기에는 정회원 극단만을 인정하였다. 따라서 초기에는 불과 10여 개의 회원단체와 지방지부가 대여섯 군데 있을 뿐이었다. 그러나 약 20년이 지난 1986년도 통계에서는 정회원 단체가 무려 34개에다가 지방지부가 28개로 증가되었고 다시 10여 년이 지난 2001년 현재의 통계로는

회원극단(서울) ······ 111개

지방지부 및 지회 ······ 52개

회원 수(서울) ······ 1,200명

회원 수(지방) ······ 2,000명(개산)

으로 늘어났다. 이 과정에서 초기에는 준회원 제도를 두어 젊은 연극인들로 하여금 연극의 문을 열어놓기도 했으나 1990년도 초기부터 준회원 제도가 폐지되면서 극단을 만드는 문이 활짝 열려서 어찌 보면 매우 활기를 띠는 듯한 기미도 보였다. 그러나 문제는 그것이 순수한 연극에 쏟은 집념이라기보다는 그처럼 증가되는 연극 인구나 극단이 우리 자신도 모르는 사이에 또 하나의 파벌을 조성하거나 인맥을 이어가는 수단으로 전락되었다는 데 문제가 있었다.

이 문제는 시각에 따라서는 그 의견을 달리할 수도 있겠지만 현실적으로 나타난 현상은 결국 수의 힘으로 인하여 사고가 두드러지고 있다는 점이다. 돌이켜보건대 연극이 좋아서 연극을 하겠다는 그 정열을 막을 수는 없다. 그들은 결국 표현의 자유를 향유(?)했다고 자부하는 사람을 전제로 하는 말이다. 그러나 연극협회 산하에 극단을 두고 회원입회를 하는 경우 자격심사제를 두었던 1980년대까지와 그 이후부터 현재까지 엄청난 변화가 입증되고 있다. 득표의 과다가 당락을 결정하는 것은 상식이자 민주주의 국가의 특징이다. 그러므로 그 득표를 하기 위한 치열한 경쟁은 당연한 결과이자 실정일 수도 있다. 그러나 그것이 정치나 어떤 인권단체라면 모를까 예술단체에까지 침입해 들어온 현실에서 우

리는 또 하나의 파벌을 낳게 함으로써 타개할 정도의 불쾌감을 금치 못하고 있는 게 대한민국 예술계의 실태이다. 문학, 미술, 음악, 무용 그리고 연극도 결코 그 예외가 아니라는 데 바로 오늘의 문제가 있다.

본론으로 돌아가자. 연극계에는 이미 인맥은 사라진 셈이다. 다만 파(派)가 있을 뿐이다. 그것도 예술적, 정치적 이념에서가 아니라 친소관계나 이해관계에서 얽혀진 파가 형성되었다. 그 가운데서 굳이 긍정적으로 받아들인다면 동문(同門)에서 생기는 학파는 모를까 그 이외는 거의가 선거 때만 되면 생기는 파벌이다. 따라서 한국연극의 인맥은 이제 정치적인 선거풍토에서 한 발도 물러설 수 없는 속된 현실로 나타나고 있다.

3

이를테면 예술에 있어서의 인맥은 종적(縱的)인 계보를 뜻한다고 해도 과언은 아니다. 특히 엄격한 도제제도 아래서 형성되었던 전통예술 분야는 더할 말도 없다. 그래서 무슨 류(流)라는 명칭을 내세우며 그 위신과 긍지와 명예를 목숨 이상으로 값지게 여기는 사실을 우리는 알고 있다. 그러나 지금 연극계는 그게 아니다. "나는 어느 스승 밑에서 배웠습니다"라고 솔직하게 말하는 연극인을 만나기 힘들다. 학교에서건, 극단에서건 자기가 잠시라도 머물러 있는 동안 그 사람에게 얻은 게 있다면 그는 스승이자 선배이다. 그리고 그것을 밝히는 건 순박한 인정이자 도리이다. 내가 그 사람에게서 배웠다는 게 왜 수치인가를 확언할 수 있는 사람을 제하고는 말이다. 그러나 연극계에 잠시 들른 사람이 얼마 안 있어 밖으로 나가면 새로운 둥지를 틀어 금세 영주가 되고 제왕이 된다. 단적으로 말해서 그것이 곧 극단이 늘어난 가장 현실적인 이유 가운데 하나다. 누구 밑에서 부당하게 억압당하느니 나도 떳떳한 독립

연극계의 인맥

깃발을 들겠다는 야망이 앞섰을 것이다. 사제 간의 정분이 아니다. 나를 현장 등용문에서 뽑아준 은혜도 아니다. 한 솥의 밥을 먹었던 인연도 아니다. 철저하게 나는 나이고 너는 너다. 그러니까 이것은 너와 나와의 거래이고 우리 두 사람만의 비밀로 하자는 데도 철통같은 맹세를 한다. 그것이 화끈하다고 느끼는 모양이다. 그것이 젊음이라고 여기는 모양이다. 그러므로 선거 때가 되면 어제까지 증오하던 사람도 동지가 되고 러닝메이트가 되고 개혁자가 된다. 그가 자기를 가르쳤던 스승일지라도 조건이 안 맞으면 적수이자 경쟁자가 된다. 그게 선거의 진상인데 뭘 그렇게 시시콜콜하게 캐낼 필요가 있는가라고 탓하는 사람도 있을 것이다. 그러나 그렇지가 않다. 보고도 못 본 척하는 것을 하나의 미덕으로 삼았던 한국연극계에 진정한 인맥이 살아남기 위해서 하는 말이다.

나는 이 논문의 서두에서 분명히 밝힌 바가 있다. 좋은 의미로서의 인맥은 꼭 있어야 하고 그것은 존중할 만한 것이다. 그러나 유감스럽게도 우리 연극계의 현실에서 그 따스한 체온은 가시고 매운 삭풍만이 불고 가는 현실에서 우리는 다시 돌아갈 길이 있으면 돌아가야 한다. 잘못 들었던 길이라면 비켜 가야 하지 않겠는가. 좋은 연극을 하자는 게 우리의 지상목적일진대 우리가 더 무엇을 바라겠는가! 정부의 정책이 틀렸다고 하고, 지원금이 고루 안 돌아간다고 불평하고, 심사가 불공평하다고 서울에만 편중된 중앙집권주의 문화가 틀렸다고 백번 외쳐봐야 그것은 내 얼굴에 침 뱉기일 뿐이다.

우리는 올바른 인간관계를 구축해야 한다. 종적으로나 횡적으로나 사심 없는 인간관계와 인간존중의 풍토를 일구는 일이 급하다. 인맥을 이용해서 내 배를 살찌우게 하는 게 아니라 내 힘을 보태서 상대방을 살찌우게 하는 일이 급하다. 그러한 노력도, 헌신도, 희생도 없이 이윤만 챙기는 장사치 심정에서 벗어나지 않는 한 한국연극은 살아남지 못할 것이다. 우리 연극을 찾자면서 서양연극의 찌꺼기로 도배하는 연극으로 우리를 현혹시키는 사술(詐術)을 버리지 않는 한 한국연극은 살아남지 못한다. 외국으로 나가는 것만이 세계화나 국제화라고 오인하는 사람들에게서 얻어진 것은 허영일 뿐 희망은 없다. 기초훈련도 없이 얄팍하게 도배질한 연극에서 우리의 정체성(正體性)은 발견할 수 없을 것이다. 아니다. 연극의 정체성이란 어떤 모델을 놓고 그 방향으로 밀고 나가는 것이 아니다. 내 것을 갈고 닦고 깎아나가는 그 과정에서 터득되는 게 정체성일진대 우리가 할 일은 바로 연극의 내실을 기하는 데서부터 시작해야 한다. 그렇게 하기 위해서 참된 인간관계가 필요하고 인맥이 소중한 것이다. 오래되었으니까 가치가 있는 게 아니라 오래된 것 가운데 새로운 것이 어디 없겠는가 하고 눈여겨보는 조심성과 겸손이 바로 인맥을 형성하는 첩경일 게다.

연극계의 인맥

한국연극계의 인맥(12)

연극협회와 인맥

1

한국연극계는 다른 분야의 예술과 비교했을 때 무엇보다도 재정적으로 빈약하다는 사실이다. 문학에는 베스트셀러 작가가 있고, 미술계는 고액 수입 작가가 있고, 음악이나 무용은 레슨과 입학 시즌의 호경기로 부를 누린다는 소문이 하나의 상식이었다. 그러나 연극계는 전혀 상반된 사정이었다. 극작가의 창작품이 번역극에 밀리기도 하고, 일 년에 한 편 무대에 오르면 감지덕지했다. 특히 연극협회에 등록된 수백 명으로 추산되는 연기자 세계에서는 몇몇 사람의 정상급을 제외하고는 일 년 수입이 백만 원도 못 된다는 통계까지 나와 우리를 슬프게 한 적이 있다. 그런가 하면 어쩌다가 운이 좋아 TV 화면에 비춰지게 되면 연극계를 되돌아보지도 않은 게 연극계의 실정이었다.

그러다 보니 연극계에서의 인맥 구조는 예술을 통해서가 아니라 하나의 실리를 추구하는 데서 오는 친소관계였을 뿐 언제나 타인의 관계였다고 해도 과언이 아니다. 그럼에도 불구하고 연극계가 언제부터인가 선거 때만 되면 활기에 넘치고 동지애(?)로 뭉치는 풍조가 굳어만 갔다. 즉 한 사람의 이사장 선출을 싸고도는 파벌 조성이다. 솔직히 말하자면 예술단체의 장이란 선거제보다는 추대제로 해야만 옳다. 전공분야에 있어서의 역량, 연령, 대인관계, 그리고 무엇보다도 공인(公人)으로서의 자질과 희생적인 봉사정신으로 그 집단을 이끌 만한 사람이면 몇 해를 맡아도 무방하다는 게 예술계의 상식이었다.

그런데 언제부터인가 예술단체의 선거 풍토가 가열되기 시작하면서 여러 가지 잡음과 추문까지 꼬리를 물고 끊이질 않았다. 그 대표적인 사례가 한국예술문화단체총연합회였다. 옛날 같으면 서로가 사양하기도 하고 그 부담스러운 자리에 왜 앉는가 하면서 노골적으로 기피하는 사람도 있었다.

그런데 언제부터인가 그 예총 선거가 크게 변모를 가져왔다. 예총회장을 놓고 치열한 각축전이 벌어지는가 하면 인신공격, 금품살포, 향응접대 등 정치계의 구악이 여지없이 벌어진 게 1970년대 말기부터였다. 그 원인은 간단하고도 분명했다. 유신정권이 들어서면서 국회의원 선출 과정에서 이른바 직능별로 전국구의원을 뽑게 되자 제일차로 등단한 게 연극계의 원로, 이해랑(李海浪) 예총회장이었다.

예술가도 국회의원이 될 수 있는 시대가 도래한 셈이다. 전국의 예술단체의 총본산인 예총회장 자리에 앉게 되면 자동적으로 국회의원이 될 수 있다니 그 얼마나 획기적이고도 코페르니쿠스적인 전환인가. 지금까지 예술가나 예술단체에는 곁눈질도 안 하던 정부가 예술가를 직능별 국회의원으로 발탁하게 되었으니 그 얼마나 혁신적인 변화인가! 모르면 몰라도 군인이 장악한 정권이었으니만큼 의도적으로 무(武)보다는 문(文)을 존중하는 정권이라는 이미지 부각에도 그 이유가 있었을 것이다.

연출가 이해랑은 누구나가 다 알고 있듯이 이를테면 야인(野人)이었다. 돈도, 관직도, 명예도 모르는 가난한 예술가이자 연출가였다. 오직 연극에서만 살기를 50년, 좋아하는 거라고는 맥주뿐인 소탈하고 가난한 연극인이었다. 그러한 연극인이 하루아침에 가슴에 금배지를 달고 검정색 자가용차를 타고 다니게 되었으니 그 당시 예술계로서는 하나의 경사로 받아들였다. 그리고 의사당에서 전체 예술가를 대변하며, 가난한 예술인을 위한 획기적인 대우 개선까지도 기대했던 것도 사실이었다.

　　　　　　　　　　　　　연극계의 인맥

그런데 실질적으로 나타난 변화는 예총회장이 국회의사당으로 가는 지름길이 되었다는 사실뿐 아무런 변화도 없었다. 그 후 조경희, 강선영, 신영균 등 역대 예총회장이 어김없이 집권당의 국회의원이 된 것이다. 이쯤 되고 보면 무슨 수를 써서라도 예총회장 자리를 노리고 볼 일이었다. 아니, 그것은 당연한 욕망일지도 모를 일이다.

그러나 문제는 그 선거 풍토가 예총 산하 10개 협회 이사장 선거에까지 파급되면서부터 갖가지 추악상이 표면화되었다. 세력 간의 암투는 말할 것도 없거니와 멀리 지방에 있는 회원들까지 찾아 나서며 구걸 행각을 감행하는 사태는 정치계의 타락상을 그대로 답습하고도 남음이 있었다. 그러자 1980년, 연극협회 제13대 이사장에 선출된 김정옥(金正鈺)은 그의 예리한 분석력과 판단력을 발휘하여 연극협회 이사장 선출방식을 단임제(單任制)로 하는 정관개정을 결정했다. 그것은 다름 아닌 장기 집권의 폐단을 없애고 연극인의 화목을 꾀하자는 데 의도가 있었다. 그래서 단임제는 연극계에 일진청풍을 몰고 오리라는 기대를 가지게 했다. 그것은 다른 예술단체에서는 생각도 못 했던 용단이어서 연극계는 모두가 그 성과를 기대하였다.

그러나 그로부터 20년, 연극계에서는 또 다른 변화가 일고 있었다. 선거의 열기가 가시고, 보다 화목하게 뭉치고, 신선한 후진들에게 문호를 개방하자던 그 의도는 간 곳 없고, 남은 것은 이전투구의 추악상이 해를 거듭할수록 심화되면서 연극계의 인맥은 거의 사라지려는 직전까지 와 있다. 다시 말해서 연극협회가 있음으로써 인맥의 존속 대신 파벌의 조성이 첨예화된 셈이다.

2

여기서 예총 및 연극협회의 선거제도가 필요 이상으로 강조되고 비판적으로 쓰인 이유는 간단명료하다. 새로운 시각에서 올바른 인맥을 찾아 나서야 하기 때문이다. 금력이나 권력으로 감투를 팔고 사는 정치계의 악습이 연극계에서만이라도 없어져야 하기 때문이다. 그러나 예총, 펜클럽, 그리고 예총 산하의 각 협회의 선거 풍토가 갈수록 타락과 추악상을 더해가는 와중에서 또 하나의 세기말적 현상을 연상케 하고 있다. 그래서 심지어는 예술단체 무용론까지 대두되고 있는 실정이다.

연극은 가난한 예술이라는 게 중론이다. 그것은 우리나라만이 아니다. 일본도, 프랑스도, 미국도 마찬가지이다. 다만 그 가운데서 성공한 사례들의 화려함과 휘황찬란한 무대만을 보았을 뿐 그 뒤안길의 가려진 현실은 모르고 있다. 그럼에도 불구하고 가난한 연극이 아직도 꺼지지 않는 불로 남아 있는 이유 가운데 하나는 인맥이 아직도 건재한 나라의 경우일 게다. 옛것부터 지금에 이르기까지, 그리고 지금부터 미래로 이어질 맥이 살아 있기 때문이다. 맥이 단절되면 그것은 일시적 현상일 뿐 진정한 예술로서의 존재가치는 없다.

돌이켜보건대 현대 한국연극의 인맥은 고작해서 70여 년의 연륜 속에서 나름대로의 부침(浮沈)을 거듭해왔다. 그리고 그것은 아름답고 아스라한 추억으로 남아 있다. 그러나 솔직히 말해서 근자에 와서는 그 인맥은 이미 끊겨버린 상태이다. 간신히 선후배나 동향인의 이름으로 남아 있을 뿐이다.

그것은 앞에서 이미 밝힌 바 있듯이 선거제도의 악용과 무질서한 극단의 남발이 근원적인 요인으로 꼽히고 있다. 그리고 그 직접적인 계기는 연극협회 회원단체 자격조건의 완화에서 비롯되었다는 의견도 있다.

이것은 얼핏 보기에는 표현의 자유와 집회의 자유권을 얻은 것처럼 볼 수도 있지만 사실은 그게 아니다. 극단 수효의 증가와 연극의 질의 향상이 정비례 현상으로 나타난다는 보장은 없다. 80년대 초까지만 해도 회원단체가 되려면 정회원 자격을 갖춘 정회원 10명 이상을 확보하였을 때에만 허용되었다. 그 배경은 연극인으로서의 자질 향상과 극단의 수준을 유지하자는 데 있을 뿐 결코 구속력이나 견제력을 발휘하거나 젊은 세대를 멸시하자는 뜻은 아니었다. 그런데 어느 날 그 구비조건인 10명에서 3명으로 줄어들면서 극단의 수효는 기하급수적으로 증가하게 된 것이다. 그 이유는 간단했다. 연극을 하고자 하는 젊은이들의 욕구를 충족시켜준다는 문호개방 정책이었다. 그러나 실제로 그 늘어난 젊은 연극집단의 연극 수준은 보잘것없는 것으로 심지어는 '뒷골목 연극'이라 는 명칭까지 나돌게 되는 지경에 이르렀다. 뿐만 아니라 선후배 간의 위계질서도 무너지고 말았다.

예술도 그 나름대로의 불문율이 있다. 일정한 기준의 잣대가 없더라 도 봐서 수긍이 가는 경우와 그렇지 못한 경우를 두고 하는 말이다. 그러 나 문제는 다른 데 있었다. 그렇게 늘어난 극단의 수는 다음에 다가올 선거 때에 유권자의 수에 영향을 미치게 된다는 데 문제가 있었다. 그리 고 지방에 있는 아마추어급의 어린 극단에게도 그 투표권이 주어짐으로 써 연극계의 판도는 내리막길로 치닫게 될 수밖에 없었다.

민주주의국가에서 가장 민주적인 선거방식은 투표에 의한 다수결 방 식이다. 그러나 무분별한 경쟁의 과열로 경우에 따라서는 단 한 표의 차이로 당락이 결정되었던 연극협회 선거 사례도 있었다. 이쯤 되고 보 면 그것은 예술가의 집단이라기보다는 적수끼리의 대결이자 경쟁판이 되고 만 셈이다. 그리고 득표 공작을 하기 위해서는 수단과 방법을 안 가리는 극한투쟁 같은 착각마저 느끼게 했다. 입후보자와 그 참모들은 선거와는 무관한 원로 연극인을 앞장세워 지방에까지 오르내리면서 향 응을 베풀고 파벌을 조성하고 상대방을 비방하는 작태에 이르러서는 순 수한 의미로서의 예술가 집단의 체취는 아예 찾아볼 수가 없게 된 셈이다.

그러므로 연극계는 이제 파벌만이 있을 뿐 순수한 인맥이란 찾아볼 수가 없다는 느낌이다. 인격과 인격, 예술과 예술의 교감이나 일체감에서 우러나온 예맥(藝脈) 대신 이해관계와 실리주의로 야합된 집단의 주도권 싸움만 존재한 셈이다. 그것이 상업주의 연극이건 실험주의 연극이건 문제가 아니다. 나의 연극관과 정반대된 사람도 상관할 바가 아니다. 심지어는 서로가 소송 계류 중이던 사람과 사람도 선거 때가 되면 하룻밤 사이에 동지가 되고 혈서를 쓸 정도로 밀착된다. 무엇을 위하여 그렇게 밀착되어야 했는지조차 짚을 길이 없는 연극계의 인간관계는 막가는 인생과 다를 바가 없다고 한탄하는 사람도 없지가 않았다.

이러한 환경 속에서는 순수한 인맥이 되살아나기를 소망하는 것 자체가 쑥스러워질 정도였다. 뿐만 아니라 부이사장 자리나 이사 자리 하나를 놓고 흥정하는 지경에서는 세속적인 상거래와도 다를 바가 없거니와 그렇게까지 서둘러서 주도권을 잡아가겠다는 속물근성은 이미 예술하고는 거리가 멀다. 그뿐인가. 이사장단의 연령이 갈수록 젊어지면서 세대 간의 융화가 허물어진다는 개탄의 소리도 있다.

정부로부터(실지로 문예진흥원 지원이지만) 예산을 타내서 다채롭게 사업을 해나가는 데서 쾌감과 성취감을 느끼는 일도 바람직할 것이다. 그러나 쥐꼬리 만한 지원금은 그다지 도움도 못 되었던 지난날을 상기한다면 그것은 착각이다. 이사장이 자기 마음대로 공약을 발표하고 자기 마음대로 실행될 수 있다고 생각하는 그 망상과 무지가 연극계의 인맥을 끊어놓고 패거리만 남겨놓고만 셈이다.

3

새삼스럽게 연극계의 인맥을 더듬어보려는 작은 시도는 결코 그 치부를 건드림으로써 쾌감을 느끼려는 가학증에 뜻이 있었던 것은 아니다. 군이 말하자면 실패한 역사는 되풀이해서는 안 되겠다는 조심성과 두려움에서였다. 과거의 선배들의 근시안적인 안목과 대립으로 인하여 후배들까지 해독을 끼치게 했던 그 실수를 우리들은 되풀이해서는 안 된다는 데 진의가 있다.

그러나 오늘날의 연극계는 지난날의 그들의 반목이나 대립하고는 비교가 안 될 만큼 실리주의에 빠져 있다. 그러다 보니까 인간관계가 무너지고 인맥은 두절되고 그래서 선배도 후배도 없는 남남으로 남아 있는 삭막한 풍경이 남아 있을 뿐이다.

나는 〈한국연극의 인맥〉을 써야겠다고 마음먹었을 때 어쩌면 유서를 쓰는 기분이었다. 다시는 그렇게 되어서는 안 되겠다는 자책심과 수치심에서 시작했다.

그러나 그것은 아무런 의미도 효력도 없는 꼴이 되고 만 셈이다. 지난 1년 동안 내가 써 나온 이 졸고가 그 참뜻을 제대로 전해줬던들 연극계는 조금은 밝았을 터인데 실지로는 더 어둠 속으로 기어드는 것 같은 두려움 때문이다.

얼마 전 알게 된 연극협회 내부의 혼탁한 얘기 한 토막이다. 어느 이사장이 예산에도 책정이 안 된 거마비를 매달 70만 원씩 지출했다는 아주 사소한 뒷소문에서 나는 어떤 수치감마저 느꼈다. 그것을 특권이자 권위라고 생각하거나 당연한 일이라고 이사장이 생각했다면 그것은 우리 모두의 타락이자 실패가 아닐 수 없다. 혹자는 판공비란 게 있으니까 이사장도 그 정도는 쓸 수도 있지 않은가 하고 옹호할 수도 있을 것이다.

그러나 생각을 달리해보자. 이사장은 공복이라는 것을 잊어서는 안 된다. 연극계를 바로잡고 가난한 연극인을 돕는 방법을 연구해내며, 한국연극이 성숙하기를 원했던들 그런 요구는 해서는 안 되고 할 수도 없었을 것이다. 아니다. 그가 실지로 그렇게 활동을 했다면 7백만 원도 마다하지 않을 것이다.

어떠한 방법을 써서라도 진흥기금을 타내는 데 혈안이 되고, 이중 삼중으로 중복 지원금을 타내려고 바둥거리는 사람들이 좋은 연극을 할

리가 만무하고 제대로 인맥을 이어나갈 궁리를 할 리가 만무하다. 그러므로 우리 연극계는 남을 생각하는 여유도 없거니와 함께 걱정하는 아량도 날로 마멸되어가고 있는 실정이다.

연극협회는 그 규약에 명시되어 있듯이 회원의 권익 옹호와 친목 확립이 그 주목적이다. 그러나 협회는 그 본질은 퇴색되고 이제는 주도권 쟁탈을 사이에 놓고 파벌과 독주가 사행되고 만 셈이니 궁극적으로는 융화보다는 파벌을 조성하는 아성으로 전락한 꼴이다.

더구나 이사장의 단임제가 실시되면서 3년 재임기간에 무슨 짓을 했어도 책임을 지려고도 않고 그 자리를 떠나가 버리는 지경에 이르러서는 연극협회의 존재의 의미조차 의심스러울 정도이다. 그것은 연극협회가 지금처럼 구태의연하게 운영된다면 연극계의 인맥은 영원히 되살아날 수 없다는 위기의식마저 느껴지는 게 솔직한 심정이다.

그러므로 당면문제로서 우선 연극협회가 그 정상상태로 돌아가야 하는 일이다. 그리고 한국연극의 인맥을 건강하게 지속시키는 일이다. 선거를 위해 있는 협회가 아니라 회원이나 회원단체를 보호하고 그들의 활동의 폭을 넓히는 일이다. 국제연극제라는 미명 아래 외국 공연단체를 무차별 끌어들여 막대한 사례금을 줌으로써 부채를 지는 어처구니없는 일은 없어야 한다. 그런 돈은 국내연극의 진흥을 위해서 쓰여져야 한다. 세계화나 국제화라는 달콤한 유혹에서 벗어나 내실을 기하는 정책 입안이 섰을 때 우리 연극의 성장도 그만큼 빨라지고 융화와 공존이 이루어지는 가운데 인맥은 저절로 이루어지리라 믿는다.

한국연극의 인맥의 명예를 위해서 우리는 다시 한 번 냉철한 머리와 뜨거운 가슴을 회복시킬 때이다. 머지않아 남북이 한자리에서 만나 연극을 논하고 함께 연극을 하고 그래서 통일로 향한다는 순리를 생각해서라도 우리 연극계의 인맥은 올바른 방향으로 키를 돌려야 한다.

끝으로 역대 연극협회 이사장단 명단을 밝히면 다음과 같다.

역대 연극협회 이사장 명단

연월일		내 용	
1963.1.26	초대	이사장	유치진
		부이사장	박 진, 이해랑
1964.2	2대	이사장	박 진
		부이사장	이해랑, 이진순
1965.2	3대	이사장	서항석
		부이사장	이해랑, 이진순
1966.4	4대	이사장	서항석
		부이사장	이해랑, 이진순
1967.5	5대	이사장	서항석
		부이사장	이해랑, 이진순
1968.6	6대	이사장	박 진
		부이사장	장민호, 차범석
1969.7	7대	이사장	차범석
		부이사장	이해랑, 장민호
1970.8	8대	이사장	차범석
		부이사장	김동원, 정 민
1971~1972	9대	이사장	차범석
		부이사장	김동원, 김경옥
1973~1974	10대	이사장	차범석
		부이사장	오사량, 김정옥
1975~1976	11대	이사장	이진순
		부이사장	오사량, 김의경
1977~1979	12대	이사장	이진순
		부이사장	임영웅, 김정옥
1980~1982	13대	이사장	김정옥
		부이사장	임영웅, 허 규
1983~1985	14대	이사장	김동훈
		부이사장	임영웅, 권오일
1986~1988	15대	이사장	김의경
		부이사장	권오일, 김우옥
1989~1991	16대	이사장	권오일
		부이사장	김인태, 문고헌

1992~1994	17대	이사장	임영웅
		부이사장	백성희, 윤대성, 이수일
1995~1997	18대	이사장	정진수
		부이사장	손 숙, 정 현, 신태화
1998~2000	19대	이사장	박 웅
		부이사장	신상률, 정상철, 심재찬
2001~2003	20대	이사장	최종원
		부이사장	정일원, 이만희

연극계의 인맥

제3부

뮤지컬, TV드라마, 목포문학

뮤지컬, 그 역사 및 토착화를 위한 고찰

1. 서론

우리가 극장을 찾는 목적은 무엇인가를 배우기 위해서가 아니다. 우리는 여러 가지 감정을 그대로 체험하면서 울기도 하고 웃기도 하는가 하면, 아름다움이나 장엄함에 자극을 받는다. 강력한 충동질에 흥분하고 황홀경에서 자신을 잊기도 한다. 그러나 극장 문을 나서면서 비로소 어떤 진정한 의미로서의 지적 변화(知的變化)를 이루었다고 자부하는 경우란 별로 없다. 그리고 그와 같은 물음에 대해서는 반드시 긍정적일 수는 없는 법이다. 오히려 연극이란 관람권을 손에 쥔 사람들로 하여금 하나의 즐거움을 가지는 집단으로 변화시킨다. 그리고 일단 막이 내리게 되면 하나의 카타르시스를 경험한 뒤의 홀가분함에서 다시 현실세계로 돌아오게 하는 구실을 한다. 그것은 어느 의미로 봐서는 감정의 발산을 통한 요양 효과라고 볼 수도 있다. 이와 같은 행복한 도정의 안내를 가능케 하는 예술형태로서 가장 대중적인 것이 바로 뮤지컬이다.

뮤지컬의 형성 과정으로 살펴보자면 본래는 오페라 부파(opera buffa)로서 탄생하여 그 이후 오페레타로, 다시 뮤지컬 코미디, 뮤지컬 플레이로 지칭되어오다가 최근에 와서는 뮤지컬로 단순화되어 대중예술의 총아로 호응을 받고 있다. 그리고 그것은 원래가 독일에서 발생하여 미국으로 유입되어 미국식 뮤지컬로 정착되더니 지금은 다시 영국이나 독일로 역수출되었으며 동양권인 일본에까지 뿌리내린 지가 어언 30년을 헤아리게 되었다.

여기에 비하면 미국의 뮤지컬이 우리나라에 처음 도입된 것은 1960년대 초반이므로 가장 연륜이 젊은 셈이다. 그러나 최근 5, 6년 사이에 급성장을 하게 되었고 올해 들어서만도 상반기에 무려 15편의 뮤지컬 공연이 이루어졌으며 올해 하반기에도 4, 5편의 대형 뮤지컬을 기획 중이라는 소문이다. 이러고 보면 우리나라 연극계에서도 뮤지컬이 제자리를 잡아가고 있다는 징조를 피부로 느낄 수가 있다. 그래서 뮤지컬이라는 명칭 앞에 또 다른 수사적 관사가 붙게 되어 '통일 뮤지컬', '어린이 뮤지컬', '가족 뮤지컬'까지도 선을 보이는가 하면 굳이 뮤지컬이라는 외국어 표현을 마다하고 음악극이라는 명칭까지도 사용하게 되었으니 머지않아 우리나라 연극계에도 런던이나 뉴욕 못지않게 뮤지컬 전성시대가 도래하리라는 전망이다. 한마디로 반가운 일이다. 그러나 한편으로 냉정히 살펴보자면 그렇게 공연 횟수가 늘어가고 관객의 호응도가 높아가는 것하고는 반비례하여 뮤지컬의 본래의 의미나 기능, 그 특징과 작품정신, 그리고 그 역사적 배경과 미래지향적 투시력에 관해서는 거의 무감각 상태인 데다가 외국풍의 무분별한 모방이나 추종에만 급급한 나머지 그 정신면(예술적 내용)은 증발된 채 형식적인 수단만이 난무하여 관객으로 하여금 혼란과 당혹감을 일으키게 하고 있다. 즉 과연 뮤지컬에서 우리가 얻어낼 것은 무엇이겠는가라는 자기각성과 문제 제기도 심심치 않게 나돌고 있다. 소박하게 말해서 "연극 속에 음악과 무용이 적당히 혼합되어서 부담 없이 즐길 수 있는 형식"이라는 상식에서 한 발자국도 못 벗어나고 있는 실정이다.

그리고 뮤지컬은 만드는 측(극단)만이 아니라 보는 측(관객)이나 비평가나 매스컴 종사자들까지도 때로는 혼돈을 일으키거나 시행착오적인 평(評)을 스스럼없이 자행하고 있는 현실이다. 뮤지컬 하면 미국이 창안한 공연예술이라고 간주하는 얄팍한 지식과, 음악이나 무용에 대한 전문적인 지식이나 이해도 없는 사람이 저마다 자기 잣대로 재고 비평하는 독존적인 작태를 일삼고 있다. 그러므로 누군가가 이 외래문화에 대한 정직하고도 정확한 내용을 널리 알릴 필요가 있다고 판단한 데서 나의 이 작은 논문을 시작한 셈이다. 뿐만 아니라 뮤지컬도 이제는 연극의 한 장르로서 확고한 자리매김을 하고 있는 이상 서양의 뮤지컬을 올바르게 이해하고 받아들임으로써 언젠가는 한국적인 뮤지컬의 창출도 있어야 한다는 자각증상도 나의 작은 소망이자 기대 가운데 하나이다.

그러므로 이 소고는 뮤지컬에 관한 길잡이 구실도 되겠지만 그 정체도 모른 채 맹목적으로 뛰어들었거나 그것을 무비판적으로 받아 넘기려는 장삿속 같은 연극행위에 대한 경종이기를 바라는 것도 숨길 수 없는 나의 뜻이다.

2. 본론

1) 구미 뮤지컬의 역사

예술이 인생의 뒤를 쫓아야 하는가, 아니면 인생이 예술의 뒤를 쫓아야 옳은가라는 문제 제기에 대해서는 일찍부터 그 도전을 꿈꾸던 선각자적 예술가가 있었다. 음악가인 모차르트이다. 그는 이미 1780년대에 들어서면서 음악극의 대중화를 예측하였으니 극장음악이란 만인을 위한 것이라야지 결코 소수의 귀족들을 위하여 잘 손질한 정원(庭園)이나 화려한 오페라극장에서만이 아니라고 갈파한 바 있었다. 그리고 때때로 불만과 신랄한 비판을 가하더니 마침내 자작(自作) 오페라 〈휘가로의 결혼〉 공연이 프라하에서 성공하면서 그 노래가 거리 여기저기서 널리 불리었던 사실을 기뻐했음을 그는 친필 편지에서 밝힌 바 있다. 그러나 본격적인 오페라의 혁명은 프랑스에서 비롯되었다. 물론 그 이전에 이 태리에서는 오페라 부파로 지칭되던 오페라 형식으로, 대사가 혼입되어 가벼운 음악으로 즐기는 형식이었다. 그것이 파리로 흘러들어 오페라 코미크로 정착되면서 우수한 음악가들도 그 경묘한 연주법에 눈을 돌리게 되었다. 이로 인하여 오페라 하우스나 뮤직홀 등이 파리 시내에 들어섰으니 프랑수아 부알디외, 다니엘 오베르, 페르디낭 에롤드, 아돌프 아당 등의 작곡가들의 작품이 연주되었다. 그리고 뮤직홀에서는 이른바 보드빌이라 불리는 경희극(輕喜劇)이 공연되면서 풍자와 유머와 가벼운 음악의 칵테일이 관객들을 열광시켰다. 1840년에 상연되었던 오페라코미크 〈연대(聯隊)의 아가씨〉는 바로 그 대표적인 작품이기도 했다.

그러나 이와 같은 대중적인 음악극을 오페레타라는 형식으로 탄생시킨 사람은 독일 사람인 야코프 오펜바흐이다. 그는 이미 여섯 살 때 바이올린을 연주했고 여덟 살 때부터 작곡의 재능을 발휘한 천재로서 열세 살 때는 첼리스트로서의 두각을 나타낸 사람이다. 그는 유태인이었으나 1844년 결혼과 함께 가톨릭으로 개종을 했고 1849년에 〈알코브(閨房)〉라는 코믹한 음악극을 발표함으로써 그 명성을 떨치게 되었다. 그러나 그가 추구하려는 예술은 단순히 유쾌하고 웃기는 짤막한 음악극에 만족하는 게 아니라 오페레타라는 새로운 연극 형식이었다. 1859년 그가 발표한 〈천국과 지옥〉이라는 3막극은 바로 오펜바흐의 이름과 오페레타라는 연극형식을 확고하게 한 획기적인 작품이었다. 그렇다면 오페레타는 무엇인가. 한마디로 말해서 '대사가 섞인 음악극'이다. 종전의 오페라에 있어서 비극적인 아리아라든가 긴장감이 고조됨을 배제시키는 인물들을 보다 극적으로 돋보이게 하는 형식이다. 그러므로 그는 이른바 기지(機智)를 무시하는 오페레타란 상상도 할 수 없다고 주장하였으며 이와 같은 예술정신은 후일 요한 슈트라우스에게도 적지 않은 영향을 미치게 했다. 오펜바흐의 명성이 파리뿐만이 아니라 유럽 전역에 울려 퍼졌다. 그의 대표적인 〈산적(山賊)〉과 〈펜잔스의 해적〉 그리고 〈라 페리콜〉 등은 이른바 오페레타 형식을 확립시켰던 작품들로 그의 대표적 오페라곡 〈호프만 이야기〉와 함께 음악극 분야에서는 하나의 원조(元祖)이자 선각자로서의 이름을 떨친 바 있다. 이처럼 프랑스에서 자리를 굳힌 오페레타가 영국으로 건너간 것은 1860년경이다. 그러나 영국의 오페레타는 프랑스의 그것하고는 성질을 달리한다. 영국 사람의 특징은 인간적 특성 가운데서 유머와 센스를 가장 중요시한다는 짐이다. 그렇다고 프랑스 사람에게는 유머 감각이 없다는 뜻은 아니로되 영국 사람의 그 특출한 기질은 한마디로 버나드 쇼의 문학세계가 대표적이다. 풍부한 기지와 신랄한 경구(驚句)와 유머가 바로 그것이다. 그러므로 영국 사람들, 특히 중산층 관객들이 희극을 즐기고 뮤직홀을 자주 찾았다는 것도 어느 의미로서는 당연한 일이었을 것이다. 그러나 영국의 뮤직홀에서 상연되는 대중적 보드빌은 프랑스의 그것과는 판이했다. 즉 앞서 말한 바와 같이 프랑스의 그것은 대개가 음악이 곁들여진 촌극 아니면 일막극인 데 반하여 영국은 방언이 섞인 엎치락덮치락 식의 희극풍의 노래가 대종을 이루었다. 그래서 뮤직홀이 성행한 것은 1860년대의 일이며 20세기에 들어서면서는 2백 개가 넘는 뮤직홀이 전국에 산재하고 있었다는 사실만으로도 그 실정을 알 수가 있을 것이다. 오페레타가 영국에 상륙하자 가사(歌詞)의 희극성이나 유머가 그 기조를 이루었다는 점은 당연하다 하겠다. 그리고 이와 같은 음악극을 정착시키는 데 크게 공헌한 사람은 윌리엄 S. 길버트와 아서 S. 설리번의 두 사람이다. 설리번은 작곡가로, 길버트는 작사가로 영국의 오페레타를 확고부동하게 한 점에서는 기억할 만하다. 그 가운데서도 길버트는 희곡작가로도 알려졌으며, 그의 작품 〈피그말리온과 갈라테이아〉(버나드 쇼의 작품과는 별개)가 어느 은행가에게 인정을 받게 되어 크게 도움을 받기도 했다. 무운시(無韻詩) 형식으로 풍자성이 강한 작품을 쓴 데 비하여 설리번은

　뮤지컬, 그 역사 및 토착화를 위한 고찰

노래와 발레무용과 칸타타의 작곡에 능했었다. 그는 대표작 〈템페스트〉로 일약 명성을 얻게 되었다. 이 두 사람의 매우 대조적이면서도 개성적인 결합이 낳은 첫 번째 화제작은 〈배심재판〉이었다. 물론 원작은 길버트의 희곡이었다. 1875년 3월 25일 런던의 로열티극장에서 개막되자 관객의 열광적인 환영은 물론 평론가들도 격찬을 아끼지 않았다. 그 후 〈마법사〉와 〈군함 피나포어〉가 공연됨으로써 영국에서의 오페레타는 그 전성기를 맞게 되었다. 그러나 그 두 사람의 작품이 유럽의 다른 나라에서는 별로 환영을 못 받았다. 다만 후일 미국의 브로드웨이에서 성공적으로 공연되었고, 특히 1885년에 〈미카도〉라는 작품을 선보임으로써 미국에서도 오페레타가 서서히 뿌리를 내리게 되었다. 일본을 무대로 한 〈미카도〉(帝王이라는 일본어)는 원작 자체는 영국적인 것에 대한 풍자극이었는데도 작품의 무대가 일본이라는 점에서 외국 관객들은 일본에 대한 풍자로 받아들이게 되었다. 아무튼 〈미카도〉가 런던에서 2년 동안 장기 공연되어 이 두 사람의 작품으로서는 최장기 공연 기록을 세웠다는 점에서도 우리는 기억할 만하다. 유럽 대륙에서 성행했던 오페레타가 미국으로 처음 소개된 것은 1868년부터다. 1776년의 미국 독립선언 발표와 1789년의 미합중국 헌법 개정으로부터 약 90년 후의 일이다. 물론 그 이전에도 미국에는 이른바 '민스트렐 쇼'라고 불리는 공연형식이 있었다. 두 사람의 사회자의 진행으로 노래와 춤과 악기(밴조) 연주와 촌극으로 관객을 즐겁게 해주는 극히 초보적인 쇼였다. 그것도 처음에는 백인들만의 출연을 허락받았으나 남부지방의 순회공연 때 흑인들의 재능이 인정되자 흑인음악과 춤, 특히 탭댄스가 자리를 굳히게 되었다. 따라서 그것은 일정한 줄거리나 극적 갈등이나 주제가 필요치 않은 극히 소박한 오락과 눈요기에 불과했다. 그러한 상황에서 놀라울 만한 사건이 일어났다. 1868년 9월 12일 뉴욕의 니블로스 가든 극장에서 공연된 〈검은 악마〉라는 음악극이 바로 그것이다.

화려한 심포니 오케스트라의 서곡이 흘러나오자 무대 위에는 오색 조명이 교차되면서 객석을 환상적인 경지로 끌어들인다. 이때 한줄기 조명이 고정되는 순간 백 명의 프랑스 미녀들이 전원 핑크빛 타이즈 차림으로 각선미를 보이자 객석 안은 순식간에 압도당한 듯 숨을 삼켰다. 예상을 뒤집어엎는 의외감과 차례로 전개되는 화려한 춤과 의상과 노래로 관객들을 열광시켰다.

이상의 전경 묘사에서 우리가 쉽게 연상할 수 있는 점은 음악극 〈검은 악마〉가 결코 연극을 토대로 하는 무대가 아니라는 점이다. 많은 미녀를 총출연시키되 스펙터클한 시각적인 효과를 노리고 있으며 그것은 하나의 환상적인 미적(美的) 감각을 충족시켜주었으리라는 점이다. 그뿐만 아니라 이 연극은 회전무대, 승강무대 등 당시로서는 보기 드문 무대 메커니즘을 동원하여 스펙터클한 분위기 조성에 중점을 두었다는 점이다. 바꾸어 말해서 음악, 무용, 조명, 그리고 무대 디자인 등이 플롯의 전개와 일체감을 이룬 최초의 음악극 스타일이었다. 이 작품의 줄거리는 괴테의 〈파우스트〉를 바탕으로 각색했으며 오페라도 아니고 연극도 아닌 종전의 그 어떤 형식하고는 다른 이색적인 무대였다. 게다가 그 공연시간이 장장 5시간 반에 이르렀다는 기록은 당시의 관객들을 완전히 매료시킴으로써 일대 센세이션을 일으켰음은 쉽게 추측할 수가 있다.

〈검은 악마〉는 초연 이래 16개월 간 474회라는 공연 기록을 세웠고 그 후에도 40여 년간 미국 전역에서 공연되었다.

그러나 미국의 초기 뮤지컬의 대표작으로는 1735년 2월 8일에 공연된 〈플로라〉를 손꼽는다.

사우스캐롤라이나의 찰스턴의 법정에서 상연된 이 작품은 자유분방하고 풍요로운 시민 생활에 바탕을 두고 있다. 당시 사회 풍조는 청교도적 계율에 따라 오락의 금지령이며, 도덕적인 제약이 많은 탓으로 동북

부지방은 비교적 억제된 생활상이었다. 그러나 청교도주의의 영향이 느슨했던 남부지역은 그 권내에서 벗어나 자유롭게 생활을 향유할 수 있었던 관계로 음악극 공연도 자주 이루어졌었다. 따라서 이 시기에는 〈플로라〉 이외에도 1791년에 존 게이의 〈거지 오페라〉, 1796년에도 〈활쏘는 사람〉 등이 공연되어 18세기의 연극계를 대표했다.

19세기에 접어들자 미국의 연극계에는 하나의 변화가 일어나기 시작했다. 1864년 토니 패스터는 새로운 뮤직홀을 개설하고 새로운 테크닉의 개발과 인재양성에 눈을 돌렸으니 이 시기에 배출된 훗날의 대스타에 릴리언 러셀이 있다.

패스터가 목표로 하는 음악극이란 가족 전체가 즐길 수 있는 건강한 쇼였다. 종래의 단순한 보드빌이나 술집에서의 저속한 쇼가 아닌 민속음악의 소개로 대중 속으로 침투하는 뮤지컬을 꿈꾸고 있었다.

이러한 시대조류 속에서 1874년 롱펠로의 대표작 〈에반젤린〉이 선을 보임으로써 종전의 유럽 스타일에서 탈피하려는 의지가 엿보였고 하나의 오락적인 요인을 보다 풍부하게 삽입시키는 데 유념을 했다.

보드빌이나, 팬터마임보다는 더 짙은 시사성이 있는 개그나 조크를 종횡무진 활용하는가 하면 코믹 댄스나 원맨쇼 등도 대담하게 도입시켜 후일에 나타난 뮤지컬의 바탕을 형성하기에 이르렀다.

그러나 1885년에 헝가리에서 이주해 온 키랄피 3형제가 제작한 〈80일간의 세계일주〉는 브로드웨이에 일대 충격을 주었으니 그 요인 가운데 하나는 에디슨의 전기 발명의 덕을 입어 종전의 가스 조명에서 전기 조명의 시대로 변화한 점이다.

이러한 미국의 뮤지컬의 유럽 스타일에서 탈피하는 한편 그 개성 형성에도 적극적인 의지를 보이기 시작했다. 이 시대의 대표작으로 앞서 소개했던 길버트와 설리번의 합작인 〈전함 피나포어〉를 들 수가 있다. 이 작품은 뉴욕에서만도 동시에 다섯 개 극장에서 공연되었는가 하면 직업극단뿐만 아니라 소인극 단체에서도 자주 상연되어 이른바 '피나포어' 선풍을 몰고 왔다.

이것은 미국의 뮤지컬이 유럽의 뮤지컬의 압력에 고전을 하면서도 하나의 틀을 형성하고 있었다는 데 의미가 있다. 그 하나는 극본의 구성과 각색 방법에서 습득한 뮤지컬의 발자취이다. 다시 말해서 자유롭고, 다양하고 그래서 풍부한 상상력을 바탕으로 대담한 플롯을 진전시켜나가는 테크닉의 습득이다. 그것은 오랜 유럽 콤플렉스에서 해방되어 가장 미국적인 오리지널리티의 발굴을 위한 의지의 표명이라고 볼 수가 있다. 이와 같은 노력의 결과는 무엇보다도 음악극에 있어서의 생명인 뮤지컬 전문 작곡가의 탄생이다. 즉 20세기의 문턱에서 빅터 허버트가 등장함으로써 미국 뮤지컬은 비로소 요람기에서 벗어나 화려한 성장을 시작하게 된 셈이다.

빅터 허버트는 아일랜드 태생으로 독일에서 수업한 후 미국으로 이민 온 뒤 피츠버그 심포니의 지휘자가 됐다. 그는 클래식 음악을 뮤지컬에다 접목시킴으로써 관객층의 질과 폭을 넓히고 음악성을 고양시킨 데 큰 공을 세웠다. 따라서 허버트의 뮤지컬은 클래식 오페라와 대등한 위치에 있으면서도 전혀 다른 매력적인 음악극을 구축하였다. 그리고 종전의 코믹 오페라가 오페레타로 변해가는 과정에서 또 하나의 새로운 수법을 찾아낸 점이다.

즉 무대와 객석 사이의 커뮤니케이션을 보다 밀접하게 이루기 위하여 종전에 자주 사용해왔던 레시터티브를 대사로 바꿔놓았고, 대사만으로 플롯을 전개시키는 등 오페레타로 향하는 자연스러운 변화를 가져오게 한 점이다. 따라서 그것은 바로 미국 오페레타의 전환기로의 기폭제 구실을 하였으니 구스타브 커커, 루드비히 엥렌더, 루돌프 프리믈, 시그먼드 롬버그 등 뮤지컬의 오리지널리티의 탐색에 앞장선 예술가가 속출하였다.

이 가운데서도 루돌프 프리믈은 1910년대와 20년대에 활약한 사람이지만 그는 유럽식 경희극의 계파를 이어받은 마지막 음악가였다. 우리들의 귀에 익은 〈인디언 러브송〉이나 〈로즈마리〉, 〈방랑의 왕자〉 등은 그의 대표작이다.

그리고 1920년대에 활약했던 시그먼드 롬버그는 〈학생 왕자〉, 〈사막의 노래〉, 〈뉴 문〉 등의 걸작을 발표함으로써 미국의 뮤지컬은 유럽 스타일로부터 완전히 해방을 맞게 되었다.

그러나 미국 뮤지컬의 역사에서 1920년대를 말하자면 조지 거슈윈의 이름을 빼놓을 수가 없다.

당시의 미국 뮤지컬이 유럽 스타일에서 벗어났다고는 하지만 음악에 있어서는 아직도 그 영향권에서 못 벗어나고 있었다. 거슈윈은 클래식 음악과 재즈 음악을 융합시킴으로써 미국식 뮤지컬을 창안한 점에서 높게 평가를 받고 있다. 그것은 시대적 표현이라고 볼 수도 있는 미국의 재즈 음악을 클래식 음악과 교묘하게 교직시킴으로써 가장 미국적이고도 현대적인 뮤지컬을 확립시킨 점에서 단연 손가락을 꼽게 되었다.

〈스와니〉, 〈블루 먼디〉, 〈랩소디 인 블루〉 그리고 〈포기와 베스〉 등의 명작을 창조함으로써 미국 뮤지컬의 대명사가 되어버린 조지 거슈윈은 단순한 작곡가라기보다는 확고한 사상을 지닌 예술인으로서의 감각과 통찰력을 지닌 점에서도 특기할 만하다. 그러기에 그의 작품은 오락성보다는 문명비평적인 시각에서도 높이 평가받고 있다.

조지 거슈윈은 1931년 그의 대표작인 〈그대를 위하여 노래하리〉를 발표하여 뮤지컬 작품으로서는 최초의 풀리처상을 받았다. 뿐만 아니라 뮤지컬 희곡으로서도 처음으로 출판되었으니 이를 계기로 해서 미국의 뮤지컬이 단순한 오락 제공이나 흥행주의에서 벗어나 정통적인 진솔한 연극과 대등하게 취급받는 하나의 계기가 되었다.

거슈윈의 업적은 바로 그 오락성 일변도에서의 탈출이 성공적이었다

는 점에서도 주목할 만하다

　그 가운데서도 1935년에 발표한 〈포기와 베스〉는 3인의 백인 배우를 제외하고는 캐스트 전원을 흑인으로 충당함으로써 화제를 모았다. 그리고 주제가인 〈서머 타임〉은 재즈 음악의 현대적 고전으로 손꼽힌 것도 결코 우연한 일은 아니다. 그러나 거슈윈이 돌연 1937년 7월 11일 38세의 젊음으로 세상을 떴다는 사실은 미국 뮤지컬계뿐만 아니라 20세기 전체의 손실이 아닐 수가 없다.

　1945년 세계대전의 종말은 미국의 뮤지컬에도 커다란 변화를 가져왔다. 그러나 실질적으로 미국은 전시인 1940년 전반기에도 끊임없이 발전을 거듭하고 있었다. 그것은 나치즘으로 인하여 신변의 위험을 느낀 음악인과 연극인이 자유를 찾아 미국으로 망명하였으니 쿠르트 바일, 라인하르트는 그 대표적 인물이다.

　쿠르트 바일은 이미 유럽에서 〈서푼짜리 오페라〉의 작곡가로 알려졌으며 미국 브로드웨이에 정착하자 〈조니 존슨〉을 발표했다. 반전사상을 주제로 한 이 작품은 그 메시지의 강렬함과 극전 전개의 묘미로 화제를 모았고, 1938년에는 〈니커보커 홀리데이〉로 독재자의 죄악상을 고발하고 자유를 갈구하는 지식인의 목소리로 외친 정치 코미디였다. 그런가 하면 한편에서는 〈밴드 왜건〉의 아서 슈워츠, 〈스칼렛〉의 해럴드 롬 등이 새로운 뮤지컬의 개척에 헌신적 노력을 하였다. 전시라는 불리한 환경 속에서도 미국의 뮤지컬은 이처럼 진일보의 발전을 보였다. 그것은 뮤지컬의 성격에 커다란 변화를 가져왔다는 점이다. 다시 말해서 초기 뮤지컬의 특징은 유럽식 희가극인 오락 위주의 쇼에 불과했다. 그러나 전기과학의 발명에 따라 무대 메커니즘이 급속도로 발전함으로써 스펙터클한 대규모의 무대 양식으로 관객을 즐겁게 해주었다. 그러나 제2차 대전이 발발하면서 뮤지컬의 주제의식이 변화를 가져왔으니 사회성과 정치적 이념까지도 등장함으로써 뮤지컬이 단순한 눈요기나 오락만이 아닌 하나의 새로운 무대예술의 장르로 성장하게 되었다. 그것은 곧 뮤지컬이 본 발상지인 유럽보다 미국에서 터전을 더 굳게 굳힘으로써 뮤지컬은 미국의 전유물처럼 인식하게 되었다.

2) 현대 미국 뮤지컬의 특징과 작가들

필자는 지금까지 뮤지컬의 발아기부터 1940년대에 이르는 동안의 형성 과정에 관하여 고찰을 해왔다. 따라서 초기에 비하여 현재의 뮤지컬은 그 형식 면에서나 성격 면에 있어서 많은 변화를 가져왔고 같은 미국 뮤지컬이면서도 다양한 개성을 지닌 작가나 작곡가 그리고 안무가까지 배출됨으로써 미국 뮤지컬은 다양화되어 한마디로 그 성격을 말하기란 어려운 실정이다.

바꾸어 말해서 초기의 단순한 희극적인 음악극에서 시작하여 제2차 세계대전까지 사이에 배출된 개성 있는 작가(작곡가)들의 작품은 점차 예술작품으로 변모해나가는가 하면 다른 한편으로는 여전히 소비적이며 세기말적인 향락주의나 오락 일변도의 특징을 그대로 유지하고 있기 때문이다. 그러면서도 미국의 뮤지컬이 그 독특한 체취를 자랑하며 유럽의 오페레타와는 또 다른 정서를 지니고 있다는 사실은 그 누구도 부인 못 할 것이다. 그런 뜻에서는 이미 서술한 바 있는 빅터 허버트, 구스타브 커커, 시그먼드 롬버그, 조지 코핸, 조지 거슈윈 이외에도 1930년대의 콜 포터와 리처드 로저스를 들지 않을 수 없다.

이 두 사람은 1950년대와 1960년대까지도 활약을 하였다. 특히 콜 포터는 파란만장한 인생 체험에서 그 예술방향을 얻은 바 크다. 명문대학인 예일대학 법학과에 입학했다가 가족들의 반대를 무릅쓰고 하버드대학의 음악과로 전과하여 다양한 실험극을 시도하기도 했다. 그 후 프랑스 여행을 마치고 외인부대의 입대, 포병학교 입학 등의 인생편력을 거

362

쳐 수많은 작품을 발표했다. 그 가운데서도 〈주빌리〉는 동인도 지방의 민속음악을 도입한 걸작이었고 〈적(赤)과 청(靑)〉, 〈나에게 맡기세요〉 등 매력적인 작품을 발표했다. 리처드 로저스는 〈멜로디를 파는 사람〉, 〈사랑스러운 적〉으로 명성을 떨쳤다. 특히 〈사랑스러운 적〉은 남북전쟁을 배경으로 한 작품으로 미국의 역사를 소재로 한 최초의 뮤지컬이라는 점에서도 특기할 만하다. 그리고 정치풍자극 〈오히려 내 편이 정당하다〉로 화제를 모았는가 하면 벌린(Irving Berlin)은 경제공황으로 위축된 현실을 풍자한 〈힘을 내라〉, 〈난국 타개〉 등을 발표하였다. 특히 백인들의 인종차별과 흑인박해 문제를 고발함으로써 휴머니즘을 소리 높게 외쳤다.

그러나 전시하의 미국 뮤지컬에서 잊을 수 없는 이름은 리처드 로저스와 오스카 해머스타인의 두 사람일 것이다. 1943년 3월 이 두 사람이 선보인 뮤지컬 〈오클라호마〉는 태양이 빛나는 오클라호마의 전원생활과 전쟁이 가져다준 암울한 생활 속에서 교차되는 인간상을 목가적으로 묘사하여 크게 성공하여 2,212회라는 공연 기록을 남겼을 뿐만 아니라 그 주제가는 후일 오클라호마주의 주가(州歌)로 제정되었다. 이 뮤지컬이 성공한 원인 가운데 하나는 이른바 로컬 컬러, 즉 향토색 짙은 뮤지컬로서의 평가일 게다.

이 두 콤비는 이어서 〈회전목마〉를 발표하여 호평을 받았다. 이 작품은 몰나르의 원작인 〈릴리옴〉을 뮤지컬화한 작품으로 원작에서의 배경무대인 부다베스트를 뉴잉글랜드로 옮겨 시정이 넘치는 무대극으로 성공시켰다.

그러나 1940년대에 들어와서의 최대의 화제는 레너드 번스타인이라 하겠다. 그는 그 당시 뉴욕 필하모니의 부지휘자로 있었으나 지휘자 브루노 발터가 급환으로 쓰러지자 그 뒤를 이어감으로써 급부상한 음악가였다. 1944년 11월 그는 처녀작품으로 뮤지컬 〈온 더 타운〉을 발표하였는데 이 작품은 그가 뉴욕시티 발레단을 위해 작곡한 〈팬시 프리〉로 한 수병(水兵)이 휴가차 나와 뉴욕에서 보내는 하루 동안의 사건을 줄거리로 하였으며 그 주제가 〈뉴욕, 뉴욕〉은 만인의 사랑을 받은 명곡으로 손꼽힌다. 그리고 안무자 제롬 로빈스와는 이때부터 콤비가 되었으며 후일 명작으로 꼽히는 〈웨스트 사이드 스토리〉는 미국 뮤지컬의 고전으로 지금까지도 사랑을 받고 있다.

셰익스피어의 대표작 〈로미오와 줄리엣〉을 현대판으로 번안하였으며 뉴욕 뒷골목 인생의 애환과 폭력을 실감나게 묘사함으로써 미국사회의 이면을 표출하는 데 절묘한 작품이다. 현대 미국 뮤지컬의 정체를 이토록 명확하고도 감동적으로 표출한 작품은 찾아보기가 힘들다. 그는 처음 구상으로는 유대교인 청년과 가톨릭인 처녀의 비련(悲戀)을 그리려 했으나 그 당시 사회문제로 손꼽히던 푸에르토리코계 이민의 생활상을 병든 맨해튼 거리에다 초점을 맞춰 현실 폭로의 예리한 펜을 든 셈이다. 따라서 작품이 제시하는 메시지의 강렬한 인상과 무대 메커니즘의 출중한 효과는 가히 금세기 뮤지컬의 대표작이라 할 수 있을 것이다.

이 밖에 〈쇼 보트〉, 〈애니여, 총을 들어라〉, 〈남태평양〉, 〈브리가둔〉, 〈마이 페어 레이디〉, 〈아가씨와 건달들〉, 〈왕과 나〉, 〈카바레〉, 〈사운드 오브 뮤직〉 등 1950년대는 미국 뮤지컬의 전성시대이자 황금시대라 해도 결코 과장된 표현은 아닐 것이다.

1960년대에 들어선 미국 뮤지컬은 대충 세 가지 부류로 구분될 수가 있다. 즉 진솔한 뮤지컬 플레이로서 〈지붕 위의 바이올린〉, 〈라만차의 사나이〉가 있고, 스타 시스템에 의한 뮤지컬 코미디로서 〈헬로 돌리〉, 〈퍼니 걸〉 등이 있는가 하면 오프 브로드웨이의 뮤지컬로서 〈판타스틱스〉와 러브 록의 〈헤어〉 등이 각각 그 대표적 성격을 띠고 있다.

그러고 보면 우리가 말하는 미국의 뮤지컬은 대개 세 갈래로 분류할 수 있으며 단순한 상업주의에 편승한 것만이 아닌, 인생을 관조하고 현실을 직시하려는 메시지도 적지 않게 짙다는 점을 알 수가 있다. 그리고 브로드웨이를 중심으로 번져나가는 이른바 상업주의 연극하고는 다르게 실험성이 강한 뮤지컬도 끊임없이 이어지면서 뮤지컬의 예술성을 회복하려는 움직임이 있음을 알 수가 있다. 그러므로 뮤지컬을 단순히 오락주의로 봐서도 안 되며, 그 예술성을 점차 넓혀가고 있다는 데도 현대 미국의 뮤지컬의 특색이 있다. 반전사상(反戰思想)이나 반독재주의 등의 무거운 주제까지도 뮤지컬 연극으로 관객의 지지를 받고 있다는 점에서 우리는 하나의 교훈과 자극을 받게 된다.

부담 없이 즐길 수 있는 게 뮤지컬이라는 데는 아무도 반대 못 한다. 그러나 미국의 뮤지컬의 역사는 몇 차례의 변모와 탈피를 거듭함으로써 그 예술적 성숙도 결코 무시 못 할 것이다.

특히 최근에는 유럽, 특히 영국의 뮤지컬이 계속 성공함으로써 런던에서 뉴욕으로 역수입되는 현실에서 뮤지컬의 국제성 내지는 세계성은 눈에 띄게 익어간다. 제작자 캐머런 매킨토시의 수많은 명작이 이제는 유럽뿐만 아니라 브로드웨이, 도쿄, 서울까지도 요동을 치고 있으니 〈오페라의 유령〉, 〈미스 사이공〉, 〈레 미제라블〉, 〈캣츠〉 등 아직도 우리에게 감동을 주고 있는 일련의 뮤지컬은 그 대중성과 예술성에서 하나의 성숙기를 맞고 있다고 볼 수 있을 것이다.

3) 한국적 뮤지컬 드라마, 악극과 가극

우리나라에 언제부터 뮤지컬이 이입되었는가라는 물음에는 몇 가지 답이 있다. 그 하나는 비록 뮤지컬이라는 명칭은 쓰지 않았지만 악극(樂劇) 또는 가극(歌劇)이라는 공연 형식이 있었다는 점이다. 대중음악 작곡가 황문평(黃文平) 씨의 저서 「한국대중연예사」에 의하면 우리나라 뮤지컬의 역사는 1928년 6월 극단 취성좌가 인사동에 있었던 조선극장에서 공연한 가극 〈극락조〉가 그 효시라고 밝혔다.

그러나 보다 본격적인 뮤지컬 드라마와 쇼를 전문적으로 공연한 기록은 1929년에 창단한 삼천가극단(三川歌劇團)이다. 왜냐하면 우선 극단 명칭에 '가극'이라고 밝힌 것도 그러하거니와 종전에 볼 수 있었던 가극들이 그 규모나 내용으로 봐서 그 수준에 훨씬 못 미쳤기 때문이다.

삼천가극단은 권삼천(權三川)이라는 여성이 그 주도자였으며 그는 일찍 일본의 다카라즈카(寶塚)소녀가극단에서 활동한 경력의 소유자로 알려지고 있다.

일본의 다카라즈카소녀가극단은 이미 1914년에 기업인 고바야시 이치조(小林一三)가 '기업 이윤의 사회환원'이라는 정신 아래 창설한 극장과 전속극단의 명칭이다. 이 가극단의 특징은 단원(연기자)이 모두 여성으로 연극·음악·무용 등 모든 분야에 걸쳐 교육시킨 다음에 전속단원으로 입단시킨다. 그리고 2년의 교육기간 동안 전원 기숙사 생활이며, 일체의 학비가 면제되는 특전이 부여된다. 그 대신 극단에 가입된 후 근무 연한은 의무화되어 있다. 일본은 물론 동서양의 춤과 음악을 폭넓게 익히고 본격적인 연기수업과 막대한 제작비와 무대 메커니즘의 활용으로 관객에게 충분한 볼거리와 오락을 제공함으로써 일본의 대중문화 확산에 독보적인 기반을 굳혀왔다. 현재도 온천장인 다카라즈카와 도쿄에 두 개의 초현대식 공연장을 가지고 있으며 월조(月組), 화조(花組), 그리고 설조(雪組)라는 3개 전속극단이 연중무휴로 교대 공연을 해온 지 90년의 역사를 자랑하는 대중예술의 메카이기도 하다.

권삼천은 그곳에서의 경험을 토대로 취성좌가 해산되자 그 뒤를 이어 삼천가극단을 창단하였고 그 운영권과 재정권을 장악한 셈이다.

삼천가극단의 공연 레퍼토리는 1, 2부로 나뉘어져서 1부에서는 희가극이라는 경연극(輕演劇)을, 2부에서는 노래와 춤, 특히 일본 다카라즈카의 간판 레퍼토리로 알려진 라인댄스의 화려한 무대로 관객을 사로잡왔다.

이 삼천가극단의 출현이 당시의 흥행계에 기폭제가 됨으로써 많은 공연단체가 속출했다. 조선데뷰단, 월광단은 국악계의 명창들까지 동원했는가 하면 영화 상연과 무대공연을 곁들인 경우도 적지 않아 1930년대의 무대공연은 압도적으로 대중의 환영을 받아왔다.

그러나 삼천가극단과 거의 때를 같이하여 배구자(裵龜子)악단이 탄생한 것은 1930년 10월이다.

배구자라는 여성의 출생과 신분은 아직도 수수께끼로 가려지고 있다. 요화(妖花) 배정자(裵貞子)의 조카딸이라는 설이 있는가 하면 이토 히로부미(伊藤博文)와 배정자 사이에서 태어난 사생아라는 설도 있다.

배구자악단의 공연 형식은 뮤지컬쇼로서 일본에서 가져온 조명기재와 의상 등으로 관객의 눈을 즐겁게 했다. 1935년 가을 서대문에 들어선 우리나라 최초의 연극 전용극장인 동양극장은 바로 배구자가 실업가 홍순언(洪淳彦)을 설득시켜 건립했다는 사실은 시대를 앞서갔던 한 여인의 힘이었음에는 틀림이 없다.

그 후 조선연극사, 낭낭좌, 소녀가극단 등의 인기가 꼬리를 문 가운데 1937년 9월 본격적인 오페라를 지향하는 경성오페라스튜디오가 창단되면서 처음으로 악극(樂劇)이라는 용어를 내걸었다. 그것은 종래의 가극(歌劇)이 그 내용 면에서 음악성이 빈약한 데다가 창작성의 결여와 흥행주의가 짙어 예술성은 찾아볼 수가 없었다. 그런 뜻에서 과거의 가극의 이미지를 일소하고 보다 음악성과 예술성을 고양시키려는 의도에서 악극(樂劇)이라는 새로운 명칭을 사용하기에 이르렀다. 그런 뜻에서 가극이나 악극이 지향하는 바는 하나의 뮤지컬이었으나 그 기술적인 면이나 창조성에 있어서는 다 같이 수준을 지키지 못했다.

이러한 시대조류 속에서 새로운 이념과 의욕으로 창단된 악단이 있었으니 O・K레코드사가 창단 직영한 O・K악단이 바로 그것이다. 당시

악극인치고는 유일하게 연희전문학교 문과를 나온 이철(李哲)이 주재한 이 단체는 일본의 데이치쿠(帝蓄: 帝國蓄音機株式會社)와의 합작으로 O·K레코드사의 전속 공연단체이다. 우수한 가수, 악단, 작곡가가 총망라되었으니 고복수, 이난영, 남인수, 김정구, 송달협, 장세정 등의 인기 정상 가수와 손목인, 김해송, 박시춘 등 작곡가가 그 주요 멤버였다. 비록 순수음악하고는 그 질이 다르다 하더라도 대중음악으로써 관객을 매료시키는 데는 손색이 없었다. 그것은 곧 새로운 창작음악과 창작극본으로 관객을 즐겁게 하려는 단장 이철의 적극적인 의지와 상업주의에서 비롯된 일대 용단이었다.

그런 추세 속에서 동업자인 빅터레코드회사도 1938년 4월에 악단을 조직하였으니 빅터연주단이 바로 그것이다. 이 단체 구성원은 역시 그 당시 인기를 끌었던 박단마, 황금심, 김복희, 안옥경 등 여성가수와 이인근, 표봉천, 조영 등 남성가수가 주요 멤버였다. 특히 이인근(李仁根)은 우리나라 대표적 테너가수였던 고 이인범(李仁範)의 아우였고, 조영은 일본의 명소프라노였던 미우라 다마키(三浦環)가 이끌던 오페라단에서 활약했던 경력으로 미루어보아 그 음악 수준에 있어서 저속한 대중음악의 경지에서 벗어나려는 의지가 분명했었다. 뿐만 아니라 일본에서 활약하던 탭댄서 고마이 기요시(駒井淸)와 다카마쓰 우다코(高松歌子)를 초빙하여 처음으로 탭댄스를 도입시킴으로써 쇼무대를 혁신시키기도 했다. 게다가 극의 구성과 연출에 이부풍(李扶風)과 임서방(任曙肪)이 전담하여 그 격을 높였다는 점도 묵과할 수 없었다.

이와 같이 새로운 공연형식과 인재를 발굴하여 우리의 구미에 맞는 쇼를 창조하려는 움직임이 날로 높아가던 1939년 겨울 임정박(林正博)과 그의 악단이 창단되었다. 이 집단은 참신한 가족 구성의 단체였다는 점에서도 이채로웠다. 대표인 임정박은 클라리넷 연주자로 명성을 떨쳤으니, 그는 후일 이 땅의 교향악 예술운동을 일으키는 데 지대한 공을

남긴 임원식(林元植)의 둘째 형이자 현 연극연출가이며 연극협회 이사
장인 임영웅(林英雄)의 부친이기도 하다. 또 그 바로 아래 동생 임건식
(林建植) 역시 재즈 피아니스트로, 막냇동생 임봉식(林鳳植)은 색소폰
연주자로서 잘 알려진 음악가 가족이라는 점도 특기할 만하다.

그런가 하면 작곡가 이재호(李在鎬)와 전기현(全基鉉)이 주동이 되어
태평레코드연주단을 창단, 전국순회공연으로 인기를 모았다.

그러나 이 땅의 뮤지컬을 한 단계 높은 차원으로 끌어올린 데 있어서
두 개의 산맥을 손꼽지 않을 수 없으니 성보(城寶)가극단과 약초(若草)
가극단이 그것이다. 전자는 황금좌(지금의 국도극장)를, 후자는 약초극
장(지금의 스카라극장)을 본거지로 두고 일본에서 안무가, 연출가, 조명
가, 무대미술가들을 직접 불러들여 무대 메커니즘에 진일보를 보였다.
다만 전국(戰局)이 치열해지자 악극 내용도 일본의 군국주의를 찬양하
거나 내선일체(內鮮一體)를 소재로 하는 국책홍보용인 데다가 말기에 가
서는 일본말로 대사와 노래를 부르게 함으로써 이 땅의 쇼문화는 또 다
른 국면을 맞게 되었다. 그런 가운데서도 친일 소설가인 장혁주(張赫
宙)(후일 일본에 귀화했음)가 극본을 쓰고 일본인 에구치 노보루(江口昇)
가 연출한 〈춘향전〉이 뮤지컬 드라마로 선보임으로써 일대 충격을 주었
다. 다시 말해서 일본 사람의 시각으로 우리의 전통문학을 가극화할 수
있다는 가능성과 그 의미 부여에 대한 새로운 해석이 그것이다. 바꾸어
말하자면 지금까지의 악극, 가극이란 경박한 코믹 드라마, 아니면 신파
극이나, 저질 쇼음악 일변도에서 벗어나지 못했던 사실에 비추어볼 때
앞으로의 가극이나 악극이 하나의 돌파구를 제시했다고 해도 과언이 아
니다. 이런 의식개혁에 힘입어 빅터연주단은 빅터가극단으로 간판을 바
꾼 데 이어 미국 유학에서 돌아온 지식인이던 서민호(徐珉濠)(후일 국회
의원)가 이 단체를 인수받아 반도가극단이라고 개명하였다. 그 당시의
주변환경에서 지식인 서민호가 왜 반도가극단을 인수하였던가라는 동

　　　　　뮤지컬, 그 역사 및 토착화를 위한 고찰

기는 확실치 않으나 국민들에게 향토적이고 민족적인 정서를 부추김으로써 하나의 카타르시스와 만족적 긍지를 심어주려는 의도였음은 분명하다. 다시 말해서 미국 유학에서 돌아온 그 지식과 민족주의 사상을 소극적이나마 대중들에게 심어주려는 방법의 하나로 가극운동을 결심한 셈이다.

그 뒤 얼마 안 있어 1941년 작곡가 김교성과 김용환은 아세아악극단을 발족하여 가극 〈심청전〉을 공연했는가 하면, 언론인 설의식(薛義植)이 콜롬비아가극단을 인수받아 같은 언론인이자 연출가였던 서항석과 손을 잡고 단체명을 라미라(蘿美羅)가극단으로 개칭 〈콩쥐 팥쥐〉, 〈견우직녀〉 등 본격적인 가극을 선보임으로써 우리나라 뮤지컬 드라마의 기초를 다지게 되었다. 그런데 왜 라미라라는 이름을 정했던가에 대해서 작곡가 황문평(黃文平)은 "라미라란, 민족음계인 5음 중에서 계면조(界面調)의 기본음을 계명으로 라(La), 미(Mi), 라(La)로 했다"라고 그의 저서 「한국대중연예사」에서 밝힌 바 있다.

그 당시의 쟁쟁한 멤버로 테너인 이인선, 송진혁, 민인식, 권진원, 박용구, 김형래 등 순수음악을 전공한 가수에다 이화삼, 태을민, 전방일 등 연기자와 작곡가 김순남, 안기영, 무용가인 장추화까지 가세했음을 볼 때 라미라가극단이 종전의 저질 악극이나 신파와는 그 질을 달리하였으리라고 쉽게 추측할 수가 있다.

그러나 나날이 치열해지는 전시하의 국민 생활과 일제의 최후 발악 증세는 공연예술계에도 그 손을 뻗치게 되었으니 1941년 조선연극문화협회의 출범은 겉으로는 국민총력화였으나 실질적으로는 조선문화와 조선말과 풍속의 말살을 꾀하려는 침략주의로 치닫고 있었다. 그러나 공연계는 그 험준한 틈바구니에서 살아남기 위하여는 친일작품이나 국책 홍보작품을 제작할 수밖에 없었다. 그리고 악극단은 연극 단체와는 분리되어 별도로 총독부의 지시에 따라 각 지방의 공장, 광산, 농어촌의

위문공연으로 분주한 나날을 보냈으니 조선반도뿐만 아니라 멀리 만주, 일본까지도 순회공연을 다녀야 했다. 남해위문대, 다마카와(玉川)위문대, 하나(花)가극대, 태양가극단, 연극호 등은 저마다 일본말 연극이나 일본군가 보급을 주목적으로 삼았으니 그것은 저속한 쇼와 만담, 코미디로 일관되어 있어 본격적인 뮤지컬하고는 거리가 먼 국책선전의 하수인으로 전락하고 말았다.

1945년 조국 광복이 몰고 온 감격과 충격은 연예인들에게도 감격이 아닐 수 없었다. 과거의 치부와 오욕을 씻는 의미에서도 그들의 재빠른 전향과 새 시대에 발맞추는 활동을 시작하였다. 조선악극단(O・K악극단의 후신), 반도가극단, 라미라가극단, 희망가극단, 백조가극단, 태평양가극단, 남대문가극단, 악극단 K. P. K, 무궁화악극단, 새별악극단 등 무려 30여 개의 군소 악극단들이 공연을 함으로써 이 땅의 악극계의 춘추전국시대를 열게 되었다.

그 가운데서도 본격적인 뮤지컬로 간주할 수 있는 역량과 관객의 호응을 크게 얻은 단체는 조선악극단과 K. P. K 악단이 단연 선두를 달렸다. 〈카츄샤〉, 〈로미오와 줄리엣〉, 〈춘희(椿姬)〉, 〈가면무도회〉는 극작가인 조영출(趙靈出), 작곡가 김해송(金海松), 김형래(金炯來)가 참여하여 우리나라 뮤지컬의 발아기를 형성하기에 이르렀다. 다시 말해서 경박한 대중음악에서 탈피하여 수준 높은 작곡과 정통파 가수의 등용과 안무와 화려한 무대미술의 힘을 입어 관객들은 조국의 독립과 함께 악극계도 하나의 도약기를 맞게 되었다. 그러므로 유행가에서 창작가곡으로, 전문적인 무용안무가의 기용, 그리고 무대미술에도 일대 전환을 가져왔었다. 그러나 국내 정국(政局)의 혼란과 6.25의 전화는 모든 것을 잿더미로 몰고 갔다. 그리고 모처럼 뮤지컬의 붐을 일으킬 듯한 연예계는 정부나 국방부에서 실시한 선무공작대로 편입되어 호구지책으로 공연을 했을 뿐 창조적인 뮤지컬 드라마는 이미 강 건너 환상의 세계로 소멸

되고 말았다. 따라서 악극이니 가극으로 불리어오던 연예활동은 예술이라기보다 하나의 오락으로서 생활에 지친 시민들에게 값싼 웃음이나 퇴영적이고 애상적인 유행가를 들려주는 집단으로 전락하였으니 이 땅에 다시 뮤지컬이 고개를 쳐들기까지는 약 10년의 공백기를 두게 되었다. 그것은 1962년 1월 12일 예그린악단의 출범과 함께 뮤지컬 운동이 기지개를 켰기 때문이다. 예그린악단은 군사정권의 제2인자인 김종필의 후견으로, 서울신문사 장태화(張太和) 사장이 조직한 대중예술의 새 지평을 여는 집단이었다. 운영위원으로 오화섭, 이원경, 박용구 등 지식인들의 참여로 정규 음악대학 출신인 남녀 합창단과 오케스트라, 그리고 무용단으로 구성된 본격적인 공연집단이었다.

예그린악단의 창단공연 레퍼토리는 〈3천만의 향연〉으로 오케스트라 지휘자이자 시립교향악단 창설자인 김생려(金生麗)를 초빙하여 화려한 음악과 춤의 향연을 베풀었다. 그러나 예그린악단은 6회 공연을 끝으로 1963년 흥행의 실패와 재정적 여건 부족으로 만 3년 동안 휴화산으로 지냈다. 그러나 1966년 10월 김영수 작, 최창권 작곡, 임영웅 연출, 임성남 안무로 〈살짜기옵서예〉를 선보임으로써 비로소 이 나라 최초의 본격 뮤지컬의 이정표를 세우게 되었다. 출연에 패티 김과 후라이보이 곽규석 등이 참여한 이 뮤지컬은 우선 최창권의 작곡이 돋보였고, 그 주제곡 〈살짜기옵서예〉는 먼 훗날까지 널리 애창곡의 하나로 남게 되었다는 한 가지 사실만으로도 그 진가를 인정할 수가 있을 것이다. 그리고 리바이벌 공연으로 가수 김하정(金夏廷)을 발탁하여 역시 성황을 이루었다.

뮤지컬 드라마는 미국의 경우에서도 알 수가 있듯이 단순한 이야기 줄거리와 창조적인 음악(노래)과 안무와 그리고 호화로운 무대미술을 필수조건으로 하는 상업주의 연극이다. 굳이 문학성이나 주제의식을 고려하지 않고 부담 없이 즐기다가 극장 문을 나설 때면 한두 곡의 노래를 자연스럽게 익힐 수 있는 친근감이 있어야 한다는 게 상식이다. 그러나 그 가운데 극적인 요소와 감동이 깃들어 있어서 하나의 공감대를 형성하는 데 그 특징이 있다. 그렇게 되기 위해서는 풍족한 제작비와 전문적 기술 연마와 세밀한 흥행 업무가 구비되지 않고는 불가능하다는 점을 우리는 이미 미국이나 유럽의 뮤지컬 드라마의 생성 과정에서 익히 알고 있다.

여기에 비한다면 우리 뮤지컬은 사회적, 재정적 여건은 그와 비교될 수 없을 만큼 열악하여 뜻은 있어도 쉽사리 덤빌 수 없는 세계로 알려져 있다. 예그린악단과 같은 막강한 재정적, 정치적, 행정적 배경을 가지고 있는 단체도 1972년 재기 6년 만에 해산의 비운을 맞이하게 되었으니 일반 사설 극단이나 개인으로서는 좀체로 접근을 할 수 없는 분야가 바로 뮤지컬 드라마였다.

그러면서도 우리는 세계적 명작 뮤지컬을 영화나 화면을 통하여 친숙해졌고 그것은 결코 먼 나라 일이 아니라는 자각도 가지게 되었다. 우리는 직접 해보지도 못했고 본고장 공연을 관람도 못 했지만 뮤지컬이라는 어휘가 결코 생소하지 않은 시점까지 오게 되었다.

영화로 알려진 〈남태평양〉, 〈7인의 신부〉, 〈왕과 나〉, 〈애니여 총을 들어라〉, 〈오클라호마〉, 〈쇼 보트〉 등 미국 초기 뮤지컬이 우리를 즐겁게 해주는 상황에서 우리에게도 머지않아 뮤지컬 시대가 오리라는 점은 막연하나마 점칠 수가 있었다. 그런 의미에서 뮤지컬 드라마에 정면으로 도전한 극단이 나타난 것은 1976년이다. 예그린악단으로부터 기산하여 꼭 10년 후 극단 현대극장이 기치를 쳐든 것이다.

극단 현대극장은 극작가 김의경(金義卿)이 주재하는 전문극단으로 '연극의 전문화, 직업화, 과학화'를 표방하고 창단공연으로 〈맥베드〉를 선보였지만 그 이후부터는 주로 외국의 대표적 뮤지컬을 선보여옴으로써 한국 뮤지컬 극단으로서는 그 대표성을 견지하기에 이르렀다. 〈빠담. 빠담. 빠담〉으로 세미 뮤지컬을 시도한 것을 계기로 〈사운드 오브 뮤직〉,

〈지저스 크라이스트 슈퍼스타〉, 〈뿌리〉, 〈에비타〉와 〈피터팬〉, 〈백설 공주〉, 〈보물섬〉 등 청소년을 위한 뮤지컬까지 선보임으로써 뮤지컬 전 문극단으로서의 기반을 굳히고 있다.

그 밖에도 극단 가교는 〈환타스틱〉을, 민예극장은 〈한네의 승천〉 등 을 공연한 바 있다. 그러나 그것들은 소극장이 아니면 영세하거나 엉성 한 무대들로 본격적인 뮤지컬 드라마로 보기에는 아직도 많은 문제점을 안고 있었다. 거기에 비한다면 현대극장의 무대는 대형화되어 있고 윤 복희, 추송웅, 김성원, 이경애 등 스타 시스템의 도입으로 상업주의 연극 으로서의 변모를 의식화해나가는 자취를 읽을 수가 있었다.

한편 창단 10년의 역사를 가진 예그린악단이 정식으로 국립극장 산하 로 흡수되어 간판도 국립가무단으로 개칭하고 새 출발을 했다. 그때가 1972년이다. 그러나 상투적이고 도식적인 노래와 춤과 극의 수준은 대 중의 지지를 못 받은 데다가 정부지원의 예산문제로 1978년 서울시 산 하로 이적하면서 시립가무단으로 재단장을 하고 오늘에 이르렀다. 따라 서 우리나라에서 관(官)이 운영해 나온 서울시립가무단은 가장 오랜 연 륜을 헤아리는 집단임에는 틀림이 없다. 그러나 그동안의 공연 실적이 나 작품의 예술성 평가에는 여러 가지 문제점을 남김으로써 뮤지컬의 전문화 및 기업화에는 아직도 많은 문제가 산적되어 있는 실정이다. 그 럼에도 불구하고 1980년대 중반에 들어서면서부터 뮤지컬 공연이 점차 로 늘어가는 추세를 보이면서 종래의 외국 뮤지컬에서 탈피하여 창작뮤 지컬의 정착을 넘어다보는 의지와 그 가능성에 기대를 걸게 되었다.

이 무렵에 그 모습을 나타낸 또 하나의 집단이 있으니 서울예술단이 바로 그 한 예이다.

서울예술단은 1981년 8월 1일 한국방송광고공사 산하단체로 창단한 서울 88예술단의 후신이다. 1987년 3월 4일부터 6일까지 창단공연 〈새 불〉을 마친 다음 간판도 서울예술단으로 개명하였다. 이 단체는 방송광고공사의 공익자금으로 운영되는 준관변 단체로, 창단 취지는 총체예술 (總體藝術)을 창조하는 데 그 목표를 두었으나 1987년 12월 제2회 공연 작품 〈한강은 흐른다〉 때부터 뮤지컬 공연극단으로 변신을 한 셈이다. 그동안 21회 신작공연에 8회의 지방순회공연과 4회의 외국공연 등 활발 한 공연활동을 해 나온 점으로는 매우 고무적이고도 희망적이라고 볼 수 가 있다. 그것은 서울시립가무단과 함께 우선 단원들의 생활 보장, 공연 제작비의 확보, 공연장 및 부대시설의 구비 등으로 봐서는 국내에서 가 장 혜택을 받고 있는 단체임에는 틀림이 없다.

그러나 우리나라 뮤지컬은 여전히 불안과 혼미 속에서 허덕이는 데는 예나 마찬가지다. 외국의 뮤지컬에 대한 열등감이다. 하고는 싶지만 무 대 조건이 맞지 않거나 제작비 염출의 애로상이 그 의욕에 제동을 거는 가 하면 언제까지나 외국 작품에 의존하는 데서 오는 또 하나의 사대주 의나 자기 열등감에 주체성 확립이라는 적극적 의지의 발로가 하나의 자극제로 인식된 것도 숨길 수 없다.

이제 새삼스럽게 뮤지컬은 외국의 연극이니까 거리를 두자는 소아병 적 발상이 아니라 우리의 창조적 능력을 확대시켜 우리의 뮤지컬을 외국 에까지 진출할 시대가 와야겠다는 자각증상도 그 이유 가운데 하나가 될 것이다. 외국에 비하여 약 130년이나 늦었지만 우리의 가능성은 그 나름대로의 자부심과 개성을 지니고 있다고 판단된다면 우리 뮤지컬의 국제무대 진출도 결코 불확실성의 권내에 머물 수는 없다.

4) 한국 뮤지컬 드라마의 정착과 현황

나는 지금까지 외국의 뮤지컬의 생성 과정 및 그 역사에서부터 뮤지 컬 드라마의 카테고리 안에서의 우리의 악극, 또는 가극의 역사를 더듬어 뮤지컬의 본격적인 정착을 살펴보았다.

뮤지컬, 그 역사 및 토착화를 위한 고찰

전 세계적으로 살펴볼 때 연극공연계의 현황을 뮤지컬과 정극의 비례가 6 대 4 또는 7 대 3이라는 통상적인 지적이다. 그리고 그 여파는 우리나라도 결코 예외일 수 없으니 지난 한 해만 해도 20편의 뮤지컬이 공연되었고 그 제작 규모도 차츰 대형화 내지는 기업화되어가는 추세를 보이고 있다. 전술한 1970년대 후반부터 극단 현대극장이 진두에 서서 고군분투한 것을 계기로 주요 극단들이 그동안 선보인 작품은 대략 다음과 같다.

극단 대중(大衆) : 〈쉘브르의 우산〉, 〈캣츠〉, 〈넌센스〉, 〈아가씨와 건
　　　　　　　　 달들〉
극단 민중(民衆) : 〈아가씨와 건달들〉, 〈로미오와 줄리엣〉, 〈노력하
　　　　　　　　 지 않고 출세하는 방법〉, 〈서푼짜리 오페라〉
극단 광장(廣場) : 〈코러스 라인〉, 〈캬바레〉, 〈레미제라블〉, 〈아가씨
　　　　　　　　 와 건달들〉

등을 들 수가 있다. 그러나 이 작품들은 그 형식과 실력 면에 있어서 허약성을 면치 못했을 뿐만 아니라 브로드웨이의 뮤지컬을 곧바로 옮긴다기보다는 그 지명도의 힘을 빌려 흉내 내기의 수준에 머무를 수밖에 없었다. 그 구체적인 예로 포스터 디자인부터 프로그램에 이르기까지 본 바탕의 그것을 그대로 차용하는가 하면 〈아가씨와 건달들〉의 경우는 처음에는 세 극단이 합동공연 형식으로 선을 보이더니 얼마 후에는 각 극단마다 자기네의 고정 레퍼토리라도 되는 양 삼파전을 벌이며 이전투구의 양상을 노출시켰다. 이와 같은 현상은 뮤지컬이 젊은 관객들의 호응을 얻고 있다는 증거일 수도 있다. 그리고 잘만 만든다면 뮤지컬도 직업화될 가능성이 있다는 풀이로 받아들일 수 있다. 그러나 연극계의 일각에서 일고 있는 자각과 경종의 소리는 끊길 사이가 없다. 그 첫째는 브로드웨이의

뮤지컬이 우리 관객에게 주는 결과란 과연 무엇인가라는 점이다. 이것은 그 작품 선택에도 문제가 있지만 작품의 주제의식이나 표현수단이 지나치게 미국식 소비성향이나 오락성에 치우쳐 있거나 우리 관객하고의 공감대가 약하다는 점이다. 그것은 원초적으로 뮤지컬이란 순수연극이 지니는 강한 주제의식을 염두에 안 두었다는 점을 감안한다면 문제가 안 될 수도 있을 것이다. 그러나 우리의 실정은 뒤늦게나마 외국의 문화를 흡수하는 처지이고 보면 그것이 하루속히 나의 것으로 흡수되고 소화되어 하나의 일체감이 이루어지기를 기대하는 것은 당연한 일일 게다.

정치적으로 한국적 민족주의라는 신조어가 나오고, 주체성이나 주체의식 확립이 상식화되어가는 현시점에서 뮤지컬은 미국의 것이니까 그것에 추종할 수밖에 없다는 논리는 결코 타당성이 있다고 볼 수는 없을 것이다. 형식은 미국 것이로되 그 내용, 즉 정신세계는 한국 것이라야 한다는 일반적인 판단은 쉽게 나올 수도 있다. 그러한 선례는 이미 1966년에 예그린악단이 시도를 했었고 그 결과가 실패로 돌아갔다는 사실을 상기시키면 쉽게 알 수도 있다.

그러나 30년 전과 지금은 또 다른 국제적 상황과 국내사정이 있다. 다시 말해서 문화예술에 있어서의 하나의 아이덴티티의 확보는 매우 중요한 항목 가운데 하나로 인식된 것이다. 그것은 다가올 남북통일을 전제해서 정부가 앞장서서 두 개의 가무단을 직접 간접적으로 재정적 뒷받침하게 되었으니 서울시립가무단과 서울예술단이 그 좋은 예가 될 것이다. 시립가무단은 원래 예그린악단을 국립극장 산하로 인수한 것이다. 거기에 비해서 서울예술단은 1987년 한국광고공사 산하로 설치된 서울88예술단이 그 전신이며 그 재정은 공익자금으로 충당되었다. 그 설치 목적도 남북통일에 대비해서 한국적 뮤지컬의 정립을 꿈꾸고 있음은 자명한 사실이다. 넉넉하지는 못하지만 그런대로 일정한 예산이 책정되어 일 년에 봄, 가을 두 차례 공연을 가지는가 하면 국가적 행사나 대통령선거 기간에는 지방순회공연까지도 도맡아야 했던 그 행동성은 인정을 할 만하다.

그러나 그 무대 형성화의 성과는 반드시 긍정적일 수는 없었다. 게다가 자주 있었던 불미스런 인사 파동이나 단원들의 처우 문제 등으로 잠시도 바람 잘 날이 없었던 사실도 결코 배제될 수 없는 사실이었다. 이 말은 적어도 정부의 예산과 공익자금이 투입되어 민간단체보다는 모든 면에서 풍족한 여건 아래 있었음에도 불구하고 왜 제대로 성과를 거둘 수 없었던가라는 자성의 소리를 새겨봐야 할 일이다.

그 첫째는 관(官)이나 관에 준하는 기관이 예술활동을 주도하는 불합리성이다. 관은 그 활동을 뒷받침하는 데 그칠 뿐 일체의 창조적 활동을 담당 예술가들에게 일임하는 게 원칙이다. 그러나 불행하게도 우리나라에서는 관이 그것들을 좌우하는 오류를 해방 50년 동안 번번이 저질러왔다. 좋아진 점도 있지만 여전히 고루하고 획일적인 예술관이나 예술인에 대한 인식 부족이 그 앞길을 막아왔다. 그것을 실증하기 위해서는 그동안 이 두 단체의 공연 레퍼토리의 성향을 돌아보면 쉽게 알 수가 있을 것이다. 창단 23년의 역사(예그린 시대 제외)를 가진 서울시립가무단이나 8년의 연륜을 가진 서울예술단이 공연한 작품은 하나같이 애국애족이나 도덕성의 부양이나 국가발전을 찬양하는 것들이다. 때로는 역사적 사실에 바탕을 두었거나, 고전과 전통예능을 현대화하는 데 성과를 보인 작품이 없었던 것도 아니다. 그러나 대개가 정부 차원에서 국민을 계몽하거나 상투적 문화 확산운동의 수단으로써 뮤지컬을 도입했다는 풀이와도 통한다. 그러므로, 무대 형식은 뮤지컬로서의 여러 조건을 구비하였음에도 불구하고, 뮤지컬 특유의 흥미라든가 매력을 상실한 채 그저 한바탕 잔치를 치른 데 그치고 만 인상이 더 짙게 풍겼다.

그렇다면, 그 원인은 무엇인가? 그것은 한마디로 창조정신의 결여와 표현기술의 미숙이다. 창조정신은 바로 극본이 차지하는 문학세계이며 표현기술은 연기, 연출, 음악, 무용, 장치 등을 포괄적으로 수용하는 말이다. 바꾸어 말해서 뮤지컬로서의 형식은 어느 정도 갖추었으면서도 그 내용 즉 문학정신에 독자성이나 창의성을 발견할 수 없었고 항용 획일적이고 도식적인 계몽극이나 역사 학습의 범주에서 못 벗어났다는 점이다. 조국의 발전상을 국민들에게 알리기 위하여 막대한 예산을 투입할 필요가 있을까? 역사상의 걸출한 인물을 부각시킴으로써 국민으로 하여금 애국심을 고취, 고양시키는 게 뮤지컬의 목적이 아닐진대 보다 근원적인 시각에서 뮤지컬의 창조정신을 터득하는 게 보다 조급한 과제였음을 우리에게 말해주었다.

이런 관점에서 볼 때 민간 극단에서 시도했던 뮤지컬은 보다 참신하고도 독창성이 있었다. 그것도 초기에는 번역극 일변도였던 것이 근자에 와서는 창작뮤지컬에 시야를 돌리기 시작한 것은 매우 바람직한 일이라 하겠다.

전술한 바와 같이 궁극적인 목적은 한국적인 뮤지컬의 창조이며, 우리 것의 창출일진대 언제까지나 번역극에 의존하려는 안일성은 그 누구도 인정하지 않을 것이다. 그러므로 80년대 말기부터 일기 시작한 창작뮤지컬은 기술적으로는 생경했지만 관객에게 던지는 감동은 전에 없이 신선하고 충동적이었다.

최근의 예를 들자면 극단 미추(美醜)가 공연했던 〈영웅만들기〉, 〈남사당의 하늘〉이나 극단 맥토(脈土)의 〈동숭동 연가〉, 〈번데기〉, 극단 신화(神話)의 〈그대와 마지막 춤을〉 등은 우리에게 한국 뮤지컬의 정립도 가능하리라는 긍정적인 면을 입증해주기도 했다.

그런가 하면, 연극계 일각에서는 뮤지컬이라는 명칭을 마다하고 음악극 또는 민족음악극이라는 호칭을 사용하는 집단이 고개를 들기 시작했다. 이들은 주로 민예총(民藝總) 산하의 공연단체들로 이른바 의식화된 민족극 운동을 표방하는 놀이나 마당굿을 한 계단 승화시킨 집체 예술들

　　　　　　　　　　뮤지컬, 그 역사 및 토착화를 위한 고찰

이다. 그동안에도 산발적인 공연을 가졌었지만 1994년이 동학혁명백주년이라는 시점에서 보다 확대시킨 공연활동을 전개시킨 바 있으니 그 대표적인 작품으로 〈노동의 새벽〉, 〈들불〉, 〈금강(錦江)〉 들을 손꼽을 수가 있다. 이 계열의 작품들이 하나의 예술운동과 정치운동을 동시에 추진시키려는 의도였던 만큼 상기한 여러 단체가 상업주의를 표방하고 나선 데 비하면 오히려 신선하고 진지한 정열의 결정체라는 점에서는 돋보이면서도 이념적 구호나 의식화 이전에 갖추어야 할 기교의 미숙에서 아직도 아마추어리즘의 범주에서 못 벗어난 것은 어쩔 수 없는 아쉬움이라 하겠다.

그러나 한국 뮤지컬이 하나의 뚜렷한 변모를 보인 점은 바로 본격적인 상업주의 연극 시대로의 돌입이다. 한 예로 은행을 통한 예매권 발매 시스템이나 전화예약제도의 활용도 그 징조의 하나라고 볼 수 있다. 그리고 1994년에 들어와서 괄목할 만한 변화는 대기업과 언론사가 뮤지컬 연극제작에 직접 참여함으로써 바로 상업주의 연극의 기본여건이기도 하는 풍족한 자본과 숙달한 인재의 확보를 실현시킨 점이다. 예컨대, 지난해 1994년 봄 가정주방기 제조업체가 실질적인 투자자가 되어 창단된 뮤지컬 전문극단인 에이콤이 〈아가씨와 건달들〉을 제작 공연하여 연극 사상 공전의 흥행 성과를 올렸다는 사실이다. 지금까지의 관례로 연극은 배곯는 예술이라는 통상적 관념을 깨고 수억(億)대의 순 이윤금을 얻어냄으로써 이제는 연극도 하나의 기업화가 가능하다는 인식을 새롭게 한 바 있다. 물론, 이 공연이 한 달 공연 기간 중 약 85%의 객석 점유율을 차지하게 되었던 이유로는 첫째, TV 브라운관을 통하여 대중들에게 익숙해진 배우들의 총동원과 둘째, 신문사와 방송국의 아낌없는 보도 후원, 그리고 풍부한 제작비의 투자에 인색하지 않았다는 데 그 요인을 귀결시켜도 무방할 것이다.

이 여파를 몰고 극단 현대극장도 뮤지컬 〈지저스 크라이스트 슈퍼스타)를 1994년 무대에 올려 역시 넉넉한 수익을 올림으로써 앵콜공연까지 계획하고 있다는 점은 그 무대미학이나 예술성의 유무를 따지기 이전에 바야흐로 이 땅에도 뮤지컬 시대가 드디어 도래했다는 구체적인 전조를 찾게 했다는 데 의미가 있을 것이다.

뿐만 아니라 앞서 언급했던 한국적 뮤지컬은 곧 과거 일제시대부터 있어왔던 악극(樂劇)의 부흥과도 무관할 수 없다는 시각도 열리게 되었다. 극단 가교(架橋)는 1994년 봄 악극 〈번지없는 주막〉을 공연하여 공전의 흥행 성적을 올리게 되자 역시 연말에는 임선규(林仙奎) 원작인 신파극 〈홍도야 울지 마라〉를 악극으로 각색 공연하여 흥행에 성공한 사실이다.

뿐만 아니라 지금까지 정극단체로 탄탄한 기반을 다져온 극단 신시(神市)는 별도로 신시 뮤지컬 컴퍼니를 창단하여 브로드웨이 뮤지컬의 대표작 〈웨스트 사이드 스토리〉를 성공적으로 끝냄으로써 한국 뮤지컬의 개화기를 앞당기는 느낌마저 가지게 했다.

이와 같은 한국 뮤지컬 드라마계의 현황은 일정한 궤도를 달리는 정착성보다는 차라리 그 돌파구를 모색하기 위하여 필사적인 탐색전을 하고 있는 준비단계라는 게 타당할 것이다. 바꾸어 말하자면 현재 한국 뮤지컬의 판도는 세 가지로 나눌 수가 있다. 즉 미국식 뮤지컬을 직수입 또는 모방하려는 방식과 창작 뮤지컬의 정립을 위한 나름대로의 시도와 정치적 이념을 토대로 하는 이른바 민족 음악극의 정립이 바로 그것이다. 이와 같은 세 가지 판도는 그 나름대로의 개성이나 주장을 가지고 있어서 그 우열을 한마디로 가려내기란 어려운 실정이다. 왜냐하면 그 세 가지 형태가 노력 여하에 따라서는 자기 나름대로의 표정을 유지할 가능성도 엿보이기 때문이다.

그러나 궁극적으로 이러한 몸부림에서 공통성이 있다면 그것은 바로 전문성의 결여이다. 바꾸어 말하자면 뮤지컬이 필요로 하는 인재의 부

뮤지컬, 그 역사 및 토착화를 위한 고찰

족이다. 극작가, 연출가, 연기자, 그리고 광범한 무대미술 등에서 뮤지컬 특유의 전문적인 지식과 기능을 갖춘 인재의 절대 부족 현상이다. 그것은 마치 영화나 방송문화의 초창기에 연극계 인사들이 대거 참여하여서 한동안의 공백기를 메꾸었던 역사를 상기시키면 쉽게 알 수 있다. 특히 음악(작곡)과 안무는 어디까지나 무대 위에서 이루어지는 연극적 요소를 토대로 해야 하고, 때로는 그 이상이 상상력이나 사상성까지도 유발시키는 특수 임무를 띠고 있다는 점에서는 가요 작곡이나 한 무용가의 춤사위하고는 다르다. 그것은 보다 복합적이고도 입체적인 기능을 발휘하되 무엇보다도 장면의 분위기, 심리상태 등을 보다 고양시키지 않으면 안 된다는 점에서 여느 노래나 춤하고는 전혀 다른 성격에 속한다. 그리고 보다 중요한 핵심분야는 연출이다. 연극연출에서도 그러하거니와 미술, 음악, 그리고 무용에 대하여 고도의 예술적 안목을 지닌 연출가의 확보는 필수조건이다.

그러나 현재의 실정 아래서의 음악은 작곡가에게, 춤은 안무가에게 전폭적으로 일임하되 마지막 리허설에 가서야 짜깁기식으로 봉합하는 연출가가 대부분이다. 그가 동서양을 막론한 해박한 지식과 전문가적 지식을 지님으로써 작곡가나 안무가와 대등한 위치에서 감독하고 요구해야 함에도 불구하고 대개의 경우 각 분야에 다 일임하다시피 하는 게 현실이다.

이러한 사실은 지금까지도 여러 차례 지적한 바 있지만 뮤지컬을 마치 연극 진행 중에 적당히 춤이나 노래가 들어가는 무대 형식으로만 인식하는 데서 초래된 커다란 오류가 아닐 수 없다. 더구나 뮤지컬이나 오페라에서의 필수조건 가운데 하나가 주제음악과 아리아의 중창과 그리고 합창이 골고루 삽입되어야 하고, 안무에 있어서도 솔로와 듀엣과 군무가 적절하게 조립되어 입체적인 감정 효과를 나타내야 함에도 불구하고 우리의 뮤지컬은 몇 곡 솔로나 합창이 전부인가 하면 군무 몇 장면으로 그 기능을 다했다고 착각하는 예가 비일비재하다.

이와 같은 관점에서 뮤지컬은 문자 그대로 종합예술이요 집체예술의 정수일진대 연극적인 흐름만 연출이 관장하고 나머지 노래와 춤은 작곡가와 안무가의 독점인 양 일임하는 경향은 곧 비전문가가 빚어내는 커다란 취약점이 아닐 수 없다. 이제 뮤지컬은 즐겁게 보여주면 그만이라는 얕은 상식론에서 벗어나야 한다.

오히려 종전의 대사에만 의존했던 연극의 공허를 보다 탄탄하게 보완하는 노력이 뒤따라야 한다는 점에서 그들에게 지워진 짐은 몇 갑절 무겁고도 중대하다는 원칙론을 재인식해야 옳을 것이다. 하물며 흘러간 노래를 여기저기 삽입시켜놓고 그것이 악극이라고 떠들거나 그것을 가극이라고 부추기는 평론가의 소리는 아연할 뿐이다.

뿐만 아니라 세계 뮤지컬의 추세가 초기의 오락 중심에서 차츰 탈피하여 고도의 예술성, 사회성, 정치성이나 철학성까지도 추구하고 있다는 사실에 눈을 돌려야 한다. 인종문제, 반전사상(反戰思想), 정치문제, 종교문제 등 이 지구상 어디서나 일어나고 있는 인간의 근본적 삶을 발본적으로 극복하려는 뮤지컬이 전 세계 곳곳에서 이루어지고 있다. 〈미스 사이공〉, 〈레 미제라블〉, 〈에비타〉, 〈오페라의 유령〉, 〈지붕 위의 바이올린〉, 〈웨스트 사이드 스토리〉 등 헤아릴 수 없는 명작, 문제작이 극장가의 7할 이상이나 점유하고 있다는 사실을 감안할 때 우리나라의 오늘의 뮤지컬이 안고 있는 문제점은 자명해질 것이다.

그런 의미에서 우리에게도 캐머런 매킨토시 같은 뮤지컬 전문 제작자도 나와야겠다. 번스타인, 제롬 로빈스, 조지 카우프먼, 앤드루 로이드 웨버 같은 안무가나 작곡가도 나와야 한다. 뮤지컬을 단순한 오락에서부터 예술의 세계로까지 끌어올릴 수 있는 지름길은 바로 그와 같은 전문가가 나와야만 가능하기 때문이다. 그리고 무대로부터 객석을 향한 강한 메시지가 있음으로써 현대의 뮤지컬은 바로 살아남을 것이라는 신념을 다시 가다듬어야 옳을 것이다.

3. 결론

나는 지금까지 뮤지컬 드라마가 어떻게 탄생했으며 어떻게 발전 변모하였고, 그것이 우리나라에 어떤 경로로 도입되었으며 지금 어느 위치에 있는가와 아울러 그 문제점은 무엇인가에 대해서 대괄적으로 서술하였다. 오늘의 우리 뮤지컬 하나만 가지고도 방대한 논문의 소재가 될 것이므로 이 작은 시도는 극히 피상적인 관찰과 얕은 식견에서 비롯된 주마간산 격인 졸문이 된 것은 매우 송구스러운 일이다. 그러나 분명한 사실은 뮤지컬이 지금 전 세계를 누비고 있고 어제의 브로드웨이가, 오늘은 웨스트엔드에 그리고 내일은 동경으로 그리고 다음은 서울로 날아드는 숨 가쁜 현실에서 뮤지컬에 대한 정확한 정체 파악은 매우 시급한 일이 아닐 수 없다.

이런 관점에서 이 소론은 뮤지컬을 꿈꾸는 학도들이나 현장에서 일하는 젊은 예술가들에게 일조가 되기 위하여 구상한 것이다.

다양한 생활 속에서 다양한 모습을 저마다 가지고 싶어 하는 현대인은 뭔가 자극과 충동과 욕구 충족을 원한다. 어제의 것이 아닌 오늘의 것을, 오늘이 아닌 내일에 대비하는 끊임없는 욕구와 갈등은 연극계도 결코 예외일 수는 없다. 그런 의미에서 지금 뮤지컬이 전 지구상의 극장가를 뒤흔들고 있는 것도 결코 우연한 일은 아닐 것이다.

다만 후진국이 선진국의 문화를 수용하는 과정은 언제나 수동적이며 피해의식을 수반하게 마련이다. 그것은 자칫 잘못하면 자신의 고유성을 상실당할 수도 있고, 때로는 상대방에게 알려줌으로써 정체성을 잃게 되는 경우도 비일비재였다.

오늘날 아직은 미미한 존재이지만 언젠가는 우리의 뮤지컬 드라마가 국제무대로 진출할 때도 올 것이며, 선진국의 그것들과 어깨를 나란히 하여 자웅을 겨룰 시기도 머지않아 오리라는 것은 자명한 사실이다.

이러한 관점에서 오늘날 우리가 하고 있는 뮤지컬의 잘못된 점이 무엇인가를 되돌아보는 일은 그 나름대로의 의미가 있다고 자부한다. 다만 문제는 뮤지컬 드라마가 지니고 있는 업무량이 종래의 정통파 연극에 비하여 엄청난 부담을 각오해야 함에도 불구하고 젊은이들이 너무 쉽게 뛰어들거나 게으름에서 헤어나지 못하는 현실이 매우 안타까울 뿐이다.

특히 배우들의 연기, 노래, 춤 등 필수적 기능의 배양과 습득은 문자 그대로 형극의 길이요 자기 극복의 아픔일진대 단순한 놀이거나 즉흥적 흥미로만 받아들여 생명력이라고는 찾아볼 수 없는 공허한 무대에 안주하려는 경향은 오히려 우리들의 마음을 암담하게 하는 실정이다.

뮤지컬이 단순한 놀이거나 오락의 경지에서 벗어난 지도 어언 100년이 지났다. 아니 그것은 20세기가 낳은 또 하나의 무대예술로서 자리를 굳혔고 그래서 전 세계가 앞을 다투어 그것을 수용하는 추세로 본다 치면 우리는 또 하나의 국제적 경쟁장을 향하고 있다고 해도 과언은 아닐 것이다.

뮤지컬 드라마는 하나의 줄거리를 중심으로 하여, 음악과 무용과 그리고 무대미술과 과학문명 등이 총망라된 종합예술이라는 점은 그 누구도 부인 못 할 것이다.

뿐만 아니라 그것은 쇼 형식의 무대와 연극적 요소가 짙은 음악극도 함께 갖추어야 하는 숙명적인 무대예술이다. 그것이 17세기 말부터 발생하여 오늘에 이르기까지 많은 변모를 거쳤던 사실에 비추어볼 때 뮤지컬의 영역이나 기교가 고도의 예술성을 요구한다는 사실 앞에서 우리는 다시 한 번 겸허하게 자신을 돌아봐야 할 일이다.

화려한 의상과 조명과 무대장치를 배경으로 무작정 몸을 놀리고 노래

뮤지컬, 그 역사 및 토착화를 위한 고찰

부르는 광적인 작태라고 속단하기 이전에 보다 과학적이고도 논리적인 분석과 정서적이고도 예술적인 분위기로까지 승화시키기 위하여는 모든 분야의 예술가와 예술적 지식이 총동원되어야 한다는 원칙 앞에서 우리는 다시 한 번 오늘의 우리 뮤지컬을 되돌아보고 분석해야 할 일이다. 그리고 그것이 단순한 흥행 위주로 살아남아서 수익의 증대에만 신경을 쓰는 장삿속에서 벗어나서 보다 전문적이고 본격적인 무대예술로 결정(結晶)되었을 때 비로소 관객의 호응이 크게 메아리침으로써 연극인의 사회적, 경제적 위상도 높아진다는 상식을 잊어서는 안 될 것이다.

미국의 뮤지컬의 과거 30년간의 역사만 보더라도 그것은 진솔한 연극과 별다른 차이가 없는 명작들은 우리는 기억하고 있다. 예컨대 〈남태평양〉, 〈웨스트 사이드 스토리〉, 〈사운드 오브 뮤직〉 그리고 〈지붕 위의 바이올린〉, 〈카바레〉, 러브 록 뮤지컬의 〈헤어〉, 〈미스 사이공〉 등은 모두가 인간성, 사회성, 시대성을 예리하게 반영하고 있고, 뮤지컬 특유의 메시지가 담긴 수많은 명작 앞에서 우리는 다시 한 번 뮤지컬 드라마에 대한 접근방법을 재검토하지 않을 수가 없는 것이다. 이것이 바로 이 소론의 의도이자 목적임을 다시 밝히는 바이다.

〈참고문헌〉

문예진흥원, 「문예연감」, 1993.

이두현, 「한국신극사연구」, 서울대학교출판부, 1969.

황문평, 「한국대중연예사」, 부루칸 모로, 1989.

Alan Jay Lerner, 「The Musical Theatre: A Celebration」, 1986.

南川貞治, 「ミュジカル」, 朝日出版社, 1973.

扇田昭彦, 「Viva Musical」, 1994.

TV 극작론

TV극은 TV라는 매체를 전제로 하는 극이다. 매체로서의 TV는 라디오나 영화나 무대를 교묘하게 결합시킨 것이라 해도 과언은 아니다. 그러면서도 TV는 이 세 가지 중의 그 어느 것과도 판이한 성격을 지니고 있다. 다만 공통성을 찾아낸다면 라디오의 경우와 마찬가지로 TV극은 시간의 예술이라는 점일 것이다.

그리고 소리와 영상을 갖추어야 한다는 점으로 봐서는 영화와 흡사하지만 영화는 숏과 숏의 사이의 시간적인 여유, 그리고 필름을 떼내거나 이어내기도 하는 편집으로 이루어지는 데 비해서 TV극은 배우들이 계속적으로 나타내는 여러 가지 움직임 그 자체가 브라운관에 투영되는 것이다. 따라서 한 신을 다시 한 번 되풀이할 수도 없다.

특히 필름을 사용치 않는 TV극의 경우는 무대극과 마찬가지로 계속적인 행동과 완전히 암기된 대사를 그대로 들려줘야 한다. 그렇다고 연극의 경우처럼 며칠씩을 두고 장기적으로 상연을 할 수도 없을뿐더러 한 편의 연극이 창조되기까지에 소요되는 오랜 시간만큼 TV극은 연습을 할 수도 없다. 따라서 TV극의 경우 모든 사람들은 첫날 개막되는 연극을 구경하는 환경에 놓이게 된다.

이와 같이 TV극은 라디오나 영화나 연극의 특성을 골고루 뽑아 갖춘 것 같으면서도 실상은 그 어느 것과도 동일하지가 않다는 데 그 특징이 있다고 봐야 할 것이다. 그러므로 TV극을 창작하는 작가는 먼저 이와 같은 TV의 특징을 파악하고 다짐하는 데서부터 시작해야 한다는 과정을 밟기 마련이다.

II

총체적으로 봐서 TV극이 영상과 소리의 두 가지 전달매체의 결합이라는 점은 그 누구도 부인하지 못할 것이다. 그러나 이 영상과 소리도 각각 몇 가지 기본적 요소에 의해서 이루어지고 있다. 바꾸어 말해서 영상은 시각적 요소를 소리는 청각적 요소를 가리키는 말이다. 따라서 TV극에 있어서 시각적 요소는

① 대도구와 소도구

② 등장인물의 움직임

③ 카메라의 조작법

의 세 가지로 분류할 수 있다.

그리고 청각적 요소 역시

① 대사

② 음악

③ 음향

의 세 가지를 뜻하게 된다.

그러므로 이 여섯 가지 요소는 극적인 요소를 내포하거나 강조하는 데 필수조건일 뿐만 아니라 TV극을 쓰는 작가의 입장으로서는 이것을 여하히 유효적절하게 사용하는가에 따라서 소기의 목적을 이룰 수가 있다고 봐야 할 것이다.

TV극도 하나의 드라마인 이상은 희곡이나 시나리오와 마찬가지로 소재가 있어야 하고 소재 위에 착색된 주제설정이 있어야 하고 스토리가 있어야 한다는 것은 너무나 당연한 일이다. 그러므로 무엇을 어떻게 써

야 할 것인가라는 기본적인 과제는 비단 TV극만이 지니는 숙제는 아니다.

그러나 같은 드라마 형식이면서도 유독 TV극만이 지니는 과제이자 특성은 무엇일까?

앞서 말한 것처럼 TV극이 라디오나 영화나 연극과 공통성을 지니고 있으면서도 판이하게 다르다고 했으니만큼 TV극만이 내포하는 특징도 있음 직한 일이다.

그런데 여기에 대해서 로버트 그린(Robert S. Greene)은 그의 저서인 「Television Writing」에서 특히 구성 면을 열거하고 있다. 다시 말해서 TV극의 독특한 구체적인 구성이야말로 작가가 명심해야 할 점이라고 말하고 있다. 그리고 TV극 구성의 네 가지 요소를 다음과 같이 지적하고 있다. 즉,

① 시간적인 길이

② 세트의 수

③ 등장인물의 수

④ 계속적인 연기

이것은 생각하기에 따라서는 매우 당연하고 상식적인 지적이라고도 여겨지겠지만 사실상 TV극본을 쓰기 이전에 이 네 가지 요소를 충분히 고려하지 않고는 좋은 작품을 기대할 수가 없다.

보통 TV극의 길이는 외국의 경우 대개가 30분 아니면 1시간이다. 물론 연속극의 경우는 다소 신축성이 있지만 시간적인 제한은 일정한 셈이다.

따라서 소설가가 소설을 쓰거나 극작가가 희곡을 쓰는 경우에 있어서 그 시간적인 길이에 대해서는 자유로운 선택을 허용받을 수 있지만 TV 극은 이 한정된 시간 안에서 연기도 스토리도 이루어져야 한다. 바꾸어 말해서 30분극이면 30분 동안에 사건의 발단과 전개와 종결이 짜임새 있게 이루어져야 하는 것이다. 그런데 초심자의 경우 발단부에 비해서 전개부가 짧거나 전개에 비해서 종결이 길어서 하나의 작품으로서의 조

화를 잃을 뿐만 아니라 극적인 감흥을 잃게 하는 예를 우리는 본다.

그것은 마치 화가가 그림을 그리는 경우 한정된 화포(畫布)에다가 그려야 할 대상을 어떻게 조화 있게 배치 또는 구도를 짜는가와 마찬가지 이치이다.

그런데도 불구하고 어디서 어디까지가 발단이고 전개이고 종결인지 구분도 안 될 뿐만 아니라 어떤 특정한 신을 집중적으로 구축함으로써 극적인 효과를 노리는 예를 볼 수가 있다. 바꾸어 말해서 철저하게 울릴 수 있는 장면 아니면 웃기는 장면만 설정하면 그 작품은 성공이라는 피상적인 제작 태도이다. 따라서 그러한 작품의 경향은 시청자의 구미를 쫓으려는 이른바 영합적인 태도임을 알 수가 있다.

누가 뭐라 하건 그 시간에 울리거나 웃기는 하나의 국부적인 설정을 퍽 중요시하는 경향이다. 이것은 저속한 신파영화의 아류를 따르는 것으로 사건이나 성격에서 오는 당위성을 무시하고 그저 우연성 또는 비논리성을 범해서라도 한 장면의 비정상적인 비대를 꾀하는 예이다. 따라서 작품을 쓰기 위해서 먼저 일정한 스토리를 어떻게 일정한 시간적 틀에다가 조화 있게 배치하느냐는 문제는 매우 중요한 것이다.

다음으로 작가가 세트의 수를 고려한다는 것은 매우 현실적이면서 타산적인 조건이기도 하다. 따라서 작품의 성격상 한 세트 안에서 처리될 수도 있고 셋 또는 넷의 세트를 필요로 하는 경우도 생긴다.

그러나 문제는 세트가 많아야만 변화가 있어 보는 사람으로 하여금 권태감을 안 느끼게 한다는 것은 극히 피상적인 판단이다. 요는 어느 쪽을 택하는 게 보다 작품을 효과 있게 형상화하는가가 우리에게는 중요하다. 그러므로 단순한 시각적 효과를 노리기 위해 세트를 이곳 저곳으로 옮기는 것은 작품이 지녀야 할 중후감이나 심도를 감소시킬 뿐이다. 특히 외국의 무대인 경우 불필요하게 인서트 필름을 삽입하는 예는 하나의 관광용으로 효력을 거둘지 모르나 극적인 응결은 기대하기 힘든 일이다.

TV극의 구성은 그 발단부도 물론 중요하겠지만 역시 전개부와 종결에서 어떤 결정적인 승패를 가져오기 마련이다.

비단 TV극뿐만이 아니라 드라마투르기에 있어서 근본이 되는 것은 갈등과 위기의 설정이라 함은 이미 공식화된 사실이다. 어떠한 형태이건 어떤 상황이건 그리고 어떠한 표현형식을 갖추건 갈등이나 위기가 없는 데서 우리(시청자)는 아무런 극적 흥미를 느끼지 못한다. 모든 극이 그것을 요구하듯 모든 관객이나 시청자는 드라마 가운데서 위기나 갈등에 접하기를 원하고 있다.

따라서 그것이 형상화되는 부분은 도입부에서보다는 전개 및 종결에서 찾게 된다. 왜냐하면 일단 하나의 위기에 도달하게 되면 다음에 오는 것은 클라이맥스이기 때문이다. 그리고 클라이맥스 다음에는 종말 또는 해결이 따르기 마련이다. 따라서 이와 같은 논리적인 전개는 너무 공식적이라고 비난하는 사람도 있으나 적어도 TV극이 하나의 설득력이나 호소력을 발휘함으로써 하나의 감동을 시청자에게 안겨주는 것을 목적으로 삼는 이상 작가는 이 점에 대해서 신경을 쓰지 않을 수 없는 것이다.

그러나 오늘날 우리에게 소개되는 TV극이 이러한 기본적인 구성을 무시하고 단순히 피부적인 흥미를 쫓는 데 급급하는 실정은 어디에 그 원인이 있는지 한번쯤 탐구해볼 만한 과제이다.

'꿩 잡는 게 매'라는 근시적이며 극히 타산적인 안목이 우선 '재미가 있어야 드라마'라는 대전제가 결국은 하나의 상식까지 갉아먹는 실정이다. 그리고 재미가 뭣인가를 다시 한번 생각해야 할 시기가 온 것 같다.

물론 TV극이 예술성을 추구하거나 실험적인 시도를 일삼는 데로 불시착하기를 바라는 게 아니다. 다만 요즘의 TV 드라마가 야담극 아니면 전근대적인 신파극을 재채색하거나 국적도 정체도 없는 시대물로 시간을 메꾸는 데 그친다면 그것은 확실히 TV극의 구원을 그 누군가가 부르짖어야 할 것이다.

다음은 TV극에 있어서의 대사 문제이다. 대사는 라디오 드라마나 소설이나 희곡에서도 필요로 하는 가장 중요하고도 생명 있는 표현수단이다.

그런 대사는 대체로 다음과 같은 세 가지의 기능을 가진다. 즉

① 정보 전달

② 정서 전달

③ 플롯 진행

이상 세 가지 가운데 어느 하나에 해당 안 되는 대사란 없다. 훌륭한 TV극본은 TV가 시각과 청각에 호소하는 특성이 있다는 단순한 이유에서 대사와 시각적 처리를 아울러 구사하려 들지 않는다. 참다운 의미에서의 TV극본이란 시각적인 것과 청각적인 것도 상호부조하는 것이며 서로 연결된 것이며 어느 쪽 하나만으로 성립할 수 없는 것이다. 그러므로 TV극본은 눈으로 볼 수 있게끔 만든 라디오 드라마와는 다른 것이다. 바꾸어 말해서 라디오를 브라운관에다가 투영한 것이 TV극은 아니다. 라디오와는 달리 TV에 있어서 기본적인 대사 하나만으로도 전혀 다른 동작을 부여함으로써 새로운 내용을 거기에다 부각시킬 수가 있다. 따라서 TV극이 아닌 라디오 드라마를 써오던 작가가 이 점을 식별해내야 한다는 것은 중대한 과업의 하나라 할 것이다.

가령 여기에 어느 TV 시청자가 있다고 가정을 해보자.

그는 눈을 감고 귀를 통해서 들려오는 음성만을 듣고 있다고 상상해 보는 것이다. 그렇게 된다면 라디오 드라마와 TV 드라마를 어떻게 분류할 것인가에 대한 즉각적인 어떤 의미를 발견하게 될 것이다.

갑의 목소리 – 이렇게 되면 어때?

을의 목소리 – 글쎄?

갑의 목소리 – 이래도 안 돼?

을의 목소리 – 마음대로 해. 될대로 되라지… 제길….

이것은 어떤 드라마에서 두 사람이 주고받는 대사의 한 장면이다. 듣고 있는 사람은 시각적인 조건이 수반되지 않는 한 대사만을 듣고는 무슨 뜻인지 이해할 수가 없게 될 것이다. 그러므로 어떤 사람은 갑과 을이 어떤 물건을 주고받거나 돈을 주고받는 광경을 시각적인 이미지로서 상상할 수도 있을 것이다. 그러나 이것은 잘못이다. 만약에 TV의 화면에 투영되는 어떤 영상, 즉 거기서는 갑과 을이 장기판을 사이에 두고 있어 서로가 말을 옮기는 데 안간힘을 쓰고 있는 것이다. 두 사람의 인물과 소도구와 장치와 그리고 동작이 수반되고 있기 때문에 그것은 어디까지나 시각적으로 표현되고 있는 것이다. 이와 같이 TV극에 있어서의 대사는 시각적인 것과 청각적인 것이 상호부조하여 서로 연결되는 데 그 의미가 있다고 봐야 할 것이다.

다음으로 대사에 있어서 빼놓을 수 없는 것은 제삼자의 개재에 의한 의미나 정보의 전달 관계이다. 앞서 말한 로버트 그린은 이것을 '대사의 삼각형'이라고 표현했는데 이 말은 바꾸어 말해서 두 사람의 인물이 주고받는 대사를 제삼자인 관객이 개재됨으로써 삼각관계를 이룬다는 뜻이다.

보통 일상 회화는 이와 같은 제삼의 인물이란 있을 수 없다. 갑과 을이 마주 앉아서 얘기하는 경우 서로의 얘기는 직접 상대방에게 전달되고 또 거기에 대한 응답이 되돌아오는 데서 그친다. 말하자면 두 개의 점 사이를 왕복하는 데서 그치고 만다. 그러나 그것이 드라마인 경우는 제삼자인 관객, 시청자가 그 장소에 개재됨으로써 하나의 삼각형의 관계를 형성한다는 것이다.

다시 말해서 관객은 극중 인물이 주고받는 대사를 하나도 빼놓지 않고 듣게 된다. 아니 그것을 듣기 위해서 그 자리에 앉아 있는 것이다. 따라서 갑이 을에게 은밀하게 전하려는 말은 일단 제삼자인 관객의 귀를 거쳐서 을에게 전달되기 마련이다. 이 점이 바로 극작가로서는 신중히 고려해야 할 대사의 생명이자 묘미인 것이다. 즉 작가는 언제든지 관객과 함께 극을 진행시킬 수가 있다. 그러나 그것은 어디까지나 등장인물들 사이에 오고 가는 대사에 의해 간접적으로 진행시키고 있다는 사실이다. 왜냐하면 드라마의 대사란 등장인물들끼리 주고받는 말 같지만 사실인즉 그 대사는 관객을 향해서 던져지고 호소하고 전달하는 숙명을 지니고 있기 때문이다. 그러므로 이 삼각형의 관계는 극작가가 대사를 구사하는 데 있어서의 근본적인 정의가 된다.

다만 극작가는 관객이 삼각형을 형성하는 데 참여하고 있다는 걸 의식하거나 억지로 강요해서는 안 된다. 시청자가 TV 수상기 앞에 앉았을 때 그는 이미 삼각형의 일정 점을 차지하고 만 것이다. 따라서 시청자가 '자기는 이 드라마와는 아무런 관계도 없는 사람'이라고 느끼게 되고 작품세계로 말려들려는 욕구를 포기하게 되었을 때,

"뭐 저따위 대사가 있담!"

하고 반발과 불평을 털어놓는다면 이미 그 삼각형은 파괴되고 만 것이다. 그리고 그 작품은 실패로 돌아간 것이다. 따라서 작가는 우수한 극작술과 함께 실감 나는 대사로써 관객 및 시청자를 삼각형의 한 정점으로 묶어두는 데 신경을 써야 한다.

시청자가 드라마를 보고 있는 동안 자신도 모르게 그 작품세계 속으로 휘말려 들어가는 것은 등장인물들이 주고받는 대사가 실은 자기 자신에게 던져지고 있는 것 같은 착각을 일으키게 되기 때문인 것이다.

어떻든 TV극의 대사는 현실적인 인물처럼 말을 해야 한다. 그렇다고 일상 회화를 그대로 옮기라는 것은 아니다. 이 점이 바로 작품을 쓰는 사람도 또 그것을 구경하는 사람에게도 중요한 문제가 되는 것이다.

IV

지금까지 필자는 TV극이 지니는 특성을 바탕으로 해서 그 작극 면(作劇面)을 살펴보았다. 그러나 모든 문학이나 예술의 창작이 그러하듯이 TV극도 하나의 공식을 마스터한다고 해서 곧 작품을 만들 수 있는 것은 아니다. 그것은 어디까지나 창작이요 창조이다. 작품의 창작은 작가의 개성과 독창력과 그리고 인생을 대하는 안목에서 생겨나는 것이다. 아무리 좋은 작품을 낳으려고 해도 뜻대로 되어지지 않는 경우는 곧 그 작가가 지니는 철학이 없거나 독창력이 부족하기 때문이지 어떤 공식을 몰라서가 아니다. 이런 관점에서 본다면 사실상 창작의 출발은 도식화된 공식을 무시해버릴 수도 없는 일이다.

그러나 모든 예술이 그러하듯 그것을 항상 작가와 그 작품을 봐주는 타인을 대상으로 하고 있고 그 대상에게 어떤 의미를 전달하기 위해서는 방법을 생각하게 된다. 그것은 하나의 약속이라고 해도 과언이 아니다. 따라서 지금까지의 얘기는 그 약속을 어떻게 하면 쉽고 분명하게 이행할 수 있는 것인가에 대한 조그마한 탐구에 불과한 것이다. 차라리 TV극작이 보다 더 발전을 보이고 내용이 영글어지게 되는 것은 어디까지나 작가가 지니는 '눈'에서 시작되는 것이다.

근자에 와서 TV가 서민 생활 속에 급속도로 전파되어가고 그에 따르는 여러 가지 여파는 국민 생활의 하나의 과제로도 되어지고 있다. 이를테면 언어 사용의 문제, 성도덕의 문제, 정서 순화의 문제… 그러나 사실상 TV가 그러한 교화성과는 거리가 멀어지고 그 반대로 TV라는 문명의 이기로 이용해서 악의 전파에 일익(?)을 담당하고 있는 것 같은 인상은 여러 가지로 검토될 여지가 있다. 실무자가 입으로는 품위를 찾으면서도 실상은 품위보다는 흥미를 찾고 그래서 1930년대의 신파나 야담극을 재탕시켜서까지 인기(?)를 노리는 작가의 아나크로니즘은 하루속히 시정되어야 할 것이다.

TV 극작론

한국 TV드라마의 주제에 대한 분석 연구

1961~1984년 TV드라마 주제성향을 중심으로

1. 문제의 제기

우리나라에 텔레비전문화가 싹튼 지도 반세기라는 세월이 흘렀다. 물론 방송문화의 뿌리를 1927년의 경성방송국(JODK) 개국으로부터 따진다면 반세기가 넘지만 실질적인 TV방송은 1956년 개국한 HLKZ-TV를 그 효시를 삼는 게 중론이다. 그러나 출력이 1kw도 채 안 되었고 수상기의 실질적 보급이 불가능한 상태에서 하나의 실험도구 구실밖에 하지 못했던 HLKZ-TV가 설상가상으로 불의의 화재로 인하여 소실되었으니 사실상의 TV시대는 1961년 12월에 개국한 KBS-TV를 그 기점으로 삼는 것이 마땅할 것이다.

그로부터 23년, TV시대는 괄목할 만큼 발전하였고 나름대로의 시련을 겪기도 했으나 그 양적인 팽창과 질적인 변신은 엄청나게 컸다. 우선 양적인 팽창은 방송회사의 증가와 TV수상기의 보급 수에서 실감할 수가 있다. 즉, TV수상기 보급에 관한 공식적인 통계만 보더라도 다음과 같은 신장세를 보였다.

1969년 : 22만 대
1970년 : 41만 8천 대
1975년 : 161만 9천 대
1981년 : 633만 대

1984년 : 1,100만 대

4천만 인구를 놓고 볼 때 평균 5인 가족이 함께 시청한다고 가정했을 때 TV를 보지 않는 사람이 없다는 결론에 도달하게 된다. 물론 이 통계 숫자 가운데는 1가구에 2개 이상의 TV수상기를 가지고 있는 가정도 포함되어 있긴 하지만 결과석으로 TV방송이 국민 각 계층에게 미치는 영향력이 지대하리라는 점은 불을 보기보다도 더 환한 사실이다.

뿐만 아니라 방송제도상의 변혁은 바로 TV방송이 국민에 미치는 공공성이나 사회성을 중시하는 데서 기인하는 필연적인 결과로 풀이된다.

특히 1980년 12월 방송의 공영화를 단행함으로써 KBS-TV가 민간방송인 TBC-TV를 흡수했고, 동시에 UHF-교육방송을 신설하여 KBS-TV가 3개의 채널을 소유하였다. 뿐만 아니라 유일한 민간방송인 MBC-TV도 그 주식의 70%를 KBS가 관리하게 됨으로써 TV의 공영화 작업은 그 제도 면에서도 하나의 혁명을 일으키게 되었다. 이것은 종래 TV방송이 헤어나지 못했던 상업성과 오락성에서 탈피하여 방송의 공공성 내지는 사회성을 철저히 추구하자는 데 의지와 목적이 있었음이 분명하다.

한국방송의 공영제도가 이처럼 신중한 사명감과 자각증상에서 실시되었을 때 모든 국민들은 그 성과에 기대를 걸었다.

특히 KBS는 1981년 5월, 국회에 제출한 자료에서 공영방송의 기본정신을

① 교육기능 강화
② 환경감시기능 강화

라고 발표하였다. 이것은 방송프로그램의 편성, 제작에 있어서 건전한 오락과 교양의 보급 및 보도프로그램의 활성화를 뜻하는 말로 대치시킬 수가 있으며 이 방송제도의 변혁은 미국, 일본의 상업방송 형태에서 탈피

한국 TV드라마의 주제에 대한 분석 연구

하여 이원방송제도를 토착화시키고 행정주도적 방송정책에서 탈피함으로써 방송의 공익성과 영리성의 이율배반성을 극복, 해결하기 위한 의지의 발로라고 할 수가 있다.

그러나 공영방송제도의 출범 이후 우리는 새로운 문제점에 봉착하였을 뿐만 아니라 과연 한국방송에 있어서 공영화의 기본정신이 어디에 있는가 하는 원초적인 문제에 대한 접근이 시급히 요청되어왔다. 즉 방송의 공공성은 다른 매체에 있어서의 공공성보다 훨씬 우선권 내지는 광파성을 인정하고 있으며 그것은 미국, 일본, 영국, 독일 등 선진국의 경우 조금씩 그 견해를 달리하고 있다. 그러나 그 공통분모로서 추출되는 기본개념은 H. 아렌트(Arent)가 그의 저서 「인간의 조건(The Human Condition)」에서 지적한 바 있는 공개성과 공통성에 바탕을 두고 있음은 주지된 사실이다. 따라서 그것은 궁극적으로 민주주의의 기본이념과 상통하며 그것은 곧 국민(시청자)의 앎[知] 권리와 자유를 평등하게 향유하는 데 있다고 해도 과언은 아닐 것이다.

그러나 이와 같은 제도상의 변혁과 방송량의 팽창, 수상기의 급증 등 그 외형적 발전에도 불구하고 방송 내용 면에 있어서의 후진성은 여전히 답보상태에 머물러 있음을 지적하는 소리가 드높다. 여기서 방송 내용이란 말할 것도 없이 방송 프로그램을 두고 하는 말이며 그 가운데서도 방송극 즉 드라마의 내용과 형식에 대한 재검토를 두고 하는 말이다. 바꾸어 말해서 TV방송이 지니는 공공성이나 계도성이 중요한 지침으로 채택되고 있으면서도 실제적으로 방송극이 국민에게 미치는 영향력이 그 얼마나 큰가에 대해서는 별로 신경을 쓰지 않고 있으며, 단순한 흥미 위주로 제작 방송된 방송극은 결국 방송사 간의 시청률 경쟁을 위한 방편으로만 간주되어왔다. 앞서 얘기한 바와 같이 방송의 건전한 오락성을 강조한 실질적인 분야는 이른바 오락프로로 일컬어져오는 드라마, 쇼, 코미디를 대상으로 한다. 이 가운데서도 드라마는 그 오락성뿐만이 아니라 경우에 따라서는 계도성 내지는 예술성까지도 포괄적으로 강조하는 분야이기도 하다. 뿐만 아니라 드라마가 모든 프로그램 가운데서도 시청자의 기호에 맞고 그 프로그램의 성공 여하가 바로 방송사의 이미지를 좌우하는 결과가 되어왔고, 그것은 23년이 지난 오늘날에도 예외는 아니다.

지나간 23년간 우리나라 TV방송극이 시청자의 기호에 맞추기 위하여 나름대로의 심혈을 기울였던 흔적에 대해서는 여러 가지로 호의적인 반응을 보이고 있다. 1961년 12월 KBS-TV가 개국되었을 때만 해도 무경쟁 상태에서 독주를 해왔으니 그 당시는 논란의 대상은 못 되었다. 그러나 1964년 TBC-TV가 탄생했고, 1969년에 MBC-TV가 탄생하자 세 방송국 사이의 각축전은 명실공히 TV전국시대의 장을 열게 되었다. 게다가 1969년 5월에 KBS-TV가 광고방송을 개시하면서부터는 그 영리 면에 있어서도 상업적 경쟁의 장을 열게 되었다. 따라서 문화적인 의의보다는 시청률 경쟁에 혈안이 되었고, 그 관건이 바로 드라마였으며 그 드라마 가운데서도 일일연속극은 바로 그 방송사의 간판으로 칠 정도로 치열한 경쟁을 해왔다. 그런 가운데서 만인의 흥금을 울려주는 작품도 더러는 있었지만 한마디로 천편일률적인 멜로드라마로서 시청자를 식상케 하는 일이 많았다. 마침내는 MBC-TV가 1982년 가을 개편에서 밤 9시의 황금시간대 일일연속극을 폐지하는 데 이르더니 드디어 1984년 가을프로 개편에서는 일일연속극의 전면적 폐지를 단행하기에 이르렀다.

이와 같은 조처가 자의에 있었건 타의에 있었건 간에 결과적으로는 오랫동안 방송극에 집중되어오던 저속론(低俗論)이 한계점에 이르러 취해진 용단임에는 틀림이 없다. 20년을 하루같이 집요하게 고수해(?) 오던 일일연속극의 생태학적 특징이란 통속적인 애정행각과 여성취향의 퇴영성과 비생산적인 향락의 드라마였음은 주지된 사실이다. 사건은 있지만 인생이 없고, 현실은 있지만 생활이 없고, 소재는 있지만 주제가 없고, 극적인 사건은 있어도 문학적인 구성력이 없이 오직 단회성 흥미에만 의존해오던 저속성 내지는 통속성의 범주에서 벗어나지 못하였던 것도 사실이었다.

그리하여 일일연속극을 포함한 대부분의 TV극이 반문화적인 것의 대명사로 통용되어왔던 과거 20여 년은 그대로 방치할 수밖에 없다손 치더라도 다가오는 2000년대를 바라보는 시점에서 그 불명예스러운 대명사를 그대로 계승받을 수도 없거니와 방치할 수도 없다는 자각증상은 매우 자연스럽고도 당위성이 있는 의식이라 아니 할 수가 없다. 이것이 바로 이 연구논문이 제기한 첫째 문제가 될 것이다.

그렇다면 지나간 20년간에 방영되었던 TV드라마가 어떠한 실태에 있었던가에 대한 임상학적인 해부는 필연적으로 따라야 할 과제가 아닐 수 없다. 드라마가 뻔히 내다보이는 스토리의 전개에다 말재간의 연속이었다 할지라도 작가는 나름대로의 주제의식의 설정에 따라 집필했을 것이다. 그것이 창조적이건 모방적이건 간에 한 작가의 발언에는 그럴 만한 필요성이 있었음이 분명하다. 다만 그 결과가 천편일률성에서 벗어나지 못했다는 비판적인 중론이 과연 얼마 만한 신빙성과 과학적 근거가 있었던가에 대한 검토는 이 연구논문이 제시할 두 번째 과제이다.

다만 아쉬운 점은 방송 초창기의 작품이 대부분 산실되어서 이 연구과정에서 자료를 모조리 수집하지 못했다는 점과, 다른 하나는 방송극이란 이른바 일일연속, 주간 연속극, 단막극, 주간극, 그리고 특집극 등 그 형태상으로 구분하여도 방대한 분량인 데다가 그 대상에 따라 어린이, 어른, 청소년 등 연령차에 따라서 세분할 때 그 복잡성은 또 하나의 짐을 더하게 된다. 따라서 모든 드라마를 연구대상으로 삼는다는 것도 현실적으로는 매우 어려운 문제라고 하겠다. 현 연구논문은 그러한 작품 가운데서 선별된 작품을 대상으로 삼을 수밖에 없었던 점을 사전에 밝히지 않을 수가 없다. 그러므로 비교적 시청률이 높았거나, 방송사로서 성공했다고 자인한 작품을 주로 대상으로 삼을 수밖에 없었다는 점도 아울러 밝혀두는 바이다.

셋째로 이 연구논문이 의도한 점은 극중 주인공의 성분 분석이다. 여기서 성분이라고 지칭한 점은 ① 성별 ② 성격 ③ 사회적 소속계층 등을 가리킨다. 이것은 전술한 바와 같이 대부분의 드라마가 여성취향을 따르고 있었다는 사실 여부를 재확인하기 위해서 얻어낸 문제이기도 하다. 드라마가 원래 인간을 그리고 생활을 그리는 데 그 목적이 있다는 대전제를 놓고 볼 때 그 드라마에 등장하는 인물의 성분 여하는 매우 중요하다. 그것은 그 작가가 현실을 직시하는 눈과도 상통되며 이 시대를 살아가는 사람을 어떻게 보는가와도 직결된다. TV드라마가 인간, 사회, 그리고 사랑을 일상성 속에서 표출하려 할 때 우선 작가가 어떠한 인물을 창조하고 그 사람들이 모여 사는 세계가 무엇인가 하는 점은 가장 기본적인 여건의 하나가 된다. 뿐만 아니라 그 일상성이 자연스럽고, 생활과 밀착되었다는 점과 그 가운데 극적 요소가 있었던가는 더욱더 중요한 문제가 된다. 이것은 곧 드라마도 문학이라고 전제하는 데서 생기는 문제이다. 다시 말해서 주간지에 실렸던 기사 자체가 소설이 될 수 없듯이, 일상성 자체가 드라마가 아니기 때문이다. 따라서 그 일상성 속의 인간이 누구였던가는 우리에게 매우 중요한 의미를 가지게 된다.

끝으로 우리는 이와 같은 드라마의 분석에서 미래의 드라마가 어디로 가야 할 것인가에 대한 결론으로 수렴될 수밖에 없다. 드라마가 한 개인에 의하여 쓰여지지만 그것이 수많은 사람에게 미치는 영향을 생각할 때 이른바 방송극의 사회성이나 계도성은 본질적인 문제가 아닐 수가 없다. 그것은 바로 시청자의 의식구조를 말하기도 한다.

따라서 이 논문의 목적은 지난 20여 년간의 우리나라 TV드라마의 변천사와 실태를 분석함으로써 미래의 TV드라마의 참다운 창조와 진로에 일익을 담당한다는 데 있다.

2. TV드라마의 변천 과정

지난 23년 동안의 TV드라마의 변천 과정을 한마디로 표기하기는 매우 어렵다. 그러나 일단 그 시기적인 변혁을 중심으로 하여 편의상 시기구분을 하자면 다음과 같다. 즉,

① 1961년~1964년(KBS 단일 시기)

② 1964년~1969년(KBS·TBC 양립 시기)

③ 1969년~1980년(KBS·TBC·MBC 3사 각축 시기)

④ 1980년~1984년(언론통폐합에 따른 공영방송화 시기)

이상의 네 가지 시기적 구분은 곧 우리나라 TV방송의 전체적 변천사이자 동시에 TV드라마에도 그때마다 획기적인 변혁이 있어왔음을 전제로 해야 했다. 이상의 시기적 구분으로 우리나라의 TV문화를 전체적으로 조감할 수도 있겠으나 무엇보다도 TV드라마의 초창기부터 오늘날까지의 면모를 살피는 데도 하나의 길잡이가 될 수 있을 것이다. 따라서 이 논문은 편의상 이 시대구분에 따라 어떠한 계열의 작품들이 방영되었던가부터 추적해보기로 하겠다.

1) 1961년부터 1964년까지

이 시기는 전술한 바와 같이 우리나라의 TV문화의 새 장을 실질적으로 열어준 KBS-TV의 개국과 그 독주의 시대를 말한다. 즉 제2공화국의 붕괴와 함께 혁명정부가 들어서자 전격적이고도 독주적으로 국영방송인 KBS-TV가 개설되었다. 하나의 정치적 혁명의 소용돌이와 사회혼란의 혼미를 극복하기 위하여 전파매체에 의한 정보의 시달, 여론의 수렴,

행정력의 하부 침투를 꾀하려는 데서 급진적으로 이루어졌던 KBS-TV의 창설은 어느 의미로 보면 즉흥적이고도 저돌적인 발상이라 해도 과언이 아닐 것이다. 당시 방송계는 겨우 국영인 KBS 라디오방송에 의존하던 때이며 1961년 12월 2일에 부산문화방송에 이어 민간방송인 한국문화방송주식회사가 라디오전파를 발사한 지 한 달도 채 못 되는 시기였다. 따라서 국영방송과 민간방송이 라디오로 대결을 시작하려던 바로 그 시기에 국영 TV가 창설되었던 만큼 처음부터 경쟁의식은 있을 수가 없었다. 어느 의미로 봐서는 우리에게로 TV문화시대가 오고 있다는 현실감조차도 국민에겐 제대로 인식되지 못하고 있었다. 따라서 갑작스런 TV 개국이 당시의 국민에 준 충격과 의식개혁의 의지는 매우 효과적이었을지도 모른다. 그러므로 KBS-TV가 개국하면서 편성한 방송프로는 전반적으로 허약성을 면치 못했으며 기술, 시설, 편성, 제작 등 여러 면에서 질적인 세련도 결여되었었다. 다만 정치적 이념인 국가재건이라는 지상목표만을 의식하였기 때문에 장기간을 두고 연구 검토 끝에 이루어진 역사(役事)라기보다는 한시 바삐 민심을 수습하고 계몽하고 고무시키는 데 우선적인 목적을 두었다. 그러므로 방송프로그램의 편성부터가 엉성하고 하나의 구색을 갖추기에 급급했고, 그 방송량도 매우 미흡한 생태에 머무를 수밖에 없었다.

이와 같은 상황에서 편성 제작된 드라마가 어느 정도의 수준을 유지할 수 있었던가는 다음과 같은 한 가지 사실만으로도 추측할 수가 있을 것이다.

KBS-TV는 그 개국 첫 드라마를 극작가 유치진 원작의 희곡 〈나도 인간이 되련다〉를, 역시 극작가인 차범석 각색으로 연극배우인 최상현이 연출하도록 맡겼다. 이 말은 그 당시만 해도 방송전문가가 없었다는 사실을 입증한다.

새로운 미디어로서의 TV시대를 맞으면서도 그것을 담당하고 창조해야 할 인적 구성은 대부분이 연극계에 소속된 사람이었다. 따라서 개국 초창기에 발표된 드라마는 이용찬 작 〈불빛이 섬멸하는 설경〉, 김영수 작 〈가족회의〉, 하유상 작 〈인간검사〉, 주태익 작 〈결단〉 등에서 볼 수 있는 바와 같이 극작가 아니면 라디오 드라마 작가들의 작품이 대부분이었다. 이와 같은 현상은 미국이나 일본 같은 선진국에서 예외는 아니었다고 하나 아무튼 TV드라마를 전공했거나 전문지식을 지니고 있는 방송작가가 아닌 사람을 임시응변으로 기용하였고 그것은 어디까지나 창조라기보다는 이미 짜여진 시간을 메꾸어나가기 위해 급급했다. 그리고 섭외하는 PD의 물리적 노력에 기댈 수밖에 없었다 해도 과언은 아닐 것이다.

따라서 이 시기에서 우리가 이른바 의식이 있는 작품이라든가 방송극으로서의 문학성이나 예술성을 갖춘 작품이란 찾아보기가 힘들었다. 그리고 무엇보다도 방송국 자체가 지니고 있는 권위의식과 관료주의적 사고방식이 작가들의 자유분방한 창작 의욕을 진작, 고무시키기보다는 1차원적인 뜻에서의 민중계몽적이거나 계도적, 교육적인 내용을 강요했었다는 데 보다 더 근원적인 원인이 있었다고 봐야 할 것이다. 5.16 혁명정부가 내세웠던 국가재건의 대원칙 아래서 철저한 반공의식의 고취와 구정치체제와의 결별과 민족통일의 대과업에 위배되는 제반 독소적 요인을 철저하게 배제하고 오직 '새 나라 건설'을 위한 계도성이 강조되었던 시기였다는 점을 상기한다면 우리는 그 당시 극작가들의 의식구조가 무엇이었고 또한 그들의 손에 의하여 쓰여진 드라마의 주제 설정이 무엇이었는가에 대해서는 쉽게 상상할 수가 있을 것이다. 따라서 이 시기에는 일일 연속극은 아직 그 모습을 나타낼 수가 없었다. 아니 시설 미비와 인적 자원의 부족으로 일일연속극을 제작할 생각은 엄두도 못 냈다는 게 적절한 표현이다. 모두가 단발극(單發劇)이었고 그 작품 계열도 반공극, 계몽극, 인정극 그리고 코미디나 가정극의 범주에서 크게 벗어나지 못했다.

그러므로 이와 같은 계열의 작품에서 두드러진 주제의식을 찾을 수도 없었고 시청자 자신도 그러한 드라마에서 극적인 감동이나 심미적인 감흥을 얻어내기란 매우 어려운 지경이었다. 시청자들은 그저 TV수상기 앞에 모여 앉아서 영화도 아니요 연극도 아닌 TV라는 새로운 문명의 이기가 지니는 마력에 도취되거나 넋을 빼앗기고 있었던 시절이라고 보아야 옳을 것이다. TV드라마가 하나의 인산을 창조하고 그 창조된 인간과의 만남에서 나름대로의 카타르시스를 즐기는 지적 유희일진대, 이 초창기의 TV드라마는 어디까지나 신기하고 편리한 기계로 군립하였고, 남녀노소는 그저 무비판적으로 빨려 들어간 그런 시기였다고 보았을 때 우리가 새삼스럽게 작품 자체의 의식문제나 그 창조성의 생동감 따위는 상상조차 할 수 없었던 시대였음을 재확인할 수밖에 없을 것이다.

그러나 몇 차례의 시행착오와 새로운 구상에 의한 프로그램 편성과 제작은 조금씩 그 틀이 잡혀갔으니 〈실화극장〉, 〈화요연속〉, 〈금요무대〉, 그리고 〈일요극장〉 등이 드라마 프로로서의 자리를 굳혀갔다. 그리고 이들 작품은 소재 선택이나 주제의식 면에서 볼 때

실화극장 : 반공극

화요연속 : 역사극

금요무대 : 문예성이 짙은 내용

일요극장 : 계몽용 홈드라마

등으로 대변할 수 있고 보면 〈금요무대〉만이 비교적 작가의식을 소박하게나마 표출해낼 수 있었을 뿐 대부분의 드라마는 그 정도의 차이는 있을지언정 목적극의 테두리에서 크게 벗어나지 못했음을 우리는 쉽게 추측할 수가 있다. 그러므로 이와 같은 계열의 드라마가 얼마만큼 시청자의 구미에 맞았으며 그 지지도를 유지했을까에 대해서는 과학적인 통계지

한국 TV드라마의 주제에 대한 분석 연구

수를 가지지 못했지만 아마도 일방통행식의 강요성을 띠고 있었음은 가히 짐작하고도 남음이 있다. 그런 가운데서도 시청률을 얻기에 힘들지 않았던 프로그램은 역사극이었다. 그것도 정사(正史)가 아닌 야사(野史)에 바탕을 둔 흥미 위주의 작품들이 노년층과 연소자층의 지지를 받았다. 김영곤 작 〈숙부인(淑夫人)〉, 이서구 작 〈탄금대〉 등은 종전에 영화나 연극무대에서나 볼 수 있었던 왕조시대의 여인 애사(哀史)를 안방에서 쉽게 접할 수 있었다는 점에서 시청자의 지지를 모았다. 그것도 대부분의 출연 인물이 여성들이며 한결같이 고부간의 갈등 아니면 질시와 선망으로 얼룩진 여성들의 생활이고 보면 그 퇴영성은 이미 1920년대에 있었던 신파연극의 아류가 이제 다시 TV 브라운관에 서서히 재현되는 조짐을 보이게 된 것이다.

2) 1964년부터 1969년까지

국영방송이자 국내 최초의 TV방송으로서 독주해온 KBS의 초창기 드라마가 한마디로 기술적인 치졸과 작가정신의 빈곤 그리고 시청자의 맹목적인 추종 속에서 약 4년 동안 시청률을 독점해온 터에 하나의 획기적인 사건이 일어났으니 바로 동양텔레비전(TBC)의 탄생이다.

막강한 재정적 뒷받침과 4년 동안 양성한 TV 전문직 요원 그리고 국영방송이 아닌 민간상업방송이라는 이 세 가지 여건은 기존 방송에게는 바로 공포였고 시청자에게는 참신한 매력의 대상이 아닐 수가 없었다.

일반 시청자의 생리가 원초적으로 관(官)에 대해서는 거부반응을 일으키되 민(民)에 대해서는 친근감을 가지게 된다는 것은 논리성을 떠나 하나의 감각적인 반응이 아닐 수가 없다. 더구나 과거 4년간의 국영방송의 일방통행식 방송 내용에 대하여 알게 모르게 거부반응을 일으켜왔던 시청자들로서는 새로 탄생하는 TBC에 대해서 무조건 호기심과 기대감을 품게 되었다는 것은 당연한 심리적 반응이기도 했다. 특히 이미 라디오 전쟁에 있어서 민간상업방송이 여러 가지 면에서 국영방송보다 우위에서 있음을 확인한 뒤라서 일반 국민들이 민간 TV국인 TBC의 탄생을 환영하게 되었다는 것은 하나의 순리로 간주될 수도 있었을 것이다.

'철저하게 재미있는 방송'을 시청자에게 선사하겠다고 시험방송 기간 중에 요란했던 예비선전은 적중했고 새로운 기획과 편성으로 시청자를 맞아들이겠다는 사명의식은 쉽사리 국영방송을 압도할 수 있었다.

그 TBC가 내세운 새로운 기획과 편성 가운데서도 가장 두드러지게 시청자의 호기심을 자극한 점은 두 가지로 들 수가 있다. 그 하나는 호화로운 쇼프로의 출현이요, 다른 하나는 일일연속극의 시도이다. 뿐만 아니라 이미 4년 동안에 시청자들과 친숙해진 유명 가수와 탤런트 가운데서도 인기가 있는 연기자와 가수만을 뽑아 전속제로 묶어놓고 그 사람들을 보기 위해서는 TBC 다이얼을 돌릴 수밖에 없도록 기선을 제압한 TBC의 운영방침은 KBS에게 결정타를 가하게 되었다.

드라마라고 하면 주간프로밖에 없었고, 그것도 단 한 번으로 끝나버리는 공허감에 젖었던 당시의 시청자에게 일일연속극의 출현은 매력적일 수밖에 없었다.

TBC는 그 개국 첫 일일연속극으로 한운사 작 〈눈이 내리는데〉를 방영하였다. 그러나 그것은 스튜디오에서의 사전녹화 제작이 아닌 생방송이었으며 그 작품에 캐스트와 전 스태프진이 필사적으로 참여하였다는 후일담은 과연 실전(實戰)을 방불케 했다. 그러나 방송 횟수는 불과 25회로 도중하차를 하고 말았으나 새로운 기획인 일일연속극은 시청자의 호기심을 만족시키는 데 충분했다. 그 뒤를 이어서

조흔파 작 〈나는 나대로〉(15회)

이성재 작 〈연애소동〉(35회)

이 각각 방영되었다. 뿐만 아니라 〈TV소설〉이라는 프로를 편성하여 격조 높은 세계문학작품을 주간연속극 형식으로 방영하였으니

〈젊은 베르텔의 슬픔〉 (괴테 작, 김영수 극본)

〈좁은 문〉 (앙드레 지드 작, 김정옥 극본)

〈안네의 일기〉 (안네 프랑크 작, 차범석 극본)

등을 방영함으로써 통속과 순수의 양면에서 연속극을 시청자에 서비스했다. 그리고 국영방송에서는 거의 금기조항으로 되어 있던 범죄수사극을 〈바이엘극장〉과 〈형사수첩〉이라는 프로로 편성하여 자극적이고도 선정적인 장면을 대담하게 시청자에게 보임으로써 일단의 민간상업방송이 지니는 흥미를 십분 발휘하는 데 성공을 했다.

이와 같은 일일연속극이 그 질적인 면에서 어떠하였던가에 관해서는 다음 장에서 언급하겠거니와 아무튼 새로 탄생한 TBC가 TV방송사상 처음으로 일일연속극을 시도하였다는 점은 몇 가지 관점에서 검토되어야할 것이다. 즉,

첫째, 이 시도가 비록 실패로 돌아갔으나 새로운 드라마형식을 처음으로 소개한 시도성.

둘째, 이 시도가 시청자들의 호응을 받음으로써 1970년대에 들어서서 일어난 일일연속극 전성시대의 전초가 되었다는 점.

셋째, 일방통행으로 독주해 나온 KBS에 적지 않은 충격을 줌으로써 새로운 경쟁시대로 돌입했다는 점.

넷째, 일일연속극 전성시대가 국민의 의식구조에 순기능적인 면보다 역기능적 면에서 보다 많은 영향을 주었다는 점 등을 추출해낼 수가 있을 것이다. 이와 같은 견해는 TBC가 철저하게 '흥미 본위의 방송'으로 시청자에게 서비스하겠다는 봉사정신을 넘어서서 앞으로 다가올 '드라마

과잉 시대'의 불씨를 안고 필요 이상으로 방송사 간의 경쟁심을 조장시킨 계기가 되었다고 풀이되는 데 그 뜻을 두어야 옳을 것이다.

그러나 그 경쟁심을 반드시 부정적인 면에서만 볼 성질은 아니다. 왜냐하면 국영방송이라는 선입관과 고정관념 때문에 한동안 슬럼프에서 헤어나지 못했던 KBS가 그 누명을 씻고 KBS도 철저하게 '흥미있고 유익한 방송'을 할 수 있다는 자부심을 가지게 된 것도 바로 이 고비를 넘기면서부터이다.

다시 말해서 일일연속극의 시도는 민간방송에 빼앗겼으나 KBS가 지니고 있는 기능과 특성을 활용하여 권토중래(捲土重來)의 의지로 나서게 되었으며 그 성공사가 바로 〈실화극장〉의 정착이다.

〈실화극장〉은 그 기획 의도가 반공극의 정립에 있었다. 개국 당시 이북의 육상 선수 신금단(申今丹)의 부녀 상봉 이야기를 극화한 〈아바이 잘가오〉를 선보인 이 프로가 1967년도에 이르러 김동현 작 〈돌무지〉로 시청률을 만회하면서 계속 동일 작가의 작품인 〈제3지대〉, 〈사화산(死火山)〉, 〈속·제3지대〉, 〈그림자〉 등 이른바 '김동현 시리즈'로 시청률을 높였고 마침내 300회의 기록을 돌파했던 사실은 관영방송이 아니고서는 할 수 없었던 쾌거라 하겠다. 그것은 해당 관계기관의 물심양면에서의 적극적인 협조와 무대의 대형화가 종래의 TV드라마가 빠졌던 왜소성에서 벗어났고 정상급 영화배우의 출연과 멀리 외국까지 나가 촬영을 하는 대담한 제작기술로 실감을 돋우게 한 데 기인한다.

이와 같은 물리적 현상은 관영방송으로 제도가 개편된 후에도 KBS는 여전히 그 경쟁의식에서 깨어나지 못했다. 따라서 〈실화극장〉에 힘입어 사극에서도 서서히 고개를 쳐들기 시작하였으니 김영수의 〈수양대군〉, 〈세종대왕〉 등 정사(正史)에 바탕을 둔 역사극과 함께 김영곤의 〈꽃버선〉, 〈연화궁〉 등 야사극(野史劇)으로도 그 인기를 유지하기에 이르렀다.

뒤늦게 출범한 TBC에게 한동안 기선을 제압당했던 KBS-TV가 이처럼
돌파구를 찾아 나섰다는 사실은 TBC의 출현이 몰고 온 충격과 도전에
힘입은 결과임을 실증하게 된 것이다.

3) 1969년부터 1980년까지

그러나 한국 TV방송극의 전성시대는 뭐니 뭐니 해도 1969년 8월 8일
MBC-TV가 전파를 발사하면서 본격화되었다. 1961년 12월 2일 민간상
업방송으로 출범한 MBC가 그 여세를 몰고 TV에까지 끼어들게 된 것은
어느 의미로 보아서는 극히 자연스러운 추세라고 볼 수 있다. 기존의
KBS, CBS에 이어 세 번째 민방(民放)으로 탄생하였으나 본격적인 상업
방송으로서는 처음이라고 볼 수 있는 MBC의 대중 취향에 밀착과 기동
성 있는 프로 제작은 단시일 안에 시청률을 탈환하였고 뒤따라 나선
DBS, TEC와 어깨를 나란히 하면서도 광고기업 면에서는 단연 선두를
달려왔던 MBC이고 보면 세 번째로 출범하는 2TV 채널의 성취는 도리어
시청자들에게 안도감마저 갖게 했다. 전국을 커버하는 네트워크를 기반
으로 순조롭게 TV를 준비했던 MBC-TV는 1969년 8월 8일 개국 특집 드
라마 프로로 차범석 작, 표재순 연출 〈태양의 연인들〉을 선보였고 이어서
일일연속극 〈사랑하는 갈대〉(김옥수 작, 이대섭 연출)를 30회로 방영하
였다. 그러나 5년 전 TBC가 개국 프로로 내보낸 〈눈은 내리는데〉가 실패
로 돌아간 데 반하여 MBC-TV는 계속 일일연속극을 제작 방영하였으니

  이성재 작 〈언젠가 한번쯤은〉(36회)
  김희창 작 〈집〉(69회)
  김동현 작 〈개구리 남편〉(100회)
  차범석 작 〈물레방아〉(155회)

등이 바로 그때의 작품들이다. 이밖에도 단명(短命)했던 작품도 있었으나 대체로 100회 안팎을 유지했던 점으로 보아 비로소 일일연속극이 정착되기 시작한 조짐을 찾아볼 수가 있다.

이와 같은 추세에 따라 KBS, TBC도 각각 일일연속극을 신설하게 되자 1972년도에 들어서면서부터 문자 그대로 TV연속극 전국시대가 전개되었고 그 치열한 경쟁은 뜻있는 시청자들의 눈살을 찌푸리게까지 했다. 특히 1972년 가을 개편 때는 3국의 일일연속극이 각각 4편으로 증가되어 문자 그대로 'TV드라마 홍수시대'로 돌입하게 되었음은 우리나라 TV 방송사상 유례없는 기록을 남기게 되었다. 이와 같은 과열된 경쟁 속에서도 만천하의 드라마 팬을 즐겁게 해준 몇 편의 드라마를 열거하자면

  KBS … 이남섭 작 〈여로(女路)〉
  TBC … 임희재 작 〈아씨〉
      유 호 작 〈딸〉
  KBS … 곽일로 작 〈파도〉
  KBS … 윤혁민 작 〈꽃피는 팔도강산〉
  MBC … 김수현 작 〈새엄마〉

등으로 이것들은 모두가 250회부터 300회를 웃도는 장수 프로들이었다.

그러나 이 무렵의 TV드라마 홍수 현상은 반드시 일일연속극에만 해당되는 것은 아니었다. 주간연속극이나 시추에이션극의 새로운 시도에서도 그 여파를 찾아볼 수가 있었으니 특히 MBC-TV의 〈수사반장〉이나 〈제3교실〉, 그리고 TBC의 〈부부〉, 〈TBC극장〉, 〈유호극장〉, KBS의 〈맥(脈)〉, 〈개화백경(開化百景)〉 등은 그 작품 내용으로나 형식 면에 있어서 비교적 긍정적으로 수용되었던 드라마 프로그램이라 할 수 있을 것이다.

그러나 1974년을 전후하여 이 드라마 홍수 현상에 대해서 비판의 소

리가 높아갔으니 그 양적인 팽창도 문제가 되려니와 그 질적인 면에서의 비판은 기회 있을 때마다 거론이 되었고 심지어는 사회 정화의 차원에서 자중론과 정화론이 동시에 일어나기 시작했다. 이와 같은 현상은 이른바 제3공화국의 가장 적극적인 정치적, 행정적 이슈이기도 한 새마을정신 정립과 새마을운동의 전국적 전개 면에서 자동적으로 일어난 여론이며 자각증상이기도 했다.

이와 같은 드라마 홍수의 통계숫자를 놓고 볼 때 1975년도에 방송된 TV드라마의 총 편수는 64편으로 거의가 오후 7시부터 10시 사이인 이른바 골든아워에 집중 편성되고 있다. 이러한 현상은 1964년부터 치열한 경쟁상을 나타냈으며 3국이 드라마 편중 경향을 노골적으로 고수하였으니 그만큼 TV드라마가 대중에 대한 설득력과 호소력이 강한 점을 입증하고도 남음이 있었다. 특히 일일연속극의 비중은 방송회사의 기본 운영을 좌우하는 왕좌의 위치를 계속 누리게 되었던바, 3개 TV방송에서 하룻밤에 일일연속극을 11편이나, 그것도 꼭같은 시간대에 다투어 편성 방송케 하는 실정에 이르렀다.

"이러한 드라마의 양산과 동일시간대 편성은 방송매체가 가지는 채널 선택의 특성으로 심한 시청률 경쟁을 수반하게 되었으니 이러한 경쟁이 거듭되는 동안 방송드라마의 질적 향상은 요원한 것으로 되고 더욱이 일일연속극으로 그때그때 시청자의 흥미에 영합하는 데만 급급하여 매력적인 대중예술로서의 방송드라마의 정립은 이룩되지 못하고 따라서 바람직한 기능보다는 역기능의 요소가 많았던 것도 사실이다"라고 한국 방송윤리위원회가 펴낸 1975년도「방송윤리심의평가서」는 지적한 바 있다.

이 말은 바로 1975년을 전후한 TV드라마의 생태를 여실히 지적, 비판한 정론(正論)으로 받아들여지고 있다. 그러므로 1970년대 후반기는 어느 의미로 보아서 드라마의 황금시대이자 동시에 그 역기능적 현상이 극심하게 나타난 시기라 해도 과언은 아닐 것이다. 그러나 한편으로는 TV드라마의 대형화와 특집드라마의 제작이 활성화되어가는 등 긍정적인 발전상을 보인 점을 간과해서는 안 될 것이다.

4) 1980년부터 1984년까지

한국방송사상 1980년은 매우 중요한 해로 기록되어야 할 것이다. 왜냐하면 1980년 8월 한국방송협회는 방송자율정화지침(放送自律淨化指針)을 작성, 각 방송국으로 하여금 9월 개편부터 실시케 하였다. 자율정화안의 기본 방침은 다음과 같다.

"국익에 우선을 두어 국민교육과 교양방송을 강화하고 저속, 퇴폐 및 유해방송을 철저히 추방한다는 것이다. 따라서 쇼, 코미디, 드라마, 외화가 줄어들고 교양프로가 40% 이상으로 강화되었다. 어린이 프로의 경우 공상만화의 방영을 일체 금지하는 반면 자체제작을 적극 권장하고 있다. 외화(外畵)의 경우도 수사, 첩보물은 1편 이하로 감소되었다. 골든아워에는 교양물을 집중편성하여 농촌, 청소년, 반공, 경제, 과학, 국군방송 프로그램이 주종을 이루게 되었다. 아울러 광고방송의 경우는 여성생리용품 광고를 금지시켰으며 주류광고는 골든아워에 방송할 수 없게 되었다."(「동화연감(同和年鑑)」, 437면, 학술문화 편 참조)

이어서 각 방송국 내에서도 자체심의 기능을 강화하도록 지시를 내렸다. 뿐만 아니라 방송윤리위원회에서도 방송개편정화 실행에 따르는 세부심의지침을 결정하여 각 방송국 측에 통보하였으니 그 규제 내용은,

① 퇴폐, 저속
② 폭력, 살상, 학대 등 비도덕적 행위

③ 지역간, 계층간 위화감 조성

④ 어린이, 청소년 유해방송

⑤ 불건전한 외래문물

⑥ 불건전한 방송언어 사용

등이 바로 그것이다. 이와 같은 조처는 말할 것도 없이 1970년대 중반부터 현저하게 나타나기 시작한 TV드라마 및 라디오 드라마의 역기능적인 요인의 축적과 그것이 시청자에게 주는 유해 요소는 제거시키자는 데서 얻어진 조처임은 틀림이 없다. 바꾸어 말해서 방송드라마가 그만큼 불건전하고 퇴폐적이고 비도덕적인 것으로 낙인이 찍혔기 때문이다. 지금까지 학계나 일반 시청자들로부터 지탄을 받아왔던 점을 기초로 하여 작성된 법적 조처라는 점에서 방송인들 자신만이 아니라 일반 시민들의 비상한 관심사가 되었다.

그러나 같은 해 11월 14일에는 한국방송협회와 신문협회가 임시총회를 열고 〈건전언론 육성과 창달을 위한 결의문〉을 채택하였으니 이는 한국 언론사상 일대 혁명적인 조처로 받아들여졌다. 그 결의문의 내용은 현재의 상업방송 체제를 공공방송제로 전환하는 문제와 언론기관 통폐합 원칙 등을 골자로 하고 있기 때문이다.

이 통폐합 조치에 따라

① DBS와 TBC가 12월 1일을 기해 KBS(한국방송공사)로 흡수되고,

② 공공방송이 KBS와 MBC로 크게 이원화되고,

③ 보도기능까지 해오던 CBS는 복음방송(福音放送)만을 하게 되어 보도국은 KBS로 흡수되고,

④ MBC의 주식 65%를 KBS가 인수하는 것이 그 주요골자로 표면화되었다.

원칙적으로 방송드라마는 전파미디어인 방송이 가지는 특성과 드라마라는 예술이 결합된 종합적인 대중문화 형태로서 우리의 생활과 밀접한 관계를 가지고 있을 뿐 아니라 의식, 무의식적으로 강력한 영향력을 행사하고 있다는 점을 잊어서는 안 된다. 특히 우리나라처럼 문화적 오락의 향유 조건이 불충한 환경 가운데서 일반 대중이 가장 손쉽게 접할 수 있는 방송드라마에 의존할 수밖에 없는 실정을 감안할 때 우리는 이와 같은 조처가 왜 취해져야 했던가에 대해서 다시 한 번 냉정하게 반성을 해봄 직도 하다.

더구나 정치적으로 조국 근대화라는 대전제를 놓고 볼 때 국민의 총화단결이 무엇보다도 시급했고, 경제입국의 슬로건 아래서 물질제일, 황금만능주의가 발호(跋扈)하는 상황에서는 계층 간의 불신, 질시, 반목은 시대적 상황하에서 크게 우려되는 반문화적 현상이었다. 게다가 10.26 박정희 대통령 시해 사건으로 인한 정치, 경제, 사회, 문화 전반에 걸친 불안 조성의 분위기에서 하루속히 벗어나야 한다는 점에서도 이 조처는 매우 중요한 의미를 가지게 되었던 것이다.

그러나 해가 바뀌고부터 컬러TV의 방영이 실시됨에 따라 TV 방송국은 또 하나의 변모를 가져오게 되었다. 즉, 흑백시대와는 달리 화면의 색조화(色調化), 입체화(立體化), 의상, 소품, 장치의 고급정선화 등을 전제로 했을 때 전반적으로 화려하고도 고급스러운 분위기는 그것을 접하는 시청자들에게 또 하나의 문제를 제기하게 되었다. 특히 상류층의 생활무대가 주는 선망도와 반발도, 쇼 프로에서의 원색적 조명이나 현란한 의상이 풍기는 퇴폐적인 분위기는 과거 흑백시대에서는 상상도 못 했던 새로운 문제로 부상되기도 했다. 가진 자와 안 가진 자, 도시와 농촌, 남성과 여성, 성인과 미성년 등 사이에서 일어나는 마찰과 거부반응과 불만은 TV드라마가 안고 있는 또 하나의 고민이 아닐 수가 없다.

그러나 그와 같은 비판을 받아가면서도 1980년대 초반의 방송드라마

한국 TV드라마의 주제에 대한 분석 연구

는 컬러시대에 알맞은 화장에다 의상을 갈아입어가며 나름대로의 변혁
을 꾸준히 이룩해왔다. 그리고 기회 있을 때마다 일일연속극 폐지론이
소리 높게 울려왔지만 방송국 당사자들은 고집스럽게 그것을 이끌어 나
왔고 일반의 관심도는 여전히 일일연속극에 이끌려갔다. 그러면서도
KBS와 MBC는 공영방송시대에 공존하면서 연속극의 질적 향상에도 힘
을 기울였던 것도 사실이다. KBS의 〈TV문학관〉이나 〈미니시리즈〉 등
의 대형화가 그러하고 MBC의 〈베스트셀러극장〉이나 〈특집극〉이 그것
을 증명이라도 하듯 서로 앞서거니 뒤서거니 하며 4년을 이끌어왔다.
특히 MBC가 드라마 제작을 국외(局外) 인사(연출자)에게 위탁 제작함
으로써 영상 면에서 뛰어난 성과를 얻었는가 하면 KBS가 좁은 스튜디오
에서 뛰쳐나가 전면 야외촬영으로 성공작을 낸 것도 특기할 만한 성장이
라 할 수 있다.

　TV드라마가 오락일 수도 있고 예술일 수도 있다는 이율배반적인 상
식 가운데서도 좋은 드라마란 결국 시청자로 하여금 희망을 갖게 하고
심성을 정화시켜주고 그래서 인생이 살아볼 만한 가치를 지녔다고 느끼
게만 해준다면 누구나 그 앞에서는 선량해질 수 있다. 그것이 가진 자의
이야기이건 가난한 사람의 이야기건 간에 진실에서 우러나와 성실하게
만들어졌다면 모든 사람은 그 앞에서 착한 양이 되는 게 드라마의 속성
이다.

　그러나 우리의 TV드라마가 걸어온 23년의 변천과 변혁의 역사를 고
찰하면서 얻어낸 공통점은 결국 드라마의 순기능적인 면보다는 역기능
적인 면이 더 강하게 부상되었다는 사실이다. 적어도 1961년도의 초창
기만은 제외하고 제2기, 제3기, 그리고 제4기인 오늘 이 시간에도 TV드
라마는 비판의 대상이요, 논란의 표적에서 벗어날 기색은 아직 안 보인
다. 그러기에 MBC는 1982년도 가을 개편 때 밤 9시의 황금시간대에서
일일연속극을 하나 폐지시키더니 1984년 가을 개편에서는 일일연속극

을 전면 폐지함에 이르렀다.

대부분의 시청자가 그래도 시청을 원하고 재미있어하는 프로가 연속극인데 그것을 폐지하게 되었다는 데는 그럴 만한 이유가 있었을 것이다. 아니 그것이 비단 MBC만이 아니라 대부분의 의식 있는 시청자의 소망이 그러했고 지금까지 방송되었던 드라마가 그럴 만한 원인을 내포하고 있었기에 취해진 조처임에 틀림은 없다. 그것은 곧 드라마를 만드는 사람이나 작품 속에서 창조된 사람이나 그리고 그것을 시청하는 사람의 의식구조에 문제가 있었기 때문이다. 아니 무의식중에 만들어진 인물일지라도 그 인물이 시청자와의 만남에서는 뜻밖에도 크게 확대되거나 오염되는 수도 있었기 때문이다. 작가가 그 작품에서 무엇을 쓸 것인가에 대해서 그다지 심각하게 생각지 않았는데도 방송이 나간 다음에 되돌아오는 메아리가 예상 밖으로 크게 들릴 수도 있었을 것이다. 그렇다면 결국 과거 23년 동안 우리가 만들어내고 우리가 접해왔던 방송드라마는 과연 어느 길을 가고 있던가에 대해서 눈길을 돌릴 단계가 온 셈이다. 서두에서 문제제기를 한 것처럼 무엇을 어떻게 썼기에 어떤 결과로 나타났는가에 대한 고찰은 그래서 이 논문의 주요 부분으로 남을 수밖에 없는 것이다.

3. 분석대상과 방법

지금까지의 TV드라마 변천의 가닥을 다시 한 번 정리하자면 TV드라마의 방송 편수 증감에서 그 일면을 엿볼 수가 있을 것이다. 그 실례로 이상회(李相回) 교수가 〈TV 10년의 평가〉라는 논문 가운데서 "1970년을 기점으로 일기 시작한 일일연속극의 불은 정부의 타율적 규제에 의해 1978년 8월 프로그램 개편에서 2편씩으로 줄기까지 했다"고 지적하면서

1969년부터 1978년까지 10년간의 3개 방송국의 편성표에 나타난 일일연속극의 증감 추세를 다음과 같이 분석한 바 있다.(MBC-TV 10주년 기념 국제 학술심포지엄에 제출된 제3주제 〈TV 10년: 평가와 전망〉 참조)

1969년…일일연속극 1편씩

1970년…일일연속극 3편으로 증가

1971년~1972년…일일연속극 5편으로 격증

1973년 4월…일일연속극 5편에서 4편으로 감축

1973년 9월…일일연속극 4편에서 3편으로 감축

1974년 12월…일일연속극 3편에서 4편으로 증가

1975년 10월…일일연속극 4편에서 5편으로 증가

1976년 1월…일일연속극 5편에서 4편으로 감축

1976년 4월…일일연속극 4편에서 3편으로 감축

1976년 11월…일일연속극 3편에서 2편으로 감축

어린이연속극 1편 증설

1977년 11월…일일연속극 2편에서 3편으로 증가

1978년 8월…일일연속극 3편에서 다시 2편으로 감축

이상의 통계에서 볼 수 있는 것처럼 1972년에는 하루에 5편의 일일연속극을 내보냄으로써 전성시대를 이룩한 기록도 있으나 1973년 9월을 계기로 대체적으로 줄어든 경향을 보이고 있다. 이렇게 변화를 가져온 이면에는 석유파동으로 인한 세계적인 에너지 절약에 따른 방송시간의 단축 조처와 다른 하나는 방송국 자체의 의사가 아닌 당해 행정부처에 의한 타율적 동의의 결과인 것이다. 이렇듯 TV프로그램에서도 시청자가 가장 즐겨 찾는 일일연속극에 관계 당국의 규제가 표면화된 데 대해서는 그 나름의 이유가 있었겠지만 결국은 TV드라마의 질적 저하나 그 퇴폐

성이 가장 큰 원인으로 풀이되었다. 여기서 질적 저하라는 말은 크게는 예술성까지를 포함한 TV드라마의 윤리성을 포괄적으로 뜻하는 말이다. 다시 말해서 TV드라마가 내포하고 있는 비윤리적 요소가 시청자, 특히 청소년들에게 끼치는 영향이 심각하며 나아가서는 국민총화라는 국가적 차원에서 풀이되는 말이다. 그 한 증거로 우리는 과거 한국방송윤리위원회가 해마다 펴내왔던 「방송윤리심의평가서」(1975년도)에서 그 실태를 엿볼 수가 있을 것이다. 즉 1975년도에 〈방송윤리규정〉에 의한 드라마 부분 저촉사항은 총 12건이 '경고'로 결정되었다. 그리고 '개별 권고'는 6건, '일반 권고'는 3건이다. 이 드라마 부문의 경고 결정사태를 다시 형태별로 분류하자면 다음과 같다. 즉,

형태	건수	백분비
멜로드라마	5	41.7%
사건수사극	5	41.7%
사건실화극	1	8.3%
기 타	1	8.3%
계	12	100%

그리고 이를 내용별로 분류하면 다음과 같다.

	내 용	빈 도
1	극약명(劇藥名)을 명시하여 살상수단으로 오용케 할 우려	1
2	살인장면을 상세히 묘사하여 정서불안 조성의 우려	3
3	자살을 합리화시키는 등 가정윤리 손상과 인명경시의 우려	1
4	패륜적 내용	3
5	가정교육 및 어린이 선도에 유해로운 내용	1
6	퇴폐적이고 성적 호기심을 자극할 우려	4
7	재판에 계류 중인 사건을 다룬 내용	1
8	건설적 생활기풍 및 생활윤리에 저해되는 내용	1
9	가정의 순결성과 미풍양속을 저해할 우려	4
	계	19

한국TV드라마의 주제에 대한 분석 연구

위 도표에서 우리에게 관심이 가는 항목은

⑥ 퇴폐적이고 성적 호기심을 자극하는 내용
⑨ 가정의 순결성과 미풍양속을 저해하는 내용
④ 패륜적인 내용

등이며 그 저촉 내용이 모두 일일연속극에 해당된 사항이라는 데 문제가 있다. 그리고 다른 부분은 사건수사극이나 실화극, 반공극, 단막극이나 주간극에서 저촉된 사항들이다.

이 한 가지 사실만을 놓고서 23년간의 드라마의 진보를 평가 분석하기란 위험성이 없지도 않으나 TV드라마 전성시기에서 추출해낸 이 평가 분석은 결코 무의미한 것은 아니다.

이러한 관점에서 볼 때 1975년도 한 해에만 해당된 현상인지 아니면 과거 23년을 통틀어서 연관성이 있는 것일지를 살펴보기로 하겠다.

서두에서도 언급하였지만 TV드라마의 시간적 경과와 그 변혁의 역사를 편의상 4시기로 구분했으나 그동안에 방송된 전체의 TV드라마를 연구대상으로 삼기란 여러 가지로 어려움을 겪게 된다. 따라서 편의상 KBS, MBC, TBC의 세 방송국에서 방송된 작품 가운데 시청률이 높았거나 좋은 반응을 보였던 작품을 우선 선별하기로 했다. 여기서 시청률의 평가는 전문 조사진에 의해 발표된 바도 있고 일반 시청자 간에 유형·무형으로 파급된 미확인의 평가도 포함되었으나 우선은 방송 횟수가 비교적 장기간에 걸친 작품을 대상으로 삼았다. 물론 그 기간도 초창기에는 100회 정도였으나 해가 갈수록 그 방송 횟수도 장기화된 추세를 보여 최근작에서는 400회를 웃도는 작품도 볼 수가 있다. 따라서 그 방송 횟수의 길고 짧음이 곧 시청률과 함수관계를 지니고 있다는 판정 아래서 그 지침을 세웠다. 그리고 주간극이나 주간연속극, 시추에이션극, 특집극 등은 그 시청률도 감안했으되 방송 당시의 신문이나 전문가 사이에 거론되었던 파문을 참고했다. 바꾸어 말해서 일반 시청자에게서는 그다지 호응을 못 얻었지만 그 내용 면에서 어느 정도의 수준을 지켰거나 문제성이 있었다고 인지되는 작품도 포함시켰음을 밝혀둔다. 그리고 그것이 필자의 개인적인 주관을 전혀 배제할 수 없었다는 사실도 아울러 밝히는 바이다.

1) 일일연속극

KBS

	작품명	작가	방송년도	횟수	구분
1	신부1년생	임희재	1969	30회	현대극
2	이웃사촌	이경재	1970	100	현대극
3	북간도	안수길 원작 김영수 각색	1971	260	시대극
4	가시리	이상현	1971	160	시대극
5	여로	이남섭	1972	211	시대극
6	파도	곽일로	1973	270	시대극
7	세종대왕	이은성	1973	250	사 극
8	꽃피는 팔도강산	윤혁민	1974	320	현대극
9	대동강	김동현	1975	240	반공극
10	타향	김동현	1976	169	반공극
11	연락부	김동현	1977	151	반공극
12	유럽특급	이남섭	1978	115	반공극
13	기러기	이은성	1979	195	현대극
14	달동네	나연숙	1980~1981		현대극
15	약속의 땅	나연숙	1982	186	현대극
16	보통사람들	나연숙	1983~1984	460	현대극
17	천생연분	유 열	1982	183	사 극
18	고교생일기	이금림	1983~현재	400회 이상	청소년
19	꽃가마	유 열	1982~1983	135	사 극
20	남매	유 열	1983~		현대극

한국 TV드라마의 주제에 대한 분석 연구

TBC

	작품명	작가	방송년도	횟수	구분
1	아씨	임희재	1970~1971	253회	시대극
2	딸	유 호	1970~1971	329	현대극
3	사슴아가씨	유 호	1971	150	현대극
4	여보정선달	이성재	1971~1973		사 극
5	사모곡	신봉승	1972~1973	264	사 극
6	어머니	남지연	1973.10~1974.6.1		현대극
7	달래	김자림	1973~1974	167	현대극
8	연화	신봉승	1973.10~1974.5.3		사 극
9	윤지경	신봉승	1974.5.5~10.25		사 극
10	맏딸	김자림	1974		현대극
11	임금님의 첫사랑	임희재	1975.9.22~1976		사 극
12	셋방살이	조남사	1976		현대극
13	별당아씨	신봉승	1976.4.16~1977.3.6		사 극
14	허부인전	신봉승	1977	130	사 극
15	언약	나연숙	1978	205	현대극
16	야 곰례야	나연숙	1979		현대극
17	달동네	나연숙	1980~		현대극

MBC

	작품명	작가	방송년도	횟수	구분
1	개구리남편	김동현	1969	100회	현대극
2	물레방아	차범석	1970	155	시대극
3	정	조남사	1971	192	현대극
4	대원군	유주현 원작 이은성 극본	1972	228	사 극
5	새엄마	김수현	1972	411	현대극
6	한백년	이철향	1973	321	시대극
7	수선화	김수현	1974	166	현대극
8	신부일기	김수현	1975	216	현대극
9	집념	이은성	1975	143	사 극
10	정화	이상현	1977	179	사 극
11	당신	김수현	1978	340	현대극
12	연지	신봉승	1978~	197	사 극
13	행복을 팝니다	김수현	1979	173	현대극
14	교동마님	신봉승	1981	199	사 극

15	호랑이 선생님	이홍구 외	1981~	계속중	청소년극
16	사랑합시다	김수현	1981~1982	189	현대극
17	간난이	이재우	1983~1984		현대극

이상의 도표에서 제시된 바와 같이 일일연속극으로서 그동안 시청자와의 만남에서 인기를 얻었다고 인정되는 작품은 모두 52편이다.

이 작품을 각각 시대, 소재, 수법에 따라 분류하면 다음과 같이 구분을 할 수 있다.

```
시대구분 : 사    극 ············· 14편
          시대극 ············· 7편
          현대극 ············· 31편
소재 및 수법 : 멜로드라마 ······ 25편
              홈드라마 ········ 12편
              사회드라마 ······ 8편
              청소년드라마 ··· 3편
              반공드라마 ······ 4편
```

이상의 분류에서 현대극이 압도적으로 많으면서도 애정을 소재로 했거나 사극일지라도 정사보다는 야사의 성격을 띤 흥미 위주의 작품이 월등하게 많다는 사실을 알 수가 있다. 물론 현대물일지라도 어디서 어디까지가 홈드라마이며 멜로드라마인가에 대한 구분은 사람에 따라 그 견해를 달리하겠지만 일반적으로 가정 구성원 간의 인간적인 문제보다도 남녀간의 애정에 그 초점을 맞춘 작품은 일단 멜로드라마의 범주에다 귀속시켰다. 그러고 보면 작품의 성격상 판이하게 특색을 나타낸 작품은 반공극과 청소년극 정도이며 나머지는 서로가 상관성을 지녔거나 그 한계가 모호한 사실을 인정하지 않을 수가 없다.

한국 TV드라마의 주제에 대한 분석 연구

그러나 문제의 핵심이 되는 점은 일반적으로 시청자가 멜로드라마에 관심을 기울이는 그 의식구조일 것이다. 사극이건 현대극이건 간에 남녀간의 애정이나 가족구성원 간의 갈등에 대해서 보다 많은 흥미를 갖게 되는 원인은 어디에 있는가 생각해볼 필요가 있다.

바꾸어 말해서 작가나 드라마 제작 실무자가 되도록 멜로드라마를 제작하여 시청자의 관심을 끌고 싶어 하는 그 의지를 어떻게 받아들여야 하는가가 문제의 핵심이 된다고 보아야 옳을 것이다.

그런데 서강대학교의 최창섭(崔昌燮) 교수는 〈시청자에 접근하는 방송의 역할〉이라는 논문을 통하여 다음과 같이 주장한 바 있다. 즉,

　　방송커뮤니케이션은 곧 인간커뮤니케이션에 기저를 두고 있음에 유의해야 한다. 즉 프로그램이 방송되기까지의 기획, 집필, 제작의 각 단계는 곧 인간에 의해서 진행 연결되는 것이며 더구나 이를 수용하는 시청자도 결국은 인간 개개인인 것이다. 이와 같이 인간에서 시작해서 인간으로 귀결되는 방송의 역할에 대한 이해는 바로 인간에 대한 이해로부터 출발되고 조명되어야 하며 이를 바탕으로 방송매체의 역학관계가 형성될 때 매체와 시청자의 관계는 자연히 가깝게 접근될 수 있으리라 믿는다.

라고 밝힌 바 있다. 이 말은 결국 드라마가 그 시대나 소재나 수법에 따라 형식이나 표현형식이 다를지언정 궁극적으로는 인간문제를 다루는 것이라는 주장과 일맥상통하는 견해인 것이다. 가정, 언어, 결혼, 사회, 권력, 유혹, 욕망… 그 무엇이 되었건 드라마 속에는 인간이 그려지고 인간에 대한 이야기가 있을 때 그것이 곧 드라마라는 주장에는 그 누구도 반대할 사람은 없을 것이다. 그러나 문제가 되는 것은 여러 가지 유형의 드라마가 추구하는 목표라든가 핵심이 무엇이며 그것이 어디에 있는가라는 점이 문제의 핵심이 된다고 보아도 그다지 빗나간 주장은 아닐 것이다. 작

가가 작품을 쓸 때는 무엇인가 '추구하는 점'이 있게 마련이다. 그것은 바로 그 작가의 눈이자 심장이다. 그것은 한 작가의 발언이자 인생관이다. 그래서 작가란 자신의 눈에 비친 현실이나 역사적 사실에 대해서 자기 나름대로의 발언이 있고 해석이 있고 철학이 있게 마련이다.

한 화가가 정물화를 그리는 경우일지라도 그 화가의 눈에 비친 그 물체를 실물과 꼭 같이 모사하겠다는 의도에서 그림을 그리지는 않는다. 그 화가의 시야에 들어온 오브제에서 느낌이 있고, 그 느낌을 바탕으로 화가는 자신의 생각을 선과 면과 색채로 구현하려 드는 게 상식이다. 그래서 그 그려진 결과를 감상하는 사람은 저마다의 생각에서 그 화가가 추구하려는 점과 일치도 되고 때로는 반발도 하게 된다. 이것은 모든 창작행위에 있어서는 기본적인 조건이며 또한 그러한 안목이 빛났을 때 우리는 박수를 보내는 것도 또한 수용하는 사람으로서의 상식일 것이다.

그러나 우리가 방송드라마에서 바로 얘기하고 싶어 하는 것은 그 작가의 눈과 심장이다. 그것을 우리는 편의상 주제라고도 부른다. 더 쉽게 말해서 "왜 그 작품을 그렇게 쓰려고 했는가?"라고 물었을 때 작가로서의 답이 있어야 한다. 그 대답은 작가마다 다를 수도 있고 때로는 전혀 다른 성격으로 나타날 수도 있다. 그것은 개성의 차이에서 오기도 하지만 대체적으로는 작품에 접근하는 인생관에서 오는 경우가 많다. 그런데 우리가 방송드라마를 대했을 때 그 답은 과연 어디에 있는가라는 점이다. 분명히 그 작가는 어떤 생각을 발판으로 해서 무엇인가 주장하고 싶었고 공명(共鳴)하는 자를 구하고 싶은 욕구에서 썼을 터인데 결과적으로 그것은 간 곳이 없고 오직 남은 것은 이야기뿐인 게 바로 대부분의 드라마에서 얻어낸 실정이 되고 만 것이다.

앞서 열거한 52편의 일일연속극은 적어도 이 땅에 방송문화가 뿌리를 내리는 동안 가장 많은 사람들로부터 지지를 받았거나 공명을 받았던 작품임에 틀림이 없다. 그래서 〈보통사람들〉, 〈달동네〉, 〈간난이〉, 〈당신〉, 〈신부일기〉, 〈아씨〉, 〈여로〉 등은 문자 그대로 시청자의 절대적인 지지를 받았던 기록을 세웠다. 뿐만 아니라 이처럼 작품의 성장 과정에서 우리는 TV드라마가 어떻게 변해가고 있는가에 관해서 몇 가지 특징까지도 추출해낼 수가 있다. 그것은 23년이라는 시간 속에서 작가 자신의 의식 변화도 있을 수 있겠고 그것을 수용하는 시청자의 의식구조의 변화에도 그 근거를 두고 있다고 풀이할 수가 있겠으나 몇 가지의 문제점을 제기하자면 다음과 같다.

① 주제의식의 둔화
② 주인공의 복합화
③ 구성력의 평면화

이상에 열거한 세 가지 조항은 반드시 모든 작품에 적용되거나 그것을 잴 수 있는 절대적인 척도가 된다기보다는 일반화된 현상임을 밝히면서 조항별로 부연을 가하기로 하겠다.

(1) 주제의식의 둔화

이 문제에 대해서는 앞서 TV드라마의 일반적인 특징이 이야기만 남고 주제가 없거나 약하다는 점을 지적한 바 있거니와 확실히 그 변화는 눈에 띄게 나타난다. 그것은 작가가 현실을 보는 눈이 약해졌다는 뜻으로도 받아들일 수 있지만 사실은 작가로서 작품에 대한 구심점이 애매모호해지고 있다는 경향을 두고 하는 말이다.

예를 들자면 1970년대 초반의 대표적인 작품이라고 할 수 있는 〈아씨〉나 〈여로〉는 그 좋은 예가 될 수 있다. 이 작품은 누가 보더라도 작가가 작품 속에서 말하려는 초점이 선명하고도 명확했다. 그것은 한국적 여성상의 재발견이자 찬미가라 해도 과언이 아니다. 가난하게 태어나 험한 길을 헤쳐나가면서 아내로서의 부덕과 어머니로서의 희생과 사랑을 줄기차게 이끌고 나가는 한 여자의 일생을 그린 작품들이다. 〈아씨〉는 처음부터 끝까지 아씨 그 자신을 통하여 한국 사람이 살아왔던 험한 행로를 재조명했다. 어느 한 회를 들추어보더라도 주인공 아씨를 떠나서는 얘기가 성립될 수도 없었거니와 작가 자신도 철두철미하게 아씨에게 집요하게 매달리고 추구해나가면서 사건을 진전시켰다. 그러기에 모든 시청자는 아씨라는 제목이 곧 이 작품의 소재이자 주제라고 쉽게 납득을 할 수가 있을 만큼 작품이 선명하고도 강렬했다는 뜻이다. 이와 같은 해석은 〈여로〉에서도 그대로 적용된다. 저능아이지만 순박한 남편을 위하여 모든 것을 희생하고 전신 투구하는 한 여인상을 통하여 우리 겨레의 피맺힌 행적을 선명하게 제시하려는 작가의 주제설정이 너무도 분명한 데서 우리는 이 작품에 안정감과 신뢰감을 기울일 수가 있었다. 다만 그 바보스러운 남편 영구의 인상과 몸짓이 너무도 실감이 나게 표현된 까닭에 마치 이 드라마의 주인공이 영구인 것처럼 착각을 일으키게 했던 점은 하나의 부수적인 요인일 뿐 작품의 주제가 영구의 저능아적 기질을 옹호하려 들거나 그곳에다 초점을 맞추려 하지는 않았을 것이다.

아무튼 초창기의 이 두 작품은 우선 작품이 내포하는 강렬한 주제의식의 설정에서 시청자를 사로잡았으며 그 탄탄하고도 흔들리지 않는 집요한 인간 추구가 우선 시청자를 TV 앞에 붙잡아놓을 수 있었다고 해도 과언은 아니다. 그것은 단순한 이야깃거리인데도 불구하고 결코 권태롭거나 지겨움을 안겨주지 않았다는 데 그 장점을 발견할 수가 있었을 것이다.

그런데 세월이 흐름에 따라서 TV드라마에서 그 주제의식이 모호해지고 그 대신 언어의 범람과 인물의 다양화가 두드러지게 나타나기 시작했다. 바꾸어 말해서 작품에 있어서 주제의 설정보다는 말재간이나 지적인 언어감각에 의존하는 작품이 있는가 하면 비정상적이거나 특이한 성

한국 TV드라마의 주제에 대한 분석 연구

격의 소유자들이 집단적으로 등장하는 데서 일어나는 상황극 형식도 있다. 그것은 곧 무조건 재미만 있으면 되었지 주제의식 따위는 아랑곳하지 않으려는 작가정신의 빈곤에서 오는 것이라 하겠다.

(2) 주인공의 복합화

일반적으로 한 작품에는 남녀 각각 한 사람씩의 주인공이 설정되는 것이 하나의 상식이다. 설령 그 작품 가운데 대거 등장인물이 설정되었다 치더라도, 주도적인 구실을 하는 사람은 바로 주인공이며, 그 주인공을 통하여 작가는 자신의 발언을 하고 사회에 대한 의견을 말하는 것이 보통이다. 그래서 종래의 드라마는 주인공이 단일했었다고 보아도 과언이 아니다.

그러나 근자에 와서는 그 주인공이 여러 사람이거나 몇 개의 팀이 동시에 등장하여 결과적으로는 누가 그 작품의 주인공인지 분간을 할 수 없는 지경에 이르게 되었다. 예컨대 〈신부일기〉, 〈달동네〉, 〈보통사람들〉, 〈약속의 땅〉, 〈사랑합시다〉 등이 바로 그런 계열에 속하는 작품들이라 하겠다. 그러나 이 말은 결코 한 작품에 집단적인 주인공이 설정될 수 없다는 뜻은 아니다. 왜냐하면 작품 성격에 따라서는 군중극이라는 경우도 있기 때문이다. 다만 그 작품에 분명히 단일 주인공을 설정시켰음에도 불구하고 그 주인공이 제구실을 못 하거나 그 주인공의 자리를 박탈당한 나머지 방계인물이 더 표면에 나서는 경우를 말하는 것이다. 〈달동네〉를 예로 들어보면 쉽게 알 수가 있다. 각기 사정이 있고, 개성이 다르고, 그래서 특이한 직업을 가진 가난한 사람들이 한 지붕과 한 이웃으로 모여 사는 상황에서 무엇이 일어났던가. 유머가 있고 페이소스가 있고, 익살이 있고, 풍자가 있고, 그래서 더러는 울리고 웃겨주던 그 드라마가 시청자의 절대적인 지지를 받았던 것은 숨길 수 없는 사실이다. 그러나 그 작품이 진행되어나가는 과정을 곰곰이 눈여겨보노라면

매 시간마다 그 몇 쌍의 인물(대부분이 부부였지만)에게 균등하게 말하게 하는 시간과 장소를 안배하는 수법에 불과했다. 다시 말해서 극적으로 주인공이 주도권을 가지고서 하나의 사건을 이끌어나가게 하는 것이 아니라 저마다 그 시간에는 돌아가면서 한마디씩 말을 할 기회와 권리가 있는 사람끼리 모여 있을 뿐 상호간의 갈등이나 교차나 인간관계는 없는 복합적인 인물의 배합이었다. 그것은 한 작가가 만들어낸 하나의 기법이라고 할 수도 있을 것이다. 그러나 그 신선하고 특이한 기법도 횟수가 장기화되어감에 따라 결국 '드라마투르기(Dramaturgy)'와는 별개의 말장난 아니면 억지로 꾸며진 희극배우의 과장된 표정놀이로 변질되어간 결과가 되었고 그래서 '엿가락' 드라마라는 비판도 받게 되었던 것이다. 25분 동안에 약속이나 한 듯이 카메라가 한 방 한 방을 순례하고 나면 한 회가 어느새 끝나고 마는 형식적 결과가 되고 말았다. 그러한 예는 같은 작가의 〈약속의 땅〉에서도 그리고 〈보통사람들〉에서도 꼭같은 기법으로 시청자를 사로잡았고 또한 엿가락식 극작술(劇作術)이라는 핀잔을 받기도 하였다. 이와 같은 사실은 앞서 예시한 〈아씨〉나 〈여로〉와 비교시켜보면 그 차이점을 쉽게 알아낼 수가 있을 뿐만 아니라 TV드라마가 20여 년 동안에 겪은 변모의 일면을 한눈에 볼 수가 있는 것이다.

그러나 문제는 TV드라마가 극적인 흥미도 중요하지만 무엇보다도 새 인물의 창조에 그 주안점을 두고 있다는 점을 감안한다면 이와 같은 복합화된 유형적인 인물의 대거 등장은 재고할 여지가 있다. 바꾸어 말해서 작가가 작품을 주도해나갈 인물에 대해서 각별한 관심과 애정을 기울인다는 사실은 곧 그 작품 속에다 새로운 인간상을 창조하겠다는 의지에서 출발한다. 그것은 항상 있어온 인물이나 이른바 서양연극에서 말하는 스토크 캐릭터(Stock Character), 즉 유형적 인물을 피하고 보다 개성적이거나 그 시대상에서 요구되거나 하는 새로운 성격 창조가 작가에게 주어진 목적이자 임무일진대 즉흥적이거나 피상적인 인물의 나열은 결국 그 극의 격조를 떨어뜨릴 뿐만 아니라 작가정신의 결여를 초래하는 결과가 되기 십상이다. 작품 속에 많은 인물이 나온다는 게 중요한 것이 아니라 각기 다른 개성이 등장하기를 우리는 바란다. 그런데 오늘날 우리가 대하는 그 많은 등장인물은 하나같이 같거나 닮았다는 사실이다. 그것은 작가가 개성을 만들어내는 데도 한계성이 있다는 뜻일 수도 있다. 모자라면서 덜렁이는 가정부, 심술궂거나 참견 잘하는 고모, 어른 뺨치게 영특한 소녀, 우수에 차고 우유부단한 청년, 가난하지만 인내하는 여인…. 우리가 수많은 멜로드라마에서 자주 만나는 그 엇비슷한 인물들이 나와서 떠들고, 싸우고 더러는 웃기고 울리는 그 말의 홍수 속에서 과연 찾아낼 수 있는 것이 무엇인가 생각해볼 만한 일이다.

그러므로 드라마는 그 설정된 주제를 줄기차게 추구해나가기 위하여 필요불가결한 단일 주인공의 성격 창조가 아쉽다. 방계인물이 남용하는 말이나 몸짓으로 사람을 웃기는 것만으로 시청자를 즐겁게 할 수는 없을 것이다.

그러나 실제로 주인공은 있으나 마나의 지경에 이르고 깜찍한 소녀나 어릿광대 같은 방계인물이 주연으로 둔갑하는 지경이 되어버린 경우를 우리는 기억한다.

그런가 하면 익살스러운 말이나 행동 그 자체만으로 시청자의 관심을 끌려는 안일한 작태에서 결국 TV드라마가 그 문학성이나 순수성을 잃게 하는 결과로 변질되고 만 셈이다.

(3) 구성력의 평면화

그러나 무엇보다도 변화가 일어난 점은 극작술에 있어서 구성력의 평면화를 들지 않을 수가 없다. 이 말은 곧 드라마가 문학이면서도 다른 분야의 수필이나 소설과는 다른 독특한 구성력을 필요로 한다는 사실이다. 그래서 작가에게 있어서 드라마투르기의 습득은 바로 작가의 역량을 저울질하는 열쇠가 되기도 한다.

드라마투르기란 하나의 소재를 극적으로 구성하는 하나의 테크놀로지에 속한다. 다시 말해서 이야기하는 식이 아닌 극적 구성으로 보다 극적인 감동을 자아내게 하는 압축된 기교를 말한다. 그래서 소설과 드라마는 여러 가지로 유사점을 지니고 있으면서도 근본적으로 다른 전혀 별개의 문학양식이라는 사실은 문학개론적인 초보적 상식에 속한다. 그런데 오늘날 우리들이 접해온 여러 드라마에서 그 극적인 구성력은 외해되어버리고 그 대신 대사의 과잉 내지는 격화(激化)가 두드러지게 나타나는 경향이 있다.

한 소재는 하나의 이야기를 필요로 한다. 그 이야기를 어디서부터 시작해서 어떻게 몰고 가서 어떻게 결말을 맺어야겠다는 계획은 이미 작가의 머리 가운데 작전이 짜여 있는 상태에서 작품은 시작된다. 뿐만 아니라 일일연속극은 그 한 회 자체가 나름대로의 독립된 구성력을 지니고 있으면서 동시에 다음으로 연결되어가는 데 그 묘미를 가지게 된다. 그것은 곧 다음을 기다리게 하는 마력이 있어야 한다는 말이기도 하다. 그러나 오늘의 실정은 그와 같은 구성상에 있어서의 약속도 허물어진 데다가 무엇이 극적인가에 대한 안목도 흐려진 상태에서 드라마는 일방적으로 시청자를 끌고 나가는 실태에서 벗어나지 못하고 있다. 이 말은 말이 드라마이지 소설일 수도 있고 수필일 수도 있고 넋두리일 수도 있다는 혼돈을 뜻한다. 앞서 얘기한 바 있듯이 소설과 드라마는 매우 유사한 점이 있다. 인물, 사회적 배경, 사건, 시대 배경은 필수요건이다. 그러면서도 두 분야 간에 차이점이 있다면 그것은, 하나는 읽는 글이요, 다른 하나는 보여주는 행위라는 것이다. 장황하게 얘기를 함으로써 시청자에게 이야기를 들려주는 형식이 아니라 등장인물의 행위(물론 대사를 포함해서)로 전달시키는 형식이 바로 드라마이다.

따라서 그것은 설명이어서는 안 된다. 그러나 유감스럽게도 우리가 대하는 드라마는 바로 그 얘기의 설명이자 이른바 스토리텔링의 범주에서 아직 벗어나지 못하고 있다. 물론 이 말은 모든 작품이 다 그렇다는 것은 아니다. 다만 제법 인기가 있었던 것으로 알려진 일일연속극에서 그와 같은 취약점을 자주 발견하게 된다는 것이 문제이다. 예컨대 아무런 당위성이나 개연성도 없이 한 회 마지막 장면에 가서 한 인물의 모습을 나타냄으로써 끝이 나는 그 기법에서 우리는 그 장면이 극적인 분위기나 위기를 강조하는 것과는 전혀 무관하다고 느껴질 때가 있다. 다만 그 작품에 그 인물이 고정인물이니까 어쩔 수 없이 얼굴이라도 나타나게 해서 출연료를 받게 해주려는 작가의 관대한 우호 정신만이 돋보이는 예를 우리는 자주 대하게 된다. 드라마는 어디까지나 드라마적이라야 한다면 그 구성력은 바로 드라마가 되어야지 설명이 되어서는 안 된다.

그럼에도 불구하고 우리는 말로는 드라마라고 하면서 그 구성력의 해이(解弛)나 미숙을 은폐할 양으로 그 많은 말재간으로 얼버무리고 그것으로 눈가림하는 작품을 많이 만나왔다. 그러나 한 가지 분명한 것은 드라마가 하나의 약속을 전제로 하는 문학일진대 문학적 구성의 범주에서 벗어났거나 그것을 지키지 못하는 작품이란 일단 그 권(圈) 밖으로 밀려 나가야 한다. 그런데도 우리가 만난 수많은 드라마가 그러한 약속을 지키지 않은 상태에서 단순히 시청률이 높다는 이유를 들어 그대로 그 결점이 묵인되었거나 그것을 묵살해버린 풍토는 여러 가지로 문제점으로 남아 있다고 생각된다. 특히 드라마투르기의 기본적인 요소의 하나는 바로 '길이'(분량)이다. 드라마에 있어서 길이란 단순히 시간상에 있어서의 그것을 뜻하는 것이 아니라 사건의 기승전결을 두고 일컫는 말이다. 즉 사건이란 그것을 일으키게 할 만한 원인이 있고, 그 원인에 따르는 결과가 있었을 때 우리는 그 이야기를 자연스럽게 수용하게 된다. 만약 그러한 인과관계가 불투명하거나 부자연스럽게 그려졌을 때 우리는 거부반응을 일으키게 되는 법이다. 일찍이 그리스 시대의 석학인 아

리스토텔레스는 그의 저서인 「시학」을 통해서 비극의 구성에 있어서 길이의 중요성을 역설하면서

> 비극(트라고디아)은 그 자체로서 통일된 완전한 하나의 형태를 이루며 또한 일정한 길이를 가진 인간행동이다. 완전하고 일정한 길이란 처음이 있고, 중간이 있고, 그리고 끝이 있음을 뜻한다. 처음이란 그 자체가 다른 것의 뒤를 따를 필요가 없고, 무엇인가가 당연히 뒤에 따르거나 또 따르기로 되어 있는 경우를 가리킨다. 그리고 끝이란 그와는 반대로 그 자체가 필연적으로, 또는 일반적 결과로서 다른 것의 뒤에 있으며 아무것도 그 뒤에는 따를 수 없는 상태를 의미한다. 그리고 중간이란 당연히 어떤 것의 뒤에 있고, 그리고 무엇인가 다른 것을 그 뒤에 거느리게 되는 상태를 뜻한다.

라고 명기한 바 있다.

이것은 드라마투르기에 있어서 작품의 구성이 무엇인가를 가장 근본적이면서도 명확하게 제시한 지침이라고 해도 과언은 아니다. 극작가는 자신이 창작하려는 이야기에서 어디서 시작하여 어디서 끝을 맺는 것이 가장 효과적인가에 대해서 생각을 기울이게 되며 그것이 곧 극의 구성의 바탕이 된다. 그러나 우리가 대하는 TV드라마가 얼마만큼 이 원리에 접근하고 있는가에 대해서는 그 누구도 단정적으로 수긍 못 할 실정에 있다. 그러므로 극의 구성은 저만큼 밀려나고 전체적 통일이나 조화는 무시당한 채 단회적으로 흥미만을 유발시킬 요인에만 신경을 쓰는 극작술의 허점을 우리는 간과할 수가 없는 실정에 놓여 있다. 극작에 있어서 도입부와 전개부와 종결부가 질서를 따라 이어지는 상태에서 극적인 분위기로 용해해서 마침내 일체감이 되는 것이 아니라 전후 연관을 무시했거나 그것에 전혀 신경을 쓰지 않은 상태에서 피상적이며 표피적 자극에

한국 TV드라마의 주제에 대한 분석 연구

의존하여 시청자를 즐겁게 하려는 비논리성을 우리는 다시 한 번 눈여겨 보지 않으면 안 될 단계에 놓여 있는 것이다.

그러나 우리나라 TV드라마가 안고 있는 문제점 가운데 가장 심각한 점은 무엇보다도 그 주제의식의 결여 내지는 후진성이다. 시청자와 가장 가까운 처지에 있기 때문에 그 반응도도 그만큼 민감하겠지만 방송국끼리 서로의 주도권 쟁탈을 일일연속극에다 걸고 있는 그 단세포적 발상에도 문제가 있다. 따라서 시청자들도 TV드라마가 방영되면 초기에는 그대로 끌려가기도 하고 일방적으로 수용을 강요당하는 수동적 자세에 머물렀던 것도 사실이다. 그러나 차츰 의식 있는 시청자와 매스컴의 날카로운 비판의식은 차츰 방송사에 대해서 하나의 압력을 가하게끔 되었으니 1970년대에는 MBC-TV의 일일연속극 〈개구리 남편〉과 1975년에는 〈안녕〉이, 그리고 TBC-TV의 〈아빠〉가 각각 시청자들의 여론에 못 이겨 도중하차를 강요당하는 사태에까지 이르렀다. 이유는 바로 그 작품의 주제가 불건전하며 패륜 성향이 강하여 우리 고유의 미풍양속을 해칠 우려가 크다는 데 귀결되었다. 시청자가 방송프로에 대해서 그만큼 높은 관심을 기울이고 거센 반발을 하게끔 되었다는 자각증상의 발동은 어느 의미로는 TV드라마가 그 일익을 담당했다고 볼 수도 있다. 따라서 그와 같은 시청자들의 항의가 정부기관이나 방송윤리위원회까지 하나의 영향력을 끼치게 되었다는 점에서는 민의(民意)의 계발이나 고무를 위해서는 다행한 일이라 하겠다. 시청률이 높다는 눈앞의 현실만을 볼 것이 아니라 국민 전체에 끼칠 수도 있는 정신적 허약성이나 사고력의 마비작용에 대한 정화에 눈을 돌리지 못했던 일일연속극은 그것이 사극이건 현대극이건 간에 근본적인 안목의 결여에서 헤어나지 못했던 사실을 기억해야 할 것이다.

이상은 주로 일일연속극에서 더듬어본 하나의 진단이자 그 변천의 자취이다. 그렇다면 주간극이나 단막극 등은 과연 일일연속극에 비해서 어느 정도의 거리와 성격을 지니고 있는지에 대해서 살펴보기로 하겠다.

2) 주간극

여기서 주간극이라고 지칭하는 범주는 주간연속극, 단막극, 상황극, 기념특집극, 그리고 미니시리즈극 등 일일연속극이 아닌 것을 총칭한다. 왜냐하면 우리나라 TV드라마의 변천사는 어느 의미로 봐서는 이 주간극에서 많은 문제점을 안아왔고 그것은 보는 눈에 따라서 긍정적인 면과 부정적인 면에서 해석을 할 수가 있기 때문이다. 따라서 우선 편의상 앞서 설명한 일일연속극의 경우와 마찬가지로 3개 방송국별로 비교적 시청자의 호응도가 높았던 작품을 분류해보기로 하겠다.

KBS

	작품명	작가	방송년도	프로명	종류
1	숙부인전	김영곤	1964	금요연속	사 극
2	수양대군	김영수(각색)	1966	화요연속	사 극
3	연화궁	김영곤	1966	수요연속	사 극
4	사직골 구서방	이석정	1967	금요연속	현대극
5	돌무지	김동현	1967	실화극장	반공극
6	제3지대	김동현	1967	실화극장	반공극
7	탑	김희창	1968	일요극장	시대극
8	꽃버선	김영곤	1969	목요연극	사 극
9	아버지와 아들	한운사	1970	일요연속	현대극
10	개화백경	곽일로	1971	일요연속	시대극
11	KBS 무대	다 수	1971~1977	토요드라마	문예물
12	전우	다 수	1975~현재	월요드라마	군사극
13	5부작 시리즈	다 수	1977~		문예물
14	맥	다 수	1977~	일요사극	시대극
15	나루터 3대	한운사	1978.8.15	8.15특집극	시대극
16	전설의 고향	다 수	1977~현재	일요드라마	사 극

한국TV드라마의 주제에 대한 분석 연구

17	6.25	홍성원 원작 이상현 각색	1978.6.24~	6.25특집 7부작	현대극
18	토지	박경리 원작 이상현 각색	1979.12.25~		시대극
19	TV문학관	다 수	1980~현재	토요드라마	문예물
20	아내	정하연	1982.5~11	일요드라마	현대극
21	풍운	신봉승	1982.1~12	목·금드라마	사 극
22	개국	이태원 작 이은성 각색	1983.1~12	일요드라마	사 극
23	안개	유 열	1983.3~10	목·금드라마	현대극
24	객주	김주영 작 김항명 각색	1983.3	월·화드라마	사 극
25	청춘행진곡	남지연	1983.4	주말연속극	현대극
26	소망	다 수	1983.1~11.16	일요드라마	현대극

TBC

	작품명	작가	방송년도	프로명	종류
1	형사수첩	김기팔 외	1965~1966	금요드라마	사건수사극
2	기러기가족	김희창	1965.10~1966.3	일요드라마	현대극
3	오늘은 왕	한운사	1966.2.4~5.26	목요연속	현대극
4	맞벌이부부	유 호	1966.1.9~5.29	일요드라마	현대극
5	엄마의 일기	임희재	1967.12.19~1968.3	화요드라마	현대극
6	TBC극장	신봉승 외	1967.1~1968.7	토요드라마	문예물
7	일요부인	유 호	1967.1.12~1968	토요드라마	현대극
8	서울이여 안녕	한운사	1968.3.26~7.23	화요드라마	현대극
9	거북이	김영수	1969.8.6~70.2.11	수요드라마	현대극
10	유호극장	유 호	1968~1972	일요극장	현대극
11	상감마마 미워요	임희재	1971.5.20~9.9	목요드라마	사 극
12	남과 북	한운사	1971.12.25~ 1972.3.18	토요드라마	현대극
13	부부	나연숙 외	1975.10.12~1979	일요드라마	현대극
14	결혼행진곡	남지연	1976.4.17~ 1977.3.27	토요연속	현대극
15	청실홍실	조남사	1977.4.2~10.8	주말연속	현대극

	작품명		방송년도	프로명	종류
16	족보	가지야마 도시유끼 원작 한운사 각색	1978.3.1	3.1절특집	시대극
17	해오라기	이상현	1979.1.2~4	신년특집극	현대극
18	하늘과 땅 사이	이은성	1979.3.1~3	3.1절특집극	현대극

MBC

	작품명	작가	방송년도	프로명	종류
1	수사반장	윤대성 외	1971.3.6~1984.12	일요드라마	범죄수사극
2	제3교실	김항명, 나연숙	1975.7.8~	토요드라마	청소년극
3	탄생	김수현	1976.1.3	신년특집극	현대극
4	후회합니다	김수현	1977.11.5~1978.4.9	주말연속극	현대극
5	청춘의 덫	김수현	1978.8.19~11.5	주말연속극	현대극
6	뜨거운 손	이상현	1978.6.24	6.25특집극	현대극
7	대한문	신봉승	1978.2.27~3.1	3.1절특집극	시대극
8	한국인	윤대성	1979.8.13~8.16	8.15특집극	시대극
9	제1공화국	김기팔	1981.4.2~1982.12	주간연속	현대극
10	전원일기	차범석, 김정수	1980.10.25~현재	화요드라마	현대극
11	첫손님	김수현	1981.1.3	신년특집극	현대극
12	부(富)의 조건	김기팔	1981.12.7~12.11	창사20주년 특집극	현대극
13	장희빈	임 충	1981.10.5~	월·화연속극	사 극
14	한강	신봉승	1981.2.6~3.26	금요드라마	현대극
15	안녕하세요	김수현	1981.1.10~7.12	토·일연속극	현대극
16	못잊어	홍승연	1982.10.23~1983.3	토·일연속극	현대극
17	거부실록	김기팔	1981.3.22~1983.3	월·화연속극	시대극
18	한	김기팔	1982.2.14~15	8.15특집극	시대극
19	광대가	이은성	1983.3.7~9	3.1절특집극	시대극

이상은 앞서 전제한 주간극 가운데서 긍정적이건 부정적이건 그 당시의 시청자들 간에서 비교적 높은 호응도를 얻었던 작품을 추려낸 결과이다. 혹시 여기에서 누락된 작품이 있었다면 그것은 전적으로 필자의 자료수집 과정에서 빚어진 실수 때문이다. 그러나 일단은 포괄적으로 추

한국 TV드라마의 주제에 대한 분석 연구

려낸 것이라고 생각한다.

그런데 일일연속극에 비해서 주간극이 보다 다양하고도 의욕적인 면을 나타내고 있으며 그 질적인 면에서도 괄목할 만한 향상을 나타내고 있음도 사실이다. 방송윤리위원회가 작성 보고한 〈1978년도 상반기 방송드라마의 성향분석보고서〉는 그 머리말 가운데서

　방송드라마의 부정적 측면에 대해서는 오래전부터 적지 않은 논란이 되어왔다. 이는 방송의 오락성 편향현상 때문이기도 하려니와 상업방송의 시청률 경쟁에서도 일부 기인한다고 할 수 있겠다. 그러나 오락성이나 시청률 자체가 비난의 대상이 되는 것은 아니다. 다만 이들 드라마가 그와 같은 점에 치중하여 시청자의 말초적 흥미를 지나치게 자극하려는 나머지 건전한 생활윤리 진작을 위한 방송의 계도적 기능이 소홀히 다루어지는 데에 문제성이 있다 하겠다.

라고 지적한 바 있다.

이와 같은 진단결과는 비단 1978년에 한해서만 적용되는 것은 아니며 또한 일일연속극만이 아닌 모든 형식의 드라마를 포함해서 개괄적으로 평가한 것이다.

그런데 TV드라마의 경우 3개 방송국이 전체 방송시간의 17% 이상을 드라마에 할당했으며 일일연속극 및 주간연속극을 방송국별로 보면

　TBC … 16%

　MBC … 15%

　KBS … 12%

로 나타나 있고 단막극은

MBC ⋯ 5%

KBS ⋯ 5%

TBC ⋯ 3%

의 비율을 나타내고 있다. 따라서 일일연속극 및 주간연속극과 단막극의
구성비율은 88% : 12%로 나타나 있어 연속극 형태가 주종을 이루고 있는
데 반하여 단막극 형태는 근소한 실정임을 알 수가 있다.

그런가 하면 2년 후인 〈1980년도 상반기 방송극현황과 성향분석〉 보
고서에서는 80년 1월 1일부터 6월 30일 사이에 방송된 TV드라마의 편수
는 모두 246편이며 그것을 형태별로 분류하면

일일연속극 ⋯⋯ 9편

주간연속극 ⋯⋯ 12편

단 막 극 ⋯⋯ 211편

특 집 극 ⋯⋯ 14편

으로 집계하였고 이것을 다시 유형별로 분류 집계한 결과는 다음과 같이
나타나고 있다. 즉

현 대 극 ⋯⋯ 68편

방 송 극 ⋯⋯ 41편

범죄수사극 ⋯⋯ 39편

문 예 물 ⋯⋯ 36편

목 적 극 ⋯⋯ 11편

등으로 집계되어 있다.(표 1 참조)

한국 TV드라마의 주제에 대한 분석 연구

매체별 / 유형별	라 디 오			TV			계		
	편수(편)	시간(분)	%	편수(편)	시간(분)	%	편수(편)	시간(분)	%
현 대 극	27	16,285	(29.5)	68	17,506	(40.1)	95	33,791	(34.2)
반 공 극	20	15,225	(27.6)	41	6,320	(14.5)	61	21,545	(21.8)
범죄수사극	3	1,760	(3.2)	39	2,550	(5.8)	42	4,310	(4.4)
사 극	1	900	(1.6)	13	9,535	(21.8)	14	10,435	(10.6)
목 적 극	10	2,205	(4)	21	1,894	(4.4)	31	4,099	(4.2)
시 대 극	2	1,545	(2.8)				2	1,545	(1.6)
법 정 극	4	3,600	(6.6)	11	675	(1.5)	15	4,275	(4.3)
정치비화극	1	1,120	(2)				1	1,120	(1.1)
수 기 물	54	3,490	(6.3)				54	3,490	(3.5)
문 예 물	48	2,520	(4.6)	36	3,895	(9)	84	6,414	(6.5)
인물실화극	2	1,820	(3.3)				2	1,820	(1.8)
기 타	29	4,680	(8.5)				29	4,680	(4.7)
계	201	55,150	(100)	246	43,635	(100)	447	98,785	(100)

자료 : 「방륜(放倫)」 통계(1980.11.6)

이와 같은 현상은 이미 1977년도부터 3개 TV국에서 서로가 경쟁하다시피 제작, 방송해 나온 '대형드라마'와 '특집극' 제작이 해를 거듭할수록 본 궤도에 오른 추세 때문이기도 하다. 이와 같은 대형특집극들은 종래의 일일연속극이나 주간연속극들이 타성에 빠져 있거나 부실제작에서 헤어나지 못한 데서 탈피하려는 하나의 자각증상이기도 하거니와 무엇보다도 연속극, 특히 일일연속극에 대한 제작진이나 시청자들의 식상현상(食傷現象)이 구체적으로 반영된 증거라고 해도 과언이 아니다.

TV드라마의 초창기에는 그 기술적 빈곤이나 인력 부족, 그리고 각 방송국의 재정적 빈약성 때문에 틀에 박힌 상태에서 고식적이고도 안일한 방법에 의하여 내용이 없는 신변소설적인 멜로드라마나 홈드라마에서 답보해오다가 뒤늦게나마 TV드라마의 본격적인 추구와 시도가 과감하게 실천되어가고 있음을 입증한다. 그러므로 지금까지의 타성에서 아직도 깨어나지 못한 일일연속극보다는 주간극이나 특집극이 훨씬 의욕적이며 신선미가 돋보이게 되어 전신투구하려는 방송인의 의지를 찾아볼 수가 있다는 바람직스런 평가를 받고 있다. 특히 1년에 몇 차례씩 제작, 방송되는 특집극의 면모는 괄목할 만했다. 신년특집, 3.1절 특집, 6.25 특집, 8.15 특집 등에서 우리는 지금까지 안일주의에서 헤어나지 못했던 일일연속극과는 판이하게 다른 면모를 찾아볼 수가 있을 뿐만 아니라 TV드라마적인 기법 개발 면에서도 무한한 잠재적 능력과 그 가능성까지도 나타내고 있다는 게 전문가나 일반 시청자 가운데서도 의식 있는 계층의 한결같은 평가들이다. 같은 드라마이면서도 일일연속극의 오염되어버린 스테레오타입적 내용 및 형식과는 달리 주간극이 월등하게 평가를 받은 이유는 과연 무엇인가?

일일연속극은 민간상업방송국의 경우 한 프로당 8개 스폰서로부터 광고료로 벌어들인 금액이 1억 5천만 원인데도 제작비는 고작해서 그 5분의 1에 불과하다고 한 매스컴 전문연감은 밝힌 바 있다. 그리고 "일일연속극 제작이 실무적 측면에서도 작가의식이나 주제의 일관성 있는 흐름은 오히려 과도한 요구이고, 극으로 성립하기 위한 기본요소조차 찾아보기 어려운 때가 있는가 하면 일상다반사나 말장난으로 일관되는 에피소드와 해프닝 나열로 비판받는 실정"이라고 분석한 바 있다.

그러나 특집극이나 주간 단막극 내지는 미니시리즈 등 대형화된 주간극은 제작비나 제작기간이 충분하고 프로그램 제작에 임하는 연출이나 연기, 스태프진의 열의가 두드러지게 향상된 양상을 나타내고 있는 것이다. 물론 이러한 진행 과정에서도 실무자로서는 재정적 뒷받침이 아직도 부족하고 기동력이나 인적 자원이 모자란다고 투덜대는 소리가 없는 것은 아니지만 대체적으로 졸속제작에서 헤어나지 못했던 일일연속극에 비한다면 월등하게 여유가 있었다는 점은 숨길 수 없을 것이다.

KBS의 〈6.25〉, MBC의 〈한국인〉, TBC의 〈해오라기〉 등은 그 내용이나 기교 면에서 한국 TV드라마의 수준을 끌어올린 데 기여한 바가 컸을 뿐 아니라 특히 방송이 공영화된 이후 KBS의 〈TV문학관〉, MBC의 〈베스트셀러극장〉 등은 속칭 통속과 저질의 늪에서 헤어나지 못했던 TV드라마를 문학과 직결시켜 새로운 드라마의 가능성을 개척한 데 공헌한 바가 컸다.

특히 1978년도에 들어서면서 TV드라마가 거둔 수확은 한마디로 '대하드라마'의 정착이라 하겠다. '대하드라마'는 1977년 미국의 알렉스 헤일리 원작의 〈뿌리〉가 방영되는 데 힘입어 KBS가 〈나루터 3대〉를 처음 시도한 데서 그 서장(序章)이 열렸다. 그 후 전기한 KBS의 6.25특집극 〈6.25〉 7부작을 위시하여 TBC의 〈족보〉, 〈통곡〉, MBC의 〈뜨거운 손〉, 〈한강〉, 〈대한문〉, KBS의 〈토지〉, 〈풍운〉, 〈개국〉 등은 우리나라 TV드라마의 기교를 10년은 더 앞당겨 발전시켰다.

그렇다면 이처럼 일일연속극에 비하여 주간극이 지니는 강점과 그 막강한 생명력의 발로는 과연 어디에서 오는 것일까? 같은 제작진(작가, 연출, 연기, 뒷스태프)에 의하여 만들어진 프로그램인데도 일반적으로 일일연속극과 주간극 사이에 이처럼 현저한 격차가 나타나는 이유가 무엇인가에 대해서 우리는 눈을 돌려야 한다. 그 첫째는 작가가 작품 속에 심으려는 주제의식이다. 앞서 얘기한 이른바 대하드라마나 대형드라마가 단순히 스케일이 크고 제작비의 투입액이 많다고 해서 해결되는 문제는 아니다. 작가나 연출가가 오랜 시간을 두고 그 작품 속에 심어야 할 강렬한 주체성 설정이 이 작품들의 성패를 결정짓고 있다는 점이다. 앞서 집계한 작품 일람표를 통해서 보더라도 그 점은 일목요연하게 알 수가 있다. 그것은 작가에게 주어진 기본적 조건이자 문학정신의 첫걸음이기도 하다. 그런데 같은 작가인데도 일일연속극을 썼을 때와 주간극(여기서는 특집단막극을 뜻함)을 썼을 때의 결과에서 격차가 심하게 나타난 실례를 우리는 알 수가 있다. 즉 전자는 이야기 줄거리에 바탕을 두었고 후자는 강렬한 주제의 추구에 그 심혈을 기울인 결과라고 해도 과언이 아니다. 따라서 각 방송국마다 특집극을 만들 때의 그 집념과

정력과 열성을 일일연속극에 쏟았던들 우리 방송의 정규프로의 질적 향상은 훨씬 빨리 다가오리라는 가능성마저 느끼게 한다.

그런데 이와 같은 특집극이나 대하드라마가 성공한 기본적인 요인이 그 작품의 강렬한 주제의식에 있다는 견해는 다른 정규프로에서도 그 실적을 증명하고 있다. 즉 각 방송국이 해를 거듭해가면서 주간극 개발에 신경을 쓴 결과 우리는 저마다 특색 있고 참신한 주간극, 특히 시추에이션 드라마(Situation drama)의 정착에 성공한 예를 볼 수가 있다. 예컨대 KBS의 〈맥〉, 〈전설의 고향〉, 〈개화백경〉, 〈신화극장〉, 〈KBS무대〉, 〈전우〉, 그리고 〈TV문학관〉이 그러하며 TBC의 〈부부〉, 〈TBC극장〉, 〈유호극장〉, 그리고 MBC의 〈수사반장〉, 〈제3교실〉, 〈전원일기〉 등은 그 좋은 본보기가 될 것이다.

이 프로그램은 매주 새로운 소재를 찾아 새로운 드라마로 형성화해야 하느니만큼 그 작가나 연출가의 끈질긴 추구력과 창조력 없이는 불가능한 일이었다. 그러면서도 이 프로그램은 대체적으로(물론 예외는 있다) 지식층에서 좋은 호응도를 얻었고 또한 한두 개를 제외하고는 모두가 장수 프로그램이라는 데도 그 특징을 지니고 있다.

일일연속극만큼 화려하거나 아기자기하거나 황홀한 맛은 없어도 오늘을 살아가는 각 사회계층을 대상으로 오늘의 문제와 내일의 희망을 위하여 인생을 긍정적으로 보려는 그 선량한 작가의 안목을 볼 수 있다.

이것은 곧 주간극이 지니는 두 번째 특징으로 그것은 곧 인간성에 바탕을 둔 드라마라는 점이다. 드라마가 인간성(휴머니즘)에 바탕을 두었다는 뜻은 곧 작가가 이웃이나 현실에 쏟는 사랑의 눈이자 정성이다. 그 이야기가 도시이건 농촌이건, 성인이건 청소년이건, 부유층이건 서민층이건, 아무튼 작가의 따스한 휴머니즘을 바탕으로 한 이 주간극이 결코 시청자의 눈 밖으로 밀려날 수 없다는 점을 우리는 중요시해야 한다.

한국 TV드라마의 주제에 대한 분석 연구

즉 첫째, 주제의식이 강하며 둘째, 인간성에 바탕을 둔 작품이란 시청자에게 설득력이 있고 호감을 줄 수 있다는 실증을 우리는 주간극에서 발견한 것이다. 그것은 바로 주간극(특집극을 포함해서)이 살아남을 수 있는 관건이자 필수조건이다. 예컨대 같은 수사실화극인 MBC의 〈수사반장〉을 다른 수사실화극과 비교해보면 쉽게 알 수 있다. 〈수사반장〉은 그 소재를 치안국(후에 치안본부)에서 제공받아 집필했으면서도 그 작품 저변에 깔린 휴머니즘이 바로 이 프로를 성공케 한 요인이라고 해도 과히 빗나간 판단은 아닐 것이다. 〈수사반장〉과 유사한 여타의 수사실화극이 보다 극렬하고 자극적인 소재나 표현묘사력을 발휘했으면서도 〈수사반장〉의 인기에 이겨내지 못했던 한 가지 사실에서 우리는 드라마의 생명이 바로 주제의식과 인간성에 있음을 재확인해야 한다.

그렇다고 주간극이 모두 긍정적으로만 받아들여질 수는 없다. 일일연속극에서도 자주 만날 수 있는 그 흔한 사랑과 이별과 복수와 음모의 이야기가 어쩌면 일일연속극보다도 더 짙게 나타나 시청자의 눈살을 찌푸리게 한 예가 많았다. 특히 그것이 남녀 간의 사랑에서 모럴보다는 호기심을, 흐뭇한 인간성보다는 원색적인 동물성을, 그리고 생활과 밀착된 언어보다는 조잡하고 장난기에 오염된 언어의 홍수 속에서 비록 시청률은 높았을지 몰라도 일부 시청자의 비난이 되었던 TBC의 〈결혼행진곡〉, MBC의 〈청춘의 덫〉, 〈후회합니다〉 등이 대표적인 예다. 그러나 이러한 작품이 왜 인기를 모을 수 있었던가에 대해서 우리는 분석할 필요가 있다. 그것은 바로 여성취향에 영합하는 경향이라 하겠다. 이 여성취향은 반드시 주간극에만 해당한다고 볼 수는 없다. 일일연속극에 있어서도 매한가지 결론을 얻을 수가 있다. 그 예로 일일연속극이건 주간연속극이건 과거 23년 동안 방송되었던 연속극형식의 드라마의 제목을 살펴보면 다음과 같다.

1. 어머니	2. 민며느리
3. 며느리	4. 딸
5. 맏딸	6. 아내
7. 처가살이	8. 아씨
9. 숙부인전	10. 별당아씨
11. 엄마의 일기	12. 일요부인
13. 부부	14. 결혼행진곡
15. 청춘행진곡	16. 장희빈
17. 신부 1년생	18. 천생연분
19. 꽃가마	20. 남매
21. 사슴아가씨	22. 사모곡
23. 달래	24. 연화
25. 임금님의 첫사랑	26. 허부인전
27. 야 곰례야	28. 개구리남편
29. 새엄마	30. 신부일기
31. 당신	32. 연지
33. 교동마님	34. 사랑합시다

이 제목은 앞서 고시청률 작품으로 선발된 일일연속극 52편, 주간연속극 59편 합계 111편 가운데 34편을 고른 것이다. 따라서 이 111편 이외에 다소 시청률이 떨어졌거나 그 통계에 집계되지 아니한 드라마의 경우까지 참작한다면 여성취향의 제목은 훨씬 웃도는 숫자가 되리라는 것은 쉽게 짐작이 가는 사실이다. 이처럼 드라마의 제목 하나를 놓고 보더라도 그 드라마의 등장인물이 어떠하고 그 안에 담겨진 내용이 어떠하리라는 결과는 웬만한 사람이면 곧 추리가 가능할 것이다. 뿐만 아니라 꼭 같은 제목도 비일비재하다. 특히 〈어머니〉, 〈아내〉, 〈딸〉, 〈며느리〉

등은 각각 다른 작가에 의해 씌어졌지만 꼭같은 제목을 붙여 방송되었다는 기록을 읽을 수가 있다. 제목도 분명한 창작이요 그래서 동일한 제목을 다른 작가가 사용했을 때 법정 시비까지 벌어진 실례가 적지 않은 예술계에서 유독 TV드라마계에서만은 허용되거나 묵인하는 풍조를 볼 수가 있다. 누군가가 이미 사용했던 제목은 피하는 것이 작가의 양식(良識)이다. 설령 작가는 모르고 있었다 하더라도 실무자는 한번쯤 기록을 살펴볼 조심성이 있어야 했을 것이다.

이처럼 제목 하나를 붙이는 데 있어서도 직접적이건 간접적이건 여성 시청자를 의식했다는 한 가지 사실만을 놓고 보더라도 TV드라마의 내용이 여성취향을 겨냥하고 있다는 평가에는 의심할 여지가 없을 것이다.

그렇다면 도대체 '여성취향적 내용'이란 무엇일까? 아니, 여성취향적 내용과 남성취향적 내용을 구분지어서 방송드라마를 쓰는 작가의 주관적인 의식은 무엇이겠는가 하는 질문으로 바꾸어놓고 생각할 수도 있다.

TV드라마가 여성취향으로 흐르는 경향은 매우 현실적이다. 즉 드라마 시청률은 여성에 의해서 좌우된다는 현실 파악에서 발상(發想)했고 따라서 시청률을 높이려면 여성 시청자를 TV 앞에 잡아둬야 한다는 매우 단세포적 발상을 뒷받침하는 말이다. 따라서 여성들의 세계를 묘사한 작품이 우선적으로 채택되어야 하고 그것이 쉽게 시청자들에게 이입되어 공감을 얻을 수 있으리라는 전망이었을 게다. 이와 같은 발상은 이미 라디오드라마 전성시대에서부터 싹텄고 그것이 TV드라마 전성시대로 계승 발전된 작전이요 요령으로 변용되었다 해도 과언은 아니다.

가정에서 대부분의 시간을 보내면서 오락이라고는 TV 시청밖에 없는 대부분의 주부에게 설득력 있는 여성취향의 드라마를 서비스한다는 것은 어느 의미로 봐서는 꽤 친절하고도 고마운 봉사적 정신으로 간주될 수도 있다. 그러나 문제는 그렇게 소박한 친절에서 출발한 TV드라마가 결과적으로 전체 시청자에게 끼치는 의식구조상의 영향력이나 현대인이 지녀야 할 정서나 가치관의 정립 등에 유형무형으로 악영향을 주고 있다는 관점에서 볼 때 이른바 TV드라마의 여성취향화 문제는 반드시 긍정적으로만 받아들일 수가 없는 것이다. 여성취향의 TV드라마가 선택한 소재나 주제를 분석하자면

① 부부간의 불신·갈등
② 전근대적인 의식구조의 역사극
③ 남성에 의해 짓밟혔던 여인 애활(哀活)
④ 고부간의 갈등 및 혐오
⑤ 과거를 가진 아내의 수난사
⑥ 친구에게 애인을 양보하는 퇴영성
⑦ 한 남성을 둘러싼 여인들의 갈등
⑧ 일방적인 여성의 피해나 희생
⑨ 정실부인과 후실과의 갈등
⑩ 연상의 여인과 연하의 애인의 사련(邪戀)
⑪ 현대적 의식의 그릇된 수용에 따르는 개방적 여성의 애정행각

등으로 분석 정리할 수가 있다. 물론 작품에 따라서는 여기 분석된 내용에는 해당됨이 없이 여성의 모습을 진실되게 그려나감으로써 참된 한국의 여인상이나 바람직스런 의식구조를 강조한 작품이 없었던 것은 아니다. 그러나 우리들의 체험이나 통계에 나타난 결과는 이상의 내용에서 거의 예외가 아니었다는 데 있다. 여성취향이 다소는 부드럽고, 서정적이고, 감미로운 사랑의 얘기거나 아니면 인정미가 듬뿍 담긴 세태풍속을 묘사함으로써 시청자에게 훈훈한 인간미를 심어주거나 거기에서 살아가는 지혜와 용기를 얻게 한다는 드라마 본연의 모습과는 거리가 멀어지고 있다는 부정적 요소를 놓고 본다면 TV드라마의 여성취향은 반드시 호의

한국 TV드라마의 주제에 대한 분석 연구

적인 수용만을 기대할 수 없는 실정에 있다. 따라서 이와 같은 여성취향의 드라마가 담고 있는 주제의식은 대부분 미래지향적이라기보다는 그릇된 회고(回顧)취향 아니면 복고적 취미로 후퇴하고 있으며 "우리의 과거가 그러했었다"는 일방적인 서술이나 강요로 끝나버린 데 문제가 있다. 현실은 급변해가는데 언제까지나 구태의연한 도덕관이나 윤리관에 얽매였는가 하면 지나치게 급진적이고도 돌진적인 가치관의 급전(急轉)으로 우리를 당황케 하는 것도 그 주제의식에서 얻어지는 독소가 될 수 있다. TV드라마가 인간의 삶을 목표로 하는 창조세계라는 대전제를 놓고 볼 때 TV드라마의 제목이 여성의 호칭에서 시작되어 그 작품 속에 담겨진 구식 윤리관이나 사적인 감정의 유희 내지는 탐닉에서 벗어나지 못하는 퇴영성은 경계해야 할 독소가 아닐 수 없다.

4. 평가 및 문제점

지금까지 필자는 TV드라마 23년의 변모와 그 성향을 분석하기 위하여 편의상 시청률이 높았다고 인정되었던 작품 111편을 대상으로 뽑아 언급을 해왔다. 그러나 여기에 뽑힌 111편이 어떤 절대치를 지니고 있다고 확인할 수도 없거니와 그 선택 자체가 순 객관적인 평가 아래 이루어진 것이 아니라는 것도 사전에 전제조항으로 제시한 바 있다. 다만 이와 같은 TV드라마의 성장이 마침내 1977년에는 황금시대를 이루었고 1980년에는 공영방송체제로 바뀜과 동시에 컬러TV시대로 전환함으로써 TV드라마가 지니고 있었던 문제점이 새삼 표면화되었다는 점에 주안점을 둘 수밖에 없는 것이다. 게다가 컬러TV시대로 돌입하면서 TV수상기의 보급률은 급증 추세를 보이며 1981년 3월 31일 KBS에 정식 등록된 대수(臺數)가 632만 9,327대에 이르고 1984년 12월 현재 비공식 집계로는

1천만 대에 육박하고 있다는 사실을 보더라도 TV드라마가 국민에게 미치는 영향에 대해선 일단은 관심권 내로 끌어들일 수밖에 없는 것이다.

1981년 9월 25일과 26일 크리스챤아카데미가 주최한 '한국TV방송의 현황과 바람직한 방향'이라는 대화의 모임에서 고려대학교의 홍기선(洪起宣) 교수와 서울대학교 신문연구소의 강대인(姜大仁) 연구원은 〈편성과 제작〉이라는 보고서 가운데서 다음과 같이 언급한 바 있다.

"연속극은 오락적 기능 못지않게 사회교육적 기능도 중요하게 고려되어야 한다. 연속극의 사회교육적 기능은 세 가지 측면에서 이야기할 수 있다. 첫째는 시청자에게 전해주려는 이야기가 어떤 것이냐 하는 주제에 관한 것이요, 둘째는 주인공의 언어나 행동이 어떤 유형을 보여주는가 하는 것이며, 셋째는 주제의 전개가 어떤 배경을 무대로 전개되는가 하는 사회계층적 특성이다."

이와 같은 견해는 이미 통상례가 되어버릴 정도로 모든 식자층의 입에 오르내려왔건만 방송의 공영화가 이루어지고 있는 1981년 현재까지 이와 같은 점이 지적되고 있다는 한 가지 사실만으로도 우리는 오늘의 TV드라마가 안고 있는 문제점을 손쉽게 끌어낼 수가 있다.

이미 앞에서도 여러 차례 언급이 되었지만 앞서 인용한 두 교수의 지적대로 TV드라마가 오락적 기능 못지않게 사회교육적 기능을 지니고 있다는 점은 매우 중요하고도 근원적인 과제가 아닐 수 없다. 불행히도 방송프로의 편성상 드라마는 연예·오락 부문에 소속되어 있기 때문에 TV드라마는 그저 재미만 있으면 된다는 1차원적 사고방식이 아직도 지배적인 실정이다. 방송극 제작 당사자들도 "어떻게 하면 재미있는 드라마를 만들 수 있을까"에 대해서 부심하고 또한 그러한 난제를 놓고 생각 끝에 고안해낸 해결책이 지금까지 논술해 나온 내용인 것이다. 그렇다면 그 오락적인 기능이라든가 재미가 드라마나 코미디와 어떻게 달라야 하겠는가에 대해서 한번쯤 생각을 해봐야 옳을 것이다. 코미디프로도 매우 재미가 있고 쇼프로도 분명 재미라는 게 있는 법이다. 그러나 드라마를 보고 느껴지는 재미와는 본질적으로 다른 점이 있다. 그것이 바로 주제에서 번져 나오고 전달이 되어 일체감이 되는 그 순간의 열기일 것이다. 그것은 곧 작가의 사물에 대한 성찰이자 현실에 대한 발언일 것이다. 그것이 시청자에게 하나의 공감이나 감동으로 연결되었을 때 우리는 참다운 드라마의 재미를 맛볼 수가 있는 것이다. 그러나 전기한 논문 가운데서도 수차례 언급이 되었지만 대체적으로 우리의 드라마에서는 그 작품의 주제의식이 무엇이며 어디에 있는가에 대한 대답이 희소하거나 애매한 편이다. 분명히 등장인물이 있고 사건이 있고 인간관계가 있는데도 그곳에서 그 이상도 이하도 아닌 통속적인 언어와 우연성 투성이의 사건의 연결만이 남아 있을 뿐이다. 극중인물들은 자기가 맡은 역할에 따라 일정한 유형의 행위만 있었을 뿐 그 인물의 의식은 전혀 찾아볼 수 없는 경우가 허다하다. 여기서 말하는 인물의 의식이란 한 사회계층에 소속되고 있는 사람으로서 세상을 보거나 해석하는 안목을 말한다. 그 사람은 그 안목에 바탕을 두고 행동하며 그 행동이 시청자에게 공감을 주고 일체감을 주는 데서 비로소 극적 감동을 체험하게 된다. 이렇게 말하면 어떤 사람은 "그렇다면 TV드라마가 반드시 심각한 철학적인 문제를 제시해야만 하는가?"라고 반문을 하겠지만 결코 그런 뜻은 아니다. 한 작가가 작품 속에다 무엇을 심어야 하며 그것을 시청자에게 보여주겠다는 의욕이 바로 주제일진대 그저 매회마다 웃기고 울리며 넘어가는 매너리즘에서는 좀체로 감동을 얻기란 힘들다는 얘기다. 최근 들어 일일연속극이 장기화되어가는 경향은 작품 자체가 처음부터 장기물로 작성된 데서 시작되는 경우는 별로 없다. 그 대신 방송이 나가면서 시청자의 호응도에 따라 언제든지 늘리고 끌어서 장기화되는 게 예사이다. 그것도 작가가 애당초 그 작품 속에 설정한 주제의식을 보다 극명하게 심어주기 위해서가 아니라 어떤 특정 인물에 대한 시청자의 기호나 호응이 두드러지면 작가는 하루아침에 그 특정 인물에다 초점을 맞추어 애기는 그 인물 중심으로 끌어갔던 예를 우리는 기억하고 있다. 따라서 그것이 바로 TV드라마의 재미라고 역설하는 소리를 듣게 되며 어느 길로 가건 서울로만 가면 되잖겠는가라는 세속적인 오만에 젖은 작가를 만나게 되는 예도 있었다.

　모름지기 TV드라마는 오락적 기능 못지않게 사회적 기능을 지니고 있다는 말을 결코 구태의연한 계몽주의나 교도주의적 교육성과 동일시해서는 아니 될 것이다. 사회적 기능이란 어느 의미로 봐서는 보다 많은 사람이 보다 정답게 접근하고 일체감이 된다는 휴머니티를 뜻하는 말로 받아들여져야 옳을 것이다. 그 좋은 예로 오늘날 멜로드라마에 설정된 무대배경이 농어촌이나 탄광 같은 시골이 아니라 도시 일변도이며, 도시 가운데서도 서민층보다는 부유층 편향으로 나타나고 있다는 점에 대해서 우리는 관심을 기울여왔었다. 드라마를 보는 사람이 누구인가라는 사실을 두고 보더라도 도시인이나 부유층보다는 전국적으로 볼 때 지방인이나 서민층이 월등하게 많다는 한 가지 사실만으로도 곧 짐작을 할 수가 있을 것이다. 그 증거로 최근에 와서 높은 시청률을 보여준 드라마는 〈달동네〉, 〈약속의 땅〉, 〈전원일기〉, 〈보통사람들〉, 〈간난이〉 등으로 그 무대가 가난한 서민 세계 아니면 평범한 농촌이나 보통 사람들이 사는 세계라는 점에서도 입증이 되고 있다. 그러나 그것은 전체 프로와 대비시켰을 때 극히 희소한 수치에 불과하며 대체적으로 TV드라마가, 특히 멜로드라마의 무대 배경이 대도시이며, 그것도 부유층에 편향되어 있다는 점은 예나 지금이나 예외는 아닌 성싶다.

　1978년 8월 방송윤리위원회가 작성한 〈방송드라마현황과 성분분석〉을 빌리자면 그 제6항인 평가 면에서 다음과 같이 지적하고 있음을 볼 수가 있다.

1. 주제 및 소재의 문제점

① 인간의 계층, 지위의 고하, 빈부의 차 등을 지나치게 과대 묘사하여 어려운 처지에 있는 사람들의 감정을 자극하거나 위화감을 조장할 우려가 있는 내용

② 주제의식이 뚜렷하게 부각되지 못하고 사건전개나 부차적인 화제(에피소드) 묘사에만 치중한 내용

③ 무분별한 남녀관계나 고부간의 심한 갈등 묘사 등 통속성을 벗어나지 못한 내용, 특히 라디오 드라마에 있어서의 유부남, 유부녀의 탈선내용 및 남녀 간의 빈번한 숙박업소 출입 등의 소재가 설정되고 있는 내용

④ 사극에 있어서 특정 시대의 여인수난과 애정문제 등 오락적인 요소를 위주로 한 내용, 특히 역사의식의 재현이라는 긍정적인 방향 설정이 아쉽고 역사적 사실을 통한 미래지향적인 계도성의 강조가 부족함

⑤ 수사극(반공극 포함)에 있어서 흥미에 치중, 남녀관계를 필요 이상으로 확대 묘사하여 사건에 대한 경각심이나 반공의식 고취의 의의가 흐려질 우려가 있는 내용

⑥ 드라마 전개과정에서 말초적 감각을 자극시키거나 호기심을 유발케 하는 부정적 측면이 지나치게 묘사되고 있는 내용

2. 무대 및 등장인물의 설정

① 살롱, 캬바레, 고고클럽 등 환락가의 빈번한 장면설정

② 부유층 가정의 호화스러운(주택, 가구, 응접실 등) 생활묘사

③ 등장인물의 설정에 있어서 가정부나 어린이의 필요이상의 등장

3. 어린이 역에 부적한 장면설정

① 어린이에게 적합치 않은 대사처리

② 어른들 사이에 끼어 지나치게 사건에 관여하고, 몰래 어른들의 애

기를 엿듣는 장면 묘사

4. 대사의 문제

① 윗사람(부모)에게 하대어 사용

② 부도덕한 언어구사

③ 의도적으로 유행어를 조장하려는 듯한 대사

④ 속어, 비어, 욕설, 사투리 등의 지나친 남용

이 보고서는 앞에서 말한 바와 같이 1978년 8월에 작성된 내용으로 지금부터 7년 전의 TV드라마의 현황을 분석하여 얻어낸 내용이다. 그러나 7년이 지난 오늘의 TV드라마의 현황에 그대로 대입시켜도 별로 저항감을 느낄 수 없다는 사실은 한국의 TV방송이 어느 의미에서는 답보상태를 면치 못하고 있다는 증좌가 될 수도 있다. 그 '어느 의미'란 방송의 질적인 면을 두고 하는 말이다. 언론기본법에 따라 공영방송제도가 실시된 지 4년이 된다. 그동안 외형적인 변혁은 매우 눈부신 바가 있다. 제도상의 변혁뿐만 아니라 컬러TV 방송 개시에 따르는 테크놀로지 면에서의 눈부신 발전이나, TV수상기의 기하급수적 보급은 바야흐로 TV문화시대가 본격화되었다고 해도 과언은 아닐 것이다. 그럼에도 불구하고 7년 전에 그처럼 소리 높게 부르짖기도 하고 시정과 혁신의 소리가 드높았던 사항들이 7년이 지난 오늘날도 그대로 적용되는 상황이라고 한다면 확실히 문제는 심각하다 아니 할 수가 없다. 프로그램의 다양화나 드라마의 대형화, 그리고 본격적인 문학작품의 TV드라마화 등 여러 면에서 개발되고 활로를 찾았던 발자취를 인정하면서도 드라마의 내용 면에서의 답보상태는 새삼스럽게 우리에게 성큼 다가서는 중압감마저 느끼게 한다.

언론기본법에 따라 방송국이 통폐합되고 한국방송광고공사와 방송위원회가 발족하였고 뒤이어 컬러TV방송이 시작되면서 공영방송인 KBS 도 광고방송을 실시하게 되었다. UHF채널을 통한 교육방송의 활성화도 기대되고 있는 우리나라 방송계는 초기의 실험기를 지나 이제 차츰 정착 화되고 있다는 외형상의 변모는 그 누구도 부인하지 못할 것이다.

그러나 제도상의 변혁이나 프로그램 내용의 혁신에 관한 충분한 조사 연구, 그리고 그것을 날마다 접하고 있는 시청자들의 의식구조의 호응도 에 대해서는 아직도 확실한 의견을 모으지 못해왔었다. 궁극적으로 방 송은 국민 대중을 위한 것이며 수용자가 무엇을 원하고 있는지에 대한 민의 파악은 방송의 공공성을 우선으로 생각할 때 가장 시급한 과제의 하나이기도 했다. 이러한 관점에서 1981년 9월 방송위원회가 작성 제출 한 제1회 전국시청자 의식조사 결과는 시청자들의 심중을 알아볼 수 있 는 중요한 자료가 아닐 수 없다.

다시 말해서 공영방송제도가 실시된 지 약 1년 만에 시청자 자신들이 TV드라마에 대해서 어떠한 반응을 보이고 있었던가 하는 조사결과는 곧 "국민을 위한 방송"을 대전제로 하는 공영방송으로서는 제1조에 해당 되는 소중한 작업이기 때문이다.

동 조사결과의 제3항인 조사결과 및 논의 항목의 여섯 번째 조항에서 실무자가 조사한 텔레비전 드라마에 대한 의견은 현대물과 역사물로 구 분하여 드라마의 양, 내용, 질, 그리고 문제점에 관한 측면을 조사하였는 데 다음과 같이 보고하고 있다.(표 2, 3 참조)

〈표 2〉 학력별 현대물 TV드라마의 양에 대한 평가

드라마의 양 \ 학력	매우 부족하다	대체로 부족하다	적당하다	대체로 많다	너무 많다	계
무 학	2 3.8 4.4	9 18.7 3.1	23 51.1 2.6	9 20.3 1.9	3 6.0 3.0	46 2.6

학력						
국 졸	6 2.3 15.6	53 19.4 19.1	136 49.8 15.5	67 24.5 13.8	11 4.0 11.9	273 15.4
중 졸	13 3.5 32.5	68 18.0 24.3	197 52.6 22.4	81 21.6 16.7	16 4.3 17.5	374 21.1
고 졸	16 2.1 40.0	110 14.6 39.8	362 48.0 41.2	221 29.4 45.7	44 5.8 47.4	753 42.5
대졸 또는 그 이상	3 0.9 7.5	38 11.6 13.7	161 49.1 18.3	107 32.6 22.0	19 5.7 20.2	327 18.4
계	40 2.3	277 15.6	878 49.5	485 27.3	93 5.2	1,773 100.0

$x^2 = 27.38864$ df = 16   sig. = 0.0374

C = 0.12335   M = 43

A. 현대물 드라마에 대한 의견

① 양에 대한 의견을 분류하면

많다 ········ 32.5%

적당하다 ··· 49.5%

부족하다 ··· 18%

학력별로 분류하면 고졸 이상은 많다고 답했으며 시청자의 수입 정도와 관련시킨 조사에서 수입이 높은 층일수록 양이 많다는 의견이 많았다.

그리고 서울과 지방별로 분류했을 때

많다고 응답한 층

서울 ······ (40.0%)

영남 ······ (34.2%)

호남 ······ (29.9%)

충청 ······ (28.6%)

적다고 응답한 층

영동 ······ (23.9%)

호남 ······ (21.6%)

경기 ······ (21.4%)

충청 ······ (17.9%)

〈표 3〉 수입 정도별 현대물 드라마의 양에 대한 평가

드라마의 양 / 수입	너무 부족하다	대체로 부족하다	적당하다	대체로 많다	너무 많다	계
20만원 미만	13 2.1 40.0	110 18.7 44.3	294 50.1 36.0	152 25.8 33.5	19 3.2 21.8	587 35.9
20~30만원 미만	5 1.1 16.0	66 14.6 26.4	235 52.4 28.8	117 26.1 25.9	26 5.7 29.9	449 27.4
30~40만원 미만	8 2.8 26.4	31 10.7 12.5	148 50.9 18.1	87 30.0 19.2	16 5.6 18.9	290 17.7
40~50만원 미만	3 1.7 8.8	23 14.4 9.3	76 47.4 9.3	48 29.8 10.5	11 6.7 12.5	160 9.8
50~70만원 미만	0 0.0 0.0	13 16.8 15.3	37 46.3 4.5	22 27.9 4.9	7 8.9 8.1	78 4.8
70만원 이상	3 3.9 8.8	6 8.1 2.3	28 38.9 3.4	27 38.5 6.0	8 10.6 8.7	71 4.3
계	31 1.9	249 15.2	817 50.0	453 27.7	86 5.3	1,636 100.0

$x^2 = 36.50404$ df = 20   sig. = 0.0134

C = 0.14776   M = 180

② 내용의 건전성에 관한 평가

전체적인 수준에서

건전치 못하다 ······ 15.1%

건전하다 ······ 43%

　

그러나 주로 대도시에서는 건전치 못하다는 반응을 보였고, 시골에서
는 건전하다는 평가를 했다. 그리고 학력별로 분류했을 때 학력이 높을
수록 건전성을 낮게 평가하는 경향을 나타내고 있다.

③ 현대물 드라마의 질에 대한 평가

예술성이 높다 ······ 23.6%

보통이다 ······ 54.5%

예술성이 낮다 ······ 22.0%

　

그리고 예술성이 낮다는 평가는 대도시지역에서, 그리고 예술성이 높
다는 의견은 지방에서 높아지는 경향을 보였다.(표 4)

〈표 4〉 시·도별 현대물 드라마의 질에 대한 평가

평가 지역별	매우 예술성이 낮다	대체로 낮은 편	보통이다	대체로 높은 편	매우 예술성이 높다	계
대도시	39 5.1 56.6	167 22.3 51.4	401 53.4 41.2	125 16.6 36.4	20 2.6 24.2	751 42.0
중·소도시	6 1.9 9.2	60 18.4 18.3	177 55.0 18.2	63 19.5 18.4	17 5.1 20.5	323 18.0
군·읍	23 3.2 34.2	99 13.8 30.3	396 55.2 40.6	154 21.5 45.1	45 6.2 55.3	717 40.0

　　　　　　　　　　한국 TV드라마의 주제에 대한 분석 연구

계	68	326	974	324	81	1,790
	3.8	18.2	54.4	19.1	4.5	100.0

$x^2 = 37.51820$ sig. = 0.0000 M = 25

df = 8 C = 0.14328

④ 현대물 드라마가 안고 있는 문제점

ㄱ. 지나치게 호화스러운 가정분위기 ······ 29.4%

ㄴ. 별 내용도 없는데 오래 끈다 ······ 23.6%

ㄷ. 도시 편중이다 ······ 21.7%

ㄹ. 남녀간의 불륜관계가 많다 ······ 17.2%

ㅁ. 비극적 소재가 많다 ······ 5.3% (표 5 참조)

〈표 5〉 성별에 따른 TV 현대물 드라마가 안고 있는 문제점

문제점 성별	별 내용 없이 오래 끈다	호화스런 가정분위기 조성	내용이 도시편중적	남녀간 불륜관계 多	비극적인 소재 多	기 타	계
남	252	322	239	162	54	11	1,040
	24.2	30.9	23.0	15.6	5.2	1.1	59.7
	56.5	62.8	63.3	54.0	59.3	78.9	
여	194	191	139	138	37	3	702
	27.6	27.2	19.8	19.7	5.3	0.4	40.3
	43.5	37.2	36.7	46.0	40.7	21.1	
계	445	512	378	300	92	14	1,741
	25.6	29.4	21.7	17.2	5.3	0.8	100.0

$x^2 = 12.19578$ df = 5 sig. = 0.0322
C = 0.08340 M = 74

그리고 이 문제점에 대한 지역별 응답은 서울지방에서는 "오래 끈다"를, 경기, 충청, 호남지방에서는 "지나치게 호화롭다"는 점을 지적하고 있다.

B. 역사극에 대한 의견

① 역사극의 양에 대한 의견

적다 …… 38.7%

적당하다 …… 48%

많다 …… 13.4%

로 나타났으며 50대 이상은 "적다", 20대 미만은 "많다"는 의견이 높았다. 그리고 대학 졸업 이상의 학력을 가진 사람은 "많다"로, 국·중졸은 "적다"로 나타나고 있다.

② 역사극의 내용에 대한 의견

역사의식이 높다 …… 56%

보통이다 …… 30.5%

로 나타났다. 그리고 남자가 여자에 비해 역사의식이 높은 쪽으로 나타났고 학력 면에서도 학력이 높을수록 역사극에 있어서 역사의식이 낮은 것으로 평가하고 있다.

③ 역사극의 질(예술성)에 대한 평가

예술성이 높다 …… 42.7%

보통 수준이다 …… 43.7%

낮다 …… 14.6%

그리고 이 반응에서 고졸 이상의 학력일수록 예술성이 낮은 것으로, 학력이 낮을수록 예술성이 높다고 평가했다.(표 6)

한국 TV드라마의 주제에 대한 분석 연구

<표 6> 학력별 TV역사극의 질에 대한 평가

역사극의 질 \ 학력	매우 예술성이 낮다	대체로 낮다	보통이다	대체로 예술성이 높다	매우 높다	계
무 학	3 6.7 6.8	3 6.7 1.5	17 37.1 2.1	13 29.2 2.4	9 20.2 4.2	45 2.5
국 졸	6 2.3 14.1	18 6.5 9.0	110 40.4 14.2	85 31.4 15.9	53 19.4 24.6	271 15.4
중 졸	7 1.8 15.3	22 5.9 11.2	162 43.4 29.0	127 34.0 23.6	55 14.9 25.8	372 21.1
고 졸	19 2.5 42.4	100 13.4 51.5	319 42.8 41.4	232 31.1 43.2	76 10.2 35.5	746 42.4
대졸 또는 그 이상	10 2.9 29.5	52 16.0 26.7	163 50.1 21.2	80 24.5 14.8	21 6.5 9.8	325 18.5
계	44 2.5	195 12.1	769 43.7	536 30.5	214 12.2	1,758 100.0

$x^2 = 67.61189$ df = 16   sig. = 0.0000

C = 0.19246   M = 58

④ 역사극이 안고 있는 가장 큰 문제점

ㄱ. 왕실이나 세도가의 이야기가 너무 많다 ······ 35%

ㄴ. 권모술수, 궁중암투, 당쟁 등이 너무 많다 ······ 25.4%

ㄷ. 이야기 전개가 흥미 위주다 ······ 16.6%

ㄹ. 별 내용도 없는 것을 오래 끈다 ······ 13.3%

ㅁ. 고증이 불확실하다 ······ 8.8%

이것을 학력별로 분류하자면 대졸 이상은 "권모술수, 궁중암투, 당쟁

이 너무 많다"를, 그 외는 "왕실이나 세도가의 이야기가 많다"를 가장 큰 문제점으로 삼고 있다.(표 7)

〈표 7〉 학력별 TV역사극이 안고 있는 문제점에 대한 의견

문제점 학력	고증이 불확실 하다	권모술수 등 부정적 요소가 많다	별 내용 없이 오래 끈다	왕실이나 세도가의 이야기가 많다	이야기 전개를 흥미 위주로	기타	계
무 학	2 5.2 1.5	13 29.9 2.9	7 16.7 3.1	14 32.8 2.3	5 11.5 1.7	2 4.0 10.8	44 2.5
국 졸	26 9.7 17.1	54 20.2 12.3	34 12.8 14.8	129 40.7 17.9	38 14.1 13.1	7 2.5 41.5	268 15.4
중 졸	32 8.8 21.0	86 23.5 19.5	42 11.4 18.0	152 41.6 25.0	52 14.2 17.9	2 0.5 12.3	365 21.0
고 졸	53 7.1 34.8	196 26.5 44.5	97 13.0 41.8	254 34.3	137 18.5 47.4	5 0.1 29.2	742 42.7
대졸 또는 그 이상	39 12.2 25.6	92 28.7 20.8	52 16.2 22.3	78 24.6 12.9	57 18.0 19.8	1 0.3 6.2	319 18.3
계	152 8.8	441 25.4	231 13.3	608 35.0	298 16.6	16 0.9	1,737 100.0

x^2 = 52.64566   df = 20   sig. = 0.0001
C = 0.1753   M = 79

5. 결론과 제언

지금까지 필자는 우리나라 TV드라마가 걸어온 23년간의 발자취를 대충 더듬어보면서 극히 일반적인 문제성과 성향, 그리고 오늘의 시점에서

한국 TV드라마의 주제에 대한 분석 연구

의 TV드라마의 현황과 그 개선점 등을 살펴보았다. 그러나 TV드라마도 여러 가지 면으로 다양화되어가는 시대조류 속에서 발을 맞추어 많은 발전과 변모를 가져왔음은 의심할 여지가 없다. 특히 그 기술적인 면이나 표현양식에 있어서 초창기부터 1970년대 중반까지에 이르는 동안의 TV드라마의 현실과 대비시켜볼 때 격세지감을 실감케 하는 것도 사실이다. 그러나 유감스럽게도 드라마의 내용 면에 있어서는 그다지 큰 변화도 자기혁신도 안 보이고 있다는 것이 여러 전문가들의 조사결과에서 나타났다. 시청자들이 TV드라마가 안고 있는 가장 큰 문제점으로 거론하였던 여러 가지 조항은 10년 전이나 5년 전이나 별로 달라진 게 없다는 데 바로 문제가 있다. TV드라마가 많은 개선을 시도해왔음에도 불구하고 아직도 많은 문제점이 남아 있다. 우선 긍정적인 면과 부정적인 면에서 살펴보자면 앞서 인용한 제1회 전국시청자 의식조사결과에 나타난 평가에서도 언급했듯이 다음과 같이 지적될 수가 있다.

긍정적인 면

① 공영방송제도로 전환된 이후 멜로드라마의 소재나 주제, 그리고 스토리 전개 면에서 종전과 같은 삼각관계, 유부녀, 유부남의 불륜 등 퇴폐적인 작품은 많이 줄어들었고 밝고 건강한 현실적인 소재가 늘어났다.

② 부유층의 여성취향의 멜로드라마는 여전히 한두 편은 끼어 있지만 근래에 와서 성공작으로 평가되는 작품들이 서민층의 애환을 유머러스하게 코믹터치로 그려나간 경향으로 보아 건전한 서민층의 생활의식이 양성되었고 작가들도 그러한 계층으로 따스한 눈길을 돌리려는 경향이 있다.

③ 사극에 있어서는 지난 1975년을 전후해서 논란의 대상이 되었던 저질성 멜로드라마적 사극(야사극)이 차츰 줄어들고 그 소재나 주

제 선택에 있어서 역사의 재조명과 본격 사극의 정립이라는 뚜렷한 목표 아래 적극적인 자세로 전환되고 있다. 따라서 방송국마다 시대적 고증에 각별한 관심을 기울이고 그 작품의 교육적, 계도적 가치관에도 주안점을 두고 있다.

④ 방송극의 질적 향상을 모색하기 위하여 기존 문학작품(소설, 희곡, 시극)을 극화하여 일반 시청자에게 드라마의 예술성과 만나게 하려는 의도적 노력이 이제는 정착화되었고 드라마도 만들기에 따라서는 고급스런 예술성을 부여할 수 있다는 가능성을 인식게 했다.

⑤ 특히 컬러TV방송의 실시와 함께 드라마의 대형화 추세가 두드러지게 나타났으며, 종래의 형식적이며 행사적인 특집극 제작방식에서 벗어나 정규프로 제작에서는 시도할 수 없었던 것을 특집극에서 모색, 만회하려는 적극적인 접근도가 두드러졌고 국내뿐만 아니라 해외까지 진출하여 드라마의 질적 향상을 꾀하는 제작자의 의식이 돋보인다.

⑥ 종전에 목적극이란 드라마기법이나 그 작품의 주제가 천편일률적이며 일방통행식이었으나 근래에 와서는 작품의 사실성과 객관적 묘사에도 눈을 뜨게 되었고, 특히 잔인한 살상이나 자극적이고 잔혹한 장면이 현저하게 줄어들었다. 특히 반공극에 있어서 북괴공산집단에 대하는 자세가 객관성을 띠게 되어 민족의 동질성과 남북통일의 민족적 과제에 대해서 보다 진지한 접근을 꾀하였다.

⑦ 기획 면에서 보다 다양하고 포괄적인 면까지 파고들어, 전통예능이나 민속극적인 방식과의 제휴를 통하여 국적 있는 드라마와 생명력이 엿보이는 드라마를 창조하려고 하는 의욕이 엿보인다.

⑧ 종전에는 등한시되었던 10대 소년들을 대상으로 하는 연속극이 이제는 정착되어가고 있고 재롱떠는 연소자에 매달리는 드라마가 아니라 10대 소년 소녀의 생활과 밀착되는 드라마가 뿌리를 내렸다.

이상과 같이 근래에 와서 TV드라마는 개선의 양상을 보이고 있다.

부정적인 면

① 전체 방송시간에 비해 드라마의 비중이 편중되어 있으며 일일연속극 과잉경쟁의 구조적 현상이 아직도 개선되지 못하고 있다.

② 멜로드라마에 있어서 전에 비하여 개선된 흔적은 엿보이나 작품의 주제의식이 허약하며 인간관계가 이루어지고 있는 여건은 사회적 현실에서가 아닌, 사회현실과는 전혀 동떨어진 가정이나 개인적인 상황에서 이루어져 나아간 탓으로 현실감 내지는 사회의식에 과감하게 덤비지 못하고 있다.

③ 표면상으로는 건전하다고 보여지는 홈드라마나 멜로드라마가 지나치게 말장난이나 얄팍한 재치에 의존되어 진정한 뜻에서의 드라마로 정착되기까지는 드라마투르기가 약하며 등장인물의 리얼리티가 희박하다.

④ 방송드라마가 지니는 속성 가운데 오락성 못지않게 사회적 기능이 필요불가결한 요건인데도 불구하고 대부분의 드라마가 오락성에 치중하고 있거나 안일한 제작 태도에서 벗어나지 못하고 있다.

⑤ 특집극이나 단막극에서 대담한 기획과 제작 태도로 문제작도 많이 있는 반면 지나치게 의도적이며 계몽성을 앞세우는 목적극이 아직도 연례행사처럼 이루어지고 하나의 전시효과를 노리거나 단시일 내에 즉흥적인 발상과 졸속제작으로 끝나버리는 경향이 있다.

⑥ 대부분의 TV드라마 주제가 도시적 인간 내지는 도시에서도 중산층 내지는 부유층의 인간관계에 주안점을 두고 있어서 여타 계층에게 위화감 내지는 반발감을 유발시킬 우려가 아직도 짙게 남아 있다.

⑦ TV드라마의 탤런트의 연기가 많은 발전을 보이고 있으나 아직도

연기가 부자연스럽거나 생경하여 연기자 본래의 기능 습득 수준까지 미치지 못하고 있다.

이상과 같은 지적 사항은 이제 오늘에 일어난 것이 아닌 어쩌면 TV드라마가 방송되었던 초창기부터 거론되었던 요인에 속한다. 다만 그것을 개선해야겠다는 자발적인 각성보다는 기회 있을 때마다 외부에서 가해지는 타율적인 힘에 의해서 조금씩은 개선이 되었다. 하지만 아직도 TV드라마가 개선해야 할 점은 많이 남아 있으며 그것을 위한 TV 종사자들의 부단한 연구와 노력이 필수적인 사항임에 틀림이 없다.

그러나 문제는 TV드라마가 원초적으로 지니고 있는 주요 기능 가운데서 그 오락성에 대한 정당한 판단과 구체적인 표현기술이다. 말할 것도 없이 방송에서의 오락성이란 결코 소비성이나 퇴폐성 내지는 서구식의 모방에 있는 것은 아니다. 그것은 건전한 위안을 제공하면서 명랑한 내일의 생활을 윤택하게 해주는 사회적 책임을 다하는 데 기반을 두어야 옳다. 제아무리 드라마가 시청률이 높다 할지라도 그것이 진정한 인간 사회에 해독을 미치거나 청소년들의 개성과 인격 형성에 저해요소가 되었다고 했을 때 그 오락적 요소는 백해무익해진다. 뿐만 아니라 표피적, 관능적 자극이나 조장이 시청자로 하여금 마치 선진국 국민과 대등한 위치에 있는 양 착각과 환상 속으로 몰아넣는 경지에 이르러서는 그것이 오락이 아니라 가정질서와 사회질서를 무너뜨리게 하는 독소로 변하게 된다. 그러나 이와 같은 관념적이고도 추상적인 TV드라마를 윤리도덕의 교본으로 변신시키자는 것은 아니다. TV드라마가 지니는 오락적 기능은 인간으로서 누려야 할 자유와 순수한 인간성에의 접근을 위한 발판이 되어야 한다는 데 그 근본정신이 있는 것이다.

앞서 TV드라마의 부정적인 면에서의 지적에도 나타나 있듯이 우리나라 TV드라마는 그 주제의식에서 가장 뒤떨어지고 있다. 그것은 변화하는 사회 속에서 그 변화를 추구하려는 작가의식이나 주제설정은 없이 다만 기존 사회에서 지배적이었던 가치기준이나 질서를 복고적으로 바라보거나 현상유지에 머물러 있는 보수적인 태도에 있다 하겠다. 예를 들어 우리가 중요시하는 사극만 보더라도 그 주제는 대부분이 충효사상 아니면 권력이나 부를 쟁취하기 위한 입지적(立志的)인 것으로 일관되어 있다. 그런가 하면 가정 내에서 여성끼리의 암투, 질시, 그리고 희생에서 오는 눈물의 사연이다.

1930년대에 이미 신파극에서 쥐어짤 대로 짜낸 눈물을 1980년대의 시청자에게 강요하고 그들에게 충효를 강요하려는 그 퇴영성에서 어떻게 TV드라마의 사회적 기능을 바랄 수가 있겠는가 하는 점이다. 이러한 관점에서 볼 때 무엇보다도 시급히 시정되어야 할 점은 바로 작가의 눈이요 심장이라고 할 수 있는 주제의식의 확립이다. "과거의 전통지향적, 권위지향적, 그리고 현상유지적인 경향을 나타내고 있음을 보았거니와, 이와 같은 상황에서는 오늘날 우리가 추구하는 바람직한 사회발전 내지는 문화발전은 기대하기 곤란하다"고 지적한 바 있는 한양대학교 이강수(李康洙) 교수의 논문(「방송연구」 1982년 겨울호 참조)에서 우리는 1980년대 후반기를 맞는 우리 TV드라마의 앞날을 다시 생각하지 않을 수가 없는 것이다.

우리는 분명히 산업화사회 속에서 숨쉬고 있다. 산업화 과정에서 우리가 부딪히는 장벽이란 바로 물질주의, 기계주의에서 오는 '비인간화'의 문명 현상이다. 그래서 맨 먼저 붕괴하는 것은 정신문화이며 영혼의 타락이다. 그러면서도 저마다 정신문화의 형성 없이 진정한 산업사회는 이룩할 수 없다는 모순과 마찰의 중간에서 현대인은 몸부림치고 있고 그곳에서의 탈출과 심지어는 구원까지도 갈망하고 있다. 조지 거브너(G. Gerbner)가 지적했듯이 "TV 드라마가 많이 방영되는 사회에서는 그것이 상징적 환경의 주류를 이루며, 이 상징적 환경이 인생, 사회, 그리고 세계에 대한 공통적 관념을 조성한다"는 주장을 상기했을 때 작가는 무심코 썼고 방송국은 별다른 생각 없이 방송을 했던 그 드라마가 부지불식간에 시청자의 의식구조에 영향을 주고 가치관의 전도에 알게 모르게 주도적 구실을 한다는 점을 상기한다면 우리는 이제부터라도 TV드라마의 참모습을 찾아 나서야 하겠다.

오늘날 공영방송체제로 바뀐 KBS-TV와 MBC-TV가 1980년 이전에 있었던 TV드라마와 별로 다를 바 없는 드라마를 방영하고 있다는 지적을 받는다면 과연 그 책임은 누가 져야 하며 그 피해는 누구에게로 돌아갈 것인가를 우리는 생각해야 할 단계에 있는 것이다. 공영방송체제는 형식적인 면에서만의 혁신일 뿐 TV드라마의 내용은 1930년대의 신파와, 1950년대의 반공사상과 1960년대의 구호정치와, 1970년대의 황금만능, 외래사조의 추종으로 일관되었던 구각(舊殼)에서 벗어나지 않았다면 과연 문화는 무엇을 의미하겠는가. 폭력과 범죄와 섹스가 미국 TV문화의 전부라고 흉을 봐오던 우리가 어느 사이에 그것들에 오염이 되어가고 공영 체제로 바뀌어도 여전히 상업주의의 포로가 된 채 채널 쟁탈전과 자기과시의 경쟁으로 시청자를 우롱하는 책임을 우리는 과감하게 물어야 할 때가 온 것이다. 왜냐하면 서두에서 밝힌 바와 같이 방송의 공공성이란 바로 "민중에 의한, 민중을 위한 공공공간으로서의 방송을 의미한다"라고 못 박은 바 있다. 따라서 그것은 바로 민주주의 정신에다 바탕을 두고 있으며 그 모든 것은 국민의 평등과 자유로 직결된다고 다짐한다면 앞으로 TV드라마가 어느 방향으로 나가야 할 것인가는 자명해질 것이다.

영국 BBC의 5대 위원회(1960~1973)인 필킹턴(Sir H. Pilkington)위원회가 제출한 보고서 가운데에서 주장한 '좋은 방송(Good Broadcasting)'을 위한 3대 요인은 우리에게 많은 교훈과 자극을 주는 말이기에 여기 옮김으로써 이 논문의 결론으로 삼고자 한다.(〈한국방송의 현황과 바람직한 방향〉, 크리스찬 아카데미 참조)

　　　　　한국 TV드라마의 주제에 대한 분석 연구

① 방송순서의 편성과 내용은 가능한 평범한 주제 속에서 공중이 선택할 수 있는 권리를 존중하는 것이어야 한다.

② 이렇게 넓은 주제영역의 어느 부분에 있어서도 접근방법과 제시방법에 있어서 높은 질을 유지해야 한다.

③ 마지막으로 가장 중요한 것으로 그렇게 강력한 매체를 다루는 사람은 가치관과 도덕적 수준에 미치는 영향력과 우리들의 생활을 풍족하게 할 수 있는 능력에 관한 자각이 촉구되어야 한다.

우리는 과거 23년 동안 여러 가지로 실험도 해왔고 혁신도 해왔다. 그러나 그럴 때마다 시행착오도 있었고 오진(誤診)도 있었던 게 사실이다. 그러나 가장 중요하고도 변치 않는 점은 방송이 '모든 국민의 것'이라는 대전제였고 그것은 어느 정치적 상황 안에서도 맨 먼저 내세우는 슬로건이었다. 그러면서도 그때마다 문제는 남아 있었고 지금도 남아 있는 실정이다. 그러나 공영방송의 체제로 들어선 오늘에 있어서는 그 어느 때보다도 방송의 권위와 순수성과 그리고 그 독자성을 살리지 않으면 안 되겠다는 각오 아래 이 졸고를 맺는 바이다.

방송극과 윤리

I

링스는 그의 역저인 「제5의 벽」에서 방송은 현대 문명사회생활에 있어서는 한 가정의 제5의 벽에 해당된다고 갈파했다. 그것은 방송이 단순한 오락이나 소일거리의 수단에서 벗어나 하나의 생활필수품의 구실을 하게 되었다는 뜻이다. 따라서 방송은 애당초는 인간이 우리의 생활 속으로 끌어들이는 존재였겠지만 이제 와서는 인간이 방송에 의존하고 그것에서 보다 더 큰 의미와 이익을 찾아내려고 하는 나머지 저마다 방송에 관한 정책적인 제도까지도 마련하게끔 되었다. 다시 말해서 이제 방송은 저만큼 놓여져서 감상하거나 위안을 받으려고 하는 대상이 아니라 도리어 방송을 통하여 우리 인간이 그 무엇인가를 얻으려 하고 추구하려는 변용을 가져왔다는 뜻일 게다.

뿐만 아니라 방송은 그 전파를 발사하는 회사나 프로그램을 제작하는 사람의 관점에서는 개인적인 것이면서도 일단 공중으로 발사된 다음은 개인의 것이 아닌 만인이 공유할 수 있고 선택할 수 있고 그러면서도 그 속에서 하나의 공통성을 찾아낼 수도 있다는 데 방송의 묘미와 특징이 있는 것이다. 여기서 공통성이란 공간적인 것과 계층간의 의식구조의 차이를 초월해서 전세계가 그것을 공유할 수 있다는 뜻이다. 그것은 곧 방송이 지니는 특성의 하나로서 이른바 공공성을 뜻하는 말이기도 하다. 그런데 방송의 공공성의 개념에 대해서 아렌트(H. Arendt)는 그의 저서인 「인간의 조건」에서 공개성(publicity)과 공통성(commonness)의 두 가지가 있다고 지적했다.(「방송연구」 여름호 참조)

따라서 공개성이란 한 사회나 국가 사이에서 역사적, 사회적, 법률적, 풍속적 여건에 따라 다소의 차이는 있을지라도 결과적으로는 모든 시청취자(민중)를 위한 공공공간으로서 그 존립가치가 있다는 대원칙에는 그 누구도 부인을 못 할 것이다.

그런데 이 방송의 공공성 가운데서 매우 애매모호하고도 주관적인 테두리를 벗어나지 못하는 점의 하나로 윤리성을 들지 않을 수 없다. 윤리란 궁극적으로 정신에다 바탕을 두고 하는 말이다. 모든 방송프로그램이 고도로 발달된 전파매체를 통한 메커니즘의 결정이라고 하지만 결국은 그 속에 담겨진 것이나 바탕에 깔려 있는 것은 인간의 정신이며 그 정신의 핵은 모든 인간의 이익을 추구하는 데 있다는 사실에 비추어볼 때 결국 방송의 공공성은 윤리성으로 직결된다고 해도 과언은 아닐 것이다. 근자에 와서 방송이 제도상에서 공영화를 부르짖고 나서는 그 바탕도 따지고 보면 공공성의 특징에 입각한 윤리확립의 자각증상이라고 해도 무방할 것이다.

그런데 모든 방송 프로그램 가운데서도 유난히도 윤리성이 강조되거나 시비거리가 되는 게 바로 방송극인 것 같다. 제도면에서 상업방송의 대두로 인한 과열경쟁에도 윤리가 문제가 되기도 하고, 프로그램을 제작하는 데 참가하고 있는 방송인 자체의 윤리성도 자주 그 대상에 오르기도 하지만 현실적으로는 매일 낮밤을 가리지 않고 대중과 접하고 있는 방송극에 있어서의 윤리성의 강조는 눈에 띄게 그 빈도가 늘어가고 있다.

방송극에 있어서 윤리성이란 그 범위가 어느 정도이며 그 깊이가 어디쯤까지 파고들 수 있겠는가? 라는 문제를 놓고 나는 이 이야기의 가닥을 잡아볼까 한다.

서강대 최창섭 교수는 최근 〈시청자에 접근하는 방송의 역할〉이라는 논문 가운데서 다음과 같이 주장했다.

"방송 커뮤니케이션은 곧 인간 커뮤니케이션에 기저를 두고 있음에 유의해야 한다. 즉 프로그램이 방송되기 전까지의 기획·집필·제작의 각 단계는 곧 인간에 의해서 진행, 연결되는 것이며 더구나 이를 수용하는 시청자도 결국 인간 개개인인 것이다. 이와 같이 인간에서 시작해서 인간으로 귀결되는 방송의 역할에 대한 이해는 바로 인간에 대한 이해로부터 출발하고 조명되어야 하며 이를 바탕으로 방송매체의 역학관계가 형성될 때 매체와 시청자의 관계는 자연히 가깝게 접근될 수 있으리라 믿는다."(이하 생략)

이 논문은 두말할 것 없이 방송이 지니고 있어야 할 사명과 그 방향을 명확히 제시하고 있다. 그 제시 가운데서도 기본은 바로 '인간'이라는 점이다. 인간에서 출발해서 인간으로 접근하고, 인간을 이해하는 데 방송의 목적이 있고 방향이 있다는 견해는 바로 방송의 윤리성을 단적으로 표현한 주장이라고 본다. 특히 방송극의 경우는 그 인간이 더 크게 작용한다.

바꾸어 말해서 방송극은 그 형식, 표현, 주제의 차이에 따라 여러 명칭으로 분류할 수가 있다.

첫째, 시대에 따라 구분하자면 사극, 시대극, 현대극으로 분류할 수 있겠고,

둘째, 길이에 따라 구분하자면 단막극, 연속극, 대하드라마, 미니드라마가 있겠고,

셋째, 대상과 소재에 따라서는 청소년드라마, 전쟁드라마, 농촌드라마, 수사드라마, 홈드라마, 무협드라마가 있을 것이고,

넷째, 그 수법에 따라, 심리드라마, 사이코드라마, 괴기드라마, 멜로드라마 그리고 사회드라마, 정치드라마, 경제드라마라는 용어까지도 나타나고 그 의미가 불분명한 테마드라마, 인간드라마라는 말도 있다.

그러나 돌이켜 생각해볼 때, "드라마란 결국 인간의 문제를 다루는 것이고, 그리하여 한 인간(개인)과 그것을 둘러싼 환경(사회)과의 관계를 보여주는 것이다"라고 연출가 표재순 씨는 「방송심의」(제15호)에서 명기했다. 즉 드라마가 그 시대나, 길이나, 소재나 그리고 수법에 따라 형식이나 표현방법에 차이는 있을지언정 결국은 인간문제를 다루는 것이라는 주장은 앞서 제기된 최창섭 교수와 그 의견을 같이하고 있다. 개인, 개인과 개인, 가정, 결혼, 부부, 가족, 개인과 사회, 지배자와 피지배자, 권위와 개인… 그 무엇이 되었건 드라마 속에는 인간이 그려지고 인간에 대한 이야기가 곧 드라마라는 점에는 그 누구도 반론을 제기할 사람은 없을 것이다. 다만 문제의 핵심은 그와 같은 여러 유형의 드라마가 추구하는 점이 무엇인가에 문제가 있는 것이다. 그 '추구하는 점'이란 다름 아닌 작가가 설정한 주제이자 의도일 것이다. 모든 창작이란 작가의 머리에서 출발한다. 아니 머리 이전에 심장에서부터 시작된다고 해두자. 작가가 사물을 정했을 때 느끼는 감정이나, 그 감정을 일단 여과시키고 승화시켜서 하나의 이성으로까지 변압시키는 정신노동 없이 작품이란 나올 수가 없다. 그것은 비단 문학만이 아니라 미술, 음악, 무용 등 모든 창작행위에 해당되는 근본이다.

지난날 우리는 수많은 드라마를 보아왔다. 이 땅에 방송극이 생긴 지가 얼마나 되었는가를 소상하게 셈하지 않더라도 1961년에 MBC 라디오가 전파발사를 하면서부터 본격적인 '전파매체의 시대'가 열렸다고 생각한다면 앞서 KBS 독주시대까지 합산하여 약 30년의 연륜을 헤아릴 수가 있다. 그동안 과연 몇 편의 라디오 드라마가 허공으로 사라졌고 KBS-TV가 시작한 이래 20년 동안의 TV시대에 얼마나 많은 TV극이 안방을 찾아왔다 사라졌는가는 그 방면의 전문가에게 물어볼 수밖에 없다. 그러나 문제는 현재의 우리들이 라디오극이건 TV극이건, 공통적으로 느끼는 점은 한마디로 말해서 별로 달라진 게 없다는 점일 것이다. 비슷한 이야기에 비슷한 극적 시추에이션, 비슷한 인물설정에 비슷한 갈등과 파탄⋯. 10년을 하루같이 엇비슷한 내용의 드라마를 만들어서 내보내는 현장인과 그것을 싫든 좋든 보게끔 강요당하며 살아온 청취자나 시청취자로부터 제기되는 문제점은 바로 작품의 주제가 낡았다는 점이다. 주제는 작가의 정신이라고 했다. 그렇다면 작가의 정신이 낡았다는 뜻일 게다. 그리고 그 작가의 정신이 바로 윤리관으로 통하는 것이 아닌지 모르겠다.

III

나는 방송극의 윤리란 먼저 작가정신에서부터 시작해야 한다고 말했다. 작가는 자기발언을 통하여 민중의 발언을 대변하는 기능도 지니고 있다. 그래서 어떤 사람은 작가를 가리켜 예언자적인 존재라고도 말했다. 예언이란 장차 다가올지도 모르는 이야기를 미리 꿰뚫어 보는 형안을 말한다. 현재에서 미래를 내다본다는 것은 동시에 과거에 대한 눈길도 포함해서의 얘기이다. 그렇다면 그와 같은 작가의 안목은 한마디로 말해서 역사의식과 상통되는 말이다. 어제, 오늘 그리고 내일도 면면히 이어지고 통하는 맥락을 찾아나서는 의식적인 작업이 바로 작가정신의 기본이 아닌지 모르겠다. 어제의 얘기를 쓰고 있지만 그 속에 오늘의 문제가 있고, 오늘의 문제를 다루고 있지만 그 속에 다가올 미래의 얘기가 담겨 있을 때 그것은 바로 작가의 눈이 있고 역사의식이 있다는 얘기이다. 그것이 바로 작가정신이요 윤리관이라고 생각한다.

우리는 여러 가지 일을 보고 듣고 겪으며 살아왔다. 우리란 이 시대를 살고 있는 모든 사람들이다. 경우에 따라서는 일부 외국 사람까지도 포함해서이다. 우리는 이 역사를 흔히들 격동의 역사라고도 하고 몇 차례의 전환기의 아픔을 겪어왔다고 자부도 한다. 그것은 민중들이 더 잘 알고 있다. 그런데 유독 그걸 모른다고 우기는 사람이 있다. 방송작가들이다. 아니 전부가 아닌 대부분의 방송작가들이다. 소용돌이치는 역사나 환경은 상관없이 예나 지금이나 재미나는 얘기를 꾸미는 것이 자신에게 주어진 임무라고 생각해왔다. 주변에서 일어나는 일 속에서 과거를 비춰보고 현재를 들여다보고 미래를 내다보는 일은 역시 학자들이나 할 일이지 방송작가는 우선 재미있는 원고를 쓰면 된다는 소극적이며 비생산적인 견해뿐이다.

그렇다. 방송극은 우선 재미있고 볼 일이다. 아니 소설도 그렇고, 연극도 그렇고, 영화도 그렇다. 대중과의 접촉면적이 넓은, 이른바 대중문화이니 대중예술이니 하는 영역에서는 예외가 아니다. 되도록 많은 관객이나 시청취자를 잡아두는 게 대중예술의 본령이라고 생각하는 세상이다. 며칠 전 전통을 자랑하는 어느 일간지의 문화란에는 대중예술화되는 발레무용이라는 표제가 나 있었다. 기사의 뜻은 근래에 발레무용의 관객이 늘어나서 반가운 일이라는 뜻이었다. 그렇다고 해서 어떻게 발레무용이 대중예술이란 말인가. 아니 이 땅의 발레무용가들이 자신을 대중예술가라고 고쳐 불러도 말 못 하는 세상이다. 나는 대중예술이 천박하다는 생각은 가지고 있지 않다. 문제는 관객이 많으면 곧 대중예술이라고 불러도 된다는 그 발상이 마음에 안 들 뿐이다. 그것이 바로 비논리적인 발상이 아니고 무엇이겠는가.

시청취율을 높이는 것이 방송국의 첫째 과업이라고 생각하는 그 비윤리성과 어쩌면 그렇게도 죽이 잘 맞는 것일까. 우선 재미있게 만들고 볼 일이라는 방송작가나 제작진의 그 재미의 근원은 무엇이며 형태는 어떤 것일까?

방송극은 인간의 문제를 다루는 것이라고 했다. 그 인간의 문제는 반드시 간통과 삼각관계로 귀일되는 것일까? 너무나 틀에 박히고 너무도 자주 만나봤던 그런 유형적 인물을 모든 방송작가는 스스럼없이 내세우고 있다. 아니 그것은 자기가 창조한 특유의 인물인 양 착각을 하고 있다. 창조성이 없는 작품은 이미 비윤리적인 과오를 범하고 있다. 왜냐하면 이미 다른 작가가 써버리고 난 얘기를 모방했거나 답습했거나 표절했기 때문이다. 같은 애정극일지라도 사회가 변하면 의식도 변하고 의식이 변하면 행동도 변하게 마련이다. 격변하는 사회변혁의 소용돌이 속에서 방송극의 세계만은 독야청청도 아니고 일편단심도 아닌 무감각과 무기력과 무성격으로 떨어져 있을 것인가. 사랑은 사람이 가지는 특유의 윤리이다. 이 사랑하는 형태와 인간의 그것과 다르다는 너무나 원초적인 문제마저도 잊게 하는 무분별을 작가는 시대를 앞서가고 있다고 우긴다면 어떻게 받아들여야 좋을지 모를 일이다. 그래서 모든 사람들은 새로운 윤리관을 모색하고 그것을 찾아주기를 방송극에 기대하고 있는 것이다.

또 하나의 방송극의 재미를 우리는 '말'에서 찾는 세상이 되었다. 심각한 사상이니 주제보다는 재치있고 감각적이고 그래서 다소는 저질적이고 덜 지능적일지라도 그 말재간으로 잠시 동안 웃어넘길 수 있는 것을 방송극의 재미라고 인식하게끔 되어버렸다. 우선은 공감이 가는 견해이자 하나의 세태요 풍속도일 수도 있다. 방송극의 재미가 등장인물들의 재치있는 대사에 힘입는다는 것도 결코 무시 못 할 특성이다. 소설이 묘사나 문장의 세련도에 의존하듯 드라마는 대사가 생명이라는 것은 드라마의 문법 가운데 포함된다. 그러나 그 재치나 감각적이라는 것이 이른바 씨도 먹히지 않는 잔소리며 일상 다반사적인 넋두리며 과장되고 불확실한 사투리의 남발이요, 비속어나 유행어의 발생을 겨냥한 조어(造語)로 일관하는 데서 대사의 묘미를 찾는다는 것은 또 하나의 비윤리성이다. 적어도 방송극의 웃음은 모르긴 해도 풍자와 해학에 바탕을 두고 있다. 웃고 나서도 따끔하게 찔리는 가시를 발견했을 때의 웃음일 게다. 그것이 아니고 웃기기 위한 작전으로서의 말장난이 바로 방송극의 재미라고 일반 시청취자에게 고정관념을 심어주었다면 그것은 또 다른 비윤리적 행위이다. "각박한 세상인데 웃고나 살자!"라는 퇴영적이고도 비생산적인 폐단을 시청취자에 심어주고 그렇게 해서 드라마 속에서 씌어진 말이 항간에까지 퍼뜨려지는 것을 작품의 시청률이나 가치관과 동일시하는 관계인들의 오만도 역시 비윤리적인 것 중의 하나라고 해야 할 것이다.

자신도 모르는 사이에 마비되어가는 시청취자들의 감각과 의식구조에는 아랑곳없이 오직 웃음을 선사했다는 것으로 자기 만족하는 태도는 마치 농작물 생산고를 높이기 위해서는 유해한 농약을 쓰면 쓸수록 좋다는 무지와 다를 바가 없다. 그 농약으로 인해 일어난 비극은 뒤늦게 가서도 누구 한 사람 책임지려 들지 않는 실정과 무엇이 다르겠는가.

얼마 전 일이다. 지난날 라디오 전성시대에 청취율이 높았었다는 이유로 그걸 다시 TV극으로 옮겨놓은 일이 있었다. 그때와 지금과는 시간적으로나 환경의 변화로나 엄청난 거리가 있었는데도 지난날의 추억이 '올드팬'들에게 하나의 회고적인 감흥을 노려보자는 실무자의 기획의도는 모르는 바가 아니다. 그러나 그 의식구조의 변화나 감각적인 면의 변화에서 어떤 반응이 올 것인가를 계산 안 하고 지난날의 호응도가 오늘날 다시 되살아나리라는 환상적이고도 표피적인 센티멘털리즘은 또 하나의 비윤리성임을 우리는 알아야 한다.

지난날 신파극의 전성시대에 대한 막연하고도 감상적인 회고취미에서 지금의 관객에게 그 신파극을 재생시켜보자는 움직임도 있었다. 결과적으로는 난센스극이 되고 말았다. 왜냐하면 1930년대의 신파극은 문자 그대로 눈물의 무대였다. 그런데 오늘의 관객은 연극을 보고 나서 하나의 이질감에서 나오는 웃음으로 극장을 나와야 했다. 호기심에서 관객이 몰렸으니까 그 당사자들은 그 연극이 기획적으로 성공했으리라고 생각했겠지만 그 이후 그 누구도 또다시 신파극을 시도해보자는 소리는 없는 것 같다. 이미 흘러간 것이다. 한때 쌈박 일어났지만 금세 어디론지 사라져버린 것이다. 그것은 유행이지 뿌리내릴 것을 처음부터 생각지도 않았을 것이다. 그 뿌리내리기보다는 얼마 동안 '쌈박'하기를 의식하는 작가나 제작자의 발상은 이미 비윤리적인 것이다. 왜냐하면 방송극은 대중 속에 뿌리를 내려야 하기 때문이다. 그 뿌리가 곧 문화요 양식이요 윤리가 아닌지 모르겠다.

IV

방송심의위원회가 펴내고 있는 「방송심의평가서」(1982년)에 의할 것 같으면, 지난해 4월 1일부터 12월 말까지 사이에 심의한 현황을 소상하게 통계를 내고 있다. 그중에서도 방송극 부문에서 심의규정에 저촉된 사항의 유형은 대강 다음과 같다.

① 범죄수법 및 도박장면의 구체적 묘사
② 저속하고 부도덕한 내용으로 건전한 가정생활윤리에 위배된 내용
③ 가족구성원간의 지나친 갈등 및 소득계층간의 위화감 조성

이것들은 모두가 각각 4건이나 되어 가장 저촉빈도가 높은 걸로 나타나 있다. 그러나 이 가운데서 범죄수사극에서 범죄수법을 구체적으로 묘사했다는 사례는 작품에 있어서의 윤리문제와는 약간 거리가 먼 것으로 이것은 무의식적인 실수로 볼 수가 있다.

문제는 '건전한 가정생활윤리에 위배된 부분'이라는 조항이 바로 문제인 것이다. 즉 기성질서나 윤리관이란 과연 난공불락의 아성으로서 군림해야 할 것인가라는 점과 그 가정생활윤리란 무엇인가에 대해서 우선 살펴볼 필요가 있다. 즉 '건전한 가정'이라든가 '건전한 윤리'란 무엇인가.

그 첫째는 교육적인 가치가 있다고 인정되는 덕목을 전제로 한다. 즉 정직, 책임, 질서, 화합, 희생 등 도덕적인 면에서나 교육적인 면에서 시청취자에게 교훈적인 면을 나타내는 경우가 먼저 논의되어야 할 것이다. 그것은 한마디로 교훈적인 경우를 내세우게 된다. 즉 방송극의 주제나 등장인물의 성격구조가 모범이 될 수 있고 '선의의 인간'들이라야 한다는 뜻도 된다. 그러나 여기에도 문제가 있다. 즉 작품의 주제가 반드시 교훈적이라야 하겠는가 하는 점이다. 그것은 아니다. 문학작품이 다른 도덕이나 윤리문제와 다른 점은 그것이 반드시 교훈적이 아니라는 점이다. 바꾸어 말해서 작품의 주제가 교훈으로 흘렀다면 그것은 하나의 목적극이나 선전극인 경우에만 해당된다. 방송극이 반드시 문학성이나 예술성이 없을지라도 그것이 하나의 공감대를 지니고 있나 없나가 바로 작품의 승패를 가리게 된다. 이 공감대가 바로 윤리성에 바탕을 두었는가 여부로 판가름이 나는 것이다.

작품 가운데서 설정된 무대가 상류사회건 밑바닥 인생이건 그건 작가의 자유스러운 선택이다. 다만 그곳에서 일어나는 일들이 우리에게 공감을 주거나 일체감을 주었을 때는 별 문제가 안 되지만 우리가 그 극을 보면서 반발심을 느끼거나 위화감을 느꼈을 때가 문제인 것이다. 다시 말해서 방송극이 시청취자와의 일체감을 얻는 경우와 못 얻는 경우에 우리는 윤리성을 따지게 된다. 즉 시청취자가 방송극에서 무엇을 얻었다는 점과 일체감을 느꼈다는 점이 하나로 녹아들었을 때가 바로 윤리적인 작품이 아닐는지 모르겠다.

나는 이와 같은 점에서 다른 분야의 창작과는 달리 방송극은 그 사회성에 있어서 지대한 영향력을 지녔다는 점을 강조하고 싶다. 방송극이 유독 그 사회성이나 사회적 기능을 강조하는 것 자체가 바로 윤리성을 내포하고 있다는 말이 아닌지 모르겠다. 만드는 사람은 별다른 의식 없이 무심코 전파에 실려 보냈는데도 시청취자 측에서는 의외로 큰 파문을 일으켰던 사례를 우리는 알고 있다. 그와 같은 예가 문학이나 연극의 경우는 별로 문제가 안 되는데도 방송극의 경우는 그 반응도가 상상 외로 크게 일어나는 그 자체가 하나의 사회성이 아닌지 모르겠다. 바꾸어 말해서 작가와 시청취자와의 역학관계가 곧 하나의 사회성으로 통하기 때문에 그 속에 윤리성이 있어야 한다는 것은 너무나 당연한 일이다. 예컨대 특정한 직업이나 직업인을 의도적으로 천시하거나 천박하게 묘사하거나 희화적으로 그림으로써 항의를 받은 사례라든가, 실재인물을 모델로 하여 묘사한 결과가 사실과는 다르거나 반사회적인 인물로 묘사되었다고 하여 그 후손이나 가족들로부터 시정을 요구당한 예라든가 무분별한 청소년들의 모방심리나 부화뇌동하는 심리를 이용하여 유행을 노리는 조잡한 언어의 전파라든가 하는 따위의 실례는 모두가 방송극이 지니는 반사회적이며 비윤리적 역기능에 해당되는 사례이기도 하다.

그러나 나는 방송극이 지니는 비윤리성은 바로 주체성의 상실에 있다고 주장하는 축이다. 주체성이라는 말의 개념은 보는 사람에 따라 다르겠지만 나는 그것을 자아의식이라는 말로 대치해도 된다고 본다. 그 자아의식은 바로 '우리'라는 개념으로 통한다. 우리나라 사람만큼 '우리'라는 말을 즐겨 쓰는 겨레도 없다는 얘기를 들었다. 그것은 긍정적일 수도 있고 부정적일 수도 있다. 나 개체보다 개체들의 집합을 더 존중하거나 그 복합성이 바로 개체와도 통한다는 사고가 어느덧 우리의 윤리관을 지배하고 있는지 모른다. 예컨대 '우리 집', '우리 엄마', '우리 아빠', '우리 집사람', '우리 오빠' 등의 가족성원에 대한 호칭이 특별한 경우를 제외하고는 '우리'로 공용되는 실증은 무엇인가. 그런데 그것이 개체인 '나'로 불리는 경우란 자신을 위시하여 자기보다 낮은 위치의 경우에만 통용되는 것도 또한 흥미롭다. 즉 '내 자식들', '내 동생', '내 새끼들'이 바로 그러한 경우이다. 따라서 방송극이 인간을 그리는 데 그 목적이 있다지만 그것은 어떤 개인이 아닌 그 개인과 연관성을 지니고 있는 '우리'를

그리는 데 그 묘미가 있다고 본다. 그렇다면 그 우리란 무엇인가. 한국인
이다. 이 시대를 살아가는 한국인을 그리는 데 있다. 아니 그 일이 설령
지나간 시대의 사람이었을지라도 오늘을 살고 있는 우리들과 공통성이
있는 이야기요 유대감이 있는 의식이요 그래서 시간은 흘러도 인간과
인간의 관계는 영원하다는 점으로 귀결되어야 바람직하다고 보아지는
것이다. 얼마 전부터 우리는 '뿌리'라는 말을 즐겨 쓰게 되었다. 모르면
몰라도 〈뿌리〉라는 TV외화가 방영되면서부터 사회 각계각층이나 학계
에서도 그 '뿌리'찾기 운동에 박차를 가한 것으로 기억한다. '나는 누구인
가?'라는 명제는 곧 '한국인이란 누구인가?'라는 것으로 대입시킬 수 있
을 것이다. 그것이 바로 우리의 윤리이자 이상이요, 책임이자 목적이 아
닌지 모르겠다. 방송극이 그 유형을 달리하고 취향을 달리하더라도 그
속에 '나'와 그리고 '우리'를 의식하는 작가의 확고한 의지야말로 바로
방송극의 윤리로 통한다고 본다. 외국인을 그리고 외국인의 사고방식을
그리는 극이 아닌 한국과 한국인의 그것을 그린다는 대명제가 바로 윤리
성이 아닌지 모르겠다. 그러나 오늘날 우리는 분명히 말해서 진정한 한
국인이 얼마나 그려지고 있는가라는 점에 눈을 돌려야 할 때가 온 것
같다. 그렇다고 이 말은 야담극이나 목적극이나 아니면 거창한 역사극
만 한국적이고 애정극이나 가정극이나 범죄수사극은 그것이 아니라는
뜻이 아니다. 모든 사람이 보고 한국 국민이면 다 봐서 공감을 느껴야
할 작품이 없다는 뜻이다. 더 구체적으로 오늘날의 인기 있는 방송프로
가 대부분 여성취향을 노리고 있고 그 여성도 여의도나 강남의 맨션아파
트에 살고 있는 중류 이상의 여성을 겨냥하고 있다는 데 바로 문제가 있는
것이다. 그것은 한마디로 소모성을 조장하고 배외사상에 감염시키고, 이
웃과의 유대감을 단절시키고, 그래서 황금만능이라는 반사회성을 무의
식중에 민중 속에 퍼뜨리고 있을지도 모를 일이다. 오늘을 살아가는 우
리 이웃에게 방송극이 교훈을 주자는 얘기가 아니라 오늘을 살아가는

일부 사람만을 의식하고 대부분 사람들을 의식적이건 무의식적이건 제외하거나 모르는 척하는 그 무관심의 반사회성이다. 방송극을 보는 계층은 다양하고 복잡하다. 그리고 그 사람들은 모두가 우리들이다. 그런데 방송은 그 일부분의 사람들을 겨냥하고 있다는 이 사실만큼 비윤리적인 행위가 어디 있겠는가. 비단 방송극뿐만이 아니다. 쇼, 외화 등 대부분이 도시 사람이나 중산층 이상을 대상으로 하거나 국적도 없는 향락적인 것을 보여줌으로써 우리도 자유를 향유하고 있고 선진국 대열에 끼어들고 있다는 환상이 그 얼마나 소비적이며 비도덕적인가. 사회적으로는 올바르게 살자고 캠페인을 벌이고 있으면서 매일 보여주는 사실은 그와 역행하는 생활 속에서 살아가는 오늘의 비리는 틀림없이 비윤리적인 행위라고 본다. 가난한 사람도, 농촌 사람도 그리고 그늘에서 사는 사람에게도 삶의 희망이 무엇인가를 주고 용기를 주고 그래서 한국인으로 태어난 보람을 의식하는 극작가에 의해 씌어진 작품이 나와야 한다는 대전제만이 오늘의 방송극을 구하는 길이요 윤리임은 두말할 나위도 없다. 즉 일체감과 공감이 가는 작품이야말로 방송극이 지녀야 할 윤리일 것이며, 우리와는 무관한 세계는 곧 반사회적인 독소이다.

방송극과 윤리

목포문학의 뿌리를 찾아서

목포문학의 뿌리는 멀리 일제시대로 거슬러 올라가야 한다. 즉 1920
년대에 소설가 박화성(朴花城)과 김우진(金祐鎭)이 이미 소설과 희곡을
발표함으로써 목포지역뿐만 아니라 우리나라 근대 문학사에 남긴 발자
취는 역력하다. 뿐만 아니라 목포에 상주하지는 않았지만 목포에서 태
어나 서울에서 활동한 독문학 전공의 수필가 김진섭(金晉燮)의 문학세
계는 우리나라 수필문학에 하나의 봉우리를 세웠고, 잠정적이긴 하나
여류 소설가 김말봉이 목포에 거주하면서 창작생활을 했던 발자취를 더
듬어볼 때 간접적으로나마 목포문학의 씨앗을 뿌리는 데는 적지 않은
영향을 미쳤으리라 생각된다.

이처럼 목포문학이 일찍이 싹을 트게 된 간접적인 원인은 100년 전
목포가 개항되면서 통상무역이 활발해진 점과 일본 유학생이 타 지역에
비하여 눈에 띄게 많았다는 사실을 빼놓을 수 없다. 광주, 나주, 순천,
영광 등 소읍에서는 유학생이라야 고작 서너 명에 불과했는데 1930년대
만 해도 목포에서는 그 시기적 선후 관계는 차이가 있었을지언정 많은
일본 유학생이 배출되었다는 사실은 목포 사람의 진취적인 기질과 예능
면의 잠재적 능력을 엿볼 수가 있을 것이다. 그 실증의 하나로 1920년
5월 31일자 동아일보 지면에 〈목포 청년(木浦 靑年)의 노래〉라는 시가
실려 있다.

이상 높고 용맹스런 우리 청년아

오늘이 우리들의 활동할 때일세.

온 세계의 우승권을 목표 삼아

대활보와 대진취로 활동해 보세.

활동하세 굳은 마음으로 활동하세 끝까지…….

사회적, 경제적 환경 자체가 많은 유학생을 낳게 되었으니 그것은 기틀 조성과 결코 무관하지 않았다고 볼 수가 있다. 이화삼(李化三), 홍순태(洪淳台), 박경창(朴景昌), 장병준(張秉俊), 박동화(朴東和)는 연극계 초창기를 일구었고, 김동수(金洞守), 문원(文園), 백홍기(白洪其), 윤재우(尹在玗), 백영수(白榮洙), 고화흠(高和欽), 양수아(梁秀雅), 박철산(朴蚨山), 남농(南農), 소송(小松) 등 한국화단의 신예들이 목포를 무대로 활동했다. 그리고 문학에는 나천수(羅千洙), 오덕(吳德), 정철(鄭哲), 백두성(白斗星), 박문석(朴文錫), 문일석(文一錫), 강원순(姜元淳), 서광호(徐光浩), 이가형(李佳炯) 등이 유학생 자격이거나 유학을 마치고 돌아와 작품을 발표했다는 사실은 특기할 만하다.

그러나 목포문학의 발달 과정은 뭐니 뭐니 해도 출판문화에서 찾아야 옳다. 문학이 문자를 매체로 하는 창조작업일진대 그것이 보다 구체적으로 살아남기 위해서는 활자화되어야만 그 의미가 있다. 그런 점에서 목포지역에서는 이미 1930년에 「호남평론(湖南評論)」이라는 종합지가 발간되었다는 사실은 매우 의미가 크다. 김철진(金哲鎭)이 사장이며 주간은 배치문(裵致文)이 맡았다. 김철진은 극작가인 김우진의 아우이며 배치문은 사회주의자로 알려진 투사였다.

이 「호남평론」을 본거지로 나천수, 오덕, 정철, 김일로, 문일식 등이 작품을 발표하였으니 1931년 8월호에는 나천수의 시 〈달성사(達聖寺) 종소리〉가 실려 있는가 하면 오덕(吳德)의 〈영산강(榮山江) 타령〉이라는 민요풍의 시도 선을 보였다. 그러나 목포와 같은 소도시에서 잡지의

목포문학의 뿌리를 찾아서

발행이 그 얼마나 어려웠던가는 쉽게 상상할 수가 있다.

해방이 되면서 예술인들의 자발적 집단인 예술문화동맹이 조직되어 각 분야에서 제법 활발한 활동을 보였으니 특히 문학분과에서 펴낸 「예술문화」는 4집에다가 임시 증간호까지 발행했었다. 이동주(시), 백두성(소설), 홍순태(연극), 엄심호(영화) 등이 활동한 것도 이 시기였다.

그러나 여기에 참여한 문학인은 크게 두 가지로 나뉘어졌으니 이른바 유학파와 토박이파 사이의 갈등은 마침내는 정치적 이데올로기까지 확대되어 폐간의 쓴잔을 마시게 되었다. 조선문화통지회와 조선문화협회 연구회라는 유사한 문화단체가 대립되었던 한 가지 사실만으로도 그 시절의 실정을 짐작할 수가 있을 것이다.

이 시기에 특이할 만한 문학계 행사로는 박화성 여사의 단편집 「고향 없는 사람들」 출판기념회가 1947년에 국취관(鞠翠館)이라는 요정에서 열렸다는 사실이다.

그러나 목포문학이 실질적으로 뿌리를 내린 데는 뭐라 해도 6.25 직후에 발간된 월간 「갈매기」와 주간 「전우」를 근거로 삼아야 옳을 것이다.

그 당시 해군 경비부 정훈감실의 책임자였던 조병기(趙昺基) 해군 소위의 열성과 경비부의 재정지원이 없었던들 엄두도 못 낼 획기적인 문학적 성과였다. 항도여중 교장이자 수필가였던 조희관과 수필가인 차재석을 중심으로 지방대학 교수였던 이가형, 백상건, 이진모 그리고 장병준이 편집위원으로 위촉받아 기성 문인과 신인을 합류시켰던 이 책이 6.25의 피비린내가 가시지 않았던 1951년 2월 1일에 발간되었다는 점에서 우리는 긍지를 가질 수 있을 것이다. 그리고 여기서 특이할 만한 일이 있으니 1952년 9월 5일 차재석(車載錫)이 주동이 된 시 전문지 「시정신(詩精神)」의 발간은 가장 획기적인 목포문학사의 한 페이지로 손꼽을 수 있다. 서정주, 이동주, 김현승, 박흡, 손철, 장용건 등 광주와 목포에 거주하는 문학인을 총망라한 「시정신」은 제5집까지 발간됐다. 뿐만 아니라 표지화도 김환기(金煥基), 배동신(裵東信), 양수아(梁秀雅), 천병근(千昞根), 백영수(白榮洙) 등 저명한 화가가 참여하였다. 필진은 이병기, 신석정, 서정주, 김현승, 박훈, 이동주와 박용천의 미발표작과 소설가 계용묵의 산문도 실렸다.

뿐만 아니라 책 제지는 소전(素筌) 손재형 선생의 휘호로 장식한 것은 모두가 차재석의 발상으로 상상도 못 할 호화판 책이었다.

이 무렵 목포문학의 싹을 키우는 일에 그 누구보다도 애쓰신 선구자가 한 분 계시니 한글학자이자 수필가이며 항도여자중학교 교장을 지내신 조희관(曺喜灌)을 잊을 수가 없다. 조 선생은 목포지역 여성교육의 황금시대도 이룩하였으며 특히 여학생들에게 문학 교육을 철저히 시켰다는 점에서도 우리는 영원히 기억해야 할 것이다. 그 영향으로 목포에서는 학생 문예운동이 어느 지역보다도 활발했으니 각 학교마다 교지가 앞을 다투어 발간되었는데 「잠룡(潛龍)」, 「등대」 등 남학교 교지가 선을 보였다. 특히 목여고(木女高)의 문예 그룹에서 펴낸 「송사리」라는 동인지는 먼 훗날 우리 문단에 이름을 남긴 여류작가인 고행자, 김송희, 조정자, 김인자(일명 하림)는 그 대표적 시인이다. 그 밖에도 항도여중 출신인 김효자, 김정숙, 임성순, 박순함 등의 등단도 잊을 수가 없다.

이와 같은 추세에 따라 남학생들의 동인지도 활발해지면서 서울에서 발행되던 월간지 「학원」을 통해서 젊은 시인들이 많이 배출되기도 했다.

정규남, 정영래, 최하림, 최일환, 윤종석, 이창열 등은 바로 그 무렵부터 문재를 자랑하기도 했다.

이처럼 순수 시 잡지인 「시정신」이 5집까지 발행되면서 젊은 학생층에까지 문학에 남다른 본을 기르게 된 목포의 문학계는 지역인들의 손으로 하나의 집결된 모습을 나타내게 되었으니 1960년 3월 15일 문학지 「목포문학」의 창간이 바로 그것이다. 「목포문학」은 차재석이 발행인으로 백두성, 전승욱, 권일송, 김우정, 정규남 등 이 지역에 거주한 문인들이 편집위원이 되고 출향 문학인까지 총망라한 순수 문학지라는 점에서도 높이 평가받을 만하다. 그 필진으로는 서울에 거주하고 있는 소설가 박화성과 백두성 그리고 극작가 차범석을 위시하여 이 고장을 지켜나온 시인 박순범, 권일송, 정규남, 김재희, 범대순, 김일로, 김정숙, 최하림 그리고 평론가 김현 등의 작품으로 장식되었으며 그 「목포문학」은 지금도 해마다 간행되고 있다.

그러나 해방 20년을 맞는 1965년도에 목포문학계에는 매우 주목할 만한 움직임이 일어나고 있었다. 다름 아닌 「산문시대」의 발간이다. 「산문시대」는 우리나라 최초의 소설동인지로서 그 주역을 맡은 사람은 시인 최하림(崔夏林)과 평론가 김현(金賢) 두 사람으로 모두가 신예의 청년 작가였다. 시동인지는 경향 각지에서도 흔히 볼 수 있는 책이지만 소설 동인지란 좀처럼 볼 수 없는 그 희소가치 하나만으로 주목된다. 「산문시대」는 제5집까지 발간되었고, 그들은 새로운 시대를 여는 젊은이들의 뜨거운 맥박이 만들어낸 생명력이라는 점에서도 주목할 만하다.

목포문학의 뿌리가 깊게 뻗어나갈 수 있었던 원인의 하나로서 그 기반조성의 강도에 있다고 볼 수 있다. 즉 1958년에 결성된 목포문화협회의 창립은 그 획을 긋는 첫 삽질이었으니 회장에 남농 허건, 부회장에 최경산, 사무국장에 차재석이 책임을 맡아 출범한 순수민간단체였다는 점이다. 그리하여 해마다 목포예술제를 자력으로 개최해나갔고 젊은 문인들과 미술가, 음악가, 연극인들에게 발표의 장을 열게 했다는 것은 특이할 만하다.

그 후 1962년 3월 10일 예총 목포지부로 확대되면서 지방문화 확산의 원동력 구실을 하기에 이르렀다. 예총의 조직이 문학 발전에 끼친 공과 (功過)와는 달리 논란의 대상이 될 수도 있겠으나 적어도 목포문학의 뿌리를 지켜 나오는 데 제 몫을 했다는 데는 의심할 여지가 없을 것이다. 돌이켜보건대 목포 개항이 백 년의 연륜을 헤아리는 동안 목포문학의 부침(浮沈) 또한 평탄치는 않았다. 더구나 상업주의의 팽창과 의식구조의 변질, 그리고 군사독재와 정치적 희생양으로 본의 아니게 소외만 당해왔던 목포가 타 지역에 비하여 낙후되고 쪼들아들었던 아픈 상처를 우리는 알고 있다. 때로는 절규하고, 항거하고, 파괴하고도 싶었던 그 화산 같은 응어리를, 미처 다 삭이지 못한 가슴앓이를 문학인들은 저마다 체험도 해왔다. 이러한 시대에 과연 시인이나 소설가나 극작가가 무슨 말을 해야 옳은가를 스스로 반문도 해왔을 것이다. 그러나 그 뒷전에서는 얄팍한 잔꾀나 매명(賣名)을 일삼는 속물주의자가 없는 것도 아니다. 그렇기에 문학적인 행위는 있지만 진정 문학다운 문학이 없었다는 것도 우리는 솔직하게 인정해야 한다. 목포문학 백 년을 되돌아본다는 것은 단순한 회고담을 늘어놓기 위해서가 아니다. 그 과거를 발판으로 현재와 그리고 미래를 기다리는 심정에서라면 오늘 우리가 진정 문학을 소중하게 간직하고 있는가를 반성해야 한다. 재주가 아니라 혼으로 글을 쓰라는 선인들의 말을 빌리지 않더라도 목포문학의 현재를 신랄하게 자기비판하기 위해 나는 감히 고언을 마다하지 않은 것이다.

목포문학은 지금 이대로 안주할 것인가. 우리의 선각자와 선배들이 문학의 길을 택했던 것과 내가 지금 문학을 택한 것 사이에 얼마만큼의 차이가 있는가부터 돌아보는 겸손을 배워야 한다. 그 겸손이 바로 진실한 문학을 낳게 하는 원동력일진대 문학적 행위의 풍요로움이 곧 문학은 아니라고 믿고 싶다.